佐高信評伝選3

侵略の推進者と批判者

❶石原莞爾の夢と罪

❷良日本主義の石橋湛山

旬報社

佐高信評伝選3　侵略の推進者と批判者

目次

石原莞爾（いしはら・かんじ）

一八八九年山形県鶴岡生まれ。一九一八年陸軍大学校卒業。二八年、関東軍参謀。三一年満洲事変を引き起こし、満洲国設立に至る事態を主導。三七年参謀本部作戦部長となり、「世界最終戦争」にもとづく日米決戦を想定し、対中戦不拡大を主張して東条英機と対立。三九年陸軍中将・第一六師団長を最後に四一年に予備役編入。一九四九年八月一五日逝去。著作に『世界最終戦論』。

石原莞爾の夢と罪

石原莞爾の夢と罪

目次

第一章　二人の女性の対照的な石原観

九発の銃声が響いて犬養毅は斃れた。

一九三二年五月十五日のことである。

毅の孫の犬養道子はその「晴れた暗い日」のことを、『花々と星々と』（中公文庫）に書いた。

運命の日は日曜日だった。夕刻、護衛の巡査を撃ち殺して、犬養邸に暴漢が乱入して来る。

「お逃げ下さい！お逃げ下さい！」

と、まだ撃たれていない護衛が叫んだが、当時七十六歳の老首相は、

「いいや、逃げぬ」

と言い、道子の母の、

「おとうさま、庭！」

という声にも、

「逃げない、会おう」

と静かな調子で返した。

その言葉も終らぬうちに、海軍少尉の服をつけた二人と陸軍士官候補生姿の三人が土足のまま現れる。中の一人がいきなり拳銃を突き出し、引金を引いたが、どうしてか、弾丸は出なかった。

「まあ、急ぐな。撃つのはいつでも撃てる。あっちへ行って話を聞こう……ついて来い」

道子にとっての「お祖父ちゃま」は、嫁と孫（この場にいたのは道子の弟の犬養康彦前共同通信社長である）を暴

漢たちから引き離すように、「突き出た日本間」に彼らを誘導した。

そして床の間を背にゆったりと坐り、座卓の上の煙草盆を引き寄せ、拳銃を擬して立つ若者たちにもすすめてから、

「まあ、靴でも脱げや。話を聞こう……」

と言った。

しかし、そのとき、そこにいた五人よりはるかに殺気立った四人が入って来て、

「問答無用、撃て!」

の大声と共に次々と九発の銃声を響かせる。

それだけの弾丸を浴びながら、犬養毅は両手を卓にかけ、しゃんと坐っていた。指にはさんだ煙草も落としていない。そして、

「呼んで来い、いまの若いモン。話して聞かせることがある」

と、そばの者に命じた。

多分、犬養は首相を引き受けた時から、この日のあることを覚悟していたに違いない。

「じいさん、軍に楯つきおって」

こうした声は軍部だけでなく、犬養を支持すべき政党の中にもあった。

不況と農村の疲弊は中国大陸への侵略と満蒙(満洲蒙古)進出によってしか突破できないとする軍部と、日中友好を基本とする犬養の考えは、しょせん、相容れなかった。

犬養の女房役であるべき内閣書記官長、森恪は軍部と通じており、犬養が萱野長知や山本条太郎に頼んで

進めていた中国との和平工作を見抜き、その旨を記した秘密電報を関東軍中佐の石原莞爾に送った。

「犬養がよこす使者は一刀両断にブッタ斬ってやる！」

石原がそう叫んだと伝えられるのはそのころのことである。

森は森で、犬養の息子の健に、

「判読不明の電報が犬養家に行きすぎると陸軍が言ってるぞ」

と脅した。

その年の二月九日、井上日召率いる血盟団の団員が前蔵相の井上準之助を襲う。

三月五日には、同じく血盟団の団員によって、三井合名理事長の団琢磨が暗殺された。

そして、五月十五日の犬養の暗殺である。時に石原莞爾、四十三歳。祖父を殺された道子は十一歳だった。

その二日前、七十六歳の毅は、

「道公、お祖父ちゃんと散歩しないか」

と誘った。珍しいことだった。

毅は着流しに庭下駄姿でひょこひょこと歩き、官邸用畑に出て、菜っ葉の虫をつまんだり、土にしゃがんで草をとったりした。

「どんな言葉をお祖父ちゃまは使ったのか。言葉として私は何ひとつおぼえていない。しかしはじめて、そして最後に、お祖父ちゃまはその午後、正確に言えば昭和七年五月十三日金曜日の煙ったい午後、私に生の教訓を語ったのである。土に托し、花のすんだあとの坊主になったバラの実に托し。この坊主は地に落ちる、というようなことを彼はしずかに言った。むしろ楽しみつつ言った。落ちるとそこから芽が出る……逆に言うと、落ちなければ生命はつづかないのだ、と。持っとれ、と言ってお祖父ちゃまは野バラの坊主をひとつ呉れた」

暗いテロの時代に、しずかに生を語る。その二日後にこの祖父は逝ってしまっただけに、道子にとってこの日の思い出は忘れることができないだろう。

その祖父を殺したのは誰なのか？

道子は『花々と星々と』の続編の『ある歴史の娘』（中公文庫）にズバリと書く。

「祖父、犬養木堂暗殺の重要要素をなした満洲問題は、その発生から満洲国建国までの筋書一切を極端にして言うのなら、たったひとりの右翼的神がかりの天才とも称すべき人間に負うていた。『満洲問題解決のために犬養がよこす使者はぶった斬ってやる！』と叫んだあの石原莞爾その人である」

この犬養道子の石原指弾と、まったく対照的な石原評価をしているのが、石原より四歳年下の市川房枝である。市川は奇しくも一八九三年の五月十五日に生まれた。ちなみに石原が生まれたのは一八八九年一月十八日。

戦後三十年も経って、一九七六年三月十日の日付で、当時、経済誌の編集者をしていた私のところに舞い込んだ『石原莞爾全集』のパンフレットに、市川房枝の次の推薦の言葉を見出した時の違和感を私は忘れることができない。

石原は私と同郷（石原は鶴岡、私は隣の酒田の生まれ）であり、戦後まもなく始終遊びに行っていた山形県真室川町の叔父の家などには、石原の本が何冊も転がっていたこともあって、私はずっと石原に関心を持ち続けてきた。それゆえに、こんなパンフレットも送られてきたのである。

それにしても、市川の手放しの石原礼讃は、当時、クリーンの代名詞のように言われていた市川のイメージと結びつかなかった。

市川は、こう、すすめる。

「私は石原中将の著書の一部しか読んだことがありません。しかし氏の中将時代即ち京都の師団長であった時代に、京都のお宅と、軍人会館でお目にかかり、そのお人柄と、中国に対してのお考えに敬服し、氏を中心とした東亜連盟にも一時参加したことがあります。私は百姓の娘でしたので偉い軍人には全く知人はなく、婦人に無理解で戦争の好きな軍人―軍部にずっと反感を持っていました。しかし石原中将は軍人でも違う、今までにない偉い軍人だと思います。

此度、白土菊枝さんの努力で将軍の全集が刊行されることになったのは、まことにうれしく、軍部や戦争に関心を持っていられる方々には、是非この全集を読んで下さるようおすすめします。

参議院議員　市川房枝」

この推薦文が書かれた一九七六年頃は、犬養道子が『花々と星々と』の続編『ある歴史の娘』を、文化出版局で出している雑誌『ミセス』に連載している頃だった。

まさに、まったく対照的な石原観が、ほぼ同時に世に問われていたわけである。

市川の言葉を借りれば、石原中将は「満洲事変勃発のときは中佐で、関東軍作戦主任参謀の任にあり、関東軍の推進力として事変の強行、満洲国建設に活躍した。日華事変突入当時は参謀本部第一部長で、対ソ戦本位の立場から、対中戦争不拡大を主張した。ついでまた関東軍参謀副長として赴任したが、東条英機氏らの統制派と対立し、内地に帰され京都の師団長となった」（『市川房枝自伝』）人であり、また、ロッキード事件で闇の世界から浮かび上がった児玉誉士夫が「接近していろんな連絡にあたっていた」（児玉自伝『悪政・銃声・乱世』）人でもあった。

市川の石原全集推薦に衝撃を受けて、三十一歳の私は『経済と文化』という雑誌の一九七六年八月号に「拝啓　市川房枝様」という一文を書いた。若書きの拙文を引く。

〈クリーンとダーティのまったく対極に位置するような市川さんと児玉が、石原莞爾という一点で微妙に交差しているわけですが、私はそれをもって市川さんを責めようというのではありません。ただ、昭和五十一年のいまの時点で、なお石原全集を「すいせん」する市川さんに、ひとつの危惧を抱くのです。市川さんは昭和八年の『婦選』八月号に書いた文章で「五・一五事件」を論評し、「被告の動機が善であるとの理由を以てその暗殺行為を是認するが如き事の絶対にないことを望みたい」と書いていますが、これはそのまま石原中将にも当てはめなければならないものではないでしょうか。

そうした「甘さ」が市川さんの強さにもなっているのだと思いますが、しかし、それが戦後、「追放は全く予期しなかったので、少なからぬ衝撃を受け」（市川「私の履歴書」）ることになったのだとも思うのです。

ものごとを評価、判断する場合の人物主義や動機主義は日本の精神風土にぬきがたく根を張っていますが、たとえば「ロッキード事件」に対して田原総一朗さんのように、

「はっきりいえることは、児玉や小佐野（賢治）のような、いかにもうさんくさい『汚れた』人間たちが日本を動かしてきたのではない。エスタブリッシュメントたちが、自らの手を汚さないために『汚れ屋』を利用してきたのである。そしてボロが出れば、利用してきた『汚れ屋』を切り捨てる。『汚れ屋』は切り捨て

られても、雇い主の方はあいもかわらず健在であり、それどころか、逆に『汚れ屋』を切ることで、何やら正義面さえしてみせるのだから嫌になってしまう」(『話の特集』七六年六月号「〝スマート〟や〝グリーン〟を警戒せよ」)

と言うこともできるでしょう。

『金環蝕』(石川達三)で知られる「九頭竜ダム事件」をめぐる黒い霧で国会の証言台に立った児玉は、「これは一つには電発だけでなく、すべての公共機関の持つ欠点である。強いものに弱く、弱いものに強いという態度だ」

と発言していますが、市川さんの「論理」では〝児玉を呼び出す構造〟を撃つことはできないのではないでしょうか〉

市川房枝はこの時すでに八十三歳になっていた。その前に参議院の東京地方区に出て落選し、引退していたのを、七四年に「市川房枝を勝手に推薦する会」をつくり、参議院全国区に担ぎ出して当選させたのは、前民主党代表、菅直人である。当時市川は八十一歳。選挙事務長の菅は二十七歳だった。

菅に石原観を尋ねたことはない。おそらく理工系の菅はほとんど関心がないに違いない。ただ、市川が石原に傾倒するような「危うさ」を菅も持っていないのかどうかは気にかかるところである。

それはともかくとして、私の「拝啓市川房枝様」をいま少し引く。

〈万人が頭を下げざるをえぬ市川さんの運動に対して「何等の明白な、確乎たる社会観にも基かずに、ブルジョア一流のセンチメンタリズムを以て、ただ漫然漠然と『婦人と子供の権利』を主張してゐる」(山川菊栄氏)という批判も一方からは成り立つと思いますが、私はそうした「正統的批判」とは別に、次に「余計な心配」を書きたいと思います。

それは、なだいなださんが『人間、この非人間的なもの』に「きれい好きな殺人者の手」と題して書いているることに関わってきます。

なださんはその中で「清潔なものに感じられる冷たさ、無機的な非人間的な印象がどこからくるのか」をシェークスピアの『マクベス』を援用しながら説明し、結論として、

「不潔恐怖から、残酷趣味へ。残酷趣味とナチのつながりあい。そうした私の説明は、少し性急すぎたかもしれません。ただ、アウシュヴィッツで示されたナチの残酷さの特徴は、そのおどろくほどの清潔感にあったという指摘が、私の考えを裏付けないでしょうか。一般的に見られた、ナチの極端な整頓癖と秩序好きとあの死体処理の潔癖ともいえるほどの清潔さ、ユダヤ人を物質と見なした非情さを考えてみて下さい。タブーによる切り離しを考えることなしにそれを説明しえるでしょうか」

と書いていますが、言うまでもなく「婦人参政権」も「理想選挙」も条件なのであり、条件を目的ととりちがえてはならないでしょう〉

〈市川さんたちは昭和の初めに、女子の坑内労働禁止に尽力し、逆に坑内婦から白い目で見られたということです。当時の婦人労働者は食うために坑内労働でも徹夜労働でもやらざるを得なかったわけですが、そういう状況を考慮に入れない、いささか性急な理想主義は、市川さんが、女性の職場としては段ちがいに恵まれている教員や新聞記者の生活しかほとんど知らない、ということからくるのかもしれません〉

市川が石原全集を熱烈推薦したことに驚くあまり、この市川批判は、いま振り返れば、かなり性急である。

問題は、市川の仰ぐ石原像と、犬養道子の指差す石原像の、どちらが石原の実像に近いかであり、いわゆ

る五族協和の「王道楽土」を満洲につくろうとした石原の夢が、そこに住み、生活する人たちから「白い目」で見られなかったかどうかである。それを私はこれから、できるだけ丹念に検証してゆきたい。

第二章　驚くべき写真

徴用を受けて陸軍参謀本部に勤めたことのある作家の南條範夫は、石原莞爾に接する機会を得た体験を基に、『歳月――ある軍人の生涯』（河出書房新社）を書いている。

その中で、作中人物がこんな石原評を展開する。

「人によっては天才、人によっては狂人、評価は極端に分れています。私は、わずか数カ月、部下として接しただけですが、たしかに頭の良さはずば抜けていました。しかしそのために、さっきあなたが高杉（晋作）について言われたように、他人が馬鹿に見えて仕方がなかったのでしょう。誰でも馬鹿呼ばわりをし、痛烈な皮肉を飛ばし、毒舌を叩いたので、多くの人の反感を買い、憎まれ、恨まれたところがありましたよ。極端に自信が強く、妥協のできない性格だから、敵ばかり多くなる。だから、参謀としては無類の有能さでしょうが、総司令官には向かない人でしたね。政治力がまったくない。清濁合せ呑む雅量がない。人にけむたがられ、畏れられ、忌避される。これでは多くの人を動かすことはできませんね。板垣（征四郎）将軍のように、より凡庸でも、抱擁力のある大将の参謀として働くのが最も良かったでしょうな」

ちなみに指揮者の小沢征爾は、板垣征四郎の征と石原莞爾の爾をとって征爾と名づけられた。満洲青年連盟などの運動を進めた父親の小沢開作が二人に傾倒していたからである。

しかし、石原莞爾はそれほど「ずば抜けた頭脳」を持ち、参謀として「無類の有能さ」を発揮したのか。

石原は一九二八年に「満蒙問題解決のための戦争計画大綱」を発表した。それはこうである。

「一、満蒙問題の解決は日本の活くる唯一の道なり。

1　国内の不安を除く為には対外進出によるを要す。

2　満蒙の価値……満蒙の有する価値は偉大なるも日本人の多くに理解せられるにあらず。満蒙問題を解決し得ば支那本国の排日亦同時に終熄すべし。

3　満蒙問題は正義のため、日本が進んで断行すべきものとす。

二、満蒙問題解決の鍵は帝国陸軍之を握る。満蒙問題の解決は日本が同地方を領有することにより始めて完全達成せらる。対支外交即対米外交なり。即ち前記目的を達成するために対米戦争の覚悟を要す。もし真に米国に対する能わずんば速に日本はその全武装を解くを有利とす。

三、満蒙問題解決方針……対米戦争の準備ならば、直ぐに開戦を賭し、断乎として満蒙の政権を我が手に収む。満蒙の合理的開発により日本の景気は自然に恢復し、失業者また救済せらるべし」

満蒙問題の解決は日本がそれを「領有」することによって初めて「完全達成」される。そしてそのためには「対米戦争の覚悟を要す」というのである。

これより七年も前に、リベラルなジャーナリストの石橋湛山は、自らの拠る『東洋経済新報』の一九二一年七月三十日号に「大日本主義の幻想」と題して、こう書いた。このとき湛山は三十六歳。石原莞爾より五つ年上だった。

「政治家も軍人も新聞記者も異口同音に、我が軍備は決して他国を侵略する目的ではないという。勿論そうあらねばならぬはずである。吾輩もまたまさに、我が軍備は他国を侵略する目的で蓄えられておろうとは思わない。しかしながら吾輩の常にこの点において疑問とするのは、既に他国を侵略する目的でないとすれば、他国から侵略せらるる虞れのない限り、我が国は軍備を整うる必要はないはずだが、一体何国から我が国は侵略せらるる虞れがあるのかということである。前にはこれを露国だというた。今はこれを米国にしておるらしい。果たしてしからば、吾輩は更に尋ねたい。米国にせよ、他の国にせよ、もし我が国を侵略するとせば、どこを取ろうとするのかと。思うにこれに対して何人も、彼らが我が日本の本土を奪いに来ると答えはしまい。日本の本土の如きは、ただ遣るというても、誰も貰い手はないであろう。さればもし米国なり、あるいはその他の国なりが、我が国を侵略する虞れがあるとすれば、それはけだし我が海外領土に対してであろう。否、これらの土地さえも、実は、余り問題にはならぬのであって、戦争勃発の危険の最も多いのは、むしろ支那またはシベリヤである。我が国が支那またはシベリヤに勢力を張ろうとする、彼がこれをそうさせまいとする。ここに戦争が起れば、起る。而してその結果、我が海外領土や本土も、敵軍に襲わるる危険が起る。さればもし我が国にして支那またはシベリヤを我が縄張りとしようとする野心を棄つるならば、満洲・台湾・朝鮮・樺太等も入用でないという態度に出づるならば、戦争は絶対に起らない。従って我が国が他国から侵さるるということも決してない。論者は、これらの土地を我が領土とし、もしくは我が勢力範囲として置くことが国防上必要だというが、実はこれらの土地をかくして置き、もしくはかくせんとすればこそ、国防の必要が起るのである。それらは軍備を必要とする原因であって、軍備の必要から起った結果ではない」

それなのに、世人、つまり多くの日本国民は、この原因と結果を取り違え、「台湾・支那・朝鮮・シベリヤ・樺太」という植民地を「我が国防の垣」であるとする。しかし、実はその垣こそ「最も危険な燃え草」なのである。

まさに、石原莞爾そのひとに向かって説いているような論調だった。

こう断じる湛山は、さらに次のように主張する。

「もし朝鮮・台湾を日本が棄つるとすれば、日本に代って、これらの国を朝鮮人から、もしくは台湾人から奪い得る国は決してない。日本に武力があったればこそ、支那は列強の分割を免れ、極東は平和を維持したのであると人はいう。過去においては、あるいはさようの関係もあったかも知れぬ。しかし今はかえってこれに反する。日本に武力あり、極東を我が物顔に振舞い、支那に対して野心を包蔵するらしく見ゆるので、列強も負けてはいられずと、しきりに支那ないし極東を窺うのである」

大日本主義が経済的にも軍事的にも価値のないことを丹念に検証した後で、湛山は「吾輩が我が国に、大日本主義を棄てよと勧むるは決して小日本の国土に跼蹐《きょくせき》せよとの意味ではない。これに反して我が国民が、世界を我が国土として活躍するためには、即ち大日本主義を棄てねばならぬというのである」と説き、それは「決して国土を小にするの主張ではなくして、かえってこれを世界大に拡ぐるの策である」と続けている。

この湛山の主張は、しかし、あくまでも少数派であった。「満蒙への夢」を語り、それを煽る石原莞爾的思想が大勢を占めていたからである。

それを、いま、振り返ったらどうなるか。日本にも湛山のような醒めた人間がいた、と胸をなでおろすか。いや、悪夢とはいえ、夢を見つづけていたかった、と莞爾リバイバルの声をあげるのか。たしかにまた、日本人はその分かれ目に立っているのだろう。

ともあれ、一九二八年六月四日未明、当時、「満洲某重大事件」と呼ばれた張作霖爆殺事件が起こる。その日の、たとえば東京の夕刊には、奉天（現瀋陽）四日聯合発電至急報として、次のような記事が載った。

「爆弾を投ぜられて
　張作霖氏の列車粉砕
けさ奉天も間近い地点に於て
犯人は南方の便衣隊

北京を退出した張作霖氏は特別列車で四日午前五時三十分皇姑屯駅を通過し、いよいよ瀋陽駅に向ふべく満鉄線鉄橋下を通過の刹那爆弾を投げつけられ、張作霖氏が坐乗していた筈の先頭より九輌目のコバルト色一等車は無残に破壊され、その後尾へ連結せる四輌は焼失した。張作霖氏の生死は未だ不明だが、その場から衛隊と共に奉天城内に遁入したとの説と、負傷して城内に送られたとの二説あり。死亡したとの説はないが、これがため満鉄該鉄橋の北側橋桁は爆破され、列車不通となった。犯行は南方便衣隊の仕業で、既に二名の支那人がその場で我官憲に逮捕された」

また、同じく奉天四日聯合発電至急報として、

「張作霖氏は助かる
　微傷を負ひ奉天入城
張作霖、呉俊陞両氏は何れも顔面に微傷を負ひその場から自動車で城内に入った。また張作霖、呉俊陞両氏と同乗してゐた嶬峨顧問も軽傷を負ったが、無事なること判明した」

これらはまったく操作された情報だった。事実はすでに張作霖も呉俊陞も亡くなっていたのである。

「　忽ち奉天に謡言起る
　　日本が張作霖氏を襲撃すと
　　　殺気充満した瀋陽駅」

こんな至急報も載っているが、統制された情報下では、「謡言」の方にこそ事実が秘められていた。

事件からおよそ七十年後の一九九七年五月二十九日、私はその現場に立った。風の強い日で砂塵が舞っていた。

この現場を、事件の起る直前から直後まで克明に撮った写真がある。関東軍の特務部員が写したもので、つまりは、関東軍が張作霖を殺したことを、これ以上明確に物語るものもない。

固く秘蔵されていたこの写真は、一九八六年、敗戦から四十一年目の夏に、はじめて陽の目を見た。山形放送が「セピア色の証言」と題して、このドキュメントをまとめ、放映したのである。事件からは五十八年目の夏になる。

関東軍の特務機関にいた佐久間徳一郎（山形県藤島町在住）が、上官の河野又四郎から預ったものとして、これを発表したのである。

「大事な写真であるから預ってほしい」

と言われて、佐久間は油紙に包まれた写真を受け取った。

河野がその後帰ってこないので、三ヵ月ほど経って開いてみたら、キャビネ判の六十一枚の写真だった。中の三十枚には一から三十までの番号が振ってある。

「満洲某重大事件」、すなわち張作霖爆殺事件のナマナマしい現場写真が大部分だった。

まず、爆破前の現場が撮られている。

そして、爆破直後の、線路がアメのように曲がり、列車が炎をあげて燃えている写真。さらには、日本兵や中国兵が現場検証をしている感じの写真が続き、張作霖の葬儀に関東軍の将校たちが出席している写真もある。

現場写真など、よほどの権限を与えられて現場を縦横に走りまわらなければ撮れないようなものばかりである。

つまりは、首謀者とされる河本大作や石原莞爾へ、あとで首尾を報告するために撮ったのだろう。

セピア色に変色したこの写真を佐久間から預り、山形放送のスタッフたちは中国にも飛んだ。

圧巻のインタビューは、張作霖の側近で、生き残った温守善へのものである。天津在住の温は、八六年の時点で八十六歳だった。その時点で生存している関係者は温一人。

温は張の左側にいたが、奇跡的に助かった。しかし、鼓膜を破られ、左側の血管もやられて腕が動かない。

爆破で大怪我を負った張を抱き起したら、張は、

「私はもうおしまいだ」

と言った。温は、

「傷は浅い」

と励ましたが、張も日本人がやったとわかっていたと思う、と温は語る。

「この付近は普通の人は入れないのだから、一般の人ではない」

温のこの指摘に、セピア色の写真を重ね合わせれば、事態ははっきりする。

しかし、この事実を日本の国民は長い間知らされずに来た。

張作霖は日本が後押ししていた軍閥だった。それを殺して、満蒙を意のままにするキッカケにしようとしたのである。

大連から瀋陽（奉天）、長春（新京）、そして哈爾賓《ハルビン》とまわった取材の旅につきそってくれた中国人ガイドが、張についてのこんなエピソードを教えてくれた。

張は字がうまかったが、関東軍司令官の本庄繁に頼まれて、こう書いた。

睡把女人腕
醒握天下権

寝る時は女人の腕を把り、醒めては天下の権を握る。

そして、「張作霖黒」とした。

黒に土をつけて墨とすればいいのだが、土を忘れてしまったのである。

それをあとで側近に指摘されたら、

「土は一寸も日本人にやらない」

と言ったという。

五味川純平は『戦争と人間1　運命の序曲』（三一新書）で、満蒙を中国から分離して日本の傘下に置こうとする計画は、石原莞爾らの創意的な陰謀ではなくて、田中義一が参謀次長だった一九一六年ころからある張作霖暗殺計画の「二番煎じ」だ、と指摘している。三番煎じが「満洲事変」だった。

第三章　青年元帥《ヤング・マーシャル》

石原莞爾にとって、漢、満洲、蒙古、朝鮮、日本の「五族協和」は「観念」（それを「夢」ともいう）だったが、犬養毅にとっては「現実」だった。たとえば中国人は、石原にとっては普通名詞であっても、犬養にとっては実像の浮かぶ固有名詞だったのである。

犬養毅の孫の道子のメモワール『花々と星々と』に、道子が孫文の片腕の戴天仇と三浦観樹の別荘で会う場面がある。もちろん、幼かった道子だけが会ったのではなく、祖父と母が一緒だった。

「道公、戴さんだ」

祖父の毅にこう声をかけられて、道子は、「柱に寄りかかって坐る見知らぬ人」を見た。

「黒い短い口髭をはやし、細く尖った眼で私を見た」その人は、「くるぶしまで裾の垂れる、黒絹の支那服を着け」、その裾をはしょって、あぐらを組んでいた。戴天仇である。

「じょっちゃん、みっち子さん」

五歳にもならぬ道子を、戴はそう言って手招きし、

「じょっちゃん、おろち食《ク》たことあるか」

と尋ねた。

「おろちってなによ」

と道子が問い返すと、

「おろち、知らぬか、蛇じゃ。ニョロニョロ！　こう、ふたつにブッタ切る。ピクピク動く。じょっちゃ

ん、うまいぞ」

と戴は言い、あまり丈夫でなかった道子がひっくり返って笑うと、

「おろち、からだによろしよ。おじさん、カントンおろち、こんどもてきてやる」

と道子を抱き起しながら言った。

「戴さん、道子をお風呂にいれてよ。あたし忙しいのよ」

母親に頼まれて、戴は道子を風呂に入れたこともある。

「戴さん五十かぞえる。その間じょっちゃん湯につかる。いいち、にいい、さん、しい……」

こうした「戴さん」などを通じて、中国革命は道子にとっても、「身近なもの」だった。

かつて孫文をかくまい、その弟子の蔣介石もしょっちゅうやって来て、「親子丼をいつもお代り」していた犬養家の当主、毅にとって「身近」以上のものだったことは言うまでもない。

そんな関係からだろう。日本びいきの軍閥、張作霖、学良父子とも、犬養毅は親交があった。日本びいきの張父子と書いては正確を欠くかもしれない。作霖はたしかにそうであったが、父を日本軍に殺された学良は違った。

日本軍は自らの勢力拡張に利する限りは張作霖をバックアップし、彼が利用できなくなると、これを殺した。それでも、作霖にとっては、恐れるものは、まず中国共産党であり、日本軍ではなかったというのが哀れである。あくまでも日本軍を警戒し、中国共産党と手を結んでも抗日を主張するようになる学良とはそこが異なる。

そんな学良も犬養毅は信頼していた。そこに犬養が「五・一五事件」で斃れる遠因があった、と道子は

『ある歴史の娘』に書く。

道子はつねづね、疑問に思っていた。事件の最中に祖父が「話せばわかる」と言ったとされることをである。

最期の瞬間にそう叫んだとすれば、大変立派ということになるが、道子の知る祖父、毅は「こんな一語を麗々しくのこすにしてはもう少々、わけ知りの人」だった。

以下、その「青い手紙」の章の一節を引く。

「『話せばわかる』ていどの生まやさしい時代であったなら、元来、あんな事件の起るべくもなかった。『話して聞かせればわかる』軍であったなら、そもそも日本は満洲以降太平洋の戦いにまでひきずられて行かなかった筈である。いくら話そうとわからない、わかるまいと前以て確固ときめてかかる相手であることを、それが時代の力の性格であることを、たれよりもよく知りつくしていたのは、その頑な強大な力の前に在って、『話の政治』すなわち議会制度のせめて最低線を守ろうと、不可能を知りつつ身を投げ出した無力非力のお祖父ちゃま自身であったのである。

彼の立場はたとえて言えば、癌に挑むに一本のビタミン注射を以てせよと命じられた医者にも似ていた。いかに針を打とうと駄目と知りぬくその医者が、かりそめにも土壇場で、なにビタミンで間に合うよと言うであろうか。決して言わぬ筈である。

話してわからぬ時代なればこそ、祖父も死んだ。高橋是清も死んだ。斎藤実大将も死んだ」

では、なぜ、犬養毅が「話せばわかる」と言ったとされるのか。

その疑問を解くカギを、道子は原田熊雄述『西園寺公と政局』（岩波書店）に見つける。通称「原田日記」

第二巻のわずか五行の部分である。

「……（犬養総理の暗殺事件に関しては）遠因は、もとより政党に対する反感、……といふやうなものだらうが、噂によると、張学良の倉庫の中から日本の政党の領袖や大官連の署名のある金圓の領収書が現はれた中に、犬養総理のものも混ってゐたとかで、……先頭第一に侵入して来た青年士官が……張学良から金をもらった一件を難詰しようとした時に、総理はこれに対して、『その話なら、話せば判るからこっちに来い』と言って……（仮名つかい原文のまま。傍点犬養）」

この箇所を読んで、道子は一九三三、四年のある日の午後のことを思い出す。

祖母や父と「お祖父ちゃまの部屋」の整理をしていた道子は、父の健に、

「おい、ちょっと見てごらんよ。張学良の手紙」

と声をかけられる。

「え？　張学良！」

当時、十二歳か十三歳の、「新聞を朝刊も夕刊もすみからすみまでこまめに読む子供であった」道子はその名を知っていた。しかし、「馬賊の張《チャン》（作霖）」の伜のイメージしかなく、健が持っているハイカラな書簡箋とは容易に結びつかなかった。

最初、薄青く見えたそれは、近々と見れば「純白のリネン布にも似た極上の西洋紙」であり、そこにくっきりと濃緑の装飾用印刷インキが楷書体の字を盛り上らせていた。

張

娘の感嘆する様を見ながら、健は言った。

「わざわざ天津あたりのドイツ人の店にでも注文したんだな。日本軍がいるから、かわいそうに、このレターペーパー一枚にだって、えらい苦労したかもしれないね」

ローマ字で「Chang」と書いてあったら、英国貴族の書簡箋と思っただろうそれを前に、

「ねえ、何て書いてあるのよ」

と道子が尋ねると、健は、

「お祖父ちゃんに甘えたのさ」

と答えた。

そして三十年。道子は健の遺稿メモの中に「青い手紙」にまつわる次のような一文を読む。

「……犬養内閣成立（一九三一年十二月中旬）後まもなく、暮もおしつまったころ。父は一通の密書を受け取った。差出人は、抗日の先鋒、張学良であった。『閣下の中国理解の深さに信を置き、ここに私信を送って、敢てお願いしたきことあり』とその密書ははじまっていた。西洋風の純白の紙に緑で『張』の一字を浮き上らせた書簡箋であった。

私信は、私有財産に関するもので、満洲で日本軍に抑えられてしまった財産一切――亡父張作霖遺品を含む――が何とか手元に返るよう御尽力願えまいか。財産私財と申すが、書物である、古美術である、書である、拓本である……。

父木堂は、関東軍の掠奪を悲しみ、中国人の財産すべては――ことにも貴重な、民族的文化遺産である書物拓本の類は――直ちに中国のものとして返されるべきであると考えた。同時に、愛する孫娘から少々厄介な頼みごとをされたときのような顔もして見せた。

厄介とは、果してこの時期――すなわち関東軍天下のいま、この自分――すなわち関東軍ににらまれる自分に、この頼みごとを叶えてやれる力があるかわからぬと言う意味であった。

愛する孫の頼みのように……そう、父は、張に信を置かれて嬉しかったのである……」

そして道子は推測する。張は「私財捜索・返却輸送」に必要な金子小切手をその密書に添えたのではないか、と。

同時に張は「金銭出納をゆるがせにせぬ中国人らしく、金銭出入の自家用書類の中に、覚え書を必ずのこした」だろう。

それが関東軍に見つけられた。

張の手紙を受け取ると、直ちに犬養毅は総理公用至急電報を現地の日本領事館に送った。それによって、わずかでも対日感情を変えることができれば、と思ってである。

日本軍は掠奪のために満洲にいるのではない、総理命令だから調べろ、捜せ、そして、返せ……。

しかし、それは叶えられる望みではなかった。逆にその「青年元帥の甘え」が犬養暗殺の引金を引く一つのバネとなる。

のちに「西安事件」を経て、蔣介石に幽閉される張学良については、松本一氓の『忘れられた貴公子』(わせだ書房新社)など、さまざまな本が書かれている。最近では、譚璐美の『父の国から来た密使』(新潮社)が、周恩来による張学良救出作戦を描いて、数奇な生涯に、また一つの色を添えた。

日本および日本人との関係で言えば、張学良の楊宇霆暗殺にからんで、大川周明が登場する。大川は石原莞爾と同郷であり、五味川純平によれば「非合理が合理以上に幅をきかす国では有名になる資格を充分に持った奇怪な人物」だった。

実は、大川は、私が学生時代の四年間を送った山形県庄内地方出身者の寮「荘内館」の先輩に当たる。私が入っていた当時の寮監は佐藤正能という人で、その父親の佐藤雄能という人も寮監をしており、大川は『佐藤雄能先生伝』を書いている。

佐藤正能に聞いたところでは、大川は学生時代、消灯時間が来ると、外に出て街灯の下で勉強していたという。

また、決して仲がいいとは言えなかった三歳下の石原について、戦後に会った時のことを「菩薩の声を聞く思いだった」と述懐したとか。

大川と石原の角逐にもおいおい触れていくつもりだが、張学良に対する大川の教唆とされるものは、こうである。

張作霖が暗殺された時、その後継者は息子の学良と決まっていたわけではなかった。作霖の右腕だった楊宇霆が存在感を発揮していたからである。学良も楊には煙ったい感じで、何目か置かざるをえない。

そうした学良の心理状況につけ入って、楊が野心を抱いているのではないかという学良の疑惑を膨らませた者がいる。大川周明である。

大川は学良に『日本外史』を贈った。その中で豊臣家滅亡のところには赤丸が付してある。つまりは、東三省の実力者、楊宇霆を徳川家康になぞらえ、若い学良を豊臣秀頼の立場に置いて、楊が学良を亡き者にすると暗示しているのである。

これを読んで学良は楊暗殺を決意した。森島守人は『陰謀・暗殺・軍刀』（岩波新書）という「一外交官の回想」に、学良の秘書の陶尚銘が、大川から贈られた『日本外史』が学良に楊の暗殺を決意させたと語った、と書いている。

この後日談以外に、大川の「暗殺教唆」の証拠はないのだが、「五・一五事件」の訊問調書で大川は、いわばこれを〝裏書き〟するようなことを述べている。

「張作霖の後を嗣いだ張学良氏は其の時二十八歳の青年であり、其の人物を見抜いた日本人は殆どなく、概ね無為の御曹司と評価して居り、之に対して作霖時代から勢力を揮って居った楊宇霆が居る。そこで作霖死後日本の当局者間に起った問題は今後誰を中心に対満交渉を続けて行くかと云ふ事です。即ち形式的には学良氏の満洲政権継承を承認するか、実際の談判相手として学良、楊宇霆の孰れを択ぶかと云ふ事でありま す（中略）。

私は数度の会見に依って当時日本人間に行はれて居た学良氏の評価が甚だしく実際と相違せる事を知った。例へば彼が阿片中毒で人と対談中でも席を外して三十分毎に注射しなければならぬと云ふ噂が殆ど真実として通って居た。然るに実際は私と四時間以上も対座し其間始終端然として頭脳は最後迄極めて明晰、毫も評判の如き中毒を認めなかったのみならず、相当の所迄打明けて色々の話をしたが、私は彼が容易ならぬ人物である事を認め、其の大胆と俊敏と狡猾とを知り、此の人を坊っちゃん扱ひにする事の甚しく誤れる事を覚り、吉会鉄道問題を初め満蒙諸懸案の談判相手は楊宇霆ではなく学良氏にしなければならぬと考へました（中略）。

私は此の正月から四月迄奉天、北京、上海の間を往復して居たのでありますが、学良が楊を殺した翌々日の朝に彼を訪問しました。行って見ると神色自若として居る。自分と楊とが両立出来ないのは豊臣秀頼と徳川家康とが両立出来ないと同じ事で、今度の事は張家の為止むを得なかったのだと平気で話した」

暗殺の翌々日に学良を訪ねるとは、その教唆の「成果」を舌なめずりして〝犯人〟が見るような血なまぐささが漂う。

この大川に、学良が犬養に寄せたような信頼を抱かなかったことは確かだろう。まさに非合理な陰謀家が力を得ていた時代だった。

第四章　分身、花谷正

一九二八年秋、奉天総領事代理として赴任した森島守人のメモワール『陰謀・暗殺・軍刀』に、「板垣大佐を筆頭に、石原莞爾中佐、花谷少佐、片倉大尉のコンビが、関東軍を支配していたので、本庄司令官や三宅参謀長はまったく一介のロボットに過ぎず、本庄司令官の与えた確約が後に至って取消されることはあっても、一大尉片倉の一言は関東軍の確定的意思として必ず実行せられたのが、当時における関東軍の真の姿であった」とある。

板垣征四郎、石原、花谷正、片倉衷の、いわば〝四人組〟が当時の関東軍を壟断していたということだが、石原はとりわけ花谷をかわいがった。その親密ぶりを、関東軍参謀時代の石原の日記から摘記してみる。

一九二九（昭和四）年

一月一日　昨年末ノ風邪漸ク略《ほぼ》ヨク拝賀式後各所ヲ廻ル／夜、高橋、花谷両君来訪
一月九日　夜、花谷君来訪
一月二十日（日）　午前花谷君、午後古野氏訪問／夜、（稲葉）君山先生ニ書キ内藤（湖南）博士ヘノ紹介ヲ依頼ス
一月二十一日　夜、花谷君ト家ニテ会食

これだけを見ても、入りびたりという感じがわかるだろう。たとえて言えば、花谷は石原組の若頭である。朝、日蓮宗の教義の研究をやり、夜、ナポレオンの対英戦争の学習をする石原の下に、花谷は足繁く訪れた。

一九三一年になっても、その頻度は変わらない。

一月二十七日　花谷少佐来／東京ノ事情ヲキク／大川（周明）一派ト提携固ヨリ可ナルモ尤モ慎重ナル研究ヲ要ス
二月十五日（日）　夜、板垣大佐私宅ニ招待セラル／多田大佐、花谷君及海軍将校アリ
三月十八日　朝、花谷君来ル／昼、北満活動／午前、午後、「満蒙問題解決案」ノ討議／夜、榊原氏来リ花谷君ヲ呼ビテ会談ス
四月二十七日　花谷ノ案内ニテ午前、附属地、午後、城内、兵工廠、航空隊、南大営、北大営訪問
五月三十一日（日）　朝、花谷、今田両氏来リ板垣大佐宅ニテ謀略ニ関スル打合セ／午後、雄峯会ニ出席、

終列車ニテ帰ル／「軍司令官ハ満鉄ノ保護ノ為ニハ兵力ヲ使用スルコトヲ得」
六月二十八日（日）大頂山方面ニ乗馬、新井、武田両君共／夜、板垣大佐ヨリ電話、花谷、河野（延吉連絡班）両氏アリ
六月二十九日　河野氏講話／退庁後、板垣大佐宅ニテ花谷、竹下氏ト四人ニテ奉天ニ関スル研究
七月二十五日　朝、花谷来リ午前状況ヲキキ午後、板垣大佐宅ニテ研究
八月十六日（日）板垣大佐ヲ出迎ヘ、土肥原大佐モ来ル／花谷来リ三人ニテ談ズ、「領土主義」ニ対スル不徹底ニツキ論議ス

日曜日にも会っているのだから、恋人顔負けだろう。

ちなみに、奉天市長もやった土肥原については、前記の『陰謀・暗殺・軍刀』に、こんな記述がある。

「土肥原は中国人間では、『土匪原』として、また外人間では『満洲のローレンス』として知られ、土肥原の動くところ、必ずトラブルを起すといわれたが、各地の土語に通じていたため道具として使われた傾があった。性単純に過ぎかえって中国人に引き廻された場合が多く、その陰謀中で成功したのは、溥儀の引き出し、後述の土肥原、秦徳純協定および冀東防共自治政府位のものであろう」

〝ラスト・エンペラー〟の溥儀については後に詳しく触れるので、ここでは紹介しない。

森島メモワールは、次に板垣を寸評し、土肥原と並べて、こう結ぶ。

「また板垣は頭が悪かったが、部下の献策は事善悪を問わず、取り上げて、これを押し通す粘りと図太さを持っていたため、部下の絶対的信用を博していた。ともかくも両人が中国人に与えた畏怖の念は強く、中

国新聞は公然、板垣、土肥原の名を聞けば、婦女子も泣きを止めるとさえ報道した位であった」

この板垣の「粘りと図太さ」の恩恵に最も浴したのが石原莞爾だろう。「事善悪を問わず」部下の献策を取り上げる板垣を徹底的に利用したのが石原だった。

また、石原は、土肥原とは違った意味で「性単純」な部下の花谷を、いわば重宝に使ったのである。

その花谷とはどんな人間だったか。

『「挫折」の昭和史』(岩波書店)で、石原を「ダダイストのような将軍」と称している山口昌男は「花谷正と石原イズム」という一節に、東方会の中野正剛が一九三三年十一月二日に日比谷公会堂で行った演説を引く。

「関東軍の板垣・石原参謀の下で四天王の一人と言われた花谷少佐という人物がいます。この花谷君が、先般、東京の学校の先生方の前で満洲事変について講演した――私どもは満洲で貴重な体験をした。そこでは、将校も兵士もない。弘前師団の精鋭は東北貧農の子孫・熊本師団の豪強は北九州労働者の家庭より出づ。家庭から送られて来る手紙には何が書いてあるか。弟は欠食児童、家は分散する。妹は身売りする。このことを知った私は、『兵隊よ、死ね』という号令をかけることができなくなった。自分の方が死にたくなったと」

そして山口は「花谷少佐の話は、将兵の平等、農民の疲弊という二つの点で、石原の考え方の延長線上にあった」と指摘している。

しかし、敵兵もまた同じ状況にあるのではないか、とは花谷は考えない。軍人だからとはいえ、花谷も石原も思いが及ぶのは、あくまでも「日本の将兵」と「日本の農民」の身の上に限られていた。

この花谷が、森島の回想に次のような形で登場する。

一九三一年九月十八日午後十時半、満鉄本線柳条湖付近で鉄道が爆破され、日支両軍の衝突が起こった。柳条湖事件である。中国ではこれを「九・一八事変」と呼び、断じて忘れないための記念館を建てている。そこには、首謀者としてただ二人、板垣征四郎と石原莞爾のレリーフが掲示されていた。そして、一九三一年から日本が投降した一九四五年までの「日本帝国主義的血腥統治下」、中国人民は「亡国奴生活」を強いられた、とある。

同夜十時四十分ごろ、奉天総領事代理だった森島は突然、特務機関から、柳条湖で中国軍が満鉄線を爆破し、軍はすでに出動中だから至急来てくれ、という電話を受ける。総領事の林久治郎は友人の通夜に出かけて留守だった。

それで森島は林への伝言を残し、館員への非常召集令を出して、特務機関へ駆けつける。

特務機関では、煌々たる電灯の下、「本庄司令官に随行して奉天を離れたはずであった」板垣を中心に、参謀たちがあわただしく動いていた。

「中国軍によって、わが重大権益たる満鉄線が破壊せられたから軍はすでに出動中である」

と言う板垣に対し、森島は、

「軍命令は誰が出したか」

と尋ねる。

「緊急突発事件でもあり、司令官が旅順にいるため、自分が代行した」

と板垣は答えた。

森島は軍が怪しいと思ったが、繰り返し外交交渉による平和的解決が必要だと主張し、

「一度軍の出動を見た以上、奉天城の平時占領位なら外交交渉だけで実現して見せる」

と極言すると、板垣は語気荒く、

「すでに統帥権の発動を見たのに、総領事館は統帥権に容喙、干渉せんとするのか」

と反問し、同席していた花谷が、森島の面前で軍刀を抜き、

「統帥権に容喙する者は容赦しない」

と脅した。

まさに、問答無用、つべこべ言うなの態度である。

さらに花谷はその二日後の二十日深更、突然、森島の官邸の扉を叩き、

「軍の使いだ、早くあけろ」

と怒鳴った。

森島夫人が出たが、花谷は酒気を帯び、軍刀をちゃらつかせていたので、その只ならぬ剣幕に驚き、夫人は領事館警察へ通ずる非常ベルを押す。

直ちに官邸は武装警官で取り囲まれた。

森島が寝巻のまま応対すると、花谷は居丈高に、

「政府が朝鮮軍の越境を差し止めたのは、総領事館から中国軍は無抵抗だとの電報を出したためだ。こんな有害無益な電報を出すなら、いますぐ一小隊の兵を持って来て無電室を打ち壊す。閣議の席上で幣原外相から中国軍は抵抗をしていないから、わが軍の攻撃を中止すべきだとの意見が出たが、右は総領事館の誤っ

た電報の結果だ。出先で強いてことを荒立てるのも面白くないから、平素顔なじみの自分がとくに君のところへ使いに来たのだ」

と語る。

夜遅く、軍刀を持って訪ねることが「ことを荒立てる」のではないと考えるのは、軍人だけだろう。

この非常識な「使い」に対して森島は、

「趙欣伯から再三中国側は無抵抗主義で行くから、至急日本側の攻撃を止めてもらいたいとの電話があったから、そのまま電報した。右は板垣に伝達した通りだ。現に彼我両軍の間に交戦がつづいている現状から見て、中国軍が無抵抗のままで、交戦していないとの電報を出すようなことは、常識上から考えても、想像できんじゃないか」

と答えた。

そして、総領事にも会わせたうえで帰したのである。

話し合いは互いに理性を持った者の間でのみ成り立つ。花谷のように理性を軽蔑する者との応対は、森島にとてつもない疲労感を残しただろう。

山口昌男は前掲書で、花谷について、

「想うに花谷は、当時の少壮将校気質の典型的な存在であったのであろう。熱血漢で、単純で、お調子者で、短慮で、軍刀を振り廻して威嚇するが、石原を慕うことで自らは免罪符を得ているつもりだった。つまり当時の陸軍にはごろごろしていた人間の一人であった」

と書いている。

免罪符は、それを発行する者がいなければ流通しない。花谷に「得ているつもり」にさせたのは、やはり石原だった。石原には〝発行者〟としての責任があり、それは免責されることはない。軍刀を振り回す花谷をさらに増長させた石原自身の免罪符は永遠に発行されることはないのである。

軍隊は国家の暴力装置といわれる。それが暴走したのが戦中の日本だったわけだが、花谷は「石原という国家の暴力装置」だった。

花谷の「暴力」を背景に、あるいは、花谷を暴走させながら、石原は自らの考えを通して行ったのである。

片倉衷は土肥原賢二について、次のような証言を残しているという。

「土肥原はよく謀略をやる奴、との世評があるが、私が接触した限りでは、そのようなことは決してなく、温厚で誠実な人であり、むしろ花谷少佐等の起こした数々の謀略の尻ぬぐいをして、悪評を一身に引き受け刑死したのであった」

中国人に土肥原ならぬ〝土匪原〟とまで呼ばれた人間が「温厚で誠実」だとはいささか信じ難いが、それはあくまで比較の問題であり、片倉の眼から見ても、花谷の謀略はひどかったということだろう。

その尻ぬぐいをして土肥原は刑死した。しかし、では、石原は花谷への「悪評を一身に引き受け」なくともよかったのか。

「石原は、思慮分別においては花谷らと比較にならないほど傑出していた。多少若手将校と気質を共有するところがあったが、花谷ほど粗っぽくはなく、それも前もって半ば計算していたごとくである。

とは言うものの花谷は、石原の離脱後も関東軍で生き延び、中国戦線で転戦して暴れ廻り、敗戦後も生き延びたらしいから、処世術においては結構石原を抜いていたと言えるのかもしれない」

山口はこう書く。

しかし、私はそうは思わない。山口は文化人類学的観点から石原の「おもしろさ」に惹かれ、それゆえに石原を免罪し過ぎている。

石原が「思慮分別においては花谷らと比較にならないほど傑出していた」と言うなら、なおさら、花谷を使いまくった石原の責任が問題とされなければならないのである。

動機において結果を許すことができないように、花谷と石原を分離して石原を免罪することはできない。

第五章　一九〇四年秋、仙台

〽広瀬川流れる岸辺
さとう宗幸の歌う「青葉城恋唄」は、こう始まる。杜《もり》の都の仙台を歌った唄である。
〽時はめぐり　また夏が来て
　あの日と同じ流れの岸
という一節もあるが、いまから一世紀近く前の仙台で、二人の人間が同じ広瀬川の瀬音を聞いていた。
石原莞爾と、中国の作家、魯迅である。
一八八九（明治二十二）年生まれの石原は、一九〇二（明治三十五）年九月に仙台の陸軍地方幼年学校に入り、三年後に陸軍中央幼年学校に進むまで、仙台にいた。
成績抜群で開校以来の秀才といわれたが、この仙台時代で有名なのは、図画の時間に、写生の題材に困った石原が白分の逸物を写生帳に描いたことである。

「便所に於て我が宝を写す」と題して、これをデカデカと描き、平気で提出した。

職員会議で問題となり、退校騒ぎに発展したと書く石原伝が多い。たとえば、田中角栄をかついだ山形出身の政治家、木村武雄は、「近世史上の三大革命家」として『ナポレオン　レーニン　石原莞爾』（講談社）を並べた本の中で、戦場を図画で示す関係から、写生を必修課目とする、くそまじめな教官に抵抗したのだ、と解説する。

写真が発達して図画以上の見取図ができるようになったのに、なぜ、週二回も写生をやらせるのか。石原は後年、カメラに凝るが、子供の時分から図画も巧みだった。

だから、白分は写生は苦にならない。しかし、軍人は実戦を主として鍛錬すべきで、無駄は排除すべきであり、これまでの因襲をそのまま継承するのはおかしい。

写生の題材に苦しむ同級生を前に、そう考えた石原は、

「おれに任せろ」

と言って、逸物を描き、教官にそれを見せた。

瞬間、彼の顔色は変わり、ふるえる手で写生帳を叩きつけて教室を出て行った。

石原を取り巻いた同級生に、笑いながら石原は、

「もう写生は必修課目ではなくなるぞ」

と言ったが、ことはそう簡単ではなかった。

同級生が生徒監に呼び出され、石原は品性下劣、上官抵抗で退校だぞ、と怒鳴られる。

「石原は品性下劣ではありません。上官に抵抗したのでもありません。彼はみんなが週二回の写生にまったく題材をなくして困っているので、それを助けるためにやったのです」

と同級生は必死になって抗弁した。

それで生徒監は逆に石原擁護になり、教育部と教授部の対立に発展する。

それを校長の柳下が、

「これは私の責任だ。石原は一定期間この柳下が直接訓育する。それでも将来の見込みがなければ、また改めて諸君に相談する」

と引き取ってケリがついた。

木村の解説には力が入っているが、幼年学校から陸大まで石原の同期生だった横山臣平によれば「これは誇張された噂話」だという。写生帳に「宝」を描いて出したことは事実だけれども、大した問題にはならなかったというのである。

教官が石原を叱ったかもしれないが、退校云々とはならなかった。石原の脱線は有名であり、「これ位のことは平気でやる男」と思われていたからである。

ただ、稚気溢れる行為というには、いささか、ためらいが残る。十三歳から十六歳までを石原は仙台で過ごすが、その年齢の行為としては無邪気とは言えないだろう。

石原が三年に進級した一九〇四年九月、石原より八歳年上の周樹人（のちの筆名が魯迅）が仙台医学専門学校に入学する。二十三歳だった。

それからの一年を、石原と魯迅は同じ仙台で暮らしたのである。あるいは街角ですれちがったことがあるかもしれない。もちろん、「青葉城恋唄」のようなロマンチックな雰囲気はなかっただろうが、同じ広瀬川の瀬音を聞いていたことは確かなのである。

しかし、その後の二人の運命はあまりにも異なっていた。石原が中央幼年学校に進んだ翌年の一九〇六年春、魯迅は仙台医学専門学校に退学届を出し、東京に戻る。この二人は東京の空も共に眺めていた。

魯迅が仙台を去ったのは、いわゆる「幻燈事件」がキッカケだった。それを魯迅は『朝花夕拾』（竹内好訳、岩波書店刊『魯迅選集』第二巻）所収の「藤野先生」に書いている。

仙台医専の骨学の先生だった藤野厳九郎は中国からの留学生の魯迅に、

「私の講義は、筆記できますか」

と尋ね、魯迅が、

「少しできます」

と答えると、

「持ってきて見せなさい」

と言って、以後毎回、ていねいに朱筆で添削して返してくれた。それは、骨学だけでなく、血管学、神経学にも及んだのである。

そんなこともあって、魯迅の成績はよかったのだが、そのことが日本人同級生のやっかみを呼び、魯迅は藤野から試験問題を教えてもらっているのだという匿名の手紙を受け取る。

「中国は弱国である。したがって中国人は当然、低能児である。点数が六十点以上あるのは、自分の力ではない。彼らがこう疑ったのは、無理なかったかもしれない。だが私は、つづいて中国人の銃殺を参観する運命にめぐりあった」

異国の地にあって自国人の銃殺を見る。これほど切ない話もないだろう。

それは第二学年の細菌学の授業においてだった。細菌の形態は、すべて幻燈で見せる。

時折、時間が余ると、ニュースなどを映したが、あるとき、日露戦争の最中に、中国人がロシア軍のスパイを働いたとして銃殺される場面《シーン》が出て来た。

「万歳!」

それを取り囲んで見物している中国人群集が手を拍《う》って歓声をあげる。

もちろん、幻燈を見ている日本人学生も歓声をあげたが、魯迅はこれにショックを受けた。日本人に対してよりも、むしろ、中国人の同胞に対する衝撃である。

「ああ、もはや言うべき言葉はない」

そう思って魯迅は医学の道を捨てる。中国人には精神の改造こそが必要だと考えて、作家の道を選択するのである。

しかし、日本人には精神の改造は必要ではなかったのか。同じころ、仙台にいて、魯迅は一大決心をしたのに、石原は自らの逸物を描いていた。もちろん、八歳の年齢差はある。けれども、あまりにも激しいコントラストではないか。

魯迅が藤野を訪ねて、医学の勉強をやめたいと告げると、藤野は悲しそうな表情をし、出発の二、三日前に魯迅を自宅に呼んで、裏に「惜別」と書いた写真をくれた。

そして、魯迅の写真もほしいと言ったが、魯迅にはあいにく、写真の持ち合わせがなかった。それで、そのままになってしまったが、藤野にもらった写真を魯迅は机の前の壁にかけて、大事にした。

「夜ごと、仕事に倦んでなまけたくなるとき、仰いで灯火のなかに、彼の黒い、痩せた、今にも抑揚のひどい口調で語り出しそうな顔を眺めやると、たちまた私は良心を発し、かつ勇気を加えられる。そこでタバコに一本火をつけ、再び『正人君子』の連中に深く憎まれる文字を書きつづけるのである」

魯迅は「藤野先生」をこう結んでいる。

ドレイを持つことにおいて、ドレイの主人もまたドレイである。魯迅はこう喝破したが、その認識は当時の日本人にはなかった。とりわけ軍人にはなく、石原ももちろん、例外ではない。

藤野厳九郎は魯迅の師、もしくは友たりえても、石原は魯迅の友たりえない。

石原は満洲事変後まもなく、一九三五年四月二十三日に、郷里の鶴岡で講演している。

「殊勲甲勲三等功三級」の栄誉を得て演壇に立った石原は、

「私は今から約五十年前、この鶴岡に生まれました。幼少から軍人たらんと志望しましたが、貧乏士族の悲しさ、学資がなくて困っていたところ、鍛冶町の富樫治衛門翁の好意にあずかるを得、日々学資の補助を受けて幼年学校に学びましたが、いまだに何の報恩をしないで心苦しく思っている次第です」

と切り出した。

これには、満場シーンとなったという。

その幼年学校時代の石原について、前記の横山臣平は、「むずかしい本を多く読み、また名士を訪ねて談論し、その優れた頭脳でよくそれを吟味し、人の意見を鵜のみにすることなく権威ある論説に対しても批判を加え、重要な事項は徹底的に研究を重ね」たと記す。それによって、石原イズムはつくられたというのである。

ただ、学科は優秀だったが、器械体操や剣術、柔道その他陸上競技などは不得手で、点数も低かった。しかし、負けじ魂が強く、剣術などでは、所構わず打ち込んでくるので、「いやな相手」だったとか。

「彼は真面目な行儀正しい生徒ではなく、悪戯《いたずら》者で、無頓着で無精者、口が悪くて茶目的行為が多かった」と横山は述懐する。

その一つに「虱の競走」というのがある。

無精で風呂に入らなかった石原に虱がわいた。それをペン軸の頭（ペン先を入れるようになっていた）に十匹ほど入れておき、時々、紙の上に並べて競走させる。これは誰も考えなかった出し物なので大評判だった。競走が終わると、また、ペン軸に入れる。

こんな明け暮れに、中国人や朝鮮人の苦悩が入り込む余地はなかっただろう。

ところで、第三章に取り上げた「青年元帥《ヤング・マーシャル》」の張学良は、石原より一歳年下で一九〇一年生まれである。奇しくも、昭和天皇と同い年。

『張学良の昭和史最後の証言』（NHK取材班、臼井勝美共著、角川文庫）には、一九二一（大正十）年に日本に来た張が、当時、皇太子だった昭和天皇とまちがえられた話が出てくる。

一度目は軍事演習の時、軍楽隊が思わず君が代を演奏してしまったほどだった。

二度目は皇居に行った時で、皇后が、あまりに似ているので、張の方を見て、

「あの人は誰ですか」

と尋ねたという。

張は医者になりたいと思っていた。しかし、父親の作霖はそれを許さず、彼の後継者となる。

「当時、私は軍人になるとは夢にも思っていませんでした。ですから今となっては笑い話ですが、私は勉強をして人を救う医者になりたいと思っていたのに、結局は人を殺す軍人になってしまったのです」

九十歳の証言で、張学良はこう語っている。

「日本人は、丁寧で親切でした。しかしその一方で、日本人に対して不満を感じていました。それは、いつも中国人に対して、権力でお前を服従させてやるといわんばかりに、しばしば、日本はこれだけの力があるのだと見せつけようとすることです。私は、力を振りかざすものに対しては、恐れることなく反抗する人間です。ですから、日本訪問から帰ってきたときの私の日本の印象は決して良くはありませんでした」

ここで批判されている日本人の、石原もまぎれもなく一人である。石原自身が「権力でお前を服従させてやる」という態度をとらなかったにしても、何かと言うと、サーベルをちらつかせた花谷正のような部下を、石原は咎めようとはしなかった。

父親の作霖を日本軍が殺したのに、首相の田中義一は、学良が反日的となって蔣介石の国民政府と手を結ぶことを恐れた。

そして、特使の林権助を派遣し、再三にわたって学良に、国民政府と合作しないよう、働きかけた。

最後まで明確な返答をしない学良に、林が、

「あなたのお父さんと、私とは古くからの友人です。しかも、私は政府の命を受けてあなたのもとを訪れたのです。それにもかかわらず、あなたは終始明確な返答をしませんでしたね」

と言うと、学良は、

「林先生。あなたが私の代わりになって考えて下さったことは、私自身が考えるよりも、もっとすばらしいものでした」

と答えた。林が相好を崩して喜ぶと、

「でも、ひとつだけ考えていらっしゃらなかったことがあります」

と学良は言い、

「いったいそれは何ですか？」

と林が怪訝な顔をするのに、かぶせるように学良は言い切った。

「それは、私が中国人だということです」

すでに学良は国民政府との合作を決めていたのである。一九二八年十二月二十八日、彼は東北全土（満洲）の旗を、国民政府の青天白日旗に取り換える「易幟」を断行する。

学良は命令してから三日間で旗を用意させた。そのことに、日本の諜報機関はまったく気づかなかった。一本の旗ではなく、東北全土の旗を換える準備をしていたにもかかわらずである。彼は語る。

「日本の諜報活動は実にお粗末で、当時諜報活動のために注ぎ込んだ金は、全てごみ箱に捨てたも同然でした。（中略）あなたがた日本人は私の父を殺し、日本のためにその真相を曖昧なまま隠そうとしました。私の父は日本と組むことを欲していました。そして私自身も同じ気持ちだったのです」

第六章　予一個ノ責任

御用掛の寺崎英成がまとめた『昭和天皇独白録』（文春文庫）に、「二・二六事件」に関連して、昭和天皇がこう言った、とある。

「参謀本部の石原完〔莞〕爾〔作戦部長〕からも町尻〔量基〕武官を通じ討伐命令を出して戴きたいと云つて来た。一体石原といふ人間はどんな人間なのか、よく判らない、満洲事件の張本人であり乍らこの時の態度は正当なものであつた。

又本庄〔繁〕武官長が山下奉文〔軍事調査部長〕の案を持つて来た。それに依ると、叛軍の首領三人が自決するから検視の者を遣はされ度いといふのである。然し検視の使者を遣はすといふ事は、その行為に筋の通つた所があり、之を礼遇する意味も含まれてゐるものと思ふ。

赤穂義士の自決の場合に検視の使者を立てるといふ事は判つたやり方だが、叛いた者に検視を出す事は出来ないから、この案は採り上げないで、討伐命令を出したのである」

この時、昭和天皇はなぜ、「石原といふ人間はどんな人間なのか、よく判らない」と言ったのか。

「満洲事件」では、それこそ、石原が独断専行の〝叛徒〟だった。二・二六事件で蹶起した青年将校の立場に石原はいたのである。

だから、二・二六事件が起こった一九三六年の秋、陸軍参謀本部作戦課長だった石原が、中央の意向を無視して国民政府軍と摩擦を起こす関東軍をたしなめるべく新京（現長春）へ飛び、板垣征四郎参謀長官舎に軍参謀七名を集めて、内蒙古工作中止の指令を守るよう、きつく申し渡した時、この工作の首謀者だった武藤章に次のように反問された。

「唯今のお示しは、両長官（陸軍大臣・参謀総長）の意志なので、左様におっしゃるので、かならずしも石原部長（正しくは課長）御自身の御気持ではないと心得て、よろしいでしょうか」

それに対し、石原が、

「貴官は何を申す。既に幾回も、我輩の名を以て、内蒙工作の不可を電報しているではないか。両長官は、軍をして厳しく中央の統制に服さしめるよう、小官を派遣したものです」

と怒ると、武藤は、

「これはおどろきました。私たちは、石原さんが満洲事変のとき、やられたものを模範としてやっているのです。あなたから、お叱りをうけようとは、思っておらなかったことです」

と返し、そこにいた参謀たちは一斉に同意の笑い声を挙げた。それで石原は照れてしまい、その度の打ち合わせは終わったという。

時に少将の石原四十七歳、大佐の武藤は四十三歳だった。

武藤章のことを書いた澤地久枝の『暗い暦』（文春文庫）によれば、当時、板垣の下で参謀副長を務めていた今村均は、陸軍の錯誤の歴史を振り返り、板垣と石原が中央の統制を無視して満洲事変を惹《ひ》き起こしたにもかかわらず、その放火行為や軍律違反が罰せられず、むしろ、論功行賞の対象となって栄進するという悪しき前例をつくったこと、さらに「因果は廻る国軍」で、石原が同じく中央の命令に服さぬ武藤らを懲罰する立場に立った時、石原を模範としてやっているといわれて引き下がってしまったことが軍紀を乱す要因となった、と指摘している。

満洲事変において石原を咎める立場だったのに、その行動を追認してしまったのが本庄繁である。森島守人の『陰謀・暗殺・軍刀』というメモワールにあるように、石原にとって本庄は「一介のロボット」に過ぎなかった。しかし、私にはいま、本庄の方が石原よりも立派に見える。

「人徳の将軍」と呼ばれた本庄の人となりを語るために、再び、張学良を登場させよう。

『張学良の昭和史最後の証言』によれば、日本人との交流を尋ねた際に張は真っ先に本庄を挙げ、

「彼は私に本当によくしてくれました。私も彼を尊敬していました。私たちはお互いとても好意を抱いていました。私が日本に行ったときも、本庄さんが案内してくれたのです」

と語った。

張が本庄と知り合ったのは、一九二一年から二四年まで、本庄が張作霖の軍事顧問をしていた時である。そして、張学良の二一年秋の日本訪問に同行した。本庄はこの親子から深く信頼され、任期が切れて帰国する際には作霖自らが慰留に乗り出したほどだった。

とはいえ、本庄は満洲事変当時の関東軍司令官であり、学良にとっては、父を殺し、故郷を奪った憎っくき日本軍の責任者である。

しかし、本庄への好意は六十年経っても消えなかった。本庄は満洲事変の後、密かに自分の悔恨を張学良に伝えている。

学良の部下であり、本庄の友人である顧維鈞に、人を介して本庄は会いたいと言った。それを聞いて学良は自分の側近を派遣する。その劉という外交部次長と本庄は会い、自分は石原らが満洲領有のために謀略事件を起こそうとしているのを知らなかった、と言った。

本庄は事件が起きる二日前に奉天（現瀋陽）に行き、旅順に戻って来ている。知っていたら、奉天に残り旅順には戻らなかっただろう。

「もし、私がこのことを事前に知っていたら、この事件は決して起こさせなかった」

部下からの報告を受けて急いで奉天に向かった本庄は、事態の進展に、どう収拾していいかわからず、事件を中央に上申しただけだった。

劉から伝え聞いたこの本庄の話を学良は信じる。

「というのも、九・一八事件が起きてから二、三日は、日本のあからさまな軍事行動がなく、その間に多くの中国人が、東北地方から逃れることができたからです。

もし、軍事行動を起こしていたならば、そうした中国人を皆捕らえることができたはずです。ですから私は、本庄さんの話は嘘ではないと思います」

こう学良は語っているが、満洲事変を起こすことを本庄が知らされていなかったことは、当時、石原の下で関東軍を壟断していた片倉衷も証言している。

本庄繁は一八七六（明治九）年、デカンショ節で有名な丹波篠山の在に生まれた。石原よりちょうどひとまわり上である。林政春著『陸軍大将本庄繁』（青州会陸軍大将本庄繁伝記刊行会）には、本庄と石原の関係について、石原と陸軍幼年学校、上官学校と同期生だった南部襄吉のこんな談話が載っている。

「石原は大きな人物であっただけに、それを理解されない人の間には不評をうけていた。私の父の南部次郎は明治十六年に中国山東省の芝罘《チーフー》（現煙台）初代総領事をした関係で、幼年学校から士官学校在学中の石原に中国事情をよく話していたが、それが東亜連盟を作ったのちの石原の構想に相当の影響力を与えたものと思う。父は、お前などは石原を見習ってゆけば立派な軍人になれると常に訓戒していたので、自分はいつも石原を模範とした。石原は、本庄将軍によく仕え、退官後も本庄将軍をしたったと聞いているが、あの一くせも二くせもある石原が、人格的に傾倒した本庄将軍は、よほどの人物であると想像される」

また、満洲事変直前まで主計将校として石原の下にいた高山省三は、石原のことを林政春にこう語ったという。

「石原参謀は平素から酒もタバコものまず、転任のあいさつに官舎へ行ったところ、送別会なのに酒がなくてわるいな……といいながらお互いねそべり、アメ玉をしゃぶりながら話をした。ドイツ留学中にナポレオンやフリードリッヒ大王の戦術を一生懸命に研究し、家の中はそれらの書物で一ぱいだった。日蓮宗にはこり固っていたが、これといった道楽もなく、奥さんは月給の殆んどは本を買うのに使ってしまうとこぼしていた。長い間交際していると、なかなかおもしろい人物であるが、時には思いきったことを口にだすので、よく知らない人には誤解をうけていたようである。軍人は、軍人に賜った勅諭通りの生活をしなければならないと、文字通りそれを実践していたのには感心する。私と最後に別れる時、そのうち満洲をペロリとってみせる……といったが、おそらくいつものクセでじょうだんをいっている位に聞いていたが、後日その通り実現し、やはり石原という人物は軍人としてえらいと敬服した」

この中の「満洲をペロリとってみせる」は、思わず出た石原のホンネだろう。しかし、そのために起こした行動の責任を取ったのは、石原ではなく本庄だった。

『本庄日記』（原書房）の一九三一年九月十八日の項にはこうある。

「午後十一時過、板垣参謀より奉天に於ける日支衝突及独断守備歩兵隊及駐剳連隊を出動せしめたる急報に接す」

この時のことを石原は一九四七年五月一日と二日に山形県酒田市に出張して行われた極東国際軍事裁判で次のように証言している。

まず、木庄日記にある「急報」、つまり第一報が来た。

「十八日夜十時過ぎ、奉天北大営西側において、暴戻なる支那軍隊は満鉄線を破壊し、守備兵を襲い、わが守備隊と衝突せりとの報告に接し、奉天独立守備歩兵第二大隊は現地に向かって出動中なり」

奉天にいた板垣と気脈を通じていた石原はこの報を受けて、すぐに攻撃命令を出すよう本庄に迫ったが、本庄は、この情報の程度では攻撃命令は出せない、まず奉天付近に兵力を集中して情勢を見よう、と言った。

この本庄の制止に石原は酒田法廷では言及していない。

そして日付が変わった十九日の零時二十八分頃、奉天特務機関から第二報が入る。

「北大営の敵は満鉄線を爆破、その兵力三、四中隊にして虎石台中隊は十一時過ぎ五、六百の敵と交戦中。北大営の一角を占領、敵は機関銃歩兵砲を増加しつつあり。中隊は目下苦戦中、野田中尉は重傷せり」

これがどこまで本当であったかは疑わしい。遮二無二、板垣と石原は攻撃命令を出させようと図っていたからである。

この第二報を受け、石原は本庄に決断を迫る。その後の状況を石原自身に語らせると、こうなる。

〈本庄司令官は瞑目せられて沈思黙想約五分間。開眼されますと一般の形勢を判断され、

「よろしい。本職の責任においてやろう」

と確固たる決意をもって決断を下されました。幕僚一同粛然感慨に打たれた次第であります。

そしてこの荘重千鈞の重みのある決断のもと、自分らは実に油然として責任の重大を感じさせられました〉

石原がこう証言した時、本庄はもうこの世にいなかった。一九四五年十一月二十日、次の遺書を残して自刃していたからである。

「多年軍ノ要職ニ奉仕シナカラ御国ヲシテ遂ニ今日ノ如キ破局ニ近キ未曾有ノ悲境ヲ見ルニ立到ラシメタル
仮令退役トハ言ヘ何共恐懼ノ至リニ耐ヘス罪正ニ万死ニ値ス
満洲事変ハ排日ノ極鉄道爆破ニ端ヲ発シ関東軍トシテ自衛上止ムヲ得サルニ出テタルモノニシテ何等政府及ヒ最高軍部ノ指示ヲ受ケタルモノニアラス全ク当時ノ関東軍司令官タル予一個ノ責任ナリトス
爰ニ責ヲ負ヒ世ヲ辞スルニ当リ謹テ
聖寿ノ万歳国体護持御国ノ復興ヲ衷心ヨリ念願シ奉ル
　昭和廿年九月
本庄繁」

石原も当然、この一般あての本庄の遺書を読んだはずである。満洲事変は「全ク当時ノ関東軍司令官タル予一個ノ責任ナリ」ということの一節を、石原はどう受けとめたのだろうか。

たとえば木村武雄は『ナポレオン　レーニン　石原莞爾』を「近世史上の三大革命家」とし、酒田法廷での証言を「病身に鞭打って世界の不正に対して最後の挑戦をいどんだ」のだとする。それが「石原の革命精神の最後の発露」だというのである。

「勝った者の得手勝手」という視点からのみ、木村は東京裁判を見、戦犯を満洲事変までさかのぼって追及したので本庄は自殺した、と書く。

そして、「石原は病身でも自殺はしなかった。そして血の一滴までも大切にして最後の日本に遺言した。右翼は行き詰って自殺するが、革命家は最後まで生命を大切にする。吉田松陰がそうだったと同様に石原も一滴の血汐も大切にして、全生命を世界の改革に捧げた。石原はやはり生まれながらにして革命家だった」と称えているのだが、自らの血汐だけは大切にするのが革命家なのか。

私は同郷の人間として、本庄だけを死なせた石原が恥ずかしい。本庄は少なくとも、責任ということを知る軍人だった。残念ながら石原は、軍人として、あるいは人間として、本庄に負けている。

「本庄は、満洲事変の責任を取って自決したといわれますが、やはり何よりも、陛下が戦争責任を問われることを恐れたのだと思います。遺書の中に、満洲事変は自分一個の責任によると書いていますが、すべてを自分が引き受ける覚悟だったのでしょう。本庄は、武人としての覚悟を常に息子の一雄に申しておりまして、死後も財産らしい財産というものは残しておりませんでした」

NHKの取材班にこう語ったのは本庄繁の長男、一雄の夫人、登美子である。割腹自殺をした本庄の命日には、毎年、菩提寺の願勝寺でその遺徳を偲び、本庄会が開かれる。

第七章　渇しても……

「木庄さんは本当に懐かしい人です。もし、私がもう一度日本に行くことができたならば、必ず、本庄さんのお墓参りをします。本庄さんのことを話すとき、私は悲しい思いを抑えられません」

関東軍司令官だった本庄繁について、こう語っているのは張学良である。しかし、それだけの思いを抱いている本庄からの「好意」でも、張は断固として拒否した。『張学良の昭和史最後の証言』から、そのエピソードを引く。

満洲事変によって故郷を追われた張の財産が奉天に残された。それを本庄は特別列車に詰め込んで北京在住の張のところへ送ったのだが……。

およそ六十年後に、台北市内のホテルで、張は往時の胸中を、NHK取材班にこう打ち明ける。

「本庄さんは、私の財産を二両の貨車に詰め込んで、北京まで送り届けてきました。その時、彼は使いの者に親書を持たしてよこしたのです。

私はその使いの人に言いました。

『この荷物は受け取れません。本庄さんと私は親友でしたが、今は敵同士になってしまいました。こんなふうにしてもらうのは侮辱されているようなものです』とね。

昔、アメリカのワシントンが、戦争の際に、彼の家を守った部下に対してこう語ったそうです。

『私は軍人として戦っている。自分の家を守るために戦っているのではない。こんなことをされるのは、私を侮辱するに等しい』

その時の私の気持ちもワシントンと同じでした。ですから、本庄さんの使いに私はこう告げました。

『この荷物は持って帰って、私の家に元通りにしておきなさい。さもなければ、荷物はすべて焼き捨てます。しかしそうすれば、今度は本庄さんを侮辱することになります。そういうわけですから、どうぞお持ち帰り下さい』とね」

第三章「青年元帥《ヤング・マーシャル》」に記したように、張は、犬養毅が首相になってまもなく、密書を送って、日本軍に押さえられた財産が手元に返ってくるよう尽力してもらえないか、と頼んでいる。多分、それは本庄が送ってきたのを送り返した後だろう。

どんなに親しくても、関東軍司令官から送られたのでは受け取れない。しかし、中国に理解の深い犬養が首相として返すというのなら、それは当然、謝罪も含むのだから、受け取るということである。

「武人たらんとする張学良の衿持を示す証言」とＮＨＫ取材班は注釈しているが、まさに「渇しても盗泉の水は飲まず」に似た張の対応は見事と言うしかない。

武士道精神は日本の軍人の中にではなく、張の中に生きていた。それを示す止《とど》めの逸話は、張が送り返した貨物は関東軍のもとには届かなかったということである。片倉衷はそう証言しているというのだが、関東軍以外の者がその状況の中で奪取するということは考えられない。石原がその中心にいた関東軍は、満洲事変という大きな火事場泥棒だけでなく、そうした火事場泥棒も積み重ねていたのである。それを濡れ衣というのなら、すぐにも本庄はその行方を追わせるべきではなかったか。

張は『昭和史最後の証言』で、日露戦争の激戦地だった旅順を訪ねて、乃木（希典）将軍の話に感動した、と語っている。そして、さらさらとペンを走らせて、

爾霊山嶮豈難攀
男子功名期克艱
鉄血覆山山形改

万人斉仰爾霊山

と書いた。二百三高地を落とした時に乃木がつくった七言絶句であり、

爾霊山《にれいさん》嶮なれども豈《あ》に攀《よ》り難からんや
男子の功名艱に克つを期す
鉄血山を覆い山形改まる
万人斉《ひと》しく仰ぐ爾霊山

と詠む。

乃木のどういう点に憧れて、この詩まで諳《そら》んじているのか。その問いに張は、

「私は軍人として、乃木将軍を尊敬しています。私は乃木将軍の人格を尊重しています。日露戦争は日本軍の絶頂期ですが、戦うときに勇敢であったばかりでなく、指揮官の規律もすばらしかったのです。たとえ敵であったとしても人格を尊重していました。旅順を案内してくれた日本の軍人が、当時の戦いぶりを話してくれました。乃木将軍の時代には、まだ日本の武士道が生きていたのです。武士道精神が健在だったんです。しかし、日本軍の武士道精神は、その後だんだんと失われてしまったように私には思えてなりません」

と答えている。

私は武士道精神なるものを称揚はしないが、軍人を含む指導者の責任感覚が「その後だんだんと失われてしまった」ことは確かだろう。

南満洲鉄道、いわゆる満鉄の社員で満洲青年連盟を組織した山口重次は『悲劇の将軍　石原莞爾』(世界社)という石原心酔の伝記の中で、偶然会った甘粕正彦と、石原についてこんなヤリトリをした、と書いて

いる。

「石原さんは、どんな按排《あんばい》だろう」

と尋ねられて、山口は、

「中佐は、はじめから、和平協調です。もしハルビン出兵ともなれば、少くとも一個師団以上の兵力を必要とするが、現在の状況では、それだけの兵力を割くことはむずかしいと、こういうんですね。のみならず、石原さんの意見では、やむを得ざるかぎり、武力を用いるな。満洲人自身の自粛自省によって、円滑に事をまるめるようにしたい。学良政権は、これをさまたげているので、何うしても、武力行使の手段に出るより他はないが、他は、なるべく話し合いでゆきたい……」

と答え、甘粕に、

「平和主義だな」

と言われて、

「結局のところは、そうです。平和のための武力ということになりますかね」

と強弁している。

しかし、「自粛自省」を求められていたのは石原自身だった。後に詳述するが、石原讃美の山口の本にも、石原の「平和主義」を裏切る石原の軍事行動がしばしば出てくる。それは日本政府の不拡大方針を次々と踏み破るものであり、また、それを踏み破ることを目的としていた。

そんな石原と違って「不拡大方針」を守ったのは、むしろ、張学良であり、そのために張は〝不抵抗将軍〟の汚名を着せられた。『昭和史最後の証言』で、張はこう語っている。

「私はあの時、日本軍があそこまでやるとは予想だにしていませんでした。絶対あり得ないと思ったのです。私は日本はこの軍事行動によって、我々を挑発しているのだと思いました。ですから、命令を出して抵抗させなかったのです。私はこの事件が平和的に解決することを望んでいたのです。私の判断では、日本があのようなことをすれば、中国にとって不幸なだけでなく、日本にとっても、国際的な非難を浴びるなど好ましくない結果をもたらすだろうと考えたのです。私の判新では、日本はそのようにすべきでないというものでした。

私は後に国民から不抵抗であったことを非難されましたが、私はそれを認めません。ただ、日本の陰謀を見破れなかったと非難されるのならば、その責任は認めます。

当時の私の判断では、日本はあのようなことをしても何の益もないというものでした。もし、日本が本当に戦争を起こすつもりだと分かっていたら、私は命をかけて戦ったでしょう」

石原の「話し合い」は、「話し合い」という名の脅しに屈服する者に対してのみのそれだった。

山口重次の『石原莞爾』によれば、少尉時代、石原は煩悶を抱いて、日蓮主義を奉ずる田中智学の門を叩いたことがあるという。

「先生、私は、人殺し稼業をやめようと思います」

いきなり、こう語りかける石原に、

「そして、どうなさる」

と田中は問い返した。

「人を活かす稼業にかわります。軍隊というところは、此方に道理はあっても、その道理は通りません。

まことに不愉快千万な暗黒世界です」

石原の答を聞いて、田中は突いた。

「それは、あなたの敗北です。その殺人剣は、あなたの手で直ちに活人剣にならねばならぬ。随時随所、戦いぬいて、もし道義が彼等に奪われたとしたら、その道義を奪いかえしなさい。一発の弾も打たず、一滴の血も流さずして、軍をひくのは、陣笠、小者ならまた格別、大将のするわざではない。日蓮魁《さきが》けしたり、若党ども二陣三陣と続けと、祖師は、おっしゃる。あなたには、その魁けの勇気がないか」

問答無用と論議を打ち切る力を持つのが軍隊である。そこに道理はない。その「暗黒世界」の暴走を止めるために、政府がそれをコントロールしなければならない。しかし、石原の育った世界に「問答有用」の精神はなかった。反対者の発言に耳を傾けることなく、自らのみに道理があるとして、石原は次々と問答無用の行動をとっていく。石原自身、田中とのこの出会いの後、自らの剣は活人剣だと信じていたかもしれないが、しょせんは殺人剣であり、活人剣と思っていたのは石原とその取り巻きだけだった。いずれにせよ、剣は人を殺す道具である。活人剣だ、いや、殺人剣だといっても、それは主観的な見方でしかない。

山口重次を含む満洲青年連盟幹部と関東軍司令部幕僚との会見の席で、石原はこう豪語した。

「あなた方は、関東軍は微力だと言われた。腰の刀は竹光かと、嘲けられた。

その通りだ。だが微力でも竹光でも、学良軍閥打倒のごときは、それで十分だ。明晃々たる三尺の秋水を用いる必要はない。私は作戦参謀主任としてあなた方に向って、これだけのことは言える。いざ事あれば、奉天撃滅は、二日とはかからん。事は電撃一瞬のうちに決する」

大した〝平和主義者〟である。これをしも平和主義というなら、ヒトラーも平和主義者となる。

そのころ、関東軍将兵の間では「智謀石原（莞爾、作戦課長中佐）、実行板垣（征四郎、総務課長大佐）、仁情竹下（義晴、第三課長中佐）」といわれたという。この上に木庄繁（中将）が「澤庵《たくあん》石のように」乗っかっていたのだとか。

「智謀石原、実行板垣、仁情竹下」などという呼称を聞くと、私は現在の大蔵官僚たちの評判を思い出す。よく、切れ者などというが、しょせんは彼らや新聞記者たちの間のみの評価で、その〝切れ者〟たちが日本の金融をメチャクチャにした。軍人もやはり官僚であり、狭い官僚の世界では、そうした勝手な評価が独り歩きする。石原の「智謀」も、平成のダメ官僚の「智謀」と同じ程度のものだったのだろう。

柳条湖事件の直接の点火者は誰か？　関東軍らしいとは言われながら、はっきりしなかった時、満洲の建国大学教授となって赴任した中山優は石原にそれを尋ねてみた。すると石原は、

「点火者は日本側だ。あの場合は、枯れきった森林が、ひどく摩擦している状態で、どちらからか、火のつくのは免れなかった。君は、良心にとがめられなかったかというが、私の最も心配したのは、関東軍の行動が、天皇の御徳を傷つけぬようにするには、どうすればよいかということであった」

と答えた。

当時の陸軍刑法に擅権《せんけん》の罪というのがある。

第三十五条が「司令官外国ニ対シ故ナク戦闘ヲ開始シタルトキハ死刑ニ処ス」であり、第三十七条が「司令官権外ノ事ニ於テ已ムコトヲ得サル理由ナクシテ擅《ほしいまま》ニ軍隊ヲ進退シタルトキハ死刑又ハ無期若《もしく》ハ七年以上ノ禁錮ニ処ス」である。そして第三十八条には「命令ヲ待タス故ナク戦闘ヲ為シタル者ハ死刑又ハ無期若ハ七年以上ノ禁錮ニ処ス」ともある。

たとえば柳条湖事件でも、板垣征四郎は独断で兵を動かし、司令官の本庄繁に報告したのは、独立守備隊が北大営を、第二十九連隊が奉天城内を、ともに闇討ち同然に攻撃してからである。

これは明らかに前記の刑法に引っかかる擅権の罪だった。板垣と気息を合わせていた石原莞爾も同じ罪に問われることは言うまでもない。

「智謀石原」などと言われていた頃、石原はしばしば、「敵は外部のみではない、内部にいる。中央の禿頭のおやじたちから先に倒してかからねばならぬ」と強調していたという。「頑冥、度しがたき石頭の処分」を問題にしていたというのだが、「度しがたき石頭」はどちらだったのか。

この後、石原は吉林出兵、錦州爆撃と、道義なき攻撃を続ける。それについては次章に述べるが、司令官の本庄を脅迫してまでも、それらをやった石原は一切責任を取らず、最後に責任を取ったのは本庄だった。

「相手国ノ裁判ヲ受クルカ如キハ我帝国ノ武人トシテ面目上忍ヒ難キ処ニ有之」

本庄は秘書宛ての遺書にこう書いて自決した。その裁判で証言した石原と比して感慨なしとしない。

第八章　短慮な暴れん坊

手と足をもいだ丸太にしてかへし

万歳とあげて行った手を大陸へおいてきた

一九〇九年、石川県に生まれた鶴彬は、こうした刺し貫くような反戦川柳をつくって逮捕され、赤痢にかかって、手錠をかけられたまま、二十九歳で病死した。

亡くなったのは一九三八年九月十四日。その死については、元七三一部隊の一員で伝染病棟の医師だった湯浅謙の、こんな証言がある。

「一九三七年頃（昭12）〈丸太〉は傷病兵に対する隠語であった。――留置場で普通の赤痢で死亡することは皆無である。とても考えられない特異な例だ。赤痢菌添加物を食べさせ実験してから、赤痢菌多量接種して死亡させる、は考えられる。――皇軍による罪科の殆どは証言者が現れ解明されているが、特高関係については未だに誰も証言して呉れない。だから特高の本当の任務内容が闇の儘である。証言者が現れたら赤痢菌を接種されたかどうか見当がつくのだが――。鶴彬は（七三一部隊用語の）マルタ一号にされたのではないでしょうか」（岡田一杜、山田文子編著『川柳人鬼才鶴彬の生涯』日本機関紙出版センター）。

官憲による鶴への赤痢菌注射説に確証はない。ただ、噂としては死亡当時からあった。もし、「マルタ一号」にされたというのなら、意味は違え、冒頭の「手と足をもいだ丸太にしてかへし」が、また、異なった色彩を帯びてくる。

「蟻食いを噛み殺したまま死んだ蟻」という自作の川柳そのままに、鶴が壮絶な生涯を終えたころ、石原は「昭和維新方略」を執筆していた。のちに東亜連盟運動の指導原理書となる「昭和維新論」へ発展するメモである。

夢破れて満洲から帰国した石原が、「最も暗き時は、最も暁に近き時なり」というフリードリヒ大王の言葉によって自らを支えながら綴った草稿だった。

しかし、石原の「夢」の中に、たとえば鶴や、あるいは次のような兵上の運命はどれほどくみとられていたのか。

ある村での話である。軍隊に入っていた息子が家のことを案じつつ、これから満洲に渡るという手紙を書いた。それが長文になり、届いた時に、配達夫から六銭不足だと言われた。しかし、家にはカネがない。食う物さえない時に、不足の郵便料を払うゆとりはなかったのである。それで、父親はそのまま、手紙を配達夫に返した。

それからしばらくして、息子戦死の知らせが届いたという。

前述の鶴彬には、

修身にない孝行で淫売婦

といった川柳もあるが、娘身売りの問題も疲弊した農村が生みだしたものだった。それゆえに満洲に活路を求めるという夢を石原らは描いたわけだが、国家予算に占める軍事費の膨張が農村を貧窮化させている大きな原因だということを彼らは見逃していた。それは意図的だったのか、そうではなかったのか。

石原の「英才」を信ずるなら、意識的に無視したということになるだろう。

石原の鑽仰本である山口重次の『悲劇の将軍　石原莞爾』に従っても、満洲事変前後の石原の猪突猛進ぶりはすさまじい。とても、のちに「不拡大」を唱えた人物とは思えないほどである。

当時、若槻（礼次郎）内閣は戦争不拡大の方針を掲げていた。しかし、関東軍を牛耳る板垣征四郎と石原は、司令官の本庄繁にさえ、その命令を伝えることを怠り、しばらく手もとにとどめおくようなことをやっていた。

当然、総領事たちとは激しく衝突する。そんな中で、一九三一年九月二十日朝、板垣と石原は次のように吉林出兵を決めた。山口重次によれば、それは文字通り、「朝飯前」のできごとだった。

山口の『石原莞爾』から、その状況を引く。

日蓮宗信者の石原が「南無妙法蓮華経」とお題目を唱えている部屋に、

「すまんな、ちょっと」

と板垣が入って来る。

「現在の見とおしでは、ハルビン作戦はむずかしいようだ。いっそ吉林を片づけようと思うが……」

こう語りかける板垣に、石原は、

「看板がありますか」

と尋ね、板垣が、

「大迫（通貞）中佐が、画策して、凞洽《きこう》を引っぱり出したが、どうも、反日派を掃除せんと、腰がたたぬ。北大営を逃げ出した王以哲軍の残兵に、一番まいっているらしい」

と答えた。

それからの二人のやりとりはこうである。

「そりゃ好いあんばいです。朝鮮軍の金子中佐の連絡によると、吉林派兵を断行すれば、これを口実にして、越境させるというて来ました」

「ふゝう、妙なところへひゞくもんだ。では、やっつけるかな」

「もちろんです」

詳しい説明は省くが、「もちろんです」の石原の語調に、その猪突ぶりがわかるだろう。

それに「待った」をかけたのは本庄だった。

二十日夜、ためらう本庄の尻押しをすべく、石原たちによって再度、参謀長の三宅光治が本庄の部屋へ行かされる。

石原は三宅に〝ロシア飴〟という綽名をつけていた。人がいいだけで尻腰がなく、すぐにビショビショに溶けるロシア飴のようだというわけである。

「今に見ろ、ロシア飴が、泣きっ面さげて戻ってくるから」

まさに石原が予言した如く、三宅は本庄に、

「もう少し、状況を見てからのことにしよう」

と言われて、悄然として帰って来た。

「ようし、みな立て、おれが行く」

石原は参謀たちにこう声をかけ、先頭に立って、本庄の部屋へ向かう。板垣もそれに続き、しんがりに三宅がついた。

新井という若い参謀が気負い立って本庄に詰め寄る。

「閣下。吉林の石射（猪太郎）領事は、グータラに、しんにゅうをかけたような男じゃと、居留民一同、あいそをつかしています。もし閣下が、このグータラ男の言を信頼して、吾々の言を無視し、九百人の邦人を見殺しになさるなら、付和雷同性のつよい満人は、至るところ、これに倣って、ハルビン・洮南をはじめ、付属地以外の邦人も鮮人も、ことごとく全滅です。閣下は、一人の言を用いて、九百人の言をしりぞける思召のようですが……」

こう突っかかる新井に対し、本庄はおだやかに、

「そう、興奮してはいけない」

と押さえ、

「決して、君のいうように、邦人を見殺しにするわけではない」

と答えた。

「といって、結果はそうなります」

と、なおも迫る新井を助けるように、石原が口をはさむ。

「ただいま、大迫中佐からの連絡がありました。北大営から逃亡した王以哲の敗残軍は、いよいよ吉林に入城する態勢ができたようです。機先を制して、これを打たぬと、取返しのつかぬことになります。のみならず、吉林派兵を機会に、朝鮮軍が入奉（天）いたしますので、ハルビン攻略の計画もととのいます。そうなると、よしんば、内閣が国策を誤るとしても、関東軍のみの力で、日本を救うことができます。従って満蒙経略の実行は絶対に今です」

それでも本庄は慎重姿勢を崩さない。

片倉衷が眼を血走らせて、

「閣下」

と歩を一歩進めた。

それを板垣が、

「待て」

と押しとどめ、自分と二人だけで相談させよ、と一同を引き取らせる。

「おやじ、とうとう、腰が抜けたか」

と石原は本庄の悪口を言って、参謀長室から自室に帰った。

それから板垣は午前三時まで粘り、ついに本庄に決裁をさせる。

夜ふかし屋の板垣は〝午前三時〟をもじって、ゴゼンサンと呼ばれていたが、そのとき石原は、

「ゴゼンサンは、やっぱりしぶといな。おやじの腰を叩きのばしてきた」

と言って笑ったという。

私は石原批判の本に拠って、これを書いているのではない。石原讃美の本に従って、その状況を記述しているのである。

錦州爆撃の件はさらに露骨である。

中国が満洲事変を国際連盟に提訴し、それが理事会に諮られていた十月八日、石原はふと思い出したように、航空参謀に飛行隊は出動できるかと尋ね、できるという答を得ると、

「それは好都合だ。爆弾をつんで、全機出動するようにしてもらいたい。……命令、……そう、石原中佐が戦闘命令を伝達するとな」

と言い、しばらくしてから、スリッパをはいたまま飛行場へ現れて、中隊長はじめ、将校たちに、

「軍命令。ただいま全機出動、爆撃を行え。戦闘命令は、司令機に搭乗したる石原中佐が、上空において伝える。終り」

と命令した。

そして、石原の司令機を先頭に十二機編隊の戦闘機が舞い上がる。錦州上空に達すると、司令機が翼を

振って急降下し、爆弾を落とした。各機もこれに倣う。

帰って来た十二機を迎え、さすがに関東軍司令部作戦室では驚いた。

「どうして錦州爆撃をやったんですか」

と幕僚が石原に尋ねると、

「錦州なんど、爆撃しやしない」

と石原はうそぶく。

「しかし、爆弾を落としたでしょう」

という問いかけに、

「落としたのは錦州じゃない。郊外の兵営だ。いかに弱体の錦州政府でも、二十瓩《キログラム》爆弾の六十発や七十発で吹っとぶものじゃない。外務省の不拡大方針と国際連盟理事会が吹っとべばいい」

と答えた。

「じゃ、敵本主義でしたか」

「そのとおり」

という応答もあったのだが、〝敵は本能寺〟の敵本主義だとしても、その恣意的で、ふざけ返った言動には呆れるしかない。

これで、どうして石原の主張する「五族協和」など信じられるのか。

石原の独走は錦州爆撃にとどまらない。

中国と対立せず、中国を交渉相手として衝突を回避しようとする外務省出身の満鉄理事、木村鋭市の銃殺さえ主張した。

満鉄の営業課長、山口十助が関東軍司令部に石原を訪ねると、ぷりぷりして、

「木村理事は奉天におりますか」

と訊く。

「多分いるはずです。御用がありましたら、お伝えしましょう」

と答えると、かぶせるように石原が、

「いや、伝えてもらっては困る」

と遮り、

「と申しますと」

と山口が尋ねるのに、

「通敵行為がはっきりしたので、引っくくって銃殺しようと思う」

と言い捨てた。

「どんなことをしましたか」

山口が気をしずめて、さらに質すと、

「交戦中、味方の了解なくして、敵将に通謀するのは通敵行為だ。軍律にてらして、銃殺するのです」

と石原はこともなげに言う。真顔だった。

あわてて山口十助は満鉄に帰り、石原にかわいがられていた山口重次に、

「えらいことになった。石原中佐は本当にやるらしいぞ。もっとも、事態がここまで来ているのに、張学

良に交渉するなんて、あの男もどうかしている。学良のためには今までさんざんな目にあってる。たとえ軍で学良を立てるといっても、排斥するのが当然じゃないか。かわいそうだが、銃殺されて、出直してくる方がいいかもしれない」

と物騒なことを言った。

「しかし、課長。このままにしておいては、軍のためにも、また満鉄のためにも、決して好ましくはありませんよ。いまのうちに、大連本社でなく、東京支社へ移す運動を起こしましょう」

と重次が呼びかけ、

「それもいいが、そんなことをして、こっちが飛ばっちりを受けるようでも困る。何せ、銃殺の話を聞いたのは僕だから……」

と十助が渋るのを、重次が、

「それは、絶対に心配いりません。石原中佐は、不正に対しては実に峻烈ですが、誠意を披瀝すればすぐにわかってくれる人です。吾々の行動は、この事変を成功に導くためであって、一点、私の目的のために木村を庇護しようというのじゃないですからね」

と、なだめて、木村を逃がす画策をした。会社の理事が通敵行為のため銃殺されたとあっては、どっちみち、まずいことになるからである。まもなく、木村は東京支社へ転勤となる。

「君が逃がしたのだろう」

のちに、山口重次は石原にこう言われたという。山口の『悲劇の将軍　石原莞爾』は直に石原からいろいろ聞いて書いたと思われるが、その鑽仰本からでさえ、短慮な暴れん坊という石原像しか浮かびあがらないのは皮肉である。

第九章　アラビアのロレンスとの比較

好きな色は？　深紅（スカーレット）
　食物　パンと水
　音楽家　モーツァルト
　作家　ウィリアム・モリス
史上人物　なし
　場所　ロンドン
最大の喜びは　睡眠
　苦痛　騒音
　恐怖　動物的精神
　願望　友人たちから忘れられること

これは「アラビアのロレンス」ことトマス・エドワード・ロレンスが伝記作家のアンケートに答えたものである。

ロレンスは一八八八年八月十六日、イギリスに生まれた。それから五ヵ月後の一八八九年一月十八日に石原莞爾が生まれている。

ロレンスについては、大日本帝国陸軍軍人のまま奉天市長となった土肥原賢二を〝満洲のロレンス〟などと呼ぶ向きもあったようだが、土肥原は中国人の間では〝土匪原〟と呼ばれるほど嫌われていたのだから、そのニックネームはふさわしくないだろう。

各地の方言に通じ、動くたびにトラブルを起こすからロレンスに似ているというのでは、あまりにロレンス理解が浅すぎる。ロレンスは、むしろ、ほぼ同年でもあるし、五族協和を唱導した石原と比較してみるのがいいと思われる。

まず、小さなことだが、石原とロレンスにはカメラ好きという共通点がある。石原はライカを殊のほか愛でた。

軍人には珍しい技術への関心を証す石原の手紙がある。漢口赴任中に妻の「銻《てい》チャン」へ宛てたもので、日付は一九二〇（大正九）年七月八日。石原は三十一歳だった。

「此間モアル本ヲ見マシタトコロ、西洋ノ或ル哲学者（多分ベルグソンデシタロウ）ガ〝近世科学ハ非常ニ人間ノ肉体ヲ大キクシタ。即チ、望遠鏡、顕微鏡ハ我等ノ眼ヲ数千倍トシ、電信電話ハ我等ノ耳ヲ数億倍トシ、自動車、飛行機ハ我等ノ足ヲ数千倍トシ、巨砲ハ二十三尺シカトドカナイ我々ノ拳ヲ数十里届ク様ニシタ。然シ我等ノ精神ハ迚《とて》モ之ニ伴ッテ大キクナラナカッタ。否今後共到底其見込ガナイ〟トイフ様ナ意味ノコトヲイッテ居マス。誠ニ面白イ言ヒ方ダト思ヒマシタ。自然科学ノ進歩ハ誠ニ目ザマシク、人生ニ偉大ナル貢献ヲシタコトハ勿論デス。然シ此ノ如キ粗ホンナル頭脳ヲ持ッテ居ル人間ナル動物ノ思考ガ、結局忽チ行キ詰リニナリマス。我々ガ梯子ヲ造ッテ月世界ニ上レルモノト考ヘタナラ誰デモ身ノ程ヲ知ラナイト笑ヒマセウ。夫レト同ジニ我々ガ宇宙ノ凡テノ神秘ヲ此頭デ自然科学的ニ解決シ得ルモノトシタラ非常ナ間違デス。

近世人ノ非常ナ欠陥ハ凡テ此自惚カラ来テ居ルモノト思ヒマス。ソレニ気ガツイテ此頃ハポツ〱又モヤ宗教ニ頭ヲ入レテ来タノデセウ。而モ未ダアノ自惚根性ガナホラナイ為メニ真ノ宗教ノ意味ヲ知ルコトガ出来ナイノデス。

此頃非常ナ勢デアルアノ大本教《おおもと》、アンナモノヲ深ク信ズルノハ間違デスガ、之ヲ一笑ニ付スルノモ軽率デセウ。多クノ智識階級ガアノ信者ニナルノハ、兎ニ角アノ御筆先ノ予言ガ一々適中シテ居ル点ガ多イカラデス」

たとい身は海山遠く隔つとも
心はかよふ一筋の道

こんな歌を掲げつつ、「鎕《てい》チャン」にけっこう硬い手紙を書く石原は、大変な読書家だった。

山形県酒田市立図書館の光丘文庫に石原の蔵書が収められている。その目録にロレンスの『沙漠の叛乱』がある。柏倉俊三と小林元の共訳で、東京の地平社から一九四一年と四二年に上下巻が出された。先に、ロレンスと石原は共にカメラが好きだったと書いたが、そのレンズの向こうに見たものは同じだったのか。

ロレンスには、未だにアラブ人の間に「ロレンス伝説」がある。『アラビアのロレンス』（岩波新書）を著わした中野好夫によれば、彼らはロレンスの死を信ぜず、アラブ民族が危機に陥れば必ずまた救世主のようにロレンスが現れる、と信じているという。

それに対して、中国人の間に「石原伝説」はない。逆に、日本人の間に根強く「石原信仰」がある。多分、それは石原の次のような、ある種の潔癖さにも起因しているのだろう。

俗に「幕僚は酒づけ、兵は氷づけ」と言われた。石原はその通りと思い、自らの身は律した。山口重次が『悲劇の将軍　石原莞爾』にこう書いている。

「ホテルか、割烹なら、渋々出席するが、芸者の出る酒席へは（事変以来）絶対に臨まなかった。すでに多くの将兵の血を流し、今も北方戦線の塹壕のなかにあって、はげしい寒さと闘いつゝ、対陣している多くの同胞のことを考えると、上層部の指揮官たちが、酒の座敷で酔っぱらっているということは、彼には、精神的犯罪のようにさえ考えられて、何《ど》うにも気がすゝまなかった。

軍紀の粛正をはかるには、自ら、身を浄うし、心をすまし、世界の目に対して恥かしくない態度を示さねばならぬ。

とはいえ、彼は、これを部下にまで強いるほど偏狭ではなかった。若い青年将校が、酒席にのぞみ快をつくすということに対して、かれこれ干渉がましい態度はとらなかった。ただ、軍服をきて、料亭に出入することは、軍服の尊厳をけがす、もし紅灯の巷に足を踏みいれようとするなら、背広を着て、軍人らしからざる姿で赴くことが望ましい。つまりかくれ遊びだ。軍服着用で堂々としてそういう場所に出入することは、自分で自分を悔ゆることになるというのである」

しかし、問題は石原がその「浄い身」で何をしたかである。石原も一時は「満洲独立論」を唱え、日本の権益の完全放棄、満洲の完全独立、五族平等、日本人の国籍放棄を説いた。満洲にいる日本人は日本国籍を放棄して満洲の国籍を取得すればいい。

確かにそう主張していたのだが、柳条湖事件などの石原の行動は、まったくそれを裏切るものだった。それを知って石原から離れた日本人もいる。たとえば奉天図書館長だった衛藤利夫である。衛藤のような人間こそ、ロレンス的人間と言える。

「学校というものはくだらない時間つぶしだ。だから僕は学校は大嫌いで、軽蔑した」

こう吐き棄てたロレンスだが、オックスフォードを優秀な成績で卒業し、考古学者を志す。その過程で出会った師のホガースについて、のちにロレンスは、「博士だけは、私が自分の行為に関して、なぜそうしたなどと一々説明する必要の少しもない、唯一の人であった」(柏倉俊三訳『智恵の七柱』平凡社)と述べている。

そして、無闇なほどに中東を歩きまわって各部族の方言まで聞き分けることができるようになった。

「アラブ人の間では、本人自身の実際の行動が知らず知らずに彼に権力を与える以外、伝統的な身分差別も、自然的な差別も何一つないのだ。兵卒とともに食い、彼等の服を着、彼等と同じ生活に堪え、しかも彼等の間にみずから頭角を抜きんでるのでなければ、何人といえどもとうてい彼等を率いることは不可能であろう」

アラブ人の少年が、なぜロレンスを慕うのかと尋ねられて、こう答えている。

「なぜあの人が好きかって？　誰が好きにならないでいられるものかね。あの人は私たちの兄弟であり、友達であり、統領であった。あの人は私たちと同じだった。私たちにできることで、あの人にできないことは何一つない。いや、私たちより上手なくらいだ。私たちのことを本当に思ってくれ、私たちの幸福を考えてくれた。あの人は私たちを愛している、だから私たちもあの人を愛するのだ。私たちはあの人のためなら生命をすててもかまわない」

ロレンスは〝人間カメレオン〟と綽名されたほど、接する人によって端倪すべからざる違った貌を見せた。軍人となったが、職業軍人に対する深い蔑視を隠さなかった。

そのロレンスを苦しめたのは、イギリスがアラブの独立を本当には望んでいなかったことである。一九一六年五月十六日に成立したイギリスとフランスの秘密協定（サイクス＝ピコ協定）にそれは明らかだった。一枚の地図と五つの条項から成るこの協定は、のちにロシアも加えたアラブ分割だった。

軍事評論家のリデル・ハートはこれを評して、イギリス、フランスは七面鳥のそれぞれ両翼をとった、ロシアは胸をとった、アラブ人はまさに臓物と脚とが与えられたのだ、と言ったという。

同じ年の十月十八日、三十一歳のファイサルと二十八歳のロレンスは運命的な出会いをするが、二度目に会った時、ファイサルが言った次の言葉が現実のものになろうとは、ロレンスはその時、知らなかった。いや、知らなかったのではなく、信じたくなかったと言った方がいいだろう。

「われわれはいま必要上からイギリス人と結んでいるのです。喜んで彼等と友邦ともなり、その助力を感謝し、将来の利益を期待しています。だが、われわれはイギリス国民ではないのです。……いま彼等はどんどんわが国に入り込んでいます。やがて彼等は永久にここに住むようになり、そして最後は国を奪ってしまうのです。……もちろんイギリス国民に、最初からそんなつもりがあるとは申しません。だが、彼等があのスーダンを取ったときも、やはり最初はそんなつもりではなかったのではありませんか。彼等は開発のために、荒蕪地を鵜の眼鷹の眼で求めているのです。そして多分、いつかはアラビアもまた彼等にとって手放せない土地になるのでしょう。貴国の利益と、われわれの利益とは、おそらく一つではないでしょうからねえ」

トルコからの独立を求めて闘うアラブをイギリスが支援する。しかし、その目的はトルコにかわって自らが支配するためではないのか。そう疑うアラブ人に、トルコはサイクス＝ピコ協定の情報を流した。ロレンスも初めてこれを知って愕然とする。

共にくぐった戦火の中で、ロレンスを信頼しているアラブ人たちは、どうなっているのか、と彼を詰問した。必死に否定しつつも、ロレンスはイギリスに対する痛憤を、ノートにこう記した。

「私も馬鹿でない以上、ひとたび戦争が連合国側の勝利に帰したとき、アラブ人への約束の如き、一片の死文字と化することは容易に想像することができた。もし私が良心的な忠告者であったならば、彼等をそのまま家郷に帰し、かかる愚かな企図に生命を賭けることをやめさせたであろう。だが、いまは中東戦局の勝利に、彼等アラブ人たちの情熱が絶対に必要であった。だから私は、イギリスはその約束を必ず忠実に履行する国家だからと彼等に保証した。彼等はそれだけを心頼みにあの立派な仕事を成就したのだ。だが、もちろん私は、この栄誉を誇りとするどころか、たえず激しい恥しさを感じないではいられなかった。……私は報復的に誓った。この上はアラブ叛乱をして、中東戦局の一翼たらしめるとともに、彼等自身の目的貫徹に奉仕させることだ。彼等をただ一途最後的な勝利に導き、彼等の道義的要求に対して、列国もついに適切な解決をとらざるをえなくさせるのだ。そのためにのみ、私は戦を生き延びたのである」

とは言っても、イギリスとアラブに引き裂かれるロレンスの苦悶は深まるばかりだった。ロレンスにとってアラブとは集合名詞ではなく、アラブ人ひとりひとりの固有名詞だからである。

「私には、軍事行動は成功さえすれば利益であるという職業軍人的見解をとることができなかった。われわれの叛乱軍は、単なる兵士という資材ではなく、むしろわれわれの指導を信頼している同志友人たちである。われわれは国家的に彼等に命令しているのではない、いわば招かれて指揮者であるにすぎないのだ。しかもわれわれの部下は志願兵であり、個人であり、同郷者であり、婚姻関係である。したがって一人の死も軍隊内の多数に個人的な悲しみを与えるのだ」

一九一九年のある日、ロレンスはその功により、イギリス国王ジョージ五世から勲章を与えられることになった。ところが、国王が親しく彼の胸に勲章をつけようとした瞬間、

「私の果した役割は、私自身にとっても、イギリス政府にとっても汚辱であり、いわば私は命令に従って、アラブ人たちに虚偽の希望をくらわせたのであるから、いまその虚偽が成功したという勲章だけは御免こうむりたい」

と言って、それを断ったという。

ただ、これについて中野好夫は、これがどこまで事実なのかは突きとめにくい、と書いている。

ともあれ、ロレンスはその名声が彼自身を追いつめる中で、偽名で一兵卒として空軍入りしたりしたが、結局、一九三五年五月十三日、オートバイ事故を起こし、六日後の十九日に亡くなった。まもなく四十七歳になろうとしていた時に迎えた壮絶な死である。

それは苦悩死とも言えるだろう。

ロレンスの「沙漠の叛乱」を、満洲にいて爆撃を繰り返していた石原は、果たしてどう受けとめたのか。

満洲をアラブとするなら、日本はイギリスか、トルコである。仮にイギリスとしてもいいが、ロレンスの煩悶を石原が自らの煩悶とすることはなかった。しかし、五族協和とは、まさに、石原がロレンスの道を歩むことではなかったのか。

第十章 『奉天三十年』

石原莞爾が「左遷」されて舞鶴要塞司令官となっていた一九三九（昭和十四）年二月二十六日の日記にこうある。

「午後二時半ヨリ宮津ニテ講演玄妙庵ニ泊ル『奉天三十年』面白ク読ム
自ラ（満洲ノ為ニ）アル地位ヲ望ム如キハ不可ナルモ常ニ自己ノ身辺ニ全力ヲ以テ（満洲ノ事ヲ）宣伝スヘキナリ」（ ）内は編者の角田順の注釈である。

ここで「面白ク読ム」と書かれている『奉天三十年』は、スコットランド人の伝道医師デュガルド・クリスティが一八八三（明治十六）年からの奉天在住三十年を機に綴ったもので、一九三八（昭和十三）年十一月に、矢内原忠雄の訳で出た。岩波新書第一号のこの上下巻の訳本が、よほど感銘深かったのか、石原は翌二十七日、発行者の岩波茂雄に手紙を書いた、と日記に記している。

それより三年前の一九三五年に、奉天図書館長だった衛藤利夫が『満洲生活三十年』（大亜細亜建設社）という本を出した。副題が「奉天の聖者クリスティの思出」のこの本は、矢内原によれば『奉天三十年』を「底本とした叙述」であり、「殆んど大部分は翻訳といってよい」という。

最初、石原に共鳴しながら、のちに石原と袂を分かった衛藤と、当の石原が共に傾倒した『奉天三十年』とはどんな本なのか。

矢内原は「訳者序」にこう書いている。

「私が本書を訳したのは、岩波茂雄氏の慫慂によった。氏は本書を読んでクリスチーの無私純愛なる奉仕的生涯に感激し、今や満洲及び満洲人に対し従来よりも遥かに大なる責任を取るに至りし我が国民に本書を提供し、以て満洲をして真に王道楽土たらしむるに資せしめようと欲せられたのである」

「満洲及び支那問題の解決、即ち東洋平和の永久的基礎は、満洲人及び支那人の人心を得ることでなければならない。而してそれは国家としての愛撫政策を以ては足りない。況んや国家を背景とする公私の利得的行動を以ては達し得られない。人間としての無私純愛の生活態度を以て、彼等のために深く、且つ長く奉仕する個人こそ、東洋平和の人柱であり、その如き人間をば満洲及び支那に供給することこそ、日本国民の名誉でなければならない」

そのころ、矢内原は東大を追われていた。東大教授だった矢内原は無教会派のクリスチャンとして個人雑誌『嘉信』を出していたが、そこに「日本の理想を生かす為に、一先ず此の国を葬って下さい」と説いた講演を載せ、不穏当な反戦思想だと攻撃されて、一九三七年十二月、辞任していたのである。

まさに矢内原は、石原たちがリードする「此の国」を葬ってほしいと訴えたのだが、その思いを込めて訳した『奉天三十年』も、石原はそのようには受け取らなかった。ただ、「面白ク読」んだのである。

矢内原もそうだが、クリスティにとっても、世界が故郷だった。そうでなければ、クリスティは、わざわざ、「満目生気なき赭土《あかつち》」の満洲になどやって来はしまい。

ある種の〝冒険旅行記〟と言ってもいい『奉天三十年』には、日清戦争について、こんな記述がある。

「一八九四年（明治二十七年）の初夏、人の手ほどの大きさもない雲が東の地平線に現はれたと見るうちに、全天真暗闇となった。戦争の直接の原因は一寸した事であった。日本人は年来自己の権利を主張して、朝鮮に優越権を得ようと努めて来た。若しこのきっかけが物を言はねば、直に他のきっかけを求めたであらう」

そして、清の軍人はもちろん、クリスティも「日本の如き小国のために敗れるなどとは、思ひも寄らなかった」のだが、その「有り得べからざること」が起こる。

「外国人が彼等を征服した！　しかもそれは、夷狄のやり方ながら驚くべき機械、鉄砲、外科医術等の熟練をもつ西洋人ではなく、常に彼等の劣等視したる隣国民であった。その説明は何か。それは彼等が西洋の方法を学んだが故である」

日本を「劣等視」していた中国が、その日本に敗れたのは、日本人が西洋の方法を学んだからだ。そう言って中国人は自らを納得させようとしたが、そううまくはいかない。

そうこうしているうちに日露戦争が起こった。一九〇四（明治三十七）年のことである。

「この戦争を通じて、支那人の同情は疑なく日本の側にあった。日本軍は十年前に善き評判を残して行った。欠点の熟知されてゐるロシヤ軍の占領よりも、何も知れてゐない日本軍の占領の方が望ましいことのやうに思はれた。そして最後に、彼等は同種の人種であり、東洋はこれにより始めて西洋を征服する見込を得た様に考へられた」

このあたりを読んで石原は喜んだのかもしれない。しかし、「善き評判」はそれを頂点として急降下した。そして、急降下させた張本人の一人が石原であることは疑いようのない事実なのである。

一九二二（大正十一）年秋、石原はドイツに渡って軍事研究に従事する。その年、クリスティは四十年の奉天生活を終えてスコットランドに帰った。

石原が関東軍参謀として、クリスティの去った満洲に入るのは六年後の二八（昭和三）年であり、二人は満洲においてすれちがっている。しかし、それは石原にとって幸運だったのではないか。すでに一九〇五（明治三十八）年の時点で、クリスティはこう書いているからである。クリスティのペンで、石原自身のことが書かれたら、石原も「面白ク読ム」ことはできなかっただろう。それにしても、自らはどう書かれたかを石原は想像できなかったのか。

「この前の戦争の時に於ける日本軍の正義と仁慈が謳歌され、凡ての放埓は忘れられてゐた。戦勝者が満洲の農民と永久的友誼を結ぶべき一大機会は今であった。度々戦乱に悩まされたこれらの農民たちは、日本人をば兄弟並に救ひ主として熱心に歓迎したのである。かくしてこの国土の永久的領有の道は容易に拓けたであらう。而して多くの者がそれを望んだのであった。然るに日本人の指導者と高官の目指した所は何であるにもせよ、普通の日本兵士並びに満洲に来た一般人民は此の地位を認識する能力がなかった。一大国民を打ち負かした、日本は優秀最高だ、支那は無視すべし、かういふ頭で、彼等は救ひ主としてではなく勝利者として来り、支那人をば被征服民として軽侮の念を以て取扱った。

平和になると共に、日本国民中の最も低級な、最も望ましくない部分の群衆が入って来た。支那人は引きつづいて前通り苦しみ、失望は彼等の憤懣をますます強からしめた。戦争が終った今、居残った多くの低級な普通民から、引きつづき不正と搾取を受ける理由を彼等は解しなかった。ある一人が言った如く、『ロシヤ人は、時には我々の財産を只で取り上げるが、それよりも、その値の四倍も払ふことの方が多い。日本人は何にでも金を払ふと言ふが、実際の価値の四分の一も呉れることはない』。

かくして一般の人心に、日本人に対する不幸なる嫌悪、彼等の動機に対する猜疑、彼等と事を共にするを好まぬ傾向が、増え且つ燃えた。これらの感情は、これを根絶することが困難である」

繰り返すが、これは一九〇五年の時点でのクリスティの観察である。以後、さらに「増え且つ燃えた」反日感情の火をつけた主役の一人が石原だった。自らを棚に上げて、石原がこの部分を読んだのだとしたら、その自己認識のなさには驚くほかない。

一九一〇（明治四十三）年から一一年にかけて、満洲を黒死病が襲った。この悪疫ペストについて、「途方もない流言」が広まる。何と「日本人が人民を滅ぼし、国土を取るために、疫病を広め若しくは起こしさへした」というのである。

「曾てすべての外国人に投げつけられた誹謗が、今や復活して日本人にだけ向けられた。彼等が井戸に毒を入れると、一般に噂された」とクリスティは書いている。

まさに、これから十余年後の一九二三（大正十二）年、関東大震災の際に、日本人が在日朝鮮人に対して流した噂と同じだが、クリスティはその後をこう続ける。

「どこからこの考が起ったかは誰も知らないが、市や町や田舎の井戸は殆んど皆南京錠を掛けた木の蓋で防護された。井戸浚へ人夫は多忙を極め、平時の賃金の四倍を取った。最初大抵の人々はこの噂を信じたが、何の証拠も挙げられなかった。然るに暫くして後、時々井戸の口に白い粉が発見されたといふ話を聞き始めた。方々の村で此の粉を持ってゐる者が捕へられ、これを水の中に投ずるやう日本人に買収されたのであると、自白したといふ噂であった。遂に私はこの不思議な包の一つをば、分析用に持って来させることが出来た。それは奉天で警官が錠の掛った井戸側で拾ったものであった。それはナフタリンと、支那人が豚肉を市場に出すために使用する白い粉との無害な混合物であることがわかった。これは不思議を増すばかりであった。この無意味な粉を全国に撒いた者は何人だらう。而して何故だらう」

誰がなぜ撒いたのかの疑問はともかく、日本人がそんなことをすると、最初「大抵の人々」が信じたというのが衝撃である。

こうした不信感の中で、張作霖爆殺事件は起こった。いや、それを日本軍は起こした。自分たちの仕業ではないとごまかせると彼らが思ったとしたら、明々白々の、おそまつな「頭隠して尻隠さず」ではないか。

『奉天三十年』は、その張作霖への好意的叙述に続き、次のように前途を展望して結ばれる。

「その年齢の古きに拘らず、その数年前に於ける一見瀕死の状態に拘らず、支那は自己の強くあることを天下に示しつつあり、その昏睡状態より覚醒しつつあり、その枷の中から新しい若い国民として歩み出でつつある。死に瀕したのは王朝であって、人民ではなかった」

山口重次の『石原莞爾』に、満洲青年連盟の関係する自治指導部寄宿舎に同澤女学校寄宿舎を接収して当てたことについて、石原が怒る場面がある。

青年連盟のリーダーである山口に、石原が、

「自治指導部は、同澤女学校寄宿舎を接収したそうですな」

と不機嫌に言う。

「そうです」

と山口が答えると、石原は、

「文化施設をとり潰したり、婦人教育機関を接収したりすることが、自治指導部の目的か。あなた方は、口をひらくと王道王道というが、その王道は、木偏の枉道か」

と難詰する。

「私も実は迷っています」

と前置きして、山口は答えた。

「正直に申しますと、はじめ同澤女学校の寄宿舎を調べにゆくと、安普請ではあるが設備はいっさい洋式で、大和ホテルより贅沢なくらいです。そこで私は、これは満洲の最高婦人教育機関ではないかしら、いかに、新国家建設のために必要だとはいえ、こういう立派な文化機関をとり潰すことはいかんと思うて、接収に反対したところ、于静遠君をはじめ満人委員は、これは学校でも文化機関でも、なんでもない、学良の妾養成所である。学良は、目ぼしい女性を見つけると、同澤女学校へ入学させダンスや音楽を習わせ、そのうち優秀なのを自分の側妾にするというのです。そのため泣きの涙で、学良を怨んでいるものが何人いるかわからない。正に罪悪の府であるというので、私もその気になって、自治指導部寄宿舎にしました。しかし後から考えると、果して、この事実が一般に知られていたかどうかということと、今一つは、たとえそれが事実であったとしても、これを活かした方が王道にかなっていやしないかと思っておりますが、また一面、日本人の主観で、王道をきめることは、民族協和の精神に背くのじゃないかと、実は、あれこれと判断がつかないでいます」

こう打ち明けられた石原は、毛の薄くなった頭をピシャリと掌で叩き、

「やあ、参りました。わたしの誤解でした。あなたのその疑問こそ、建国の中心問題ですよ」

と笑ってみせたという。

同澤女学校が本当に張学良の「妾養成所」だったのかは知らない。しかし、そう言われてそのまま信ずる石原の態度も不可解である。学良イコール敵という考えなのだろう。

だが私は、張学良が抗日救国を求めてデモをする学生たちに理解を示し、一九三六年十二月九日、憲兵隊への発砲許可を与えていた蔣介石に逆らうように、デモ隊と憲兵隊の間に割って入って学生を必死に説得した事実を重視する。張はNHKの取材班に、

「日本はなぜ東条（英機）のような戦犯を靖国神社に祭っているのか。靖国神社に祭られる人は英雄である。戦犯は日本国家の罪人ではないのか。彼らを祭っているのは、彼らを英雄と認めたからなのか」

と尋ねたという。そして、こう言っている。

「私は日本の若者にぜひとも言いたいことがあります。日本の過去の過ちをまずよく知ってください。そして過去のように武力に訴えることを考えてはいけません」

孔子は「忠恕」を説いているが、日本には忠はあっても恕がない。恕とは他人を思いやる心であり、日本政府は外国に対しても国民に対してもそれがない、と彼は嘆いている。

第十一章　凍りつく希望

一、橇《そり》の鈴さえ　淋しくひびく
雪の曠野よ　町の灯よ
ひとつ山越しゃ　他国の星が
凍りつくよな　国ざかい

二、故郷はなれて　はるばる千里
　なんで想いが　とどこうぞ
　遠きあの空　つくづく眺め
　男泣きする　宵もある

東海林太郎が歌った「国境の町」である。大木惇夫作詞、阿部武雄作曲のこの歌は、一九三四（昭和九）年十一月に発売され、空前のヒット曲となった。歌われているのは、理想の新興国の満洲だが、人々はそこが「凍りつくよな国ざかい」であることも知っていた。

ちなみに「ひとつ山越しゃ他国の星が」は最初、「ロシアの星が」だったのだが、その歌詞がロシアを刺激することを恐れて、レコード制作会社のポリドールが大木に直してくれるように申し入れ、「他国」に改められたという経緯がある。三番、四番も引いておこう。

三、明日に望みが　ないではないが
　頼みすくない　ただひとり
　赤い夕日も　身につまされて
　泣くが無理かよ　渡り鳥

四、行方知らない　さすらい暮し

空も灰色　また吹雪
想いばかりが　ただただ燃えて
君と逢うのは　いつの日ぞ

一八九八（明治三十一）年生まれで、石原莞爾より九歳若い東海林太郎は早稲田大学商学部を出て一九二三（大正十二）年に南満洲鉄道に就職し、鉄嶺の図書館長をしていた三〇（昭和五）年、オペラ歌手への夢断ち難く、安定した職を捨てて帰国した。そして、下八川圭祐に師事してクラシックを学んでいたが、三三（昭和八）年、時事新報主催の「第二回音楽コンクール　声楽部門」に応募し、シューベルトとワーグナーの課題曲を歌って、見事入賞した。音楽学校出の若い男女に混じって、三十四歳の東海林は、例によって直立不動で歌ったのである。

その後、プロの歌手となって、「赤城の子守唄」や「国境の町」のヒットをとばす。

作詞家の藤浦洸によれば、東海林は吹き込みのスタジオで、練習の間はネクタイもゆるめて音合わせをするが、いざ本番となると、顔を洗い、ネクタイを締め直して出て来る。そして、「お願いします」とバンドに最敬礼をしてマイクの前に立つ。それからは「気をつけ」の姿勢を崩さなかった。

大木惇夫は北原白秋にかわいがられた詩人で、大変な酒飲みだった。作曲の阿部武雄は町の流しのバイオリン弾きで、徹底したボヘミアン。この曲のヒット後、レコード会社のゴタゴタに厭気がさして、また流しに戻ったと、藤浦は『なつめろの人々』（読売新聞社）に書いている。「彼もひとつの流れ星であった」と。

この歌のヒットには、時代背景も含めて、さまざまな要素があるのだろうが、東海林が満洲の赤い夕日を

「身につまされて」見たことがあるというのも見逃せまい。

東海林がそこから帰って来た満洲に、多くの日本人が夢を託して渡って行った。そして、まさに「身につまされて」この歌を口ずさんだのである。

東海林太郎は一九七二（昭和四十七）年十月四日に七十三歳で亡くなったが、その日の『朝日新聞』の夕刊には、「不動の姿勢守り四十年」として、こんな追悼記事が載っている。

〈黒いえんび服、独特のヘアスタイル、ロイドメガネ……。いかにも、きまじめな彼の舞台姿は、世の中が変っても少しも変らなかった。その点について聞かれるとよく、こう言った。

「場末のキャバレーが舞台であっても、ぼくはコンサートのつもりで歌います。アロハシャツや着流しでは歌えない」〉

その歌声とともにこの姿勢が多くの「きまじめな」人を惹きつけたのだろう。五族協和の王道楽土を信じて満洲へ渡ったのは、一部に一旗揚げようという野心家もいたが、ほとんどは「きまじめ派」だった。そして、その人たちが一番深く傷ついた。あるいは、満洲の土と化した。

夢や希望について考える時、私は四十年前の中学生時代のある光景が浮かんでくる。一九六〇年春に私は山形県立酒田東高校に入学したのだが、その年、同じように酒田市立第一中学校を卒業した同級生にKという女生徒がいた。彼女のことが甘い思い出としてではなく、苦い思い出として、四十年経ったいまも記憶が消えない。

多分、彼女はその後すぐ、いわゆる集団就職で上京したのだと思う。小柄で、キリッとした女性だった。成績もよく、進学する者の中に彼女より成績の悪い者が少なくなかった。しかし、家庭の事情で就職しなければならなかったのである。

卒業前のある日、担任の先生が「希望」を調査した。「進学」か「就職」かの希望である。すると、彼女は、就職ではなく、進学に手を挙げた。小柄だから、席も一番前だった。それを見て担任が、

「君は……」

と後に続く言葉をのみこむように尋ねた。その眼を強く見返しながら、彼女は、

「だって希望でしょう」

と手を挙げ続けたのである。

その時の担任の困ったような表情と、彼女の、キッと挑むようなまなざしが、いまも忘れられない。

自分は恵まれているんだという思いと、「希望」が容れられない彼女に対する後ろめたさのようなものが重なって、時折、その場面が鮮明にクローズアップされる。

魯迅は「故郷」の中で、「希望」についてこう言っている。

「思うに、希望とは、もともとあるものだともいえぬし、ないものだともいえない。それは地上の道のようなものである。もともと地上に道はない。歩く人が多くなれば、それが道になるのだ」（竹内好訳）

その後、高校にはほとんどの者が進むようになった。「歩く人」が多くなって、「道」ができたともいえる。しかし、私は、あの時、彼女が嚙みしめていたであろう苦い思いとともに「希望」の意味を考えるようになった。

そしていま、満洲移民の夢も、彼女の「希望」のようなものではなかったのか、と思うのである。満洲移民の夢だけでなく、五族協和の王道楽土を無邪気なまでに信じたらしい石原自身の夢も、そのようなもので

はなかったのか？

敗戦直後、虚無と絶望の中にある日本人を前にして、石原は、

「その絶望が深くない。その虚無はほんものでない。この程度の絶望と虚無からは、平和を全身で熱望する姿勢が生まれてこない」

と言い、さらに、

「二十年くらい経つと、日本人はボツボツとめざめてくるであろう。本当の建設はそれからである」

と付け加えた。

よくも、ぬけぬけとこんなことが言えたものである。石原程度の絶望と虚無から生まれたものだったがゆえに、王道楽土の理想はほんものではなかった。その石原の妄想に翻弄されて、どれだけの人間が死ななければならなかったか。

上笙一郎の『満蒙開拓青少年義勇軍』（中公新書）によれば、敗戦直前の在満日本人開拓民はおよそ二十七万人で、そのうち引揚げに至るまでに戦死、自決、餓死、凍死、病死した人が約七万八千五百人。ほぼ三・五人に一人の割合で亡くなっていることになる。

敗戦時における在満日本人の総数は百五十五万人ほどと言われており、その引揚げまでの死亡者数は十七万六千人と算定されているから、これを比較すると、愕然たる事実に突き当たる。すなわち、青少年義勇軍を含む開拓民の在満日本人に対する割合はおよそ十七パーセントでしかないのに、死亡率は五十パーセント近くにもなるのである。

一九三三（昭和八）年に埼玉県入間郡原市場村（現飯能市）に生まれた上笙一郎は、一緒に遊んだ兄貴分の

少年たちが「満蒙開拓青少年義勇軍」として大陸に渡り、その半数ほどが、敗戦後、「幽鬼のような姿」で村へ戻って来たのを知っている。もちろん、ついに戻って来ない者も多かった。

その事実を知らぬげに、石原が「日本人の絶望は深くない。その虚無はほんものでない」などと言うことが許されるのか。ほんものでないのは自らの絶望だろう。

拓務省が「満蒙開拓青少年義勇軍募集要綱」をつくって募集に着手したのは一九三八（昭和十三）年一月。それには「わが純真な青少年諸君が満洲に渡り、大陸の新天地で農業を通じて心身の鍛錬をはげみ、成長してからは満蒙開拓の中堅人物となることは、小さく見れば青少年諸君の身を立てる為めでもあり、大きく見れば我国とその兄弟国である満洲国との双方の発展に役立ち、ひいては東洋平和の礎を築くことになるのであって、これこそ男子としての大きな喜びでありましょう」とある。応募資格は「数え年十六歳（早生れは十五歳）から十九歳（ただし十二月二日以降生れの者に限り二十歳でも差支えなし）までの者」で、「尋常小学校を修了した者」であれば「職歴はその如何を問いません」となっている。

新聞や雑誌は争ってこれを取り上げ、「第二の屯田兵」だとか、「昭和の白虎隊」と囃したてた。そればかりでなく、義勇軍の歌を懸賞募集して、ラジオその他で放送し、宣伝に努めたのである。

この時一等に入選したのは、星川良夏という青年のつくった「われ等は若き義勇軍」で、飯田信夫の作曲で広く歌われた。

われ等は若き　義勇軍
祖国のために　鍬とりて

万里涯《はて》なき　野に立たむ
いま開拓の　意気高し
　いま開拓の　意気高し

われ等は若き　義勇軍
祖先の気魄　享《う》けつぎて
勇躍夙《つと》に　先がけむ
打ち振る腕に　響きあり
　打ち振る腕に　響きあり

われ等は若き　義勇軍
秋《とき》こそ来たれ　満蒙に
第二の祖国　うち樹てむ
輝く緑　空をうつ
　輝く緑　空をうつ

われ等は若き　義勇軍
力ぞ愛ぞ　王道の

旗ひるがえし　行くところ
見よ共栄の　光あり
　見よ共栄の　光あり

農業移民を推進したのは、軍にあっては東宮鉄男《とうみやかねお》であり、民間にあっては加藤完治だった。一八九二（明治二十五）年に群馬県の農家に生まれた東宮は陸軍士官学校を出て軍人となり、張作霖爆殺事件に際しては、それを実地指導したといわれる。

そして満洲国設立後の一九三二（昭和七）年六月に「在郷軍人ヲ以テ吉林屯墾軍基幹部隊ヲ編成シ吉林省東北地方ニ永久駐屯セシムル件」という具申書を提出する。この「屯墾軍」の目的は、一に治安、二に資源開開発、三にソビエト軍に備えるというキナ臭いものだった。

これを読んだのが上官の石原莞爾であり、石原は、その後に奉天にいた石原を訪ねて来た天皇制農本主義者の加藤完治に、東宮の「屯墾軍」案を示し、

「加藤先生、これは実現可能ですか」

と尋ねた。

「すばらしいものです」

読んだ加藤はそう答え、それを聞いた石原は、

「それじゃ、東宮君を呼ぼう」

と言って、新京の東宮に電話をかけ、三二年七月十四日に加藤と東宮は会った。

一八八四（明治十七）年、東京の旧士族の家に生まれた加藤は、最初は熱烈なキリスト教信者だった。それが、ある年の夏に赤城山で大嵐に遭い、死にかけたことから、天皇制農本主義者となる。

満洲への農業移民計画は、東宮と加藤が手を結び、強硬な反対論者だった高橋是清が大蔵大臣をやめたことを契機に急進展する。

拓務省が東宮と加藤の意見を取り入れてつくった移民案がその年の八月に議会を通過し、秋には中佐の市川益平を団長とする第一次移民団が送り出された。しかし、治安も悪く、夢と現実のあまりの違いに、この「武装移民」は落伍者が続出する。彼らを攻撃する者の中には、土地を奪われる農民が反満抗日パルチザンとして参加してもいた。

それで今度は、文句を言わない「純真ノ年少者」を満州移民に仕立てようとしたのである。「われ等は若き義勇軍」の歌などに魅せられて、彼らは応募した。一九三八（昭和十三）年一月の第一次募集では、定員五千名に対し、応募者はその倍近い九千九百五十名に達したという。

第十二章　ゴマノハイは誰か

旧満洲を旅すると、さまざまなところで旧日本と出会う。日本ではすでに見られなくなっている建物や施設が突如出現するのである。

しかし、「突如」というのはもちろん、こちらの形容で、中国人にとっては突如建てられてそのまま居すわったということになるだろう。不意を突かれた感じがするのは、私の歴史感覚のなさである。

それにしても、「東大病院」が現れたり、「日比谷公園」に出くわすのは、やはり驚く。極めつきは「関東軍司令部」だった。現在、「中国共産党吉林省委員会」が使っているそれは、日本風の城の形の天守閣が聳《そび》える。

旧満洲の旅で最も心に残ったのはこの建物だった。「五族協和」を謳いながら、日本の城を建てる。これで、その理念を信じろと言っても、とうてい無理だろう。

「郷に入っては郷に従え」という俚諺のまさに逆を行っている。ここに通った石原莞爾はそれに気づかなかったのか。

一九三二（昭和七）年一月十一日に、奉天（現瀋陽）ヤマトホテルで行われた「満洲建国前夜の日支名士座談会」がある。朝日新聞の主催で「新満蒙の建設」について語った。

出席者は、中国側が奉天省政府地方自治指導部長の于沖漢をはじめ六名、日本側は、関東軍から参謀の石原ら、奉天総領事館から領事の森島守人、そして、満鉄から理事の村上義一や奉天図書館長の衛藤利夫他が参加している。

まず、朝日新聞奉天通信局長の武内文彬が、満蒙善後処置について、「新政権か或は独立の新国家といふ問題、並にこれと並んで在満日本機関の統一問題」が差し当たっての中心問題だと思うが、「于大人から」と、于沖漢に水を向ける。

それに対して于は、

「今日は生憎自分は病気中で元気がありません。簡単に申すと矢張りお説の通り新国家を建設する方が一番宜しう御座います。

これが一番必要なことなので御座いますが、その建設については民意を尊重するといふことが最も大切だと考へるのであります」

と言葉少なに答え、石原が、

「支那の有力な方がさういふ御希望ならば、それがいいに決ってゐると考へます」

と応じている。

しかし、前章の「凍りつく希望」で記したように、「希望」といっても、着いた途端に「凍りつく」ものもあれば、最初から溶けることを禁じられた希望もある。

「支那の有力な方」といえども、于がその場で凍りつかない希望を述べることはできなかっただろう。

石原の同意を承けて武内が、

「しからば新しい満蒙独立国家はどういふ国体、政体に則るべきでせうか」

と再度尋ねても、于は、

「それは研究した上でなければ、即座にお答へすることは出来ません」

と返すだけだった。

その于の重い口を開かせようと、武内はこう踏み込む。

「新国家建設といふことになれば、次に起る問題はその新満蒙独立を現在の省の区別即ち遼寧、吉林、黒龍江、熱河各省のいはゆる東北四省といふ区画をとるか、乃至はハルビン東省特別区を一省とし更に蒙古の自治領といふものを加へて六省とするかといふことでせう」

これに対して于は、

「さういふことについては歴史、人情、風俗、交通などのいろいろの関係があり、今までの通りにするか或は小さくするか、まだ議論が沢山あって支那人の中には昨年南京政府で二十四省を五十八省にするとか、五十何省にするとかいろいろ筆の先や口の先で論じたがたうとう結論はなかった。直ぐさま解決する問題ではなく、また容易く出来る問題でもないと思ひます。だが如何なる国家にとっても自治といふことは必要なことで、これは根本のことであるから、この根本がうまく行かないとどんな国家であっても駄目だ。勿論奉天を模範として行きたいと思ひます」

と答え、武内が、

「今やってゐる奉天省の自治制度といふやうなものは、どういったところに根本の方針がありますか」

と問うと、

「地方自治制度は多年大体備はってゐるが、内乱の影響を受けて十分実効を挙げてゐない。今日の急務は旧制を復活し空論を避け人民の福祉を増進するにあって、奉天省の新自治方針は善政主義と王道主義を標語としてゐます。選挙区制を採用することは民国過去の弊害に鑑みて賛成出来ません。要するに民衆をして衣食住の安定を得さしめ貧富の懸隔を少くして、安楽国土を創造することが自治の目標であります」

と述べている。

ここで、于沖漢と石原の出会いに触れておこう。

当時六十歳だった于は満洲政界の巨頭で、日本で育ち日本で教育された。日露戦争の際は特別任務に服し、勲六等を受けている。戦後は日本人とともに満洲発展に力を尽くし、漢民族の間に自然に発達した強力な自治団体制度である自治指導部をそのまま政治機構とし、その部長となっていた。

関東軍司令官の本庄繁とは、本庄が張作霖の軍事顧問をしていたころからの親しい間柄である。

本庄はこの于を満洲国建設に引っ張りだそうとする。しかし、于は病弱を理由に断った。あきらめきれない本庄は于に満洲国についての意見を求める。

山口重次の『石原莞爾』によれば、その骨子はこうだった。

(一) 満洲は、中国と完全に分離独立すること。

(二) 警察以外に軍隊をもたないこと。

(三) 官治は中央にとどめ、地方は民治とすること。

(四) 政治の方針は外国の主義に倣わず、古来より伝わる王道に則ること。

(二)の「警察以外に軍隊をもたないこと」は于の精一杯の抵抗だろう。

本庄は石原に于を会わせる。

石原はこう言った。

「先生の建国大綱のご意見は拝見しました。あれは私から見ると、隔靴掻痒です。先生は、まだ遠慮して物をいうている。従って、あのご意見は満洲人の角度から見た、一方的なお考えではないかと思います」

しかし、石原は「軍隊をもたないこと」という提案も「遠慮して物をいうている」と言うのか。この点はひとまず棚上げして、石原は続ける。

「満洲国が、真に独立国家となるには、第一に五族は絶対に平等でなくてはなりません。また、鉄道・塩税・郵政・関税・石油・鉱業・マッチなど、外国によって侵害されている権益は、全部回収しなくてはなりません。それには、まず日本が治外法権を撤廃し、満鉄経営を合弁とし、付属地を返還し、旅順・大連も、独立の贈物として呈上し、権益返還のお手本を、欧米各国に示すべきだと思っています。ただ、貴国人が、満洲国民になった日本人に、平等な権利を与えるかどうかが問題でしょう……」

この石原の言葉に于は仰天する。日本の軍人の家庭に育ち、多くの軍人と接してきた于も、軍人の口からこんな発言を聞こうとは思わなかった。

たしかに、軍人としては石原は変わっていたのである。それは、「売国奴と罵られ、漢奸とさげすまれながらも、満洲のために親日を実行してきた」于を感激させるに足るユニークさだった。于は涙にむせびながら、

「石原さん。あなたはお年若だが、抱負は実に大きい。帯のような満鉄の付属地と、猫の額ほどの旅順・大連を投げ出して、満洲全体を手中に収めてしまう。あなたのおっしゃることが実現したら、三千万民衆は、ころりとまいります。いや四億の漢民族にしてからが、手放しで感泣します」

と言った。

「于先生、今日は、小さな権益にへばりついている時じゃありません。必ず将来、といっても二、三十年のうちには、東西分け目の世界最後の決戦が起りますよ。それまでに、日本と中国とが完全に協同して、兄弟国となり、最後の戦に打ち勝たねば、真の平和は地上に到来しません。あなたが、満洲には警察だけおいて軍隊をおかぬというのは、結構な理想です。しかしそれはどこまでも理想です。それまでは警察も必要、軍隊も必要、……あなたは、恐らく日本人を信用しないでしょう。同様に、私も日本人を信用しません。現在の日本人は、隣国に対して、ただ権益を主張する利欲の奴隷のようなものです。それを打破しなくてはならぬ。だが、これは学良政権を打破した以上に困難が伴います」

石原は「結構な理想」を求めて、満洲建国を主張したのではなかったのか。石原を崇拝する山口重次のペンを借りて、石原と于の応答を読み返すだけで、石原自身の矛盾が露呈する。

そこに気づかずに感泣するところに、「売国奴」とか「漢奸」と呼ばれた于の甘さがあった。

「では、貴国の状態は、満洲と同じですか」

と于は石原に尋ね、石原が、

「そうですとも……日本には、軍閥といい、党閥といい、官僚閥といい、いろいろな名目の我利我利亡者どもがおります。私は、軍人ですが、軍閥外の軍人です。満洲建国は、あなたに一任して、これからこの軍閥とたたかいます」

と言うと、

「わあ、大変なことになった」

と手放しで喜んだ。

そして二人は「一瞬にして、百年の知己となった」という。

こうした出会いの後の朝日新聞の座談会なのである。それにしても、自分は「軍閥外の軍人」であり、数多の「我利我利亡者」とは違うと自負する石原に、自分もあるいはその一人ではないかという反省の影がさすことはなかった。己のやったことを自覚せずに大変なことをやった（マイナスの意味で）という点では、石原は田中角栄と似ているのではないだろうか。

石原は座談会で、こう抱負を述べる。

「私は個人としては独立国家になる以上これは都督制とか何とかはやるべきではないと思ふ。それは今までの日本は暴戻なる支那軍閥のために付属地内に屏息されてゐたのであるが、今度は日支両国民が新しい満洲を造るのだから日本人、支那人の区別はあるべきではない。従って付属地関東洲も全部返納してしまって関東長官も失業状態ですな、そして本当に一緒になってやるのでなければならない。日本の機関は最小限度に縮小し、出来る新国家そのものに日本人も支那人も区別なく入って行くがよろしいと思ふ。それが出来なければ満蒙新国家もなにもないと思ひます」

関東庁の長官が失業するのはいい。しかし、于冲漢が建国の要綱で主張した「関東軍の失業状態」なくして「王道楽土」の建設はできなかったのではないか。天守閣を聳えたたせた関東軍司令部の存在こそ、その夢の実現を阻むものであることに、天守閣の主たる石原は気づこうとはしなかった。

先の発言に続けて石原は言う。

「つまり私が新国家に職を奉ずるならば新国家の連隊長に任命されるので、それでなければ結局日本のものにするか支那のものにするかです。日本の軍隊を満洲に置かなければならぬといふならば関東軍司令官は置かなければならぬし、日本と新国家の関係に領事が必要ならば領事を置く。なくていい融和的のものならば置かぬ。関東長官は絶対に失業。但し関東庁の役人は新国家の役人になり度い人はなればよい。于大人が大統領になれば于大人から辞令を貰へばよい」

石原からこのように持ち上げられた于冲漢は、それから三年後の三五（昭和十）年春、遼陽で亡くなった。そのとき石原は大佐に進級して参謀本部の作戦課長となっていたが、しばらくして満洲に渡り、于の墓参りをする。

石原は最初、迎えに来た公用車には乗らない、と言った。

「わがままを言うようだが、わしの墓参は公用ではないから」

と断る石原を随員が、二里余の泥路を歩くのは大変だからと説得し、石原はようやく承知して、まず、忠霊塔の戦士の前に合掌した。

「南無妙法蓮華経」

そう読経しながら、

「建国は、まだ完成しておらぬ。犠牲となった人に対して、まことに相済まぬ」

と石原はつぶやいた。

それからさらに遼陽郊外にある于の墓に詣で、手を合わせた後、随員たちに向かって、

「于先生こそ、民族協和の土台をかためた満洲国の元勲だ。今の馬鹿ども、国務総理鄭孝胥を国葬なんどにして、この大恩人の功績を忘れている。総理だからえらいの、総理でないからえらくないのと、そんなものじゃない。日本人も、満洲国人も、こういうところに眼がさめぬと、折角きずきあげた国家は、ゴマノハイみたような奴の喰物となって、破滅だ」

と痛憤したという。

しかし、その「ゴマノハイみたような奴」に石原は入らないのか。于の主張した「警察以外に軍隊をもたない」新国家案を一蹴して、石原はゴマノハイが横行する満洲国を築きあげた。

第十三章　満洲建国前夜

主に石原莞爾が「新満蒙の建設」について語った「満洲建国前夜の日支名士座談会」で、石原に、

「若し石原中佐のお話のやうになりますと在満邦人の国籍はどうなるのですか」

と尋ねたのは、奉天図書館長だった衛藤利夫である。

「新国家に活動したい方はその国家に国籍を移すのですね」

と石原は答えた。

その後、いろいろ遣り取りがあって、衛藤が最後にこう述べる。

「私は実際上の政治経済の動きには縁遠い読書子ですがアングロ・サクソン民族がニューイングランドを開いたとき、その当時の古い記録をこのごろふと読みまして、彼らには明日のアメリカを開くことに対する真摯なる夢のあったことを今更回想しました。しかるにどうも在満邦人には明日の満洲をいかなるイデオロギーの下にリードしていくかといふことにつき、ハッキリした識見がないやうに思ふ。アメリカ開国の昔イギリスのピューリタンの一派がいかなる苦心を忍んでも明日の彼等の生存の郷土を開かうとしたその豊かな夢がないことを感ずる。これは空虚のやうなことですが、私は新国家のイデオロギーを聞いて行くにつれて、その夢のやうな憧れの足りないことを甚だ遺憾とする。その当時ペンシルヴァニアを開いた時の彼らの日記を開いて見ましても、彼らが明日のアメリカに対して如何に真摯な理想主義をもってゐたかがわかる。力で開かうとしたポルトガルやスペインは悉く不成功に終り、夢豊かなアングロ・サクソンが今日のアメリカ新国家を建てたについて、われわれはいま満洲といふものをただ漠然と考へてゐることに非常な物足りなさを感ずる。零下三十度の雪の下に屍を埋めてゐるわが将士の尊い犠牲が、どこかに現はれるかといふことをハッキリ認識させることが最大急務ぢゃないかと思ひます」

『現代史資料』（みすず書房）の第十一巻「続・満洲事変」に「満洲建国前夜の心境」と題して石原の談話筆記が載っている。

それによれば、前記の「日支名士座談会」は「満洲国独立を公開の席で口にした最初と言ふ意味で私にとっては印象深い、記念すべき座談会」だった。それまで「頑強な迄に主張しつづけて居た満蒙占領論から完全に転向した」からだという。

陸軍幼年学校時代から、中国問題に関心を抱き続けてきた石原は、孫文が袁世凱と妥協し、袁が革命の理想を踏みにじっていくのを見て、中国人の政治的能力に疑問をもつ。漢民族は高い文化をもってはいるが、近代的国家を建設することは不可能なのではないか。

こう考えた石原は「満蒙問題解決の唯一の方策として、満蒙占領論を唱へ、漢民族は自身政治能力を有せざるが故に、日本の満蒙領有は、日本の存立上の必要のみならず中国人自身の幸福であると強硬に主張して」きたのである。

しかし、実際に満洲事変が起こり、満蒙の統治が現実の問題となってくるや、反対の満蒙独立論に変わった。

その第一の理由は、中国人の政治能力に対する懐疑が、再び中国人にも政治の能力ありとする見方に変わったからだという。

どうしても口をはさみたくなるのだが、この場合、石原は、日本人には政治的能力があることを自明としているのだろうか。

蔣介石を中心とする国民党の中国統一運動と革新運動に、従来の軍閥と違う新しい息吹きを感じた石原は、

「中国人自身に依る中国の革新政治は可能であると言ふ従来の懐疑からの再出発の気持は更に満洲事変の最中に於ける満洲人の有力者である人々の日本軍に対する積極的な協力と、軍閥打倒の激しい気持、そしてその気持から出た献身的な努力更に政治的な才幹の発揮を眼のあたり見て一層違って来た」

と語っている。

しかし、ずいぶんと都合のいい「変化の理由」ではないか。要するに「日本軍に対する積極的な協力」を有力者がするようになったから、その政治的能力を認め、独立論に変わったと言っているわけである。

「在満三千万民衆の共同の敵である軍閥官僚を打倒することは、日本に与へられた使命であった。此の使命を正当に理解し、此の為に日本軍と真に協力する在満漢民族其の他を見、更にその政治能力を見るに於て私共は満蒙占領論から独立建国論に転じたのである。何故ならば支那問題、満蒙問題は単に支那問題ではなく、実に軍閥官僚を操り、亜細亜を塗炭の苦に呻吟せしめて居るものは欧米の覇道主義であり、対支問題は対米英問題である以上此敵を撃砕する覚悟がなくて此問題を解決することは木に縁《よ》り魚を求むるの類ひであると思って居たが為に他ならない」

石原はこうも言っているが、中国の軍閥官僚を「共同の敵」として、自らはその弊から免れていると思う感覚は私には理解できない。「日本軍と真に協力する」から、その政治能力を認めるというのでは、自分がそう思えなくなったら、容易にまた「占領論」に逆戻りするということだろう。

「亜細亜を塗炭の苦に呻吟せしめて居るもの」は決して「欧米の覇道主義」だけではなく、日本の覇道主義だった。新京に建てた関東軍本部の天守閣が象徴するように、石原の主張する独立論も、しょせんは〝占領下の独立〟であり、占領論の一変種に過ぎなかった。

それを見抜いて衛藤利夫は前記の座談会でアメリカ建国の夢に触れたのである。

「民族協和は日本人の力を押しつけるものではない。誠心を示し、互の誠と愛に生きるのである。満洲占領論の放棄は自己の力に対する不信でなく、今日東亜連盟と言ふ言葉で主張して居る次の構想を予期してなるべく多くの民族、なるべく多くの国民が真に協同して行くと言ふ積極的な第一歩であり、八紘一宇と言ふ肇国の目標に向っての現実的な一歩前進である」

こう弁解する前段で石原は、「新国家に於て徹底的に漢民族はじめ他民族の才能を発揮せしめ、日本人も新国家の建設に裸一貫となって参加して、此の建設の過程に本当に日本の天皇の御稜威をしらしめることこそ、日本を信頼せしめ、日本人に限りない愛着を持たしめる唯一最良の道であると思うた」と語っている。

どうしてもそこに「天皇の御稜威」が出てくる。それを出すことが日本を信頼せしめないことになるとは石原はまったく考えない。それこそが名ばかりの独立論で実態は占領論だなどとは思いもよらないのだった。

ところで亜細亜大の学長をやった衛藤瀋吉は衛藤利夫の息子である。瀋吉の瀋は瀋陽からとったといわれる。その瀋吉が父を回想しつつ、自分の中の「満洲」について書いている（文藝春秋編『されど、わが「満洲」』文藝春秋）。

あるとき、エコノミストの大来佐武郎と一緒になり、外国人の客をまじえて雑談していた衛藤は、自分が瀋陽で生まれ育ったことに触れながら、自嘲気味に、

「つまり、日本帝国主義の子どもですな」

と言った。すると大来は即座に、

「いや、衛藤さんは帝国主義者の子ではない。彼のお父さんは満鉄の奉天図書館に長くつとめて、日本人

に中国の歴史や文化を理解させようと努力した人だ」

と否定した。

その好意を衛藤は非常にありがたく感じたが、それでも「満洲事変の利得者」という意識は消えない。しかしまた、誰か他人が、おまえは侵略者の子だと決めつけたら、憤激するだろうと割り切れない心中を吐露している。

瀋吉の父、利夫は熊本県の小さな村の医者の家に生まれ、後を継ぐべく、長崎医専に入ろうと思ったが、屍室を見てショックを受け、断念。旧制五高に進んだ。五高では大川周明や高田保馬らとともにストライキを起こしたりしている。

自ら退学した後、東京帝大選科に学んで、東京帝大付属図書館の司書となり、一九一九（大正八）年、満鉄が司書を求めているのに応じて満洲に渡った。息子の瀋吉は書いている。

「父は満洲の荒野に文化の花を咲かせることに、まことに生き甲斐を感じていた。情熱を傾け、昇進の機会を捨てて奉天図書館に専念した。また、満蒙の民衆とともに生きたキリスト教宣教師の人間愛に深く惹かれて、いくつかの著述をものした。張学良の悪政を身をもって体験しただけに王道楽土の夢をひたすら追い求めた。その夢が現実の酷しさの前に崩れ去って行くのを、父はひどく複雑な感情で見守っていたようである。

一方で文学青年らしくなおひたすら夢を追い求めた。他方、その夢を崩してゆく現実に対して憂悶と憤激の情絶え難きものがあった。しばしば関東軍から厚遇をもって、委託調査その他の依頼があったが、父は一度もこれに応じなかった。昭和十七年満鉄の停年にはまだほど遠いのに、とめるのを振り切って図書館長を罷め、東京に移った。ひとつには私のすぐ上の兄三男を病で失ったことにもよるが、満洲国に絶望したこともその一半の原因をなしている」

戦後は初代の日本図書館協会理事長として図書館の再建に尽くし、軌道に乗ったところで、引き止められるのを振り切って退任。自適の生活に入って三年余で脳出血で倒れた。全身不随、意識不明の重症の中で、

「満洲国」

「若い奴らが来る」

「皇帝に拝謁」

などと言っていたという。

そして一九五三（昭和二十八）年七月七日、六十九歳で亡くなった。

丸山泰通、田中隆子編の『衛藤利夫』（日本図書館協会）には「清純高潔な生涯」とあるが、決して固いだけの人ではなかった。その「クヮン詰め半生」では、いわゆる女郎屋がたいてい「何々書館」という看板を掲げているので、観光客たちがまちがえて、新築の奉天図書館に入って来た時のことを語っている。

彼らがドヤドヤと入って来て、

「女はどこにいるか」

と騒ぐ。それを見て衛藤が憤然として叱責したというのである。

そのころ新聞にそんなゴシップ記事が出たが、衛藤によれば、それは頭のいいジャーナリストの創作で、憤然としたおぼえもないし、叱責した記憶もない。

本当にそんな客が来たら、お茶でも出して、歓待はしないまでも、ニッコリ笑うくらいはしただろう。

「物は考えようで、われわれの職業も売笑婦も、青筋立てて怒るほど別世界のものじゃあるまい。否、むしろ大に似たところもある。彼女等は肉体をひさぎ、われらは本を媒介として、智能をひさぐというだけのことじゃないか」

図書館業者を一種の接客業者とする衛藤は満洲に王道楽土の夢を賭けたが、深く絶望して満洲を去った。息子の瀋吉は、

「もちろん父には歴史を見通す優れた史眼もなし、黒白正邪をはっきりさせるイデオロギー的信念があったわけでもない。しかし、柳条湖事件の真相を知るに及んで、はげしく関東軍に反発した。事件の首謀者の一人石原莞爾とは、東亜連盟の民族解放を旨とする抱負において志を一にしながら、ついに一線を画さざるを得なかった」と書いている。

わが家は東北松花江のほとり
森もあり炭鉱《やま》もあり
また見渡すかぎりの大豆と高粱
わが家は東北松花江のほとり
わが同胞《はらから》の住み、老いたる父母のいます所
九・一八よ、九・一八よ、かの悲惨なときより
九・一八よ、九・一八よ、かの悲惨なときより
わがふるさとを逃れ出、かの豊けき宝庫を見捨てて

さまよいながら、さまよいながら
なおも絶えることなくさまよい続ける
いずれの年いずれの日か
かのうるわしいふるさとへ帰れようか
いずれの月いずれの年か
かの豊けき宝庫をとりもどせようか
父よ母よ
いつの日か共に
団欒できるであろうか

九・一八とは、言うまでもなく、一九三一（昭和六）年九月十八日の柳条湖事件勃発の日であり、この歌は多くの中国の知識人に歌われて、彼らの抗日の情熱を沸き立たせた。

現在、中国側からその主謀者と名指しされているのは板垣征四郎と石原莞爾であり、石原にこの歌を歌う中国の知識人の心情は理解できまい。しかし、民族の解放とは、中国人にとっては、まず、関東軍からの解放であった。

衛藤利夫の息子の瀋吉が、歴史家として苦渋をもって書いている如く、たしかに満蒙開拓団などは夢をもって入植したが、しかし、その土地はほとんど中国人から、安く、半強制的に買い上げたものだった。「民族協和」や「アジア解放」を信じ、青春の情熱を新国家にかけた日本の若者もいたが、そのために

「十万人の中国人が流浪し、多くの中国人があるいは戦場に、あるいは刑場に殺されたのも、歴史の事実」なのである。

第十四章　予見者なりや

藤沢周平は『周平独言』(中公文庫)所収の「三人の予見者」というエッセイで、同郷の清河八郎、石原莞爾、大川周明の相似性を語っている。

この三人の出生地は山形県の庄内平野と呼ばれる西部海岸地方にあり、やはりそこに生まれ育った藤沢は『回天の門』(文春文庫)という小説で清河のことを書きながら、それを考えていたというのである。

一九二七(昭和二)年十二月二十六日生まれの藤沢は、敗戦の時、十七歳だった。石原は五十六歳。二人の間には四十歳近い差がある。

藤沢は「私の記憶に残っている石原莞爾は、予備役陸軍中将でも、満洲建国の事実上の主役でもなく、東亜聯盟の指導者である」と書く。

一九四一(昭和十六)年の秋、京都師団長を最後に予備役に編入された石原は郷里の鶴岡市に帰る。それを機に連盟の鶴岡分会は盛況となり、庄内支部の結成から、山形県、東北地方と各地に組織を急拡大していく。

この組織については後に詳述するが、藤沢周平こと当時の小菅留治少年は、自分の生まれた村にいたトラじいさんを手がかりに、東亜連盟を考える。

気が強く、高調子にものをしゃべるこのじいさんが連盟に入っていた。そして、村びとをつかまえて、痩せた喉ぼとけを動かしながら、声高に議論をぶつ。

トラじいさんの家は、学校に行く途中の、道から一段高い場所にあって、そこからじいさんの大きな声が聞こえて来ると、留治少年は、

「ああ東亜聯盟だな」

と思った。

彼によれば「それは村ではかなりめずらしい光景だった」という。

雄弁は村でも尊敬されるが、弁が立つだけで肝心の百姓仕事がしっかりしていなければ、侮られる。トラじいさんは篤農のひととは言えず、その分だけ熱弁は割引されて、「村の中では少々異端視され、はばかられていた」のである。

石原を天敵視する東条英機内閣はすでに「皇国の主権を晦冥《かいめい》ならしめるおそれある東亜聯盟の運動は、これを許さず」と発表していたから、アカのように見られていたということもあったろう。

ただ、連盟に入ったのはトラじいさんだけではなかった。他にも数人の村びとが加盟しており、中には中堅どころのしっかりした百姓もいて、そういう人たちはあまり議論せず、連盟方式の農法をとりいれるのに一生懸命だった。

少年小菅留治はそのころ、道ばたで、

「東亜聯盟もだいぶはびごって来たもんだのう」

と村びとが話しているのを聞く。

はびごるは言うまでもなく蔓延《はびこ》るで、ひろがり茂ることであり、幅を利かす、増長することをも意味する。そこには当然、はびこるものに対する村びとの揶揄と軽い反感、そして軽侮がこめられていたのである。

「東亜聯盟に対するそのころの私の印象は、突然はびこって来た、従来の村の生活とは異質のものであり、トラじいさんであり、そして石原莞爾だった。しかしそのひとの姿を見たこともなく、講演を聞いたこともなかった」

こう回想する藤沢は、大川周明についての伝記なども読んで、清河八郎も含めた三人に共通するのは一種のカリスマ性ではないか、と指摘する。「三人ともに、少数のあるいはかなり多数の、熱烈な支持者、信奉者にかこまれていた」からである。

とくに石原は「満洲事変を演出し、東洋の一角に満洲国という新国家をつくり出して以後」は「一大佐参謀本部作戦課長の身でいながら、支持と信頼をとりつけているという意味では、全陸軍中最大の実力者だった」とし、杉森久英の『夕陽将軍』(河出文庫)の次の一節を引く。

「昭和十一年ころの石原は……全陸軍を代表するほどの実力者になっており、日本の世界政策をリードする存在であったといってよかった」

石原に対する信仰は軍内部だけでなく、民間にもひろがり、杉森によれば「おそらく民衆の間でこれほど人気を集めた軍人は乃木大将以来」だった。藤沢は、「そのころの石原は、生きながらにして神話的な存在」であり、「晩年も聖者のごとくあがめられて生を終った」と書いている。

そしてカリスマ性を支える条件の一つに、「卓抜した予見能力」を挙げ、石原の場合は、その伝記から、いくつかの例を引く。

たとえば、陸大の入学試験で機関銃の使用法を問われ、機関銃を飛行機に装備して、敵の行軍大縦隊にタタタと銃射を浴びせると答えた。のちにこの飛行機による機関銃掃射は常識となったが、石原がそう答えたころは、日本では飛行機はようやく偵察用に使われているだけで、機関銃掃射など思いもよらなかった。

また、満洲事変から満洲国建国に際して、関東軍が最も心配したのはソ連の介入だった。しかし石原はそれはないと読み、その通りとなった。

それについて杉森は「こういうときの石原の情況判断は、ほとんど神智といっていいほど鋭く、かつ正確なものであった」と書き、藤沢も「時には明察神のごとき」石原の予見能力と形容している。

果たして、そうなのだろうか。藤沢までがそう称えていいのか。

「石原は参謀本部作戦部長として、日中戦争には不拡大の方針でのぞんだ。拡大全面戦争となれば長期戦となる。短期間に蔣政権が崩壊するなどという判断は誤りで、中国とは即時和平し、来るべき欧米との戦争にそなえるべきだというのが石原の考えだった。軍をあげて拡大に動いている中で、石原のこの見通しも正しかったのである」

藤沢はこう断定する。ただ、その後にやはり、次のように続けざるをえなかった。

「しかし日中戦争拡大は、満洲事変、満洲建国の悪しきイミテーションだった。拡大の気運に火をつけたのは、ほかならぬ満洲事変における石原だったことになるのだが、石原は満洲事変当時そこまでは読み切れなかったのである。これを石原の予見能力の最悪のミスと言えば酷になるかも知れない。日中戦争拡大はすでに時の勢いだった。一石原の手でとどめ得るものではなかった」

私は藤沢文学を愛する。また、「信長ぎらい」というエッセイで、叡山の焼き討ちをはじめとする信長の行った殺戮を指弾した藤沢に大きな拍手を送る。

それゆえに、同郷ということで石原に甘くなった藤沢に疑問を感ぜざるをえないのである。日本語には「半信半疑」という言葉があり、私たちもたまに使う。しかし、これを聞いたスペイン人が首をかしげ、

「半分疑っているということは信じていないということじゃないか」

と指摘したといわれるように、石原が満洲事変当時、その後の拡大を読み切れなかったというのは、石原の基本的な予見能力のなさであり、それを「最悪のミス」と言うのは、何ら酷ではない。

「一石原の手でとどめ得るものではなかった」となる日中戦争の火をつけたのは、まぎれもなく「一石原」だったからである。

ドイツがソ連に侵攻した時、石原はすでに現役を退いて京都に隠棲していた。そこへ京大の学生が数人訪ねて来る。

彼らに石原は、ヨーロッパの地図を示しながら、

「ドイツ軍はいまここにいるが、一週間後にはここにいるだろう。その先にはこの道を通ってここまで行くだろう。それから先はこちらにむかうだろう。この町からこの町までは、幾日かかるだろう」

と予想して見せたという。

そして、独ソ戦の展開はほとんど石原の予想した通りになった。

たしかに、石原は軍人としての予見能力は高かったのだろう。だが、それはあくまでも、軍事面での見通しに限られていた。満洲事変から日中戦争の拡大へという推移をみれば、その面での予見能力も、言われる

ほどに高かったとは私には思えない。

たとえば、奉天図書館長、衛藤利夫は、その著『韃靼』（地久館出版）の「奉天今昔」にこう書く。

奉天会戦の前は、東三省の民衆は「暴虐なる露西亜軍」を嫌い、ロシアに使われているスパイですら、日本軍が露軍を追い払ってくれるよう、情報を流したりしていた。

だから、会戦の当日、すさまじい砂嵐が起こり、露軍にそれがまともに吹きつけたために、民衆たちは「天が日本軍に味方した」と喜んだのである。

もちろん、彼らが心から拍手していたわけではない。

日本軍といえども兵隊である限り、奉天に入城したら、相当ヤルだろうとは思っていた。中国軍なら戦争に勝って入城して必ずヤルことを日本軍がヤラないわけがない。兵隊なのだから一時のことだし、それこそ没法子《メーファーズ》だと観念していた。

ところが、彼らの意表に出たことは、日本軍が隊伍粛々として入城し、一物をも犯さないことだった。

「相当ヤルであらうと思ってゐた兵隊さんはヤラずに、その軍隊のあとから、潮のやうに殺到して来た、軍隊でない、日本の民衆が、相当ヤッたらしい。民衆思へらく、戦勝者である軍人が傲るのは、これは仕方がない。しかしその戦勝の余威を藉る日本人の民衆は、こいつはカナはん。而已ならず彼等が勝ったのは、露軍に勝ったのであって、吾等は戦敗者ではない。戦敗者でない吾等の上に、戦勝の余威に便乗して来て、労せず、功なき人々が、お門違に、勝者の、敗者に対するやうな態度で臨まれるのはカナはんと」

衛藤は「現下の日本が陥って居る矛盾」を「大陸建設の前奏曲たるべき戦争に対しては、恐ろしく真剣であるが、大切な建設工作それ自体に対しては、概して、個人の射利射倖の場所として見てをることだ」とする。そして、こんなたとえ話を書く。

貧しい夫婦がいて、妻が産褥に苦しんでいる。夫は神に安産を祈り、この願いが叶えられたら、金の鳥居をつくって奉納するという。妻はそれを聞き、そんなことを約束してできなかったらどうするの、と尋ねる。それに対し、夫は、

「神さまにそう思わせておいて生んでしまえ。生んでさえしまえば、あとはどうにかなる」

と答えるのである。

産みの悩みにある日本には、この貧しい夫のような考え方がないとは言えないと衛藤は指摘しているが、満洲を「荒稼ぎの場所」としたのは、決して日本の民衆だけではなかった。石原のリードする軍隊そのものも「貧しい夫」だったのである。多分、衛藤は一九三九（昭和十四）年五月にこれを書く時点では、あからさまな軍部批判はできなかったのだろう。

藤沢周平は前記「三人の予見者」で、「ちょす」という方言を挙げ、おちょくるとか、侮蔑するとかいった意味のこの言葉が当てはまる性向が清河八郎や石原莞爾にはあった、と書く。

「ただし本来は優越者から劣った者に対してむけられる現象であるこの精神作用が、この二人の場合、つねに逆方向に働いたことが注目される」というのである。

自分より下にいる者、または慕って集まって来る者には言葉も態度もていねいなのに、自分より上の者にはこの「ちょす」性質が出る。

「ことに石原に顕著にみられる傾向は、虚飾にかざられた権威や、内容空虚なくせに形だけはものものしい儀式などに対する、徹底した侮蔑、愚弄である。石原には、物事の本質がすっかり見えているので、大概

のことはばからしくて仕方なかったのかも知れない。そこで建前でかざられたひとも儀式もことごとく愚弄し、アクの強いやり方でそれらを一場の笑いものにしてしまうのである」

たしかに、石原のこうした面は喝采を浴びる。現在、田中眞紀子がズバズバ言って庶民の溜飲を下げているのと似ているだろう。しかし、田中眞紀子が田中角栄の娘であるということを棚に上げてそう言っているように、石原も「虚飾にかざられた権威」かもしれない軍人であることを放擲して行動したようにも思われる。また、「空虚」の判定も、著しく主観的だった。たとえば、石原が断罪する張学良が、東三省の民衆から見れば、関東軍よりマシではないかといった視点の入り込む余地はなかったのである。

「その愚弄が、権威に対するときもっともいきいきと生彩を帯び、石原自身も楽しげなのは、石原がやはり抑圧の多い東北の人間だからだろう。また石原は士族の出だから、戊辰の敗北も頭にあったかも知れない。つまり、心のこういう働きの根底にあるのは、本人が気づいていようと気づくまいと、ひっくるめてひと口に言えば東北のコンプレックスだろうと思う」と藤沢の石原評は続く。

「石原の愚弄も嘲りも、決して陽性なものではなく、ひとひねりひねった微毒を帯びる」が、その底には、つねに「なぜか知らぬ憤懣」があり、こういうひとにとっては権威などまったく恐い存在ではなく、すべて張り子の虎だという藤沢の断定には私も異論がない。

第十五章　建国大学の現実

心たけくも　鬼神ならぬ

人と生まれて　情けはあれど
母を見捨てて　波越えてゆく
友よ卿等と　何時また会わん

「蒙古放浪歌」である。一九三八（昭和十三）年五月に開校され、四五（昭和二十）年の敗戦によってその命を終えた建国大学に学んだ学生たちは、新京（現長春）に建てられた六十五万坪に及ぶ広いキャンパスの中で、よく、この歌を歌った。建大に学んだ一人、大橋彦左衛門によれば、「はるか地平線の彼方に沈む夕陽を眺め、また、月の光の中を北へ帰る雁の列を仰ぎながら」である（歌の手帖編『私を支えたこの一曲』青年書館）。「愛する親兄弟、朋友と別れて、満洲くんだりまでやってきた多感な年頃の者にとっては、しみじみと心にしみる歌詞だった」という。

海の彼方の　蒙古の砂漠
男多恨の　身の捨てどころ
胸に秘めたる　大望あれば
生きてかえらん　望みは持たず

五族協和の夢を実現する人材を育成するはずだったこの大学を構想したのは石原莞爾である。石原が満洲を去った後、協和会は甘粕正彦によって乗っ取られ、五族協和の理想は見る影もなくなっていたが、石原は建大の設立に熱を入れる。それをバックアップしたのは、石原の信奉者の辻政信だった。

三七（昭和十二）年三月二十六日、石原は協和会東京事務所に寄って、次のような八項目の提案を披瀝している。

〈一、この大学は協和会が直接その経営と指導に当るべきと考えるが、現在の協和会には、その準備も力もない。指導陣、特にその人材の選出と訓練が前提条件である。

二、既成の日本の大学教授、及びその教育と研究の方法は、完全にこれを排除して、満洲国独自の創造的な方式を創出しなければならない。

三、従って、基本的に、この大学に既成の先生はあり得ないし、また必要ともしない。それは現地における建国以来の『実践的先進分子』が学生に対する一日の長として、学生と共に学び、共に研究し、共に実践を重ねて、理論と実践を融合統一し、さらにそれを展開し体系化して、建国の指導原理を創り出していくということである。こうして幾年かの後に初めて、教授、助教授、あるいは天才的な学者、傑出した指導者がおのずから生れてくるであろうし、大学自らが創り出すのである。

四、学制及び教育と研究の方法は、既成観念を超越し、旧来から「大学」にこびりついている学閥意識、官学的権威主義、大学至上主義など一切の偏見と弊風を打破する。主眼は全人間的教養と訓練。重点はあくまで実践を重んじること。実践的経験を第一とし、これを基礎とし、出発点とすること。研究と実践とを融合統一し、それを一元的に理論づける。

五、大学において、マルクシズム、帝国主義、共にこれを克服しなければならない。このため広く世界の天才的学者、革命的指導者などを招聘して、その批判と創意を活用し、研究に資することが必要である。〔例示〕トロツキー、ガンジー、胡適、周作人など。
六、大学創学時の根本目的は、民族協和の実現にある。各民族の教育内容、方法、生活その他の処遇など一切の条件において、完全なる平等を鉄則として、共学共塾。共同勤労。共同研究。終生を誓っての同学同志。
七、将来、理想として協和会自らその経営指導に当ること。
八、学生は、満洲国内在住民族を主とするのほか、日本、支那、印度、その他アジア諸国からの留学を容する。〉

たしかに、石原のこの提案には「今日の大学批判を先取りしている点」がいくつもある。しかし、理想は高く掲げれば掲げるほど、それを信じて入学していった者は、現実の壁に阻まれてそれが崩れた場合、大きな傷を負うことになる。

「満洲建国前夜」(第十三章)から、建国後の建国大学に話を一時とばしたのは、建大の夢と現実がまさに石原という人間の風呂敷の破れを象徴しているからである。

のちに筑豊の炭鉱に入った記録文学作家の上野英信(本名、鋭之進)も建大に学んだ一人だが、全寮制で、食費も部屋代も要らず、教科書と制服は無償支給で、おまけに月五円の小遣いをくれるという建大に、多くの苦学生が入学を希望し、一県から合格者は一人か二人の難関だったという。

四一(昭和十六)年春、建大合格者九十一人は東京の日本青年館に集められ、伊勢神宮へ連れて行かれて、みそぎ研修を受けさせられた。五十鈴川の雪解け水のあまりの冷たさに卒倒する者も出るほどだった。

『追悼　上野英信』の巻末に上野の小伝を書いている川原一之は、上野が初めて中国大陸の土を踏んだ印象として、同期生の小林金三の次の一文を引く。

「港にわけ入った船が、ぎしぎしと音たてながらゆっくり岸壁に着いた。その時、目の前に突如として黒いかたまりが湧いた。

かたまりは船べりを越え、私を押し倒さんばかりの勢いで後方に走り抜けた。異臭が鼻をついた。機関銃のような奇声が飛び交った。一瞬のことだった。見れば、防寒帽のなかで赤味がかった目が敏捷に動いている。黒いぶよぶよした綿服がぶつかり合っている。またもや機関銃のような奇声。

苦力《クーリー》だった。

黒いかたまりは、人間だった。

予備知識らしい知識さえ持たず不用意に渡満した私には、思いも及ばぬ凄じいばかりの〝大陸〟であった。闇雲に横っ面をばしっとひっぱたかれる。そんな部厚な驚きと恐怖に息をのんだ。

地につかぬ足どりでタラップを降り、うわのそらで大連の土を踏んだ。そしてからっぽになった軀で大陸の奥へとわけ入っていった」

上野は健大時代のことを黙して語らなかった。だから、小林と同じように「うわのそらで大連の土を踏んだ」かどうかはわからない。ただ、弟や妹に、

「満洲へ行って、五族協和の新しい国を興すんだ。ぼくの望みは、満洲に骨を埋めること」

と語ったその希望の実現が容易ならざるものであることはしたたかに知らされたに違いない。だいたい建国大学そのものが、耕作していた中国人を追い出した敷地に建っていた。

一学年の定員百五十人のうち、半数が日本人で、三分の一を中国人（当時の言い方では「満人」と「漢人」）が

占め、残る六分の一を朝鮮人、蒙古人、白系ロシア人に割りふっていた。

『追悼　上野英信』に、やはり建大に学んだ斎藤長栄が「いまにして思えば、日本の満洲進出が帝国主義的侵略の一環であったことは否定すべくもない。しかし、私たち建大生は青春を賭けて民族協和を実践し、朝鮮の独立を認め、反満抗日に奔る中国人の学友を包容する純粋さを持ち続けたのである」と書いている。

この斎藤や上野ら、希望を抱いて建大に学んだ若者たちほどに石原は「純粋さ」を貫こうとしたのか。

川原は上野小伝で、満洲国の現実が理想と反する方向に走り出したことに逸早く気づいた石原は「満洲国が日本の属国に、第二の朝鮮と化すのを見抜いて、さっさと満洲を去った」と指弾している。残された力なき若者たちがあくまでも理想を貫こうとし、その精神に手ひどい傷を負った。それは柔らかい肌に焼き鏝を当てられたようなものだろう。それについて私は、石原に被害者面をすることを許さない。東条英機や甘粕正彦らに自分は敗れたのだと石原は言うかもしれない。ならば、それがはっきりした時点で、建大の設立にストップをかけるべきだった。

石原が「さっさと満洲を去った」後、「心たけくも鬼神ならぬ」若者たちが集まった建国大学では、天照大神をまつった建国神廟が創設され、それぞれ、仏教やラマ教やイスラム教を信じている学生たちに、これを崇拝させせようとした。共存共栄とは名ばかりで、日本も欧米の帝国主義と同じだと気づいた中国人学生の反発は激しかった。その彼らを、未明に関東軍の憲兵隊が急襲して連行する。

四一(昭和十六)年十一月十四日のことだが、翌年の三月三日、また中国人学生が憲兵隊に捕まった。その責任を取って、副総長の作田荘一が辞任する。満洲国総理の張景恵が総長を兼ねる建大では、運営の実質的な責任者は副総長だった。

作田の後任には、露骨にも陸軍中将の尾高亀蔵《すえたか》が就任する。軍人が乗り込んできたことに教官や学生は落胆した。

尾高の訓辞の後、最長老の教官の登張竹風が答辞に立って気骨を示す。

「われわれは言わば四十七士である。志操と団結は固く、如何なる風雪辛酸をも意としない。ただ私《ひそ》かに憂う。大石内蔵助はしっかりしているのかと」

声をはげましてこう言って、登張は尾高をじっとにらみつけたのである。

尾高は赤くなり、胸の勲章が小きざみに音をたてたという。

それほど迫力があったわけだが、その後、登張はおもむろに「学の尊厳と大学の使命」を説いて、席に戻った。

この登張に比べても、石原は無責任である。〝夢売り屋〟の如く、夢をバラまいた後に、残されたのは、それを信じた者の屍と失望だった。『登張竹風遺稿追想集』によれば、登張もまもなく、軍人に愛想をつかして満洲を去っている。しかし、石原と違って、「さっさと」と形容されることはなかった。

四三（昭和十八）年二月、米軍に押しまくられて、日本軍はガダルカナルを放棄する。戦局の変化にいちばん敏感なのは建大の中国人学生だった。

「日本はこの戦争に負けるよ。ぼくは大学を去ることにした。君も一緒に逃げないか」

親友の中国人から、こう誘われた日本人学生もいる。

「君たちの国は、口では民族協和といいながら、飛行機を飛ばして、ぼくたちの同胞を襲撃して殺しているではないか」

厳しく問いつめられて、返答に窮した者もいた。

湯治万蔵編の『建国大学年表』には、四五（昭和二十）年八月十七日、建大助教授西元宗助のところに別れのあいさつに来た朝鮮民族の学生と中国人の学生がこう言った、と書いてある。まず、朝鮮民族の学生である。

「先生はご存知なかったでしょうが、済洲島出身の一、二のものを除いて、われわれ建大の鮮系学生のほとんどが朝鮮民族独立運動の結社に入っておりました。しかし、先生、朝鮮が日本の隷属から解放され独立してはじめて、韓日ははじめて真に提携ができるのです。わたしは祖国の独立と再建のために朝鮮に帰ります」

次に、中国人学生。

「先生、東方遥拝ということが毎朝、建大で行なわれました。あのときわれわれは、どのような気持でいたか、ご存知でしょうか。われわれは、そのたびごとに帝国主義日本は要敗——必ず敗けるようにと祈っておりました。それから黙禱という号令がかかりました。あの黙禱!! は、帝国主義日本を打倒するため刀を磨け、磨刀の合図と受け取っておりました。中国語では黙禱と磨刀とは、遥拝と要敗と同じように殆んど同じ発音なのです。先生、わたしたちは、先生たちの善意は感じておりました。それだけに申訳ないと思っております。しかし、先生たちの善意がいかようにあれ、……満洲国の実質が、帝国主義日本のカイライ政権のほかのなにものでもなかったことは、遺憾ながらあきらかな事実でした」

建大の学生たちがこのように考えていたことを、おそらく石原は知るまい。その石原の「善意」を信じることはできない。石原の地位にあり、その影響力をもって、現実をしっかりと把握せずに理想を語ることは、ある意味で犯罪である。

その「犯罪」は長く尾を引いた。たとえば中国において建大卒の経歴は強烈なマイナスとなり、「偽満洲国的最高学歴出身者」とか「関東軍の手先」とか罵倒され、職を追われたりした。特に文化大革命の時には、虐待や迫害の口実に使われて、自殺する者まで出たのだった。

日本でも戦後、GHQの教職追放令によって建大を最終学歴とする者は教職につくことを禁止された。ために、卒業生は帰国後、他の大学に再入学して、その経歴を隠さなければならなかったのである。

「北帰行」を作詞・作曲した宇田博もそうした一人だった。

窓は夜露にぬれて
都すでに遠のく

と始まる「北帰行」は建大の寮歌として歌われたが、いまは、

建大、一高、旅高
追われ闇を旅ゆく
汲めども尽きぬ悩みの苦盃
嗟嘆　ほすによしなし

という一節が省かれている。

ちなみに宇田は建大を去った後、旅順高校を出て、一高、東大に学んだ。そしてTBSに勤めている。人物評論家の伊藤肇も満洲の野を駆けめぐる夢を持って建大に進んだ一人だった。

第十六章　心中外交

一九四六（昭和二十一）年六月二十七日、連合軍によって戦犯に指名されていた一人の日本人が病死した。松岡洋右である。その翌日、若き日の松岡がハイスクール生活を送ったアメリカはオークランドの新聞が「アメリカを憎悪した男」という見出しで、その死を報じた。

三輪公忠の『松岡洋右』（中公新書）によれば、松岡の反米的外交の軌跡を「まるで日系アメリカ市民の反逆罪を糾弾するかのように攻撃」し、次のように結論づけている。

「彼は日本の重要戦犯の一人だった。昨日死亡したので、ほぼ確実と思われていた有罪の判決だけはまぬがれることになった。けれども、公判録に徴すれば今や彼が有罪であることはまぎれもない事実といえる」

（*The Oakland Tribune* June 28,1946）

「彼はそのちっぽけな体をアメリカに対する恨みと憎しみで充満させていた」とも書いているが、松岡自身は、アメリカで人種差別を受けて腹を立てたこともあり、身近な人間によくこう言っていた。

「アメリカ人に対する行動の仕方としては、たとえ嚇されたからといって、自分の立場が正しい場合に道を譲ったりしてはならない。そのためにもし殴られたら、すぐその場で殴り返さなければいけない。一度屈服すれば二度と頭を上げることができないからだ。対等の待遇を欲するものは、対等な行動でのぞまなければならない」

九歳年上のこの松岡と石原莞爾が関係を深めたのは三二（昭和七）年冬にジュネーブで開かれた国際連盟の臨時総会に、大佐だった石原が松岡の随員として同行してからである。

十二月八日にそこで松岡がぶった大演説は一時間二十分にも及び、「十字架上の日本」と題して報道された。そのサワリを引く。

「たとへ世界の輿論が、或る人々の断言するやうに、日本に絶対反対であったとしても其の世界の輿論たるや、永久に固執されて変化しないものであると諸君は確信出来ようか？　人類は嘗て二千年前ナザレのイエスを十字架に懸けた。而も今日如何であるか？　諸君はいはゆる世の輿論とせらるゝものが誤ってゐないとは、果して保証出来ようか？　我々日本人は、現に試練に遭遇しつゝあるのを覚悟してゐる。ヨーロッパやアメリカの或る人々は、今二十世紀に於ける日本を、十字架に懸けんと欲して居るではないか？　諸君！日本は将に十字架に懸けられやうとしてゐるのだ。然し我々は信ずる。確く確く信ずる。僅かに数年ならずして、世界の輿論は変るであらう。而してナザレのイエスが遂に世界に理解された如く、我々も亦、世界に依って理解されるであらう」

日本をイエスにたとえるとは独善も極まれりというべきだが、満洲事変の真相を知らされていなかった日本国民はこの演説に喝采し、そして、満洲事変の首謀者の石原は感激した。

「もうこれでいいのだ。よくやってくれた。後はどうでもいい。これですんだのだ、すんだのだ」

そう眩きながら、会場を後にしたという。

そのわずか四ヵ月前、石原は満洲を去るに当たって、後任の参謀の遠藤三郎に、

「この匪賊を平定するには二十年かかる」

と言っていた。

公式的には次のように語っていたが、内心は違っていたのである。

「満洲国も基礎が固った。北満方面の反満洲国運動も最近著しくよくなってモウ大したことはありません。大抵本年一杯位で事変前より却てよくなるでせう。……遠からず王道楽土を現出すること疑ひありません。……沿線各地の兵匪騒ぎは日本人は支那の所謂闘声といふことに警備の薄き弱点をつかれ脅かされて騒ぐけれども実は張学良には金がないのでそんなに多数の兵器弾薬を満洲に注ぎ込ませることは財的力がありません。それに寡兵を以て例の支那式声を大にして如何にも有力な兵匪を動かして居る如く宣伝してその声に驚かされて大震災後の東京における騒ぎと同様の心理状態で空騒ぎするので実は大したことはありません」

八月十七日付の『満洲日報』に載っているこれが石原談話だが、石原のいう「匪賊」や「兵匪」が、前章の「建大の現実」で述べた如く、五族協和の対象者だった。それを知らずして石原はこう言っていたのだから、「空騒ぎ」ならぬ「空理念」と切って捨てるべきだろう。

その「匪賊」の新京に対する襲撃を、当時の『満洲日報』は次のように報じている。

「約八千の大匪賊団が新京襲撃を企つ。突如南嶺南方に現はる――三十一日（七月）午後三時半頃、長春飛行隊の報告」

「八月二日　約二千の匪賊が集結　今朝来新京の南方地点に　野砲を所持」

「八月三日　匪賊は飽くまで新京襲撃を企図す　我軍飛行場を警戒」

「八月五日　新京附近で交戦　包囲匪賊の掃蕩を期す　包囲中の匪賊団二百余は　四日夜飛行場襲撃のため　西方一千五百米附近の部落に潜伏」

主な見出しを拾っただけで、こうである。

全十八巻に及ぶ大河小説『戦争と人間』の著者、五味川純平は、石原を「観念的理想は抱懐し得たとしても、民族の現実的抵抗は予知し得なかった」と断罪し、彼の満洲国にかけた「夢」は、後年の東条英機などとの対立を待たずに、すでにそのスタート時点で挫折したというべきだ、と結論づけている。

それにしても、松岡演説に興奮して、

「後はどうでもいい。これですんだのだ」

と眩くとは、石原の何という無責任さだろうか。

ところで松岡は、二七（昭和二）年夏に南満洲鉄道、いわゆる満鉄の副総裁となっている。総裁が知遇を受けた山本条太郎だった。二九年夏に辞めるまでの二年間を松岡は「私の一生涯を通じて、最も大きな、そして最も貴重な教育を受けた」期間と回想している。

もう一人、松岡が惚れ込んだ「巨人」が、満鉄の初代総裁をやった後藤新平である。

「満洲に来てみると皆が軍人病に罹ってゐる」

並み居る軍人を前に、後藤はこう喝破した。その勇気に松岡は脱帽しているが、松岡自身が最も強く「軍人病」に罹っていったのではないか。

「満蒙は日本の生命線なり」という言葉は自分がつくった、と松岡は自慢していた。しかし、これは時代が生んだ言葉であり、松岡の独創とは言い難い。

石原もしばしば口にしたこのスローガンを引っさげて、松岡は幣原喜重郎の平和主義的な協調外交を軟弱外交と批判する。たとえば三一（昭和六）年一月の帝国議会において、外相だった幣原にこう迫るのである。

「今日我が国民は日を逐うて殆んど息が詰るやうな感をして居りますが、此我国民の今日幣原外務大臣より承らんとする所は、そんな腹にもない泰平を装うたやうな御説ではない。国民が今日外務大臣から聴きたいのは赤裸々なる我外交の実相と、之に対する対策であります」

ただ、それから八ヵ月後の柳条湖事件の際には、新著の『東亜全局の動揺』のゲラに手を入れていた赤鉛筆を投げ出して、

「外交は完全に破産した。こんな事を防せがうと思へばこそ筆も執った。もう校正をする勇気もない。砲火剣光の下に外交はない。東亜の大局を繋ぐ力もない。休みぬるかな　噫！」

と嘆いたという。

それもしかし、自分が主役を張るチャンスを失ったということかもしれない。松岡には自分がリードして石原らを使い、軍人をコントロールするという考えがあったに違いない。そして、自分にはそれができる、と思っていた。

それだけに、三三（昭和八）年の国際連盟からの脱退劇は、遂にやってきた自らの出番だったろう。「凱旋将軍」のように迎えられた松岡は『東京日日新聞』の言うごとく、「いふべきことを率直放胆に堂々といってのけた」ヒーローだった。山川菊栄は「聯盟征伐の桃太郎」と書いたが、つまり、舞いあがっていた国民の溜飲を下げさせたのである。

その後、政党解消運動を展開したり、『青年よ起て』と題する本を書いたりして、全国を遊説して歩く松岡に対して、とかくのことを言う人もあった。

それを押しとどめるように近衛文麿は、

「松岡洋右君に対して、悪口もあるやうだが、とにかく松岡君は一方の雄であり、国民的な英雄である。人間は、九〇パーセントくらゐまで偉かったら、百パーセント偉いとした方がいい。その方が国民国家のた

めになる……。

将来大成する人物は、できるだけ守り立てゝ、大きくした方がいゝ。あれだけの人材が、またとあるか何うかは分らない」

とかばっている。

ただ、この弁護も蜜月時代のものであり、その後、近衛と松岡の間には決定的な破局が訪れる。

それはともかく、松岡という男をよく示す三六（昭和十一）年十二月二十三日の満鉄協和会館における講演がある。このころ松岡は日独防共協定を具体化して有頂天だった。

「日本には、何処々々かぶれといふ人間がよくありますが、私は日本かぶれであります」

と前置きして松岡は次のように続ける。

「一体大和民族といふものは……場合によりては心中まで行く民族である。世界に心中まで行かうといふ民族が何処にあるか。會つて私はイギリスの或る偉い人に向って『あなた方は実に惜しい同盟者を失はれた。覆水盆に返らず、再び私共はあなた方と同盟するやうなことはなからう。日本人といふものは心中しますぜ、そんな民族がほかに何処にありますか。それだけの民族と同盟して置きながら、用がすんだからとて、それをお捨てになったといふことは、実に惜しいことをなさった』といったことがある。我が大和民族は、人と提携し若くば同盟した時、最早背ろを顧るものではない。はっきりと心中までいくといふ決心で、抱きあって進むあるのみだ。若しそれが大和民族にして出来ないならば、私はドイツ国民に対して誠に恥づるものであります。又私の知る限りに於ては、ドイツ国民は左顧右眄せず、何処までも提携して、一直線に歩む国民であるといふことを信じて居ります。吾々はかかるドイツ国民に対して、恥ぢないだけの態度を取り、行動しなければならない。日独が固く提携して邁進するなら、必ずやその内英国始め追々分って来ると信じます」

言うまでもなく、心中は共に死ぬのである。共に生きるわけではない。

満洲国建国宣言を発した後、外相の内田康哉は衆議院の審議で、「国を焦土と化しても」満洲国承認の主張においては「一歩も譲らない」と、軍部に迎合した答弁をし、これによって日本の外交は「焦土外交」と揶揄されるようになった。

そのひそみに倣えば、松岡の外交は「心中外交」である。それはそして、次のように結論づけられる。

「真の大国民と云ふものは気品と云ふ事を考へなくてはならぬ。得にさへなれば二度でも結婚する、女郎の様な真似でもすると云ふことは少くとも大和民族は思はぬだらう……私は日独協定に就てゐふ。真の日本人ならば先づ決心して貰ひたい。日本人は心中といふことを知ってる筈だ。世界に心中を敢てし得るものが何処にあるか。その日本人がドイツと結婚した許りなるに直ぐ他所の女に色目を使ふとは一体何事であるか。今少し国民の気節なり気品と云ふことを考ふるがよい。手れん手管が外交の総てゞはない」

松岡がどのようにオクターブを上げようとも、ドイツは心中関係とは思っていなかった。だから、それから三年足らずで、ドイツは突然ソ連と不可侵条約を結び、時の首相、平沼騏一郎は「複雑怪奇」という言葉を残して辞職することになる。

もちろん、松岡と石原はイコールではない。ただ、松岡は石原をデフォルメした存在だった。アクセント強く戯画化した方がその人物の特徴が浮かびあがるように、松岡というカリカチュアによって、石原がよりはっきりとクローズアップされる。

石原を随行させて松岡が国際連盟で「十字架上の日本」という演説をしたのは三二（昭和七）年十二月八日だった。それからちょうど九年目の四一（昭和十六）年の同じ日に、日本は真珠湾へ奇襲攻撃をかけた。

その日米開戦のニュースをもって松岡を訪ねた斎藤良衛に、松岡は涙を浮かべつつ、

「（日独伊）三国同盟の締結は、僕一生の不覚だったことを今更ながら痛感する。僕の外交が世界平和の樹立を目標としたことは、君も知っている通りであるが、世間から僕は侵略の片棒かつぎと誤解されている。僕の不徳の致すところとはいいながら、誠に遺憾だ。殊に三国同盟は、アメリカの参戦防止によって、世界戦争の再起を予防し、世界の平和を回復し、国家を泰山の安きにおくことを目的としたのだが、事ことごとく志とちがい、今度のような不祥事件の遠因と考えられるに至った。これを思うと、死んでも死にきれない」

と嘆いたという。しかし、松岡を「侵略の片棒かつぎ」と規定することが果たして「誤解」なのか。

ちなみに、松岡の息子の謙一郎は国家主義者の父親への反発からか、無政府主義にシンパシーを感じていたという。

第十七章　今村均の回顧

今村均という軍人がいた。石原莞爾より三歳上で、陸軍参謀本部作戦課長として、石原ら関東軍の独走を抑えようとしたが、満洲事変を起こされる。その後、第八方面軍司令官になり、ラバウルで敗戦を迎えた。オーストラリアとオランダから戦犯に指名され、禁錮十年の判決を受ける。巣鴨刑務所に還送されたが、自

ら希望して、かつての部下が収容されているパプアニューギニアのマヌス島刑務所に移り服役した。

『今村均回顧録』(芙蓉書房出版)に、満洲事変勃発後まもなく、奉天に飛んだ今村と石原がやり合う場面が出てくる。

石原とともに事変の首魁となった板垣征四郎は、今村が士官候補生として入隊した時の教官だった。昼に板垣、石原の関東軍参謀と話したが、板垣は夜にゆっくり懇談しようという。

それで、午後八時ごろ、今村が迎えに来た自動車に案内されて着いたのは料亭だった。

板垣、石原の他に、片倉衷などが酒を飲んでいる。今村が席に着くと、いきなり石原が、

「何ということです。中央の腰の抜けかたは……」

と突っかかってきた。

「抜けているか抜けていないか、冷静な眼で見ないことにはわかりますまい」

と今村が応ずると、石原は、

「腰抜けの中央に頼っていては、満洲問題は解決なんかできない」

と言い捨てる。

「国家の軍隊を動かすようになった一大事を出先だけの随意のやりかたで成しとげられるものではありません。全国民一致の力を必要とします……」

板垣らもいるので、今村が怒りを押し殺して答えると、石原はそれを遮るように、

「ああ眠くなった」

と大声で言って、ごろっと寝ころがった。

さすがに今村もこれには我慢がならず、板垣（大佐）に向かって、次のようにあいさつして席を立った。

「せっかくのお招きでしたが、国家の興廃に関する重大なとき、とくに陛下の赤子、父老の愛児が刻々戦闘に斃れている時に、このような料亭で、機密の事柄を語り合いますことは、私の良心が許しません。大佐殿に対しては、礼儀を欠き、恐れ入りますが、これでおいとまいたします」

興奮さめやらず、宿舎のヤマトホテルに戻ると、板垣に言われたのか、片倉が追いかけて来て、中央の協力を求める。

この「純心なる激情家」に今村は言った。

「中央は関東軍を孤立無援にし、これを見殺しにするようなことは絶対にない。が、内外の情勢とにらみあわせ、どうしたなら三国干渉により、遼東半島の返還を余儀なくされたような事態をおこさないですむかに、苦心している。従って、出先と中央との、一心協力が、絶対に必要と信じ、〝関東軍が、陛下の陸軍の外に独立してでも、満洲問題を解決しようとしている〟などという、馬鹿げた流言が、行なわれていることだけでも、私は残念に思っている」

しかし、石原の態度は「馬鹿げた流言」を裏打ちするようなものだった。だが、石原をかばって、片倉はこう答える。

「関東軍独立の如きは、河本大作予備役大佐の、口にしているところであり、それに関する印刷物まで準備し、東京の誰かとも連絡しているようです。しかし、板垣、石原両官は、河本大佐の説などに、動かされるものではなく、事実一顧もはらわず、物別れしているのが真実であります。片倉は、ほんに末席につらなる若輩ですが、大義親を滅する気魄は、決して失なってはおりません。この点については、十分ご安心願います」

今村によれば、そもそも今村と石原は親しい間柄だった。共に同一師団内の仙台の歩兵第四連隊と、若松の歩兵第六十五連隊出身であり、世田谷区の近所に住み、一年を隔てて同じ乳嘴突起炎を患い、石原の父親の依頼で、厭がって駄々をこねる石原を無理に軍医学校の付属病院に運んだのも今村だという。

また、石原の希望を当時の陸軍次官の阿部信行に伝えて、関東軍参謀になれるようにしたのも今村だった。

そんな関係もあってか、翌日、関東軍司令部を訪ねると、石原は立ち上がって、

「や、昨晩は、石原式を発揮し、失礼いたしました」

と今村を迎えた。

「あれはあのほうがよかった。あんなところで機密を談ずることは、君も内心は、いやと思っていたのだろうから」

と今村が助け舟を出したのに、石原はあくまで駄々っ子で、その後、こんなヤリトリになる。

「まだ私を、昔の石原と見ているのですか、もうすっかり満化（満洲化の意）し、あんなところで公事を談ずることも、平気になっていますよ」

「知らないうちに、えらく進歩したものですね」

「進歩か退歩かは別とし、あなたも変わりましたな」

「どう変わってる？」

「少尉のときから、二十年も知りあっているあなたは、怒らない人とばかり思っておりましたのに、夕べはどうして、あんなに怒ってしまったのです」

「虫のいどころが悪かったのだろう」

「大事な公務、国家の興廃に関することを談じようとする場合、料亭での催しを非難するよりも、私のような後輩を相手に、腹など立てることは、一層いけないことです。そんなことでは、重責は果たされませんよ」

まさに傍若無人な石原の物言いに、今村は絶句した後、

「ほんとにそうだった」

と笑うしかなかった。

石原も笑っている。

その後の今村の述懐を引こう。

「彼は実にさっぱりしている男。それから二時間ほど、真剣に公事を談じあった。が、彼の事変対処思想と、私の処理信念との間には、相当のへだたりがあり、爾後に於ける中央の、関東軍統制の難事を思わぬわけにはいかなかった」

しかし、今村は「板垣、石原両参謀とは事変に関し、多くの点で意見を異にはしたが、この人たちを非難する気にはどうしてもなれない」と言う。満洲事変を「国家的宿命」と見る点では同じだからである。

ただ、当時の陸軍首脳が中央の統制に従わなかった板垣と石原を罰するどころか、賞讃し、破格の欧米視察までさせたことは、以後、著しく軍紀を紊《みだ》す因《もと》となった。

彼らは中央の要職に就き、逆に関東軍を中央の統制下に置こうと骨折った者はすべて左遷の憂き目を見た。

今村によれば、これによって軍内に次のような空気が醸成されたのである。

「上の者の統制などに服することは、第二義的のもののようだ。軍人の第一義は大功を収めることにある。功さえたてれば、どんな下剋上の行為を冒しても、やがてこれは賞され、それらを抑制しようとした上官は追い払われ、統制不服従者がこれにとってかわって統制者になり得るものだ」

さらに、将官にとっても「若い者の据えたお膳はだまって箸をつけるべきだ。へたに参謀の手綱を控えようとすれば、たいていは評判を悪くし、己の位置を失うことになる」といった雰囲気を生じさせ、軍統帥の本質上に大きな悪影響を及ぼしたのである。

そして五年後。今村と石原は攻守ところを変える。満洲事変の「功」によって石原が陸軍参謀本部の作戦課長となり、今村は参謀本部の統制に服さなければならない関東軍の参謀副長の職にあった。参謀長は石原の盟友で中将となっていた板垣征四郎。今村と石原は少将である。

石原は己の勢力下にあると思っていた関東軍の参謀たちが指示に従わず、勝手な行動ばかりするので、業を煮やして東京から新京に飛んで来た。第六章「予一個ノ責任」にもその情景を書いたが、板垣の官舎に集まった参謀連を前に、石原は自信に満ちた態度でこう言った。

「諸官等の企図している内蒙工作は、全然中央の意図に反する。幾度訓電を発しても、いいかげんな返事ばかりで、一向に中止しない。大臣総長両長官は、ことごとくこれを不満とし、よく中央の意思を徹底了解せしめよとのことで、私はやって来ました」

要するに独走するなということである。しかし、これは板垣の意図にそって、大佐の武藤章や中佐の田中隆吉が進めていた工作だった。

聞いていた武藤が笑みを浮かべながら、石原に問い返す。

「石原さん！　それは上司の言いつけを伝える、表面だけの口上ですか、それともあなた自身の本心を、申しておられるのですか」

それに対して石原は怒気を含んで言い放った。

「君！　何を言うのだ。僕自身、内蒙工作には大反対だ。満洲国の建設が、やっと緒につきかけているとき、内蒙などで、日ソ、日支間にごたごたを起こしてみたまえ、大変なことになるぐらいのことは、常識でもわからんことがありますまい」

しかし、武藤はまったく怯《ひる》まない。

「本気でそう申されるとは驚きました。私はあなたが、満洲事変で大活躍されました時分、この席におられる、今村副長といっしょに、参謀本部の作戦課に勤務し、よくあなたの行動を見ており、大いに感心したものです。そのあなたのされた行動を見習い、その通りを内蒙で、実行しているものです」

この武藤の言葉に若き参謀たちは同意して哄笑した。石原は助けを求めるように板垣を見たが、板垣も黙っている。座は白けきってしまった。

仮にも石原は「参謀総長殿下」の代理である。たまらず、今村が板垣に呼びかける形で引き取った。五年前の石原が武藤であり、自分はその石原に無礼な態度であしらわれたのだが、それにこだわる今村ではなかった。

「参謀長！　いかがでしょう。もう夕食時間です。一応食事にし、殿下の御意図は、参謀長と私とが、軍司令官室でうけたまわることにし、今夜は懇談だけにいたしては……」

その今村の言葉に板垣も、

「そうだね。そうしよう。食事しながら話をするほうが、堅苦しくなくていいかもしれん。諸君、食堂に移ろう」

と応じた。

翌日、石原は来た時とは別人のような顔つきで悄然として帰途につく。

そして、翌年夏、日中戦争が勃発した。

石原は参謀本部作戦部長として不拡大方針を貫こうとするが、関東軍は従わない。それどころか、独自の対策意見書を出すことになり、その説明役に今村が選ばれて、東京に飛来した。

そこで驚いたのだが、参謀本部で、石原の不拡大主義に同調しているのは、大佐の河辺虎四郎以下、一、二名だけだった。河辺は、満洲事変勃発当時、今村の部下として誠心誠意補佐してくれた人である。石原と違って、最初から不拡大主義ということになるが、その河辺に今村は熱をこめて口説かれた。

「率直に申します。私は周囲が、どんなに不拡大方針に反対しようと驚きません。が、関東軍司令官（植田謙吉）の意図によるものとはいえ、あなたご自身が——満洲事変当時、あんなに不拡大方針に懸命になり且つ苦心を重ねられていながら、現在の石原部長の不拡大方針に反する意見書を持参され、同部長を苦しませることは、武士道上、大いに遺憾とします。しかも、富永恭次大佐や田中隆吉中佐のような向こうみずな連中を連れてきて、中央の若い参謀等をけしかけさせるに至っては、言語道断です」

河辺の眼には、いまにも落ちんばかりに涙があふれている。その切なる苦言に今村は深く頭《こうべ》を垂れた。

「河辺君！　君の言葉の通りだ。私は天津から帰る早々、唯一日だけの滞在で、命令によってやって来た以上、意見書は提出しなければならない。が、私の口からは何も言わんことにする。唯一言、富永、田中の両名は私が指定して連れて来た者ではなく、東条（英機）参謀長の指令したものだ。また私はふたりに、中央の若い参謀にけしかけよなどとは、決して示唆していない。石原君をめぐり、意見のごたごたしていることは、ここに来て初めて知ったことです。が、君の言う通り、六年前の私自身をかえりみて何とも相すまないことだったと懺悔する。僕は石原君には何も言わないつもりだ。唯一つ、新京に帰ったなら、中央の指令は、忠実に服行し、その統制に服するように、軍司令官を補佐する。君はふたたびかつての苦慮を味わっている。切にご健康を祈る」

今村は石原について「個人としては、実に純真の人、毒気のない人、また創意に富む人」と評している。遠慮会釈なく、面と向かって他人を酷評するのだが、不思議に酷評された者が腹を立てない。今村も三度ほどやられたけれども、三度ともやられながら腹を抱えて笑わせられた。ユーモアがあり、「なるほどおれには、たしかにそういうところがある」と感心させられるのである。しかし、「美点はとかくに欠点を背にする」わけで、石原の過度の自信力は他の何びとの指導統制にも服そうとしなかった。その「欠点」で、かつての自分に酷似するとはいえ、なぜに拡大を主張する武藤以下の参謀たちを押し切らなかったか……。

第十八章　拡大する矛盾

陸軍参謀だった高山信武《しのぶ》の書いた『昭和名将録』（芙蓉書房出版）という伝記がある。その第二巻に石原莞爾、辰巳栄一、荒尾興功の三将が収録されている。

「参謀本部作戦部長時代の石原に仕えた末席幕僚の一員」として高山は石原を「満洲建国の父」と位置づ

け、その伝記を、一九三七（昭和十二）年初秋、多忙な石原を自宅に訪ねて、直接いろいろ聞いた話から始める。

高山はこう切り出した。

「閣下、まことに失礼な質問を申し上げて、あるいはお叱りを受けるかと存じますが、昭和六年九月の柳条溝《ママ》爆破事件は実は支那軍の行為ではなく、日本軍の謀略行動であるという噂が流れているようでありますが、真相はいかがでございましょうか」

仙台の陸軍幼年学校の後輩で十七歳も年下の高山に、石原は声を高くして答えた。

「なにを、馬鹿な！　皇軍がそんな謀略などやる筈はないではないか。誰がそのようなことを言いふらすかしらんが、日本の信用にかかわることだ。とくに蔣介石と重要な折衝を行なうべきこの時機に、そんな根も葉もないデマをとばすなど、とんでもない非国民だ」

果たして「根も葉もないデマ」だったか、石原はもちろん知っていたわけだが、そのごまかし方にも石原の肉声が窺えるこのヤリトリをいま少し引こう。

「ハイ、よく判りました。それを伺って安心しました。ところで閣下、北支事変はどうも拡大の方向に進みつつあるように思われますが、このままでは泥沼戦争にはまり込むのではないかという不安も感ぜられます。閣下は不拡大方針を堅持しておられますが、今後の見通しはいかがでございましょうか」

「わが輩は本来満洲事変は満洲だけで収めるべきだという考えだ。長城線は絶対越えるべからずという信念だ。不幸にして現在は北支に戦線が拡大した。今からでも遅くはない。保定の線で戦線を止めるべきだ。そして蔣介石としっかり話し合い、満洲国の独立を認めさせる。そのかわり、満洲以外は支那における政治的権益を尽く返還する。そうすれば蔣介石は必ず同意してくれるだろう。もともと蔣は長城線までが彼等の領土と思っていたんだからな」

「支那駐屯軍や在支大使館などの判断はいかがでございましょうか」

「本年三月、在支大使館付武官喜多少将や支那駐屯軍の和知参謀らを呼んで彼らの判断をきいてみた。彼らはいう、蔣介石政権の抗日政策は、英米等の支援を求めて徹底的に継続するであろう。たとえわが国が北支から撤兵し、北支の権益を放棄したとしても、満洲国の独立は認めないであろう。蔣介石は抗日を国民結集の手段とし、かつまた欧米からの援助の口実として利用しているのだというのだ。しからばどうしたらよいと思うのだときいてみると、この際当面をとりつくろうような糊塗的手段をやめ、思い切った積極手段をとって短期終息をはかれという。短期に解決できればよいが支那は広大だ。核心的部分がない。どこまで行っても泥沼にはまり込むだけだ。わが輩がいちばん心配していることは、万一日本軍が支那本土に深入りした場合、ソ連がわが北辺を侵攻しはせぬかということだ。この点について彼らを詰問すると、その際は速やかに支那側と和平するとか、すくなくともソ支連合戦線を阻止する、やむを得ない場合はまず支那に一撃を与えて蔣政権の基盤を挫くのだなどという。どうも考えかたが甘いのだ」

石原の頭には、まず、ソ連があった。ここで石原は、海軍はもともと満洲や北支には関心がなく、海軍の仮想敵はアメリカだと言っているが、石原もアメリカを敵と考えていないわけではない。ただ、それは最終戦争の相手としてであった。

陸軍が大陸で「活躍」しているので、海軍が焦っているようにも見えるがという高山の問いに、石原は、そんな功名争いをしていたら国が亡びると答える。

そして、高山が率直に尋ねた。

「しかし……失礼なことを申し上げて恐縮ですが……陸軍部内にもだいぶ閣下の不拡大思想に反対する空気が強いように感ぜられますが……」

「そうだ、わが輩の意見を支持してくれるのは、課長以上では多田参謀次長と河辺戦争指導課長。それに陸軍省の柴山軍務課長くらいのものだ。もっともわが輩の態度に原因があるかもしれんが……アッハッハー。しかしわが輩はやるぞ……」

とは言ったものの、石原が粘り強く周囲を説得しようとした形跡はない。それは石原の一番不得手なことであり、彼らの視野の狭さを困ったものだと嘆くだけだった。

「わが輩は職を賭しても自説を貫き通すぞ」

高山相手に石原はこうも吠えているが、その説得力のなさを、次のように自嘲してもいる。

「わが輩が現地軍を廻って自重を要望すると、彼らは口を揃えて〝私共は、あなたが関東軍時代にやった通りのことをやっているだけだ〟などと、ぬかしやがる。先見洞察の能力もないくせに、強がりをいう奴等には困っている。もっとも、関東軍時代のわが輩の態度にも、やや反省させられる点がないでもないが……」

この後、高山は「もう一つ」の「お伺いしたい」ことに移る。

「どうもさいきん下剋上とか軍紀紊乱とか、喧しくいわれていますが、その極端な例は二・二六事件に現われていると思います、しかし二・二六事件を調査してみますと、その遠因は三月事件や十月事件等に由来すると思われてなりません。閣下は二・二六事件に際しては断乎たる態度で終始されましたが、三月事件や十月事件等に対する軍中央部の処置が手ぬるかった、そしてそれが二・二六事件に大きく災いを残したように思われますが、閣下はいかがお考えですか」

「その通りだ。三月事件というのは昭和六年、参謀本部第二部長建川美次、支那課長重藤千秋、ロシア班長橋本欣五郎らが中心となり、民間人の大川周明らも加わって、三月二十日を期してクーデターを起そうとしたのだ。参謀次長二宮治重、軍務局長小磯国昭も関係があり、宇垣一成内閣を樹立して、革新を断行しようとしたものだ。

また十月事件というのは、満洲事変勃発の直後の十月に、橋本欣五郎、田中弥らの佐尉官クラスの連中が、満洲問題の即時解決を目指し、政党政治を排除して荒木貞夫内閣をつくろうとしたものだ。

これら両事件はいずれも事前に発覚し、上司の説得によって未然に防止されたが、この事件関係者に対する処分もほとんど行なわれないまま、うやむやに放置された。これが軍律を破壊した最大の原因であり、二・二六事件の誘因をなしたといっても差支えない」

石原はこう言っているが、「関東軍時代のわが輩の態度」、つまり、板垣征四郎とともに、司令官の本庄繁を脅してでも独断専行したことが軍隊内に下剋上の空気をつくったことは疑う余地がないのである。しかし、石原の「反省」はそこまでは遡らない。「やや反省させられる」と、「やや」がつくから、結局、うわべだけのものなのだろう。それが「やや」などではすまないものであることは、前章の「今村均の回顧」で詳述した。

高山の質問はさらに〝石原伝説〟から石原の日蓮信仰にまで及ぶ。

「閣下の反骨精神は昔から有名でしたね。私は仙台陸軍幼年学校時代以来、閣下のエピソードはしばしば耳にしました。――閣下が仙台の歩兵第四連隊長をやっておられた頃、随時検閲のとき、ある検閲補助官が演習上の状況を附与した。ところが閣下は、その状況が非実際的であるとして〝連隊長戦死！〟と呼号して、演習連隊長の職を放棄した、などという逸話が残っています。ほんとうにあったことなのでしょうか」

「そんなことがあったかナー。もう昔のことだ。人間というやつは、くだらないことばかり問題にするものだ」

「いいえ、普通の人間なら当然くびになるところだが、やっぱり偉い人は違うなーといったような一種の伝説のようなものです」

「馬鹿馬鹿しい……」

「ついでにもう一つ伝説を申し上げます。閣下が士官学校学生の頃のある日曜日、外出から帰校時刻に雨が降り出しました。雨外套を持たなかった同県出身の後輩に対し〝洋傘ぐらいさして校門に入る元気がなくてどうする〟と閣下がいわれたので、その後輩は優等生の閣下のいわれることなので、その通り実行して処罰を受けた云々と語り伝えられております」

「そんな記憶はないなー。わが輩のつむじ曲りを誇張して、いろいろデマをとばす奴がいるとみえるな」

「閣下は日蓮宗を信仰しておられるそうですね」

「そうだ。わが輩は日蓮上人があらゆる迫害に堪え、身命を賭して自己の信念を押し通したところに無限の尊敬と魅力を感ずる」

「私も小学生の頃、担任の先生が日蓮上人の崇拝者であり、講義の余暇にときどき上人の話をしてくれたので、日蓮上人を尊敬しております」

「国家非常の時だ。上人の遺訓を体して頑張るんだな」

高山は、石原が「極めて多忙の身でありながら、筆者のような末輩を快く迎え、諄々と訓え、かつ諭された」ことに感激し、こう感想を述べている。

「硬骨の片鱗は覗かせたが、伝えられるような上司や同僚に対し、ところかまわず面罵痛撃するといったような非礼とか、無遠慮な面影は感ぜられなかった」

しかし、これは高山があまりにも「末輩」だったからだろう。石原の「面罵痛撃」の被害を受けた者は少なくない。

そして孤立の度を深め、参謀本部を追われて、関東軍の参謀副長に就任した。参謀長は、石原が〝上等兵〟とか呼んで侮蔑しきっている東条英機である。

そんな状況の三八（昭和十三）年春、石原が、高山と陸軍大学同期生の権藤正威らを帯同して満ソ国境築城を視察すると聞き、高山は参謀本部から随行を申し出る。願い叶ったその視察の間、高山は権藤に石原の日常を尋ねた。

「石原さんは孤独の状態ということか」

「まあそんなところだ。数年前までは、石原さんの号令一つで五万の関東軍が意のままに動いたといわれるが、今や名将石原も孤軍奮闘の状態だ。しかし石原さんの対ソ観にはわれわれ心から敬意を表している。石原さんがいわれるように、万一、現在ソ連が満洲国内に侵攻してきたら大変なことになる。現に満ソ国境では、ときどき小規模ながら紛争を起している。われわれ関東軍の幕僚としては常に頭を悩ましている問題だ。しかし、だからといって国を挙げて支那事変ととり組んでいる現在の国策を、一挙に方向転換せよというのもいかがかと思う。時の流れというか、兵の勢いというか、難かしい問題だね」

「時の流れといって見送ってよいという問題ではないかもしれない。偉大なる指導者は、時として時の流れを変えることもある。……兵の勢いか……兵の勢いも、程度を越すと絶壁に激突したり、断崖に転落することもある。兵の勢いは、所要に応じて方向変換を可能にするような弾力性をもたねばならぬ。孫子は謂う、夫れ兵に常勢なく、水に常形なしとな。須く兵を用うるものは機に臨み、変に応じて兵勢を弾力的に運用しなければいけない。……いや、ごめんごめん。偉そうなことをいってしまって。

しかしなんだね、大軍の統帥は須く大河の流れるようにせよ、急角度の方向変換は不可なりという大原則もある。石原さんの理論は正に達見であると思うが、今この滔々たる大軍の流れを直ちに廻れ右させるのもむずかしかろう。今しばらくの動きをみて、徐々に方向を変えるということだろうね」

「まずそういったところだろう。それにしても石原さんは気の毒だ。満洲事変当初は神様のように思われた人だが、今は正直のはなし、皆から敬遠されている」

「私は石原さんの予見は正しいような気がする。なんとかして彼の意見を受け入れるようにできないものか……、石原さんの意見は正しいとしても、その表現の方法に問題があるんだな。余りにも自我が強く、すぐに相手を怒らしてしまう」

「石原さんは日蓮信者だから、誰がなんといおうと自己の主張はまげない。いや、まげないのはよいとして、相手を目茶苦茶にやっつける。たとえ相手が上司だろうと、いささかも斟酌しない」

「彼の偉いところであり、同時に指導者としては欠陥ともいえるね」

高山と権藤の同期生二人が、こうした客観的な石原評を述べられるのも、目茶苦茶にやっつけられた経験がないからだった。

この暴虎馮河的石原像に接して、私が似ていると思うのは、〝異色官僚〟の名をほしいままにした元通産次官、佐橋滋である。佐橋は城山三郎の小説『官僚たちの夏』のモデルとしても知られるが、局長時代に大事な予算を降りてしまった大臣の佐藤栄作に、

「それでも、あなたは実力者なんですか」

と浴びせかけたりした。

「味方まで沈めてしまう」といわれたその猪突猛進ぶりは石原に似ている。余力を残して仕事をする者を好まず、自らも全力投球だったくせに、退官後、余暇開発に精を出す矛盾に気づかなかったことも似ているのである。

第十九章　異色官僚と異色軍人

「事務次官で印象深いのは、なんといっても佐橋さんですね。帰りがけに巡視の部屋にふらりと入ってこられるんですよ。いろいろ世間話をしました。時にはわれわれの焼いたメザシなどをつまむ、本当に親しめる人でした」

これは〝異色官僚〟佐橋滋について、通産省の巡視長だった人が語った言葉である。

「天皇」とまでいわれた佐橋の印象を逆転させるような、その庶民性についての〝証言〟は少なくない。

これは佐橋自身が自伝ともいえる『異色官僚』（現代教養文庫）に書いているのだが、佐橋が若かったころ、

高等官と一般職員とは人種が違うみたいにあまり親しくすることはなかったのに、佐橋だけは例外で、給仕と相撲をとったり、タイピストと将棋をさしたりしていた。

上司の課長はそれをヒヤかして、

「佐橋は俺の前の席で寝ておるか、タイピストのところで将棋をさしている」

と言ったとか。

のちに秘書課長になってから、佐橋は将棋の相手だった女性に、

「佐橋さんはえらくなっても見習いの時とちっとも変わらないわね」

と言われ、

「ちっともえらくなんかなっていないじゃないか」

と答えている。

退官してもどこへも天下らなかった異色の官僚、佐橋滋の庶民性を語るエピソードを引いたのは、ほかでもない。それは、そのまま石原莞爾の人となりを語るエピソードとして引いても、まったく違和感がないと思うからである。すぐに上衣を脱いでシャツの袖をまくったりしがちなところまで二人は似ていた。莞爾の弟の六郎が書いた「石原莞爾の思想と人」（たまいらぼ版『石原莞爾選集9』所収）によれば、「黄塵」という劇には、鼻ヒゲを生やしてイスにふんぞり返り、右手を大きく振りまわして、どこかをにらみつけながら喚いている石原中佐という人物が登場した。「こういうのでないと石原莞爾のイメージに合わないのであろう」と六郎は憤慨しつつ、陸軍大学校教官時代のこんな「兄の憶い出」を披露している。

莞爾夫婦に六郎が加わって向ヶ丘遊園に遊んだときのこと。ドイツから買って帰った自慢のカメラを持っ

ていた莞爾と、やはり組み立てカメラを背負っていた六郎を見て、若い婦人が連れの女性に何か言いつけた。

言われた女性が六郎のそばに来て、

「写真屋さん、写してもらえませんか」

と語りかける。

出張写真屋と思われたわけである。

呆気にとられている六郎を尻目に、莞爾は言った。

「へい、ありがとうございます。今日が開業ですから、お安く致しましょう」

そう答えながら笑う莞爾夫婦と六郎に、実は写真屋ではないと気づいた女性は顔を真っ赤にして走って行った。婦人も一緒の子どもの手を引いて、その場を離れる。

そんな茶目っ気のある石原像を弟に語ってもらおう。

「実際の兄は固苦しいことがきらいで冗談の名人だった。東京弁か大阪弁ができれば漫才をやっても相当なものだろうと思ったほどである。親しくつき合った友人や東亜連盟の会員などはみな知っているはずだ。バカ話は実にうまかった。参謀本部勤めのころは私も知っているが、出勤で玄関を出るときは必ずと言ってよいほど女房や女中に向かって、おどけて見せて笑わせるのだった。来客が多くて姉の手が廻りかねて派出婦を頼むことがあった。食事のとき兄がダジャレを始めても、家族はいつものことだから大して感じないが、派出婦は吹き出してしまって一しょに食事ができず、自分のものだけ持って別の部屋に逃げ出すことがあった。兄が冗談や皮肉を言ったあとで、にこっと笑う顔には一種の特色があって、それに親しみを感じた人も多かったのではあるまいか」

莞爾は「役人風を吹かせたり腹に一物を持つ人に対しては木で鼻をくくったような応対をして、あたりをハラハラさせることがあった」が、「狭量で人を毛嫌いする」ことはなかった。

六郎のこの莞爾評もまた、佐橋の人物像と重なる。

哲学者の久野収との対談で、佐橋は、

「ぼくは役人のときにいばりくさっていたように思われていますけど、そういうふうにとられるのはちょっと心外で、エライ人に頭を下げなかっただけです。あとはとにかく自分の部下であろうと何であろうと、これはまったく気分的に対等であって、民間の言うことでも役人の言うことでも対等で聞いた」

と〝弁明〟している。

佐橋も石原も、とにかく上には突っかかった。その分、下にはあったかかった。ただ、ともに、結局、官僚としての枠、軍人としての枠を越えられなかったと思うが、それについて語る前に、石原のイメージを伝えるには出色の、榊山潤の『小説石原莞爾』（元々社）の描写を借りて、上に突っかかる石原の姿を紹介しよう。

「難かしい理屈は私には分りませんが、石原さんは立派な方です。どんな人でも五分話をしたら、石原さんに感心してしまいますよ」

石原をよく知るある小工場主の言葉を後記に引く榊山の「小説」は、小説と銘打っても、よく調べた評伝である。

そこに、一九三六（昭和十一）年の「二・二六事件」の際の石原が出てくる。

事件の二日後、九段の軍人会館には戒厳司令官の香椎中将らが集まっていたが、蹶起部隊を叛乱軍と決したその席に、直接行動には加われなかった大尉の山口一太郎らが入って来て、山口が泣きながら訴えた。

「ここへ参ります途中、すでに戒厳軍が包囲態勢を整えていることを知りまして、自分は悲憤を禁じ得ませんでした。蹶起部隊は日本の政治的腐敗、このまま放置しては命取りとなる癌を、切取ったのであります。この大手術をして始めて、疲弊した農村は息を吹き返し、中小工業者は安定し、巷に溢れる失業者は生色を取戻すことになるのであります。昭和維新の第一歩はここに展かれ、日本は、再び光輝ある歴史の軌道に乗るのであります。こういう決意で立ち上った彼らを、叛乱となすとは何事でありますか」

満洲事変当時の関東軍司令官、本庄繁の女婿だった山口は顔を紅潮させながら訴える。そこには、もし、粛軍に名を借りて彼らを鎮圧したら、第二、第三の部隊が蹶起するだろうという含みもあり、香椎以下、居並ぶ幕僚たちはシーンとなった。

その静寂を破って石原が立ち上がる。

「戒厳軍は即座に攻撃準備。命令受領者、集まれ」

断乎たる声に、一座の軟化しかかった空気は再び先の緊張を取り戻した。その名をもじってワン太郎と呼ばれた山口の話など聞いていなかったかのような石原の態度である。香椎も石原に気合を入れられた形だった。

山口も何も言えず、鈴木貞一らと靴音荒く帰って行った。それが二十九日の午前二時ごろで、それからまもなく、大将の荒木貞夫が入って来る。

荒木は軍の立場から、彼らを叛乱軍とするのはよろしくない、と言った。

「しかし、すでに決定しております」

香椎が答えると、

「決定といっても、まだ翻せない決定ではあるまい。青年将校の間から叛徒を出したとあっては、軍の威信に関わる」

押しかぶせるような荒木の声を遮って、石原が、

「あなたは誰方ですか」

と浴びせかけた。

香椎もヒヤリとしたほど嘲弄に満ちた言葉である。荒木は口髭の先までふるわせて怒った。

「貴様はいったい、何者だ」

それに対して石原は席も立たず、薄笑いを浮かべながら、

「私は石原大佐であります」

と答える。

「俺は荒木大将だ」

もちろん、名乗りをあげる必要などないほど知っているのである。

「上官に向かって失敬なことを言うと許さんぞ」

顔面を朱に染めながら、荒木が詰め寄る。それを逃げもせずに受けとめて、石原は舌鋒鋭く切り返した。

「軍人が国家の兵を私に動かし、国家の武器を勝手に使用して、人を殺すことは許されません。そういう悪事を犯して、なお強硬に非を改めない者を処罰するのが、なぜ軍の威信に関わるのですか。それを、威信に関わると真面目に考えている愚かな大将が、日本にいるとは自分には信じられません」

正論だろう。不敵な面魂を見せてこう言った石原の気迫に押されて、荒木は、それこそ威信を傷つけられたまま、引き揚げるのだが、繰り返し指摘してきたように、石原のこの言は、満洲事変時の自らにも向けられねばならぬものだった。

その突っかかり方を含めて、石原の直線的な物言いは佐橋に通ずる。

「オレは香車のように真っすぐしか進めないコマではない。もっと複雑に動けるコマだ」

と佐橋は私に述懐したが、それは主観的な自負だった。

石原も佐橋も、異色の軍人であり、官僚である。しかし、「異色」がついても、やはり軍人や官僚であり、それを越えることはできなかった。その枠を越えて自らを考えるには、あまりに主観が強すぎたのである。果たして二人はそれをどこまで自覚していたか。

佐橋の場合、その弊が色濃く出たのが、官民協調方式を哲学とした特定産業振興臨時措置法、いわゆる特振法の成立を図った時だろう。行政指導を法律にするものといわれた特振法は、佐橋によれば、こうした意図から生まれた。

「戦時ちゅうには国家総動員法があり、国家は絶大な権限をもって、あらゆるものを戦争目的に強力にかつ一方的に動員した。現在においても日本を一流中の一流国に発展させてゆくのには、国家総動員が必要である。戦時ちゅうのそれとはまったく異なるが、国じゅうの頭脳を国じゅうの力を結集する国家総動員でなければお互いに勝手なことをいい、勝手気ままに動いていてはとても成就できない。

戦時ちゅうでも総力結集ということばがあった。しかし、これは形だけの結集で実がなかった。政府が一方的に要請するだけで、だれもが本当に納得し、その気にならなかったところに問題がある。世は民主主義の時代である。各自各様の考え方があろう。しかし各自各様の考え方だけではどうにもならない。現在の日本の民主主義の欠陥は物の定まらないところにある。民主主義は物の定まらない制度ではない、物を定めないための制度ではない、いうべきをいわしめて正しい意見を定めるための制度である」

『異色官僚』で語る佐橋の言葉は率直であり、頷ける点もある。しかし、「いうべきをいわしめて」あたりに、やはり佐橋も官僚だというところが露出する。それに民間は統制の復活と反発したのである。

佐橋は通産省を去る時、幹部を集めて、こんな退任のあいさつをした。

「君たちはエリートである。僕の考えではエリート、つまり選ばれた人というのは、自分のことよりも他人のことを、自分のことより全体のことを考える人ということである。諸君は僕のいうエリート精神に徹して、生々変転する経済問題に対処し職務に励んでもらいたい。次にポストは仕事のためにあることを忘れないでほしい。ポストは君たちのためにあるのではない。いわんや出世のための段階のごとく考えるものがあるとすれば、それはとんでもない心得違いというべきである。一つのポストについたら、悔いのないよう全身全霊をもってその仕事に当たるべきである。そのポストを死場所と考えるべきで、次のポストのために力を温存しようなどという考えを少しでもおこすべきではない。僕が次官だからというのではない。僕自身次官になろうとして次官になったのではない。偶然次官にまでなったにすぎない」

たしかに、佐橋はそうだったろう。官僚として望ましい人物だった。しかし、「心得違い」の官僚が出たらどうするか。官僚主導の法律やシステムをつくって、佐橋以外の人間がそのポストについたらどうなるのか、を考えることはあまりなかった。

「組織の中で仕事をするときに、職業倫理というか、使命感はあるのが当り前であって、それがなくなってしまうというのが非常におかしい」

前述の久野収との対談で、佐橋はこう嘆いているが、官僚という職業自体にそれを失わせる危険性があるのではないか、とは考えなかった。

一兵卒として戦争を体験し、ために、のちに非武装平和を佐橋は主唱した。戦争ほど不経済はないと喝破したのだが、軍人の存在が戦争を呼びおこすとまで指摘した佐橋も、残念ながら、官僚の存在を客観化することはできなかった。石原のように「いい」軍人が戦争によって平和を求めるという自家撞着を起こすのを見ながら、「いい」官僚が官僚国家を招き寄せるのに気づくことはなかったのである。

第二十章　陸軍と海軍

一八八九（明治二十二）年一月十八日、山形県の鶴岡に生まれた石原莞爾に対し、同じ年の十二月九日、東北でも太平洋岸の仙台に井上成美が生まれた。海軍兵学校校長として一九四四（昭和十九）年夏の時点まで英語教育をやめさせなかったラディカル・リベラリストである。

無謀な戦争を始めることに最後まで反対し、米内光政や山本五十六とともに、右翼から、

「国賊！　腰抜け！　イヌ！」

などと罵られ、暗殺さえ噂された井上の清冽な人生は、同年の石原と非常に対照的である。ある意味でそれは陸軍と海軍の違いにも帰せられる。

宮野澄の『最後の海軍大将・井上成美』（文藝春秋）によれば、井上は妻の喜久代に、

「俺は、かわい気のない男だよ」

と言ったという。

開戦に反対した身でありながら、戦後は自らを罰するように隠棲した井上は、一九六〇（昭和三十五）年に、自らをかばい、引き上げてくれた米内光政の銅像が盛岡にできた時、祝電も打たなかった。顕彰されることを嫌った井上は、米内に対しても節を曲げなかったのである。まさに「かわい気のない男」だった。いろいろにわがままを言いながらも、本庄繁や板垣征四郎にかわいがられた石原とは、その点でもコントラストを描いている。石原も〝少数派の人生〟を歩いたように見えるかもしれないが、いわば〝多数派の中の少数派〟である。それに対して井上は〝少数派の中の少数派〟の人生を歩いた。

五・一五事件などに対しても批判的で、事件の半年後に、

「五・一五事件は、陸海軍の若い連中が話し合って事を起こそうとし、海軍の奴だけが先に手を出した。取残された陸軍の連中は、いつかは事を起こすにちがいない。今度陸軍がやれば、あるいは兵力を使うかも知れない。その場合、もし万一彼等不逞の徒に海軍省が占拠されるなどの事があっては、唯に海軍の名折れであるばかりでなく、事は政治的にも重大である。従って海軍省を海軍の兵力で守る必要も起こり得るから、いまからその準備だけはやっておく必要がある」

とまで言っている。また、戦後の述懐では、

「五・一五事件が起きた時、わたしはあんなことをしたってなんになるものか、バカどもが、と思っていました。ただ人を殺し、総理大臣にピストルを向けて、なんになるか。あとをどうするんだということがなんにもない。ただ国内の治安を乱して、総理を殺したってなんになる。つけ火をすれば、ほかの人があとは何

とかやってくれるだろうぐらいの安直な考えでやっているのじゃないか、と。そんなやさしいものじゃないです。あれは、煽動するやつがあって、乗ったんだろうと、わたしは思う」

と言い切っている。

そんな井上は、米内や山本とともに、ヒトラーのドイツやムッソリーニのイタリアと三国同盟を結ぶことに頑強に反対した。三人を殺してしまえという動きが陸軍を中心としてあることを承知しながらも、井上は親しい記者にこう心境をもらした。

「過去をふり返ってみると海軍が陸軍に追随した時の政策は、ことごとく失敗している。海軍は海軍の主張を貫くべきなのだ。大体、二・二六事件を起こしたような陸軍と仲良くするのは強盗と手を握るようなものだ。

陸軍が脱線をくり返すかぎり、国を救うものは海軍を措いて外にはない」

陸軍と海軍の違いについて、戦後、米内がこう語っている。

「私は根本的なものは、陸軍と海軍の教育方針の相違にあったと思います。陸軍は十五歳に達しない少年時代（幼年学校のこと）から、軍隊教育をはじめています。そんな若年の時代から、もっぱら戦争のことについて教えるだけで、広い国際的な視野についての教育に欠けていたと思います。その結果、当然の帰結として、陸軍将校は視界が馬車馬のように狭くなり、海軍士官ほど広い視野で物事を見ることができなくなります」

この点は石原も、

「幼年学校の教育は、おそらく貴族的、特殊階級的な雰囲気で、その上、閉鎖的、かつ排他、独善的なものであった」

と認めている。

しかし、米内や井上の反対にもかかわらず、四〇（昭和十五）年に三国同盟は結ばれた。

その少し前に米内と松岡洋右がこんな話をしている。米内が、

「三国同盟には、井上が一番反対なのだよ。もし日独伊と結べばアメリカと戦争をすることになってしまう。これは絶対に避けなければいかんといってきかんのだよ。何をいったって承知しっこはないね」

と言うと、松岡は、

「それは認識不足だね。日独伊が手を結べば、むしろアメリカなんか引っこんでしまうよ」

と答えた。これを聞いた井上は、

「ばかな、そういうのを痴人の夢というのだ！」

と吐き捨てたのである。

どちらが〝痴人の夢〟だったかは、歴史がすでに証明している。石原は松岡ほど愚かではなかったが、アメリカとの戦争を避けようとはしなかった。

井上は戦後、怒りをこめて書いている。

「日独伊三国同盟は、昭和十五年九月、及川大臣、豊田次官（豊田大臣、及川次官といった方がピッタリ）の時、結ばれ、日本海軍数十年来の伝統を破って、海軍までが親独に踏み切った。その後ある席上で、『われわれが生命を賭してまで守り戦った三国同盟に、その後一年たつと、いとも簡単に海軍が同意したのは如何なる事由によるのか』と当時の責任者にたずねたら、曰く、『君たちの反対した自動的参戦の条文は、ぬいてあ

るから、あとはなにも問題はないんだよ』との事で、われわれの時は、独は戦いはしていなかったのに、今度独伊と結んだ時は、独は不徳千万な侵略戦争をやっている最中であるという大事な事を考えもせぬ。のんきというか、おめでたいというか、全く評するに言葉なしで、只々唖然たり」

三国同盟成立後に、緒方竹虎が米内に、

「もし、あなたや山本さんの海軍が続いていたなら、徹頭徹尾反対しつづけましたか」

と尋ねた。すると、米内は、

「むろん反対しました。でも、おそらく殺されていたでしょうね」

と答えたという。

しかし井上は、海軍兵学校校長になっても抵抗をやめなかった。

「海軍がな、陸軍と仲よくしたときは、日本の政治は悪いほうにいっているんだ」

として、海軍兵学校の生徒に、陸軍士官学校の生徒との文通を禁じた。

ところが、士官学校の生徒から兵学校の生徒につきあいを求めるハガキが来る。教官が返事を出させていいかと聞くので、井上は、

「絶対にダメだ。そんなハガキは破り捨てろ」

と指示した。教官たちも納得せず、

「なぜ陸海軍が仲よくしてはいけないのですか」

と尋ねる。それに対して井上は、いささかも動ずることなく、

「おれは陸軍が嫌いだとか好きだとかいってるんじゃない。学校の教育方針が違うのだ。陸軍は陸軍第一、

日本国第二なんだ。そういう教育をしている昔のプロイセン陸軍みたいな学校と兵学校は違うのだ。そういうやからとつきあうことはならん。おれの教育がぶちこわされちまうからだ。海軍は国家第一、国家あっての海軍だ。満洲事変を見ろ、支那事変を見ろ、みんな陸軍が先に立って国家を引っ張っていこうとしているじゃないか」

と答えた。

これには、校長横暴とテーブルを叩いて非難する教官もいたが、その教官は戦後、ひっそりと横須賀のはずれに住んでいる井上を訪ね、両手を突いて、

「申しわけありませんでした。いまになって校長のいわれたことがわかりました」

と謝っている。

しかし〝鬼畜米英〟の大合唱の中で、英語教育をやめない井上に対する風当たりは強かった。

歴史の教官が持って来た生徒用の教科書の原稿に、満洲事変や支那事変が日本の国民精神と軍隊の士気昂揚に非常に寄与した、と書いてある。それを見て井上は、

「なんだ、この歴史は。満洲事変、支那事変がどういうものだか知っているのか」

と怒声をあげた。ところが教官は、

「新聞で見た通りに書きました」

と澄ましている。

「新聞を読んで考えたのか」

と井上は追及する。

「ハア」

という教官に、

「その結論がこれか。こんなことを書こうとしてはいかん。削れ！」

と畳みかけた。

「どうしても削らなければいけませんか」

と渋るのを、井上は、

「いかん、絶対にいかん。陸軍は幕府だ。幕府政治だから陛下のいうことを聞かないんだ。こんな内容を許すわけにはいかん。こんなことは校長として恥だ。断じて許さん。削れ」

と言って削らせた。

〝満洲事変の立役者〟である石原は、この問答を知ったら、どう思うだろうか。

敗色濃くなってなお、英語教育を続けようとする井上に対する抵抗は並のものではなかった。兵学校長に井上を推した山本五十六は四三（昭和十八）年春に戦死している。

米英への敵対心が否が応にも昂まる中で、兵学校でも英語の時間数は減らされ、遂にはなくしてしまえという議論になった。まず、入学試験からはずそうというのである。これには、百五十人ほどの教官中、英語の教官五、六人を除く全員が賛成した。

勝ち誇ったように教頭が、

「校長、ごらんのとおりです。よろしゅうございますか」

と言う。しかし井上は、

「いかん」

と、それをはねつけ、

「おれは校長の権限で、入学試験から英語を廃止することは許さん。英語の授業をやめることはもちろん許さん。現在どおり！」

と断言した。

戦後になっての述懐はこうである。

「わたしは外国語というものは、顕微鏡か望遠鏡の働きをするといってたんですよ。なんだかはっきりしないところのもの、あるいは小さいものでも、それを使うことによってはっきりする」

さらに、「方向転換を迫られたときに困らないように」という気持ちがあった。つまりは戦後の彼らの人生を考えたのである。それで、英語だけでなく普通学第一主義を採った。

「わたしは、この青年たちがかわいそうだと思ったんです。戦争に負けてほっぽり出されたら、どうするだろうと思ってね。これには、みんな親があるんだと思うと涙が出てくるんです。親の身になってみると、国のためだなんていって、勇んで兵学校にはいって来て、戦争に負けて中途で放り出されたら、鉄砲の撃ち方ばかりおぼえていても、さて、社会で働こうといったって、どうなるかと。もちろん体は丈夫になっているし、しつけは十分してありますから、人づくりはできている。だけど頭のほうの空っぽな人づくりでは困る。だから普通学だ。それにさっきもいったけど、学士さんなら戦争はできる。戦後になっていろんなものを見ると、学士さんで召集され戦場に行ったものは、みんな立派に働いていますね。あのとおりですよ。ゼントルマンなら、戦争はできます。立派なものですよ。自分の予想をああいう人たちが証明してくれたと思って、あの人たちには頭を下げておりますよ。ほんとうに」

井上の英語に対して石原はエスペラントを主張した。多分、「英米本位の平和主義を排す」といった近衛文麿に似た考えからだろう。英語ではない国際語のエスペラントに石原は注目していた。

大島義夫、宮本正男の『反体制エスペラント運動史』（三省堂）に、宮本が大本教の出口王仁三郎の「政治的副官とも言うべき役割を勤めていた」大国以都雄《おおくにいずお》（本名は大深浩三）に行ったインタビューが引いてある。

それによると、石原ははっきりと、

「満洲がいよいよ独立する。そのときにはエスペラントを採用する。これを満人に教えるための教師団の編成を大本で引き受けてもらいたい」

と依頼したという。

反財閥を標榜しながら、満洲に既成財閥を入れなかっただけで鮎川義介らの新興財閥の台頭を許したように、反英語としてのエスペラントだったのだろう。

エスペラントについては、北一輝が『日本改造法案大綱』に国際語と書いてそれにエスペラントとルビを付しており、北は王仁三郎にその『大綱』を見せた。

『反体制エスペラント運動史』には、幸か不幸か、石原は東条英機ら軍主流派との衝突から満洲国を追われ、王仁三郎の満洲国へのエスペラント導入という「壮図」は砕かれた、と書いてある。

エスペラントには私も好意をもっているが、石原のこの一件はエスペラントのめざすものを理解したうえでの話とは思えない。

第二十一章　「毛唐」の国で

アナキスト詩人の秋山清が『一億人の昭和史（1）満洲事変』（毎日新聞社）所収の「ある『石原莞爾』論」にこう書いている。

「石原莞爾は軍人であり、常識人であり、戦略家であり、ヒューマニストであり、日蓮聖人讃仰者であったが、それにもまして、権力主義的な思考と対立するところに、彼の言論と行動との根底が据えられているかのようであった。そこが軍人として反軍人的だったゆえんであろう。しかし彼の天皇観には、理想主義で、大アジア主義で、たとえば満洲で五族協和を念願とした彼の思考と論理的につながらぬものがある。天皇によって、世界が最終戦争を経た後に平和的に統一されるという信念—願望は、これはともすれば、征服主義に転化せぬという保証のないものである。そして石原も軍人かと思わせぬでもないのである。だがこれは、石原自身における内部矛盾であろうと私は考える。宗教人であった彼の晩年の言動を重く見るとすれば、この矛盾はさらに大きくなり、現実的な思考の面を重視するとすれば、軍人として政治家として、わずかに時を逸した巨人と見えてくる。太平洋戦争をはさんで、彼の大きな可能性を未発に終わらせたのは、東条（英機）か、日本とその天皇制か、彼自身か、という問題を考えたくもなる」

たしかに石原に「反軍人的」な面はあった。しかし、その「毛唐」観を見ると、まさに凡百の日本の軍人と同じ思考を披瀝していて、軍人以外のなにものでもないと思わせるのである。それをベルリン駐在武官時代の夫人宛ての手紙（たまいらぼ版『石原莞爾選集2　ベルリンから妻へ』所収）に見ていくが、その中の次のような指摘を知っていて、「アナキスト詩人」の秋山は石原に好意的な文を書いたのだろうか。

ほとんど毎日、日記がわりのように夫人に送られた手紙には、たいてい、日付の下に「合掌」とある。その一九二三（大正十二）年十月三日の手紙はこうである。

「甘粕大尉ハ大杉栄等ヲ、死ニ至ラシメシモノナリトノ事ヲ耳ニス。

大杉栄ハ目下日本ニ於ケル偉大ナル人物ノ一人ト思フ小生ハ、彼ヲ殺スコトニ同意シ難キモ、然シ口ニ憤慨シナガラ実行ノ意気ナキ者共ノ集合シアル今日、甘粕ノ行為ハ讃嘆ニ価ス。元来人殺シハ食フニ困ル人間ノナスコト也。主義ノ為、衣食足ル人間ガナス場合ハ誠ニ少シ。真ニ一ノ信念、大信念アルモノニアラザレバ、出来ザル事ナレバナリ。我日蓮門下ニ大杉一派丈ケノ信アルモノ幾人アリヤ。甘粕氏位ノ信アル人幾人アリヤ。自分自ラヲ省ミテ、真ニ御恥シキ極ミナリ。

信ノ一字、我等ノ全部ヲ捧グル信。嗚呼、難信難解ナル哉」

最後に「ソロソロ寒クナリ来ル」とある。

「同意シ難キモ」と「讃嘆ニ価ス」の間の解消し難き矛盾は、秋山の言うように「石原自身における内部矛盾」として「大きな可能性」を秘めたものなのか。私にはとてもそうは思えない。妥協の余地なく激しくぶつかりあった甘粕と大杉の双方を、その信念のみで礼讃するということは、そこに露出した日本の矛盾を理解していないということである。皮肉に言えば、石原は自分の抱える矛盾、つまり内部矛盾にだけは、どこまでも寛容だった。しかし、それゆえに、のちに石原はここに登場する甘粕によっても満洲を追われることになる。

ちなみに、ベルリンからの通信の前に、漢口から夫人に送った一連の手紙がある。『選集1』に収録された「漢口から妻へ」である。

一九二〇（大正九）年のそのころ、石原は三十一歳だった。前年の夏に二十三歳の国府銻《てい》と結婚している。石原にとっては二度目の結婚だが、さすがに新婚の甘さを漂わせた六月十四日の手紙には、こんなことが書いてある。

「先日佐野ニ手紙ヲ出シテ置キマシタガ今日返事ガ参リマシタ。私ノイッテヤッタノハ〝佐野君、今日迄余リ熱心ニマトマッタ考デ軍務ニ勉強シナカッタ。而モ今ヤ恋ヒコガレテ居タ新妻ヲ迎ヘタノデアル。夫婦ハ合体シテ国家ノ一分子ダカラ真ノ夫婦デアッタナラ結婚ニヨリ真ニ人間トシテ大活動ヲナシ得ナケレバナラナイ訳デアル。世ニ往々見ル如ク結婚後元気衰ヘル様ナモノハ其人トシテハ一寸満足シテ居ルカモ知レナイガ、日本人トシテハドウシテモ欠陥アル夫婦トイハネバナラヌ。親愛ナル佐野君ヨ、君、恋慕スル妻君ヲシテ欠陥アル婦人タラシムル勿レ。今日ヨリ君ガ実《ほんと》ウニ大努力ヲ以テ満身ノ力ヲコメテ、職務ニ奮励スベキ時デアル。ソレニヨッテ同君ノ結婚ハ真ノ意義ヲ有スル。君トシテモ実ウノ満足ヲ得ラレル。君ノ最愛ノ妻君ヲシテ立派ナ婦人タラシムルコトガ出来ル。ソレガ出来ナカッタナラバ、君……単ニ美シキ一個ノ女ヲ得タニ止ル道楽者カ、美シキ芸者を色女トシタノト大シタ相違ガナイト極言スルコトモ出来ル〟トイフ様ナチヨット峻烈過ギルモノデシタ。所ガ温厚ナル彼ハ今日ノ手紙デ切《しき》リニ私ノ好意ヲ感謝シテ来マシタ。コンナ私ノ一時ノ手紙ガ到底、大ナル力ヲ与ヘ得ナイトハ知リナガラモ、私トシテハ誠意ヲ以テイフ丈ケノコトハ言ッタノデシタガ、今一人静カニ考ヘテ自分ノ身ガ恥シクテナラナクナッタノデス。私ハ友人ノ多クノ妻君ヲ見マシタ。而モ真実ノトコハ銻チャンノ様ニ真実ニ良人ヲ援ケテクレル人ハ見当リマセヌ。然ルニ此私ノ有様ハドウデアルカ。固ヨリ、自分ノ力ノナイノハ止ムヲ得ナイトシテモ果シテ一身ヲ捧ゲテ日本人タル義務ヲ尽スニ最善努力ヲシテ居マセウカ。誠ニ御恥シイ次第デス。宗祖日蓮大聖師ヲ始メトシ、我宗門ノ先輩ニシテ不惜身命、君国ノ為ニ尽サレタ耀々タル歴史ハ絶ヘズ感謝ノ涙ヲ以テヨミナガラモ、自ラ其千万分ノ一ヲダモ尽ス熱心ト勇気ガナイノデス。

此間『大観』デ同郷ノ人々トカイフ貞操ヲダニ守リ得ナイ女ノ弱イ心ヲ描イタモノヲ読ミマシタガ、決シテ私ハアノ弱イ吉岡ナル女ヲ笑ヘナイト思ヒマス。堂々タル男子ニシテ真ニ自己ノ正義ヲ信ズル所、君国ノ為ト信ズル所ヲ断行シテ其節ヲ屈セザル者、幾人カアリマセウ。私トテモ決シテ自ラホメテ悪イコトニ屈シヨウトスルノデハアリマセヌガ余リニ力、元気ニ乏シイノデス。噫、佐野ニ対シタ忠告ハ自分自ラヲ反省スベキコトデシタ。私ハ誠ニ意気地ナシノ弱者デアル。然シ願クハ本仏ノ加護ニヨリ微力ナガラ此全能ヲ尽シテ君国ノ為メニ忠勤ヲハゲム勇気ヲ養ハント決心ヲ益々堅クセゼルヲ得マセヌ。

たとい身は海山遠く隔つとも
心はかよふ一筋の道

益々鎌チャンノ御援助ヲ御願ヒスル次第デス」

和歌らしきものだけが平仮名まじりで、後は漢字に片仮名という様式のこの手紙には、石原らしい謙虚さ、もしくは弱さと、「堂々タル男子」への憧れが出ている。

作家の井上ひさしと日蓮について話していた時、日蓮には躁状態のときと鬱状態のときがあると言われて、なるほどと思った。日蓮を慕う石原に同じ傾向があるのかどうかは知らないが、石原は「存在《ザイン》」と「当為《ゾルレン》」の間を揺れつづけたのではないか。しかも、その揺れに法則性はなく、恣意的だった。

一九二三（大正十二）年早々、ベルリンへ向けて神戸を出港する手紙は、「縁起ヨキ出発」として、第一に「立正ノ春ヲ迎ヘ日蓮大聖ノ教勢ニ根本的大進展ヲ見ントスルニ当リ、此大歓喜ニヒタリツツ出発デキルコト」を挙げている。この時、石原は三十四歳。

「現代ハ親ヨリ妻ノ大事ナ時代。小生モ新時代ノ新人タル資格ヲ失ハザランガ為、手紙ハコレカラモ凡テ我最愛ナル錦子君ニ宛テルコトニシマス。老人ガヤイテモ止ムヲ得ナイ」と書いて、連日のように夫人宛ての手紙を出すが、内容はとても「新時代ノ新人」のものとは言えなかった。いきなり、「毛唐」というコトバが出てくる。前章、「陸軍と海軍」で、石原と同年の井上成美のことを書いたが、井上はこんなコトバは使わなかっただろう。

香港入港直前の「一月二十五日」の手紙にこうある。

「午後三時半ノ御茶ニおしるこアリ。西洋人ハ之ニ手ヲフルルモノナク、皆例ノ西洋菓子ヲ撰ブ。昨夜、うなぎめしアリシ時モ洋人ハ口ニセズ。此処ニ於テ、今更日本人ノ雄大ナルコトヲ思フ。若シ日本人ナラバ甘《うま》ソウデナクトモ珍ラシキモノニ手ヲ出スノガ当リ前ナリ。毛唐ノ野郎共、生意気ニテソレヲナス能ハズ。真ニ世界ノ文明ヲ統合スル天職ハ我等日本民族ノ手ニアルコト此ノ如キコトニテモ証明セラル。日本婦人モソロソロ洋装スルモノアリ。中ニ似合フモノアルモ、少々滑稽ナル手合モ少ナカラズ。確カニ日本婦人ノ服ハ優美ナルコト世界第一也」

ずいぶんと乱暴な議論である。夫人宛ての私信とはいえ、おしるこやうなぎめしに西洋人(毛唐!!)が手を出さないから、日本人の方が雄大だとは、分別のつかぬ子どもならいざ知らず、三十代も半ばの人間の言いようとは思えない。

石原にとって、文明の「統合」とは、すべてを日本化に「統一」することなのか。こんなおそまつな文明観に立って「五族協和」が唱えられたのだとしたら、それを夢見て踊った人間たちがあまりにも哀れである。

いや、それは「毛唐」に対してであって、アジアの人々に対しては違うのだと言っても、その底意は見えている。この認識においては、石原は決して「反軍人的」ではなかった。それどころか、おそらく甘粕正彦とさえも共通にしていた。

香港に入って、ケーブルカーで山上に登った一月三十日の手紙に石原はこう書いている。

「横暴ナルアングロサクソンニ、神聖ナル我天業民族ノ武力ヲ加フル時、此山上ニ日章旗ノ翻ルベキヲ思ヒ、独リ会心ノ笑ヲモラシテ下山」

コロンボに入港した二月十三日の手紙ではこうだ。

「主ナル店ニハ日本語ノ看板アリ。店内ニハ皇太子殿下ノ御写真等ヲ奉安シアルヲ例トス。日本人ヲ見ルヤ争ヒ来《きた》ッテ連込ム。コレ所謂成金共ガ寄港ニ散財セルト、日本海軍ノ出入盛ナリシ結果ナランモ、主人ガ一般ニ日本人ニ好意ヲ有スルハ一見明ニテ手ヲ挙ゲ挨拶スルモノ多ク、殊ニ日本服ノ小生ハ到ル所大歓迎セラル。但シ先日僧侶ノ観光団アリシ為、時ニ坊主ト誤ルルニハ閉口セリ。

案内セル土人ノ如キハ、早晩此付近モ日本ノモノトナラン等ト大気焔ヲ挙グ。小生ガ洋人大嫌ヒト言ヒシニ、有リ難ウ！ 有リ難ウ！ ヲ連発スル有様。誠ニ可愛ラシキモノナリ。印度人ハ西洋人種ニ属スルモ、毛髪ハ真黒、日本人ニ面相ノ似テルモノ多ク、殊ニ日本語ノ句調ハ甚ダ良好、到底支那人ノ日本語等ト比ブベクモアラズ。大先生（選集編者、玉井禮一郎注・田中智学）ノ御判断通リ、我等ノ祖先ト釈迦族ハ同一ナルコトヲ思ハシム。此ノ如キ有様ナル故ニ英国官憲ガ日本人ニ対シ神経鋭敏ナルハ自然ノ勢トイフベシ。

嗚呼一日モ速ニ毛唐ノ圧制ヨリ此ノ可憐ナル民族ヲ解放シテヤリタキモノナリ。然ルニ尤モ残念ナルハ印度人ハ、殊ニ宗教上ヨリ数十百ノ階級ニ分レ相争ヒ、英国人ニ巧ニ利用セラルルコトナリ。之ヲ打破スルコト即チ真ニ印度人ノ統一ヲ完ウスルコトガ独立ノ第一歩ナリ」

「可憐ナル」という言い方は、やはり、上から下を見てのものである。だから「可憐」でなくなった時は、石原は満洲事変のようなことを起こすことになる。

ベルリンに着いてからも、石原はますます、日本第一の印象を深め、「考ヘレバ考フル程、日本ニハ尊キモノアリ」と手紙に書き、下宿の「婆サン」に対しても、「毛唐ハ同ジク獣ノ部類也」と怒鳴りつける始末だった。

石原より五年ほど前にパリに駐在し、ベルリンにもいた井上がヨーロッパ各国の歴史や文化を学び、人情や風俗に直かに触れて見識を深めたのとは対照的である。

一九二一（大正十）年のワシントン会議で日本の主力艦は米英五に対して三に抑えられたが、戦後になって井上は当時を回想して、こう言っている。

「アメリカ、イギリスとの軍備の比率は低い方がいい。戦をすれば負けるから、なんとか外交でしのいでいかなきゃいかん、とわたしは思っていましたが、軍人としてそれを自分に言いきかせるということは悲しいです。そして、くやしいですよ。くやしいけれどもね、そういう国なんだから、自分よりも技術が進み、富もあり、人口もたくさんある、土地も広い、という国がある、ということは、仕方がない。もがいたって、これを脱けるわけにいかない。そういう世界の状況なれば、その中で、無理をしない範囲で立派な国になっていくほうがいいんではないか、そういうふうに考えた」（宮野澄『最後の海軍大将・井上成美』）。

井上のこの発言の中には、彼のヨーロッパ体験が生きている。「くやしさ」を抑え、冷静に世界の現実を見てきた成果が表れている。井上は「無理をしない範囲で立派な国になっていく」道をめざした。無理をした場合には誰が犠牲になるかをも知っていて、そう考えたのである。

しかし、石原にはそうした理性はなかった。「毛唐」を罵る感情はあっても、まず、率直にヨーロッパの現実を見ようという理性はなかったのである。ヨーロッパ体験は、ただ、逆にその日本第一主義を強めさせるだけに終わった。「見れども見えず、聞けども聞こえず」で石原はベルリンから帰って来た。

第二十二章　東亜連盟思想の独善と錯誤

「馬場さんは、よくいうじゃないですか。アジア人同士は、お互いに王道の精神で交際わなくちゃいけない。徳の力で、交際《つきあ》わなくちゃいけない。暴力はいかんと。石原莞爾とかいうひとが、そういってるんでしょう」

深田祐介の直木賞受賞作『炎熱商人』（文春文庫）の一節である。

フィリピンを舞台に、ある商社のラワン材輸入にまつわるドラマを描いたこの作品には、戦争中は日本軍の少年通訳として〝活躍〟し、戦後は商社の現地雇用社員として働くフランク・佐藤という男が登場する。日本人とフィリピン人の混血の彼には明確にモデルがあり、実名はチャーリー・渡辺。深田にとっては、自分と同じ一九三一（昭和六）年生まれのチャーリーと会ったことが、この小説を書く契機となった。

戦争中と戦後を交錯させた『炎熱商人』には、憲兵大尉の馬場康人という魅力的な日本人が登場する。冒頭のセリフは、フランク・佐藤（日本名、佐藤浩）が中尉当時の馬場に問いかけたものである。

ゲリラに食糧を横流しした疑いをかけられて憲兵隊に捕まった「コロちゃんのお父さん」を助けてくれと、

浩少年は馬場に頼む。

「浩、戦争ってやつは、子どもの遊びじゃないんだ。食うか食われるかの世界でね、ちょっと気を抜いて油断すると、こっちが殺されてしまうんだよ。いつも精神を緊張させていなくちゃならんのだ」

と釈明する馬場に、必死に浩は食い下がる。石原の言っていることと違うのではないかという浩の言葉は、馬場をたじろがせた。

石原に心酔していた馬場は、浩の家に遊びに来ると、父親のルイスに、

「お父さん、石原さんは、開戦の翌日に演説しましてね、フィリッピンは占領するな、日本はフィリッピンの完全独立を声明して、不可侵条約を結べといったんですよ」

と言い、母親には、

「石原さんの本は、発禁になってるんですが、その本を検閲した憲兵たちがすっかり石原さんに共鳴して会いに行ったりしてるんです。私も、そういう連中の影響を受けたんですが、おかげで睨まれましてね」

などと、深田の表現を借りれば「青年の気負いをまるだしにして得意気に喋っていた」のだった。

「日本とアジア諸国は東亜連盟を結成して、お互いに対等の立場で交際《つきあ》わなくてはいかん、覇道は、暴力はいかん」

と馬場は二言目には言っていたのである。

しかし、現実は石原の「理想」を裏切り、馬場のような人間を懊悩させることになる。

家族同然のまじわりを続けていた浩の母親から、あるとき馬場は、

「馬場さん、日本の兵隊はひどいじゃないの。親孝行のフィリッピン人の子どもを殺して。それに」

と詰め寄られる。

「それに、そんな拷問の通訳を浩みたいな子どもにさせて、その眼のまえで、人殺しをするなんて、鬼じゃないの。可哀相に、この子はショックを受けてご飯が喉を通らないのよ」

当時、浩は十代の前半である。

母親は泣きながら、なおも馬場に食ってかかる。

「馬場さん、日本人はいつから鬼になったの。ねえ、いつからあの優しい日本人が鬼になったのよ」

半狂乱の母親をなだめつつ、浩が、

「お母さん、あの連中は日本人じゃないんだよ。日本人があんなに髭を生やしたりしないよね。あれは、日本人じゃなくて、きっとクマソの血をひいたひとたちなんだよ」

と言うと、馬場は顔をゆがませて、

「お母さん、こらえてください。日本人にもいろいろな人間がいるんです。ながいこと戦争をやって気が狂ってしまった連中も大勢おるんですよ。いや、大部分がそうなんです」

と答える。

こんな馬場について、部下は、

「大尉殿のやりかたは、宣撫工作とはいえんもんな。内心嫌いな土人と我慢しいしい交際《つきあ》ってな、腹の底じゃあ馬鹿にして舌出しながら、表面《うわべ》だけ土人の機嫌取るのが宣撫工作だわな。そこにゆくと、大尉殿はえらい真面目でな、本心から土人と交際《つきあ》いたい、友だちになりたい、そうおもうとるんだろ。それが土人にもわかるんだね」

と語っていた。

『炎熱商人』を発表した後、深田は、憲兵にいいイメージを持っていない日本の読者から、

「馬場のような理想家肌の温情的憲兵が実際にいたのか」

という質問をしばしば受けたが、現地人と深くつきあってゲリラ活動の実態などを探らなければならない、たとえばフィリピン分隊の憲兵は、一般の兵士たちから、

「憲兵のやつらは、土人とばかり交際《つきあ》いやがって、アカだ」

と、現在では想像できないような悪口を言われるほど、現地人と親しんでいた。

深田によれば、馬場のモデルもいたということだが、しかし、馬場のような憲兵は、ごくごく少数だったろう。

深田は、馬場を「白人の覇道に対するに、東洋人の王道、彼の暴力に対するに我の徳」を説く石原莞爾の東亜連盟思想に共鳴する人間にした。けれども、東洋人に覇道はなかったのか。いや、もっと言えば、石原に覇道や暴力はなかったのか。東洋人だけに王道があったのではなく、白人にも王道があったし、徳もあった。白人をおしなべて「毛唐」と罵る石原にそれが見えなかっただけである。

石原の思想は、その単純さゆえに馬場のような人間たちを惹きつけ、そして、その信奉者を「理想」と「現実」の間で引き裂くことになった。

この小説の取材のために何度かフィリピンを訪れて、深田が改めて思い知らされたのは、その落差がもたらした戦争の傷痕の深さだった。

作中で、日本人と親しくなった娘に、フィリピン人の母親が言う。

「戦争中、日本人がこのフィリッピンでなにをしたか、学校で習ったでしょう。マニラの市街戦のときは、赤ん坊を空に放り投げて、銃剣で刺し殺したのよ」

小説には、フランク・佐藤ことチャーリー・渡辺が、小学生の頃を回想して、

「あの頃、おれは間違いなく日本人だったんだな」

と眩く場面がある。

日本人は「アジアは一つ」と言って、台湾やフィリピンを征服した。しかし、それは日本人の独善的な思い込みに過ぎないのではないか。

「フィリピンはカトリックだし、ビルマ（ミャンマー）は仏教、インドネシアはイスラム教ですからね。宗教一つとってもアジアは一つではない。あのスローガンはどれだけ誤解をもたらしたか……」

と述懐する深田は、『炎熱商人』で民族の原罪ともいうべきものを書こうとした。

その後の『虐殺』という作品では、フィリピン人を救ったクリスチャンの軍属に対して、フィリピン女性がそれを知りながらも、

「彼は死刑に値します。なぜなら、彼は日本人だから」

と断言する場面を描いている。

私は、石原の東亜連盟思想がこうした亀裂の深さと真剣に格闘して生まれたものとは思えない。

深田は、『黎明の世紀――大東亜会議とその主役たち』（文藝春秋）を書いた直後の私との対談（『サンサーラ』一九九二年二月号掲載）で、「内面指導」に触れ、こう言っている。

「内面指導は日本人を解く大きな鍵ですね。とにかく日本人は内面指導が好きなんですよね。満洲国に

行って、まず日本人による行政機構を作る。この機構の次官クラスが満洲人を手取り足取りあわせいこうせい『内面指導』する。大東亜会議のときも、会議に先立って『まず大日本帝国に感謝しましょう。次に満洲国こそアジアの理想だ、とぶちましょう』と張景恵総理を指導するわけです」

フィリピンに対しても、軍政指導に始まって、顧問団を山のように送り込み、各地で皇民化教育の指導までした。

内面指導を進めれば進めるほど、面従腹背を生むとは考えられないのである。深田もそれをこう嘆いた。

「主観的な善意を平然として押しつける。その思い込みの善意が相手のプライドをいかに傷つけるか、ということが日本人には分からない。他民族のプライドを考えられなかった、というのが戦前、戦時中の日本人の致命的欠点だったんじゃないか。満洲国建国のニュース映画を見ても、建国の式典でまず最初にやるのは『大日本帝国万歳』とか『天皇陛下万歳』で、最後に『満洲国万歳』をやっている。仮にも独立国の式典でしょう。常識でいったらあり得べからざる話ですね。

清朝から溥儀を連れてきて日本から宮内府御用係の吉岡安直陸軍中将を皇帝の師傅《しふ》としてあてがう。吉岡中将が溥儀を説得して、『満洲国の建国神は天照大神』にしてしまうんですね。信仰の問題についても内面指導をしているのだから、驚きますね」

こうした日本人の弊から石原は免れていたのか。満洲国についても、石原の掲げた理想は正しかったとし、東条英機や甘粕正彦らがそれを台無しにしてしまったと説く者が多い。しかし、内面指導癖を含む日本人の弊は深く石原をも捕えていた。大体、満洲に行って五族協和を主張するなら、なぜ、朝鮮でそれを実践して見せなかったのか。朝鮮でやったことが、その主張を裏切っていると指摘するのは、中国の顔恵慶である。

一九三二（昭和七）年二月十九日、顔はジュネーブで開かれた国際連盟理事会で、こう演説した。

「今夜半から始まらうとする戦闘を停止せしむべき思ひ切った手段をこの四五時間に採らねばならぬ時に際し、理事会の時間を占領した日本代表の動機は充分に了解することが出来る。而も同代表は支那政府に対し多くの無礼なる言辞を弄したから余もそれに酬ゆる為め多少の時間を貰ひたい。（中略）

日本代表は能く組織されたる国家のことを云はれたが、政府の統制を破りつゝある陸海軍を有する日本の様な国が組織力ある国家であるかどうかを疑ふのである。日本の外交官が理事会に出席し、現実に種々の約束をなすに拘らず、而も翌日にはその約束が守られないと云ふのではそれは能く組織された政府を代表してゐると云ふべきであらうか。日本は二三の大国に対し錦州を侵略せずと明かに約束したに拘らず、数日ならずして錦州に入ってゐる。これでも能く組織されてゐる政府と云ふことが出来るであらうか。（中略）一方に於いて支那は組織されたる政府を持たないと云ひながら、他方に於てその政府と交渉することを主張しつつある。若し支那が無組織の政府ならば何故日本は斯かるものと直接交渉をせんと主張するか。何故聯盟で問題を解決しやうとしないのか。（中略）

日本代表が日本は聯盟の保護を享有せずとの不満を述べられたことは面白い。日本は保護を受けるどころか、厳格なる処罰に値すると思ふ。一切の爆撃を済まして満洲に傀儡の国家を作り上げてから聯盟に訴へてその保護を求めんとする。斯かる要求は無鉄砲である。（中略）

日本代表はその人口の捌け口を見出す必要を強調され、余も亦それを認めるが、然し日本は満洲に於ける移住定着に全然失敗した。日本は二十五年間其処に移住したが政府の奨励及び資金の供給あるにも拘らず今日満洲には僅か二十万人あるに過ぎず、然るに支那は年に百万人を送りつつある。（中略）

日本代表は幾度か日本が満洲を併合する野心なきことを繰返された。然し余の記憶するところでは数十年前同じことを朝鮮に就いても聞いた様に思ふ。日本は朝鮮を併合しないと云った。而も今日朝鮮は日本帝国の一部となってゐる。故に日本代表の言明は額面通り採ることは出来ない」（外務省編纂『日本外交年表竝主要文書』下）

この中の「政府の統制を破りつゝある陸海軍」の中心人物は石原だった。また、錦州爆撃を率先垂範したのも石原だった。石原の理想がホンモノなら、これをどう説明するのか。仮にそれが「理想」と呼べるものだとしても、まさに「血ぬられた理想」であり、「血まみれの理想」だった。「白人の覇道」と「東洋人の王道」と御都合主義の色分けをする石原には、内村鑑三の唱える次のような平和論はとうてい理解できなかった。

「もし日本とロシアとが衝突するに至るならば、それは日本にあって平和をとなへる吾人と、ロシアにあって同一の平和をとなへる文豪トルストイ、美術家フェレスチャギンらとが衝突するのではない。それは日本の海軍大臣山本権兵衛氏と、露国の極東総督アレキシーフ大将とが衝突するのである。また日本の陸軍大臣寺内中将と、露国の陸軍大臣クロパトキンとが衝突するのである。また日本の児玉文部大臣と、ロシアの教務大臣ポベドノステフが衝突するのである。すなはち日本にあって剣を帯ぶる者が、露国にあって剣を帯ぶる者と衝突するのである。また日本にあって忠君愛国道徳と世界併呑主義をとなふる者と、露国にあって同一の主義道徳をとなふる者とが衝突するのである。すなはち名は日露の衝突であれ、実は両国の帝国主義の衝突である。さうしてこの衝突のために最も多く迷惑を感ずる者は平和を追求してやまざる両国の良民である」

第二十三章　百殺一共

地図の上
朝鮮国にくろぐろと
墨を塗りつつ秋風を聴く

石原莞爾より三つ年上の石川啄木の歌である。一九一〇（明治四十三）年に日本が朝鮮を併合した時、啄木は多くの日本人と違ってそれを喜ばず、こんな歌をつくった。時に啄木二十四歳。石原は二十一歳で、この年の春、韓国守備を命ぜられ、釜山に上陸している。

のちに「朝鮮の統治は満蒙をわが勢力下に置くことにより初めて安定すべし」（「満蒙問題私見」）と主張する石原にとって、啄木のような感慨は抱くべくもなかった。

啄木はこれから二年後に二十六歳で夭折することになるが、「時代閉塞の現状」を憂え、また、それを原因として、「性急な思想」が勢いを得ることを恐れた。石原ら軍人の思想は、まさに「性急な思想」以外のなにものでもない。

二十四歳の啄木が朝鮮併合に不吉な影を見てまもなく、啄木より二つ年上で、石原よりは五つ年上の若きジャーナリスト石橋湛山が「盲目的挙国一致」を激しく指弾する。

「意見というものは人の面が異る如く、異るもの」であり、異なる意見が集まって一つにまとめられるがゆえに、「初めてここに間違いのない健実な意見が出来る」と説く湛山は、「常に一本調子で、他の意見は混ぜずに国政が料理せられ、思想が左右せられる」日本を次のように批判する。

「挙国一致ということは、その言葉だけを以って言えば、大層善い事のようである。何となれば挙国一致とは即ち国民の勢力の集中ということであるからである。しかし如何に国民の勢力の集中でも、その集中が間違った処へ行っておったならば、集中せられておるだけに、却ってその害その弊や怕《おそ》るべきものがある。故にその勢力を集中するまでには十分意見を戦わして間違いのない方針を定めねばならぬ。然るに我が国の所謂挙国一致はこの準備を欠いておるのみか、たまたま異った考えを抱いておる者があると、それを圧迫するに挙国一致の名を以ってし、口を開かせない」

湛山の筆鋒の鋭さは晩年になっても衰えることがなかったが、青年湛山のそれは、やはり客気に満ちている。

「有名なガリバー旅行記の中に人間が馬の世界へ行った物語がある。馬の世界であるから馬が非常な勢力を有し、その言語、音調、動作、習慣、思想は、その世界の最も進歩したものとせられておる。で、そこへ行った人間も何時の間にか自分が人間であるということが恥ずかしくなり、四ツ這いになり、馬の真似をする。しかし何うもまだその嗚き声の調子が可笑《おか》しいなどと馬共に評せられたりなどしておるが、近頃の我が国は丁度この馬の世界のような有様である」

石原は、湛山がこう諷刺した「馬の世界」の人間であり、その中でも悍馬というべき存在だった。ちょっと変わった馬だとはいえ、「その言語、音調、動作、習慣、思想」は、まがうかたなく、「馬の世界」のものだった。

膨張する日本の大アジア主義の痛烈な批判者だった中国文学者の竹内好は、「自由主義の立場から植民地主義に反対した思想家」として湛山を挙げ、もし、「満洲国」を認めるなら論理必然で朝鮮の独立も認めるのが自由主義者というもので、湛山は「自由主義者にしてアジア主義者」という日本には稀なタイプの思想家だった、と評している。

しかし、「自由主義の清算」を説き、「人種的に近き日鮮両民族の融合」を求める石原に、朝鮮の独立を認める考えの入り込む余地はない。

満洲事変の後、民族協和に共鳴して民族闘争を清算し、協和主義に転向した「朝鮮同胞」を念頭に、石原は『東亜連盟建設要綱』で「朝鮮問題は特に重要」だとして、次のように書く。

「合邦以来近代文明は急速に発展し、経済力の増進目覚しきものあるも、朝鮮民族の心理は必ずしも合邦に賛同するに至らぬこと、満洲国に反対する人々が、『満洲国もやがて第二の朝鮮になる』というのが常であることでも明かである。殊に第一次欧洲大戦後、民族自決の波に乗じ、独立要望の空気熾烈を極め、有為の青年は多く共産主義に走り、多数の犠牲を見た。現実は彼等の所信を覆えし、従来の民族自決に対して懐疑的とならざるを得なかった。かかる時に満洲事変が勃発し、在満日本人が満洲を民族協和の独立国たらしむべく主張し、内外の反対と闘ってその主張に邁進した。これを見て朝鮮民族の先覚者は、ここに三十年の夢より醒め、翻然満洲建国の精神に全幅の賛意を表するに至った。このことを回想する時、我等は常に感激の涙禁ずるを得ない。昭和維新、即ち東亜連盟の曙光をこの半島同胞の勇ましき転向の裡に発見し、我等は無限の自信を与えられたのである。支那事変の初頭、朝鮮同胞の示した涙ぐましき熱意は、この先覚者の自覚が広く大衆の内にも潜在していた結果であると信ずるものである。

朝鮮民族のこの大飛躍は、彼等が身命を賭して三十年苦闘した尊き体験を俟って初めて、なし得たところである。悲しい哉、苦労を知らぬ日本人は、民族の誇りと文化に対する自由とを尊重せられるならば、日本民族に劣らざる忠良なる日本国民たるべしとの朝鮮人の決意信念をなかなか理解し難く、今日なお民族といえば、直ちに民族闘争、独立運動と妄信し、昭和維新、即ち東亜大同の中核問題である『民族協和』なる新しき観念に対しては深き関心を示さず、折角転向した半島同胞の先覚者を窮境に追いやり、その立場を失わしめんとしつつある」

もちろん、醒めないのが夢であり、醒めたら夢にならないとはいえ、石原の「夢」はあまりに現実と乖離している。「折角転向した半島の先覚者」と石原は言うが、「転向した」のではなく、「転向させた」のであり、第十五章の「建大の現実」で指摘したように、その内心には民族独立の炎を烈々と燃やしている者がいた。

山室信一が快著『キメラ――満洲国の肖像』（中公新書）で喝破した如く、板垣征四郎らが満洲を完全な独立国とするという意味は、「中華民国からの完全な独立ということであって、日本からの独立という意味では毛頭なかった」のである。満洲国が「第二の朝鮮」となることを恐れる石原も、板垣らと違う意見ではありえない。

そもそも、五族協和は、孫文が漢・満・蒙・回・蔵の五族代表によって共和体制の確立をめざすために唱えた五族共和を換骨奪胎したスローガンであり、いわば借りものの思想である。それだけに、中身と上着の落差が甚だしかった。

山室によれば、日本人によって唱導される民族協和について、満洲の人たちは、「協とは協助、和とは大和」のこととし、すなわち民族協和とは「大和民族の中国侵略を協助すること」と揶揄していたという。

前掲文に続く石原の次の朝鮮民族観を読めば、石原の東亜連盟思想も、その揶揄から逃れられないことは明らかだろう。

「朝鮮民族は日本民族と人種的に極めて近く、文化もまた常に交流し来ったのである。幾多の欠陥ありしにせよ、合邦三十年、経済的には一体化し、旧時代の弊政は一新せられ、朝鮮民族に対し幸福を与えた一面は明かに認めねばならない。民族自決と称して分離せんとするは、世界の大勢に逆行するものであることは、先覚者が満洲事変に於て確実に把握したところである」

「民族の融合、即ちその渾成は人類窮極の理想であらねばならぬ。人種的に近き日鮮両民族がなるべく速かに融合の実を挙ぐることは固《もと》より喜ぶべきところである。これを朝鮮民族の滅亡と考えるものあるならば、甚しい誤解というべく、日鮮両民族渾成の新しき民族となるわけである。名称は日本民族と称せらるるにせよ、断じて悲しむべき民族の滅亡ではない。しかし、民族の渾成は到底政治の範囲外に属することで、真に自然的結果であらねばならぬ。現に日鮮人の結婚が緩徐ながら行われつつあるも、大勢となるまでには長き年月を要するであろう。もし内鮮一体が、朝鮮民族を政治力により速かに解消せんとするものと考うるものありとせば、これはこの自明の道理を弁えざるものである」

果たして、「自明の道理を弁えざるもの」は「朝鮮民族の滅亡と考えるもの」だったか、石原だったか。

「日鮮一体」を唱えられた側の朝鮮人の石原観を尋ねてみよう。

中塚明の『近代日本と朝鮮』(三省堂新書)によれば、朝鮮駐屯日本軍の参謀であり、柳条湖の鉄道爆破の協力者で、朝鮮駐屯軍の「満洲」越境進撃を画策した神田正種は、彼が朝鮮軍に赴任して、朝鮮の事態が想像していたよりはるかに悪いことを知って驚く。

そして、石原の影武者みたいな存在だった花谷正に、

「鮮人の排日気分は子どもにまで徹底していて、田舎の方へ行くと日本人一人の旅行でも危険らしい。これも満洲の排日が伝染したためであり、満洲事変は朝鮮軍の立場から云っても必要だ」

と語ったという。

石原自身も「対米戦争大計画綱」で戦争の見通しを次のように述べている。

「(将来)米国ノミヲ敵トスルコトニ努ム、コレガ為満蒙ヲ領有シ『フィリッピン』『ガム』等ノ占領以外支那本部ニハ成ルベク兵ヲ用フルヲ避ケ、威嚇ニヨリ支那ノ排日及参戦ヲ防止ス」

つまり、中国の民族解放闘争は「威嚇」によって抑えることができるし、「満蒙」を占領しさえすれば、「朝鮮ノ統治」もおのずから安定すると考えていた。

石原の生まれた翌年の一八九〇(明治二十三)年、時の首相、山縣有朋は帝国議会で「蓋《けだし》国家独立自衛ノ道ニ二途アリ、第一ニ主権ヲ守護スルコト、第二ハ利益線ヲ保護スルコトデアル」と演説している。ここでの「利益線」は明らかに朝鮮を指しており、それが石原らによって満蒙は日本の「生命線」と拡大されたわけである。

彼らにとって、朝鮮の領有は既定の事実だった。いまさら問題にするまでもない。しかし、彼らがいかに朝鮮の抗日武装闘争を恐れていたか。こんなデータがある。一九三一(昭和六)年から三六(昭和十一)年まで、「満洲国」では民衆から銃器九十九万挺、弾薬四百五十四万発を没収したが、とりわけ朝鮮との国境地帯では武器の没収が徹底していて、料理包丁でさえ十戸に一個だけ許されるなどという所もあった。

このころ現在の北朝鮮と国境を接する延吉県や汪清県で大規模な農民争議が起こったが、それに対して、

日本の軍部や警察は「百殺一共」という態度で臨んだ。百人の朝鮮人を殺せば、そのうちに一人くらいは共産主義者がいるだろうという乱暴な弾圧である。しかし、それが逆に強固な抗日パルチザンの組織を生むことになる。

中塚明は前掲書で、「五族協和」とか「王道国家」のかけ声とは裏腹に「日本帝国主義は一貫して、抗日の勢力をできるだけ弱めるために各民族間の不和・対立を助長する策をとった」と書く。

石原らは「満蒙」の占領・統治は、日本の「百年ノ大計」であるから、「眼前ノ小事ニ拘泥シテ日本人保護ニ偏重スルコトナク、日支満蒙各民族ヲシテ各其特性ヲ発揮シ、真ニ共存共栄ノ実ヲ挙ゲシムルニアリ」と言いながら、「日本人ハ軍事及大規模企業、支那人ハ商業農業労働、鮮人ハ水田、蒙古人ハ牧畜業」と差別的な分業を決め込み、満洲事変が始まると、最前線に朝鮮人（石原の言う半島同胞）を押し立て、中国人を殺したり、その財産を奪った。「日本人は悪くなくて朝鮮人が悪い」という感情を中国人に植えつけようとしたのである。また、満洲国ができると、一等は日本人、二等は朝鮮人、三等は漢・満人と差別し、配給の食料も、日本人には白米、朝鮮人には白米と高粱《コーリャン》半分ずつ、中国人には高粱と分け、給料にも格差をつけた。

それまでは、満洲にいた朝鮮人は中国人地主から手ひどく搾取される者が多かったが、こうした日本の政策は、朝鮮人と中国人の地位を逆転させるかのような幻想を朝鮮人に抱かせ、その離反を進めたと中塚は指摘する。

あるいは、石原鑽仰者は、石原はその差別を撤廃しようとしたのだと反論するかもしれない。しかし、魯迅流に言えば「血で書かれた事実」を隠すことはできないし、石原自身の主張の中に、朝鮮の自主独立を認めるという考えはない。それなくして、いかに五族協和を唱えようとも、それは見果てぬ夢、すなわち現実の悪夢に終わる。

三井財閥のリーダーだった池田成彬は「道を歩くとき、蟻を押しつぶすのはあなたの意志によることではない。たとえ、あなたが蟻を押しつぶさないように歩いても、結局あなたは蟻と他の小虫を殺してしまう。われらの問題もそのとおりである。われらは公平に、そして正直に道を歩くが、われらの体と足が大きいからこれらの小さい仲間を踏みにじるのは当然の結果となる」と言った。五・一五事件などが起こる前であり、この池田の意見に私は賛成しないが、しかし、池田には中小企業等の「小さい仲間」を踏みにじっているという自覚はあった。

ところが石原には、まったくその自覚はなかったのである。軍人が軍刀を手ばなさずに唱える「協和」がどれほど矛盾に満ちたものか、それさえに気づかず、石原は声高に「五族協和」を強調し、結果として踏みにじられる者を多くつくった。朝鮮の国花である木槿《むくげ》が窮まることなき「無窮花」とも書かれる意味を石原は知っていただろうか。

第二十四章　床の間の置物

国家はすべてつくられたものだとはいえ、これほどに恣意的につくられた国家もなかった。一九三二（昭和七）年三月一日にこの世に現れ、十三年五ヵ月余り棲息して四五（昭和二十）年八月十八日に消滅した満洲国である。『キメラ——満洲国の肖像』の著者、山室信一は「私たち日本人が満洲国を忘れても、満洲国は日本人を忘れはしないであろう」と指摘しているが、この国はまさに日本（関東軍）の都合によってつくられた国家だった。そのトップに、日本は清朝最後の皇帝、愛新覚羅溥儀を据えるべく、画策する。満洲で溥儀が復辟するなら、国際的非難もかわせると読んだのだが、溥儀にもその気があることを知った石原莞爾は、

「床の間はできたようなもんですね」

と会心の笑みを浮かべたという。

満洲国自身が傀儡国家であり、のちに皇帝となる溥儀は、石原の言葉をもじれば〝床の間の置物〟のようなものだった。置物が自らの意志をもつことは許されない。他にも置物の候補者はいたし、天津から溥儀を連れ出すに当たって、もし、中国国民党政府軍に見つかって逃げきれないと判断した場合、ガソリンに火をつけて船もろとも沈めてしまう計画だったともいわれる。

一九三一（昭和六）年十月初旬、当時、上海駐在武官補佐官で陸軍少佐だった田中隆吉は、関東軍の花谷正（少佐）に呼ばれて奉天に出向き、大佐の板垣征四郎らから、

「日本政府が国際連盟を恐れて弱気なので、事ごとに関東軍の計画がじゃまされる。関東軍はこの次にはハルビンを占領し、来年春には満洲独立迄持って行くつもりで、今土肥原大佐を天津に派遣して溥儀の引出しをやらせているが、そうなると連盟がやかましく云い出すし、政府はやきもきして、計画がやりにくいから、この際一つ上海で事を起こして列国の注意をそらせて欲しい。その間に独立迄漕ぎつけたいのだ」

と焚きつけられ、運動資金として二万円を渡される。これでは足りないので、田中は鐘紡の上海出張所から十万円を借りた。

この経緯を〝置物〟の側から見るとどうなるか。溥儀の自伝『わが半生』（小野忍、野原四郎、新島淳良、丸山昇訳、ちくま文庫）に、満洲事変の起こる二ヵ月前のある日、「待ちのぞんでいた知らせ」が届いた、とある。

学習院に留学していた溥儀の弟、溥傑の下に天津の日本軍司令部参謀で、そのころ鹿児島にいた吉岡安直から招待状が来て、溥傑は鹿児島へ行き、別れぎわ、吉岡から、

「天津へお帰りになりましたら、御令兄にお伝えください。現在、張学良は言語道断のふるまいをしており、満洲では近い将来に何か事件が発生するかもしれません、と。……どうか宣統皇帝（溥儀）にはくれぐれも御自愛のほどを。希望がないわけではありません」

と言われるのである。それが溥儀にとって「待ちのぞんでいた知らせ」だった。

しかし、その結果はどうだったか。

政略結婚の典型として、溥傑と結ばれた嵯峨浩は『流転の王妃の昭和史』（新潮文庫）に、嫁いだ後の満洲で、

「関東軍＝天皇、満鉄＝中将、警官＝少佐、残りの日本人は下士官、満人は豚」

と満人が自嘲していた、と書く。

また、満人の召使いがよく次のようにこぼすのを耳にしたという。

「どうして、日本人、満人いじめるのか？」

「日本人、満人憎いあるか？　満人、なにもしない。日本人、国とった、言葉とった、できるもの皆とった。それでまだ、文句あるか？」

愛新覚羅浩となった彼女はそう言われて、「恥ずかしさのあまり、ただ黙り込むしか」なかった。（そうよ、そのとおりよ、あなた方はなにも悪いことをしていない。悪いのは、日本人なの……）

胸中にこう呟きつつ、しかし彼女はどうすることもできなかった。

「私は、日本人であるのが辛かったのです。なれるものなら、中国人になりたかったのです。そして、彼らと一緒になって日本人を思い切り罵倒してみたかったのです。しかし、民族の血というのは非情なものでした。私にはそれが許されないのです」

きっかけは別として、深く溥傑を愛し、数奇な人生を送ることになった彼女はこのように述懐しているが、彼女こそが五族協和の王道楽土を素直に信じて行動したとも言える。その彼女が中国人と一緒になって「思い切り罵倒してみたかった」という日本人の中には明らかに石原莞爾も入る。多くの石原信者は石原を「日本人」の中から除きたいと思うだろうが、それはあまりに石原を偶像化した見方である。

石原は一九三二（昭和七）年六月二十五日付の陸軍補任課長、磯谷康介宛ての文書「為磯谷大佐」で「日支両民族全ク同一ノ立場ノ下ニ協調シテ」新国家の健全な発達に努めるが、もし失敗したら「次ノ手段」に出ると記しているのである。

「1　若シ我等カ民衆ノ支持ヲ得ル見込十分ナルニ拘ラス支那要人ノ妨害アルナラハ断然之レヲ領土トス

2　若シ支那民衆ノ支持ヲ得難キ時ハ我等自ラ其能力ナキモノトシテ満蒙ヨリ退去スルカ又ハ威力ニヨル弾圧ニヨリテ彼等ヲ搾取ス」

こんな「次ノ手段」を考えた五族協和の王道楽土建設が、たとえば満人たちに受け容れられるはずがない。石原は、愛新覚羅浩ほどにも、その理想を信じ、その実現に努力しようとはしなかった。

盧溝橋事件が起こった時、浩の夫の溥傑は沈みこみ、その沈黙に耐えきれなくなって、彼女が、

「日本がいけないのですね」

と言うと、溥傑はしばらく浩の瞳をのぞきこんだ後で、ポツリと、

「満洲と中国は、もともと同じなんだが……」

と呟いたという。

石原は前記の文書で、「満洲国の主権者」は関東軍司令官からできるかぎり早く変えなければならないとし、「而シテ其後継者ハ専制君主タル溥儀カ　然ラス　自由主義ニヨル民衆ノ代表機関立法議会カ　然ラス　吾人ハ統制主義ニヨル民衆ノ代表機関タル一ノ政治団体タルヘシ」と断じている。それが、石原の息のかかった「満洲国協和会」なのである。自由主義を嫌い、統制主義に拠るということは、つまり、石原にとって不都合な声は聞かないということになる。いや、もともとそれを聞く耳を石原は持たなかった。だから、石原が去って満洲国が夢を失ったのではなく、石原の思想の中に理想が羽ばたく余地はなかったのである。まさにそれは草原の逃げ水のように、追うこと自体が空しいものだった。

のちに、満洲国が国教として神道を押しつけられたことについて、溥傑は次のようにその苦衷をもらしたというが、石原が実権を握っていたとしても、そうならなかったとは思えない。

「関東軍が満洲国軍を指導するのはまあいいとしても、あの祝詞《のりと》と称する〝カケマクモカシコキアマテラスオオミカミ……〟だけはやめてくれないかなあ。そのうえ覚えが悪いからといって、撲ったり蹴ったりするのだから、乱暴だよ！」

愛新覚羅浩は、夫のように日本に留学して日本の言葉や習慣に通じている者すら、こう憤慨するのだから、風習や信仰のまったく異なる満洲国軍の兵士たちはどう思ったか、と書いている。

一九三七（昭和十二）年に関東軍は「帝位継承法」をつくり、これを溥儀にのませた。この法律は清朝のしきたりとは違って、皇帝の兄弟も帝位を継ぐことができるとするものであり、世継ぎのいない溥儀にとっては、溥傑と結婚した浩と、やがて生まれてくるであろう子どもに心穏やかならざる感じを抱かせるものだった。

浩は「私たちの間に男児が生まれれば、帝位はやがて日本人の血を引く甥にいくことになります。皇帝が私を関東軍の手先と警戒したのは当然すぎることだったかもしれません」と、その心中を推測しているし、溥儀自身、『わが半生』の中で、

「もし溥傑が私といっしょに食事をし、食卓には妻の作った料理が並んでいたら、私はかならず彼が先に箸をつけてから少し食べることにした。やがて、溥傑がまもなく父となるというころ、私はびくびくしながら自分の前途を占い、また、弟のことまで心配した。私はあの帝位継承法の前のほうの数カ条はあてにならない。あてになるのは、『弟の子がこれを継ぐ』という言葉だけだ、と信じていた。関東軍が必要としているのは、日本の血を引いた皇帝なのだ、だからわれわれ兄弟は二人とも犠牲になるかもしれない。のち彼が授かったのが女の子だと聞いて、私はやっとホッと息をついたのだった」

と告白している。

ちなみに、かなり大部のこの溥儀の自伝に石原の名はまったく出てこない。板垣征四郎や土肥原賢二、本庄繁や吉岡安直は頻繁に登場するし、甘粕正彦や東条英機さえ、それなりに出てくるのに、石原のいの字もないのは、いささかならず奇異である。頭に据える人間をまちがえたとも言っていたらしい石原に対する溥儀の反感ゆえだろうか。

溥儀と石原の準公式的会見の記録は、溥儀をはじめ、満洲国の首脳と日本の要人の会談の通訳をつとめた林出賢次郎が書きのこした『厳秘会見録』にある。ＮＨＫ取材班編『「満洲国」ラストエンペラー』（角川文

庫）から、一九三七（昭和十二）年十月十三日のそれを引こう。関東軍参謀副長として五年ぶりに満洲に帰って来た石原は着任あいさつのため、溥儀を訪問した。

「**帝**　石原参謀副長は、満洲建国のはじめに関東軍参謀として難局に処し、親しく満洲建国の苦労を味わえる人にて、今回ふたたび関東軍に奉職し、この時局多難の際、日満国防上また満洲国治安維持上の重任を負うに至れることは、誠に喜ばしきことである。今後充分自愛して努力せられむことを希望す」

「**石原**　石原は微力ながらできるだけ努力するつもりであります。石原は幼年学校、士官学校を経て軍職に就きましたが、在学中より明治大帝の聖恩を痛感致しまして、今なお忘るることができないのであります。満洲国も、建国のはじめにおいては、特に陛下のご英明に俟つものきわめて大であります。

明治大帝は、臣下の真言をお聴き遊ばされ、まったく君臣水魚の交りでありました。これが明治時代に日本の国力が大いに発展した一つの原因であるやと存じます。明治大帝は特に詔勅を下し賜い、君臣の間を離間せぬようにと御思召をお示し遊ばされました。しかるに、太平久しく、国民は平和に慣れ、直言の臣が少なくなったように存じます。これが日本の一つの憂いであります」

思わず口をはさんでしまうが、自らが戦争を起こしておいて、「国民は平和に慣れ」はないだろう。石原への怒りを抑えて、厳しく秘密の漏洩を戒めた林出の『厳秘会見録』から続けて引く。林出は、中国の土俗信仰と儒教や道教などが結びついた紅卍会《こうまんじ》の熱心な信者で、これも溥儀の信頼を得た原因だった。

「**帝**　実を言うと直言の臣をまだ見出し得ない。直言の臣は忘身奉公の士でなければならぬ。一身を顧み栄達を念願しておるようでは直言はできぬ。自分は元来率直な性格で、言う所に対して率直にこれを評することがあるが、その代わり自分の非を認むれば率直に表明し、決して我を張らぬつもりである。満洲国官吏は、第一満洲建国の精神に徹底し、日満一体一心の義を体得してこれを行いの上に表すようにせねばならぬ。また日本官吏とか満国官吏とか系をもって区別するは、おのずから相対立することになるゆえ、かかる区別をなくすることが大切である。

石原参謀副長は、今後宮中に来る場合には、この林出をして通訳せしむることにする。林出は、歴代軍司令官と自分との会談を全部通訳した人で、一昨年訪日の際にも随行を命じ、今日に及んでいる。同人の通訳には同人の私見が絶対に混入しておらぬ。また少しの私心をも持っておらぬ。きわめて忠実に通訳し、人間もきわめて忠実であって、そのうえ同人の通訳を通して話したことは、絶対に外部に漏れる恐れはなく、五年間自分の通訳をしてもらっているが、いまだ一度も話の外部に洩れたということを聞かぬ。ゆえに、石原参謀副長も、今後宮中に来らるる場合は、この林出を通訳と致されたい。

もしも林出が差支えでもある場合には、筆談でも致すことにしましょう。他に通訳する者がいることはいるが、自分は林出にのみ通訳致さしむることに致しておる。話の外部に洩れぬという点において、まったく安心してよろしい」（林出に向かわせられ、「この通訳は少し困るやも知れぬが、そのまま通訳せよ」と仰せらる）

「**石原**　よくわかりました。今後は、聖旨に添い奉るように致すことに心がけます」

これから三ヵ月後、林出は関東軍参謀長の東条英機によって、溥儀の反対にもかかわらず、通訳を解任される。

ＮＨＫ取材班は、戦後、北京に溥傑を訪ね、

『「満洲国』というのは、皇帝はじめ清朝の遺臣たちにとっては何だったのか」

と尋ねている。

「私たちは、清朝復辟のために関東軍を利用し、関東軍もまた私たちを政治目的に利用しただけです。それが私たちにとっての『満洲国』でした」

これが溥傑の答だった。

第二十五章　空想の膨張

歴史は皮肉な形で繰り返す。『サンデー毎日』の連載コラム「佐高信の政経外科」（一九九九年五月三十日号）に私はこう書いた。

〈五月三日は沖縄にいた。那覇市民会館で「いま、憲法から視る」と題して講演するためである。その後、地元の人の案内で、嘉手納基地と普天間基地を見た。金網のところに〝CAUTION〟とある。注意せよというわけだが、これは沖縄の人たちから米軍に向かって発せられるべき言葉ではないのか。ここからは生活している人たちがいるのだから注意しなさいよ、と。

百歩譲って、米軍が発するのを認めたとしても、英語はないだろう。「御注意下さい」と日本語で書くべきである。英語なら、金網の中に向けて書かれなければならない。

米軍にいてもらっているという卑屈な日本政府の態度がその看板に象徴的に表れている。それをさらに屈辱的にするのが「新ガイドライン」である。これはまさに「平和へのガイドライン」ではなく、「戦争へのガイドライン」〉。戦争の日常化であり、私は大日本帝国と満洲国の秘密協定を思い出した。

一九三二（昭和七）年三月六日、満洲国執政の溥儀は関東軍司令官の本庄繁に書簡を出す。といっても日本側が書いて溥儀に署名させたものだったが、これは同年九月十五日に締結された「日満議定書」の付属文書とされ、戦後になるまで秘密とされた。

山室信一の『キメラ――満洲国の肖像』によれば、俗に「溥儀・本庄秘密協定」と称される溥儀書簡は次の四項目にわたる。

(1) 満洲国は、国防および治安維持を日本に委託し、その経費は満洲国が負担する。

(2) 満洲国は、日本軍隊が国防上必要とする鉄道・港湾・水路・航空等の管理および新路の敷設・開設を日本または日本が指定する機関に委託する。

(3) 満洲国は日本軍隊が必要とする各種の施設を極力援助する。

(4) 達識名望ある日本人を満洲国参議に任じ、またその他の中央・地方の官署にも日本人を任用し、その選任・解職には関東軍司令官の推薦・同意を要件とする。

「満洲国」を日本に「日本および日本軍」をアメリカおよび米軍に置き換えれば、そのまま今度の新ガイドラインではないか。たとえば(1)は日本は、国防および治安維持をアメリカに委託し、その経費は日本が負担する」となるし、(3)は「日本は、米軍が必要とする各種の施設を極力援助する」となる。

賢しげに国際政治の力学とやらを持ち出して米軍基地の撤去は非現実的と主張する「達識ある日本人」もいるが、フィリピンはアジア最大といわれた駐留米軍のクラーク空軍基地とスービック海軍基地を閉鎖した。

そのフィリピン大学教授のマリーン・マガローナは、被爆国の日本がアメリカの核抑止力を肯定するガイドラインをそのまま受け入れようとしているのは信じられないと批判し、国際社会に誓った平和憲法を踏みにじる約束違反と慨嘆している。

ガイドラインは、日本がつくったカイライ国家の満洲に日本自身がなることであり、小渕恵三の溥儀化である。（以下略）〉

溥儀にとって「執政」という地位は本意ではなかった。〝床の間の置物〟として溥儀を連れ出すことに決め、その使命を帯びて溥儀に会いに来た関東軍特務機関長、土肥原賢二に、溥儀は、

「新国家はどのような国家になるのですか」

と尋ねる。

「独立自主の国で、宣統帝がすべてを決定する国家であります」

と土肥原が答えると、溥儀は苛立って、

「私がきいたのはそのことではない。私が知りたいのは、その国家が共和制か、それとも帝制か、帝国であるかどうかということです」

とさらに尋ねる。

「そういう問題は瀋陽へ行かれれば、解決しましょう」

土肥原がこうはぐらかそうとすると、

「いや」

と溥儀はそれを遮り、

「復辟ならば、行きますが、そうでないなら私は行きません」

と自らの意志を示した。

溥儀の回想録『わが半生』によれば、そのとき土肥原は微笑し、言葉の調子は変えずに、

「もちろん帝国です。それは問題ありません」

と答えた。

「帝国ならば、行きましょう」

と溥儀は応じたのだが、こうした経緯があっての「執政」だった。

この問題を石原莞爾はどう捉えていたか。

山口重次の『悲劇の将軍　石原莞爾』に、こんなヤリトリがある。

山口が東北交通委員会の打ち合わせのため、小沢開策とともに、関東軍の作戦課に石原を訪ねた時、突然、石原が、

「宣統皇帝を満洲国に迎えようという説があるが、あなた方はどうだ」

と言った。

「復辟ですか、絶対反対ですね」

山口はそう答え、小沢も、

「馬鹿らしい、溥儀のために死ねますかい」

と一蹴した。

「甘粕（正彦）がやってきて、しきりに溥儀皇帝を立てるようにと、具申して行ったが、あなた方は甘粕とは反対か」

石原がこう尋ねるので、山口は、

「同意するも、反対するも、ない。この問題について、私は彼と話しあっておりません」

と答える。

「そうでしょうな。甘粕は宗社党に加盟しているので、その手前、溥儀には反対もできまい」

と石原は頷き、いつものように腕を組んで、

「もし、関東軍が擁立したら、どうか」

と問いかけた。それに対して山口たちが、

「冗談じゃない。私どもは、何も関東軍に媚を呈する利権屋の真似はしません。はじめから民族協和・独立国建設を目的として、生命がけで働いています。宗社党の復辟で、民族協和ができますかい」

と息巻くと、石原は、

「それなら、溥儀を立てても大丈夫だ」

と「妙なこと」を言い出したという。

山口がその理由を尋ねると、石原は、

「いや、諸所で、溥儀擁立に熱心ですから、関東軍が賛成すると、満洲帝国になってしまいやせぬかと思ったが、あなた方のように猛烈な反対があるなら、帝国にはなりそうもないので……」

とその意図を明かし、山口たちも、

「そうですとも、復辟は、全然いけません。恐らく漢民族はことごとく反対しますよ」

と応ぜざるをえなかった。

このヤリトリでわかるように、復辟問題は石原にとって、しょせん、床の間の置物の色や形の問題に過ぎなかった。しかし、山口や小沢のように五族協和の王道楽土建設を夢みて満洲に渡った者にとっては、それ

は大黒柱の色や形の問題だったのである。石原の予想とは反対に、その後、満洲国は帝国になっていく。

このころ、石原より五歳年上のジャーナリスト、石橋湛山は満洲問題をどう見ていたのか。四十七歳の湛山は『東洋経済新報』の一九三一（昭和六）年十月十日号の「社説」に、「満蒙なくば我国亡ぶ」という人たちと自分の意見は違うとして、こう書いた。

「例えば其等の人々は、我国は人口多く、土地は狭いから、是非其ハケ口を支那大陸に求めねばならぬと説くのだが、併し人口問題は、領土を広げたからとて解決は出来ぬ。論より証拠、我国は、明治二十七、八年の戦役以来、台湾、朝鮮、樺太を領土に加え、関東洲、南洋諸島を勢力下に置き、満洲の経営に亦少なからざる努力を払ったが、其結果は全く何等人口問題の解決に役立っていない。将来とても恐らくは同様だ。之は今日如何なる領土拡張論者も認めざるを得ぬ所のようだ。そこで其等の人々は論鋒を転ずる。そして我国には鉄、石炭等々の原料が乏しいから、満蒙の地を、其供給地として我国に確保することが、国民経済上必要欠くべからざる用意だと称うる。之も現在までの事実に於ては、全く違う。満蒙は何等我国に対して原料供給の特殊の便宜を与えていない。が仮りに右の説が正しとするも、若し唯だそれだけの事ならば、敢て満蒙に我政治的権力を加うるに及ばず、平和の経済関係、商売関係で、優々目的を達し得る事である。否、却って其方が、より善く目的を達し得るであろう。第三にまた或論者は、満蒙なければ我国防危しと説く。満蒙を国防の所謂第一線にせねばならぬと云うのである。が之は恰かも英国が、其国防を全くするには、対岸の欧大陸に領土を有せねばならぬと説くに等しい。記者は左様の事を信じ得ない。我亜細亜大陸に対する国防線は、日本海にて十分だ。万一の場合若し之が守れぬほどなら、満蒙を有するも蓋し無益だ。若し夫れ亜細亜大陸でなく、他の方面の国に対する国防上、満蒙が必要だと云うならば、問題は蓋し第二の原料関係に戻る」

当時、こうした理性的な議論は多くの人の耳に届かなかった。もちろん、石原の耳にも届かなかったのである。しかし、どちらが残すべき、あるいは残るべき理想なのか。現在も、石原信者に比して、湛山の思想を奉ずる人は圧倒的に少ない。

翌年二月十三日号の「社説」で湛山は、さらに「満蒙が日本人の住地になるなどと謬想して進んだら、犠牲のみ徒に大にして、得る所は却って甚だ少ないであろう」と痛撃を加える。

「記者のここに甚だ懸念に堪えざるは、此頃満洲に在る軍部の新人等の中には、往々にして検討不十分な空想を恣にし、此際満蒙を一の理想国家に仕上げんなどと、真面目に奔走せる者があると伝えらるることである。所謂理想国家とは何んなものか知らないが、日本の国内にさえも実現出来ぬ理想を、支那人の住地たる満蒙に何うして之を求め得ようか。社会主義者の中には、旧くから屡々理想社会建設の目的で、無人の新土に殖民を企てた者があったが、一として其成功した例はない。況や満蒙は、もともと社会主義者ならぬ支那人の住む土地である。其支那人を相手に理想国家の建設などとは見当違いも甚だしい。然るに左様の見当違いの考えを抱く日本人が満洲に勢力を占むる所以は、つまり日本人の間に、満蒙乃至支那に対する正しき認識が欠けているからである。満蒙乃至支那は、結局支那人の住地たる外ないと見定むれば、到底そんな空想は湧き来らぬ筈だからだ。

然しながら左様の空想を抱く日本人が現に満洲に少なくなく、而してそれが我国の対満蒙乃至対支政策に相当大なる支配力を持つとせば、之は甚だ危険な情勢だ。何となれば其の空想の実現に努むる結果は（所詮失敗に終るは明かだと雖も）自然満蒙に於ける政治に、日本が露骨に干渉する形を取り、徒に列国の猜疑心を挑発すると共に、また支那人の反感を激化すること必然だからである。繰返して述ぶるが如く、満蒙は、結局支那人の満蒙たる外なしとせば、我国は其支那人と永く恨みを結ぶことは、あらゆる意味に於て不得策だ。記者は前に支那人には果して自国を統治する能力あるやが疑われないでもないと云うたが、それとて要するに過去数十年の実績に依ったものに過ぎぬ。支那にも昔は相当行届いた政治の行われた歴史もあり、殊に近年の支那青年が国民意識を旺盛にするに至ったことは驚くべきものがある。我国民は、此事実を亦蔑視してはならぬ。満蒙乃至支那に治安を与えることは、支那人の為めにも、日本人の為めにも、また広く世界人類の為めにも、善い仕事には相違ないが、併し其為めにはまた同時に支那人の旺盛に赴きつつある国民意識に満足を与えることも、欠くべからざる用意であることを忘れてはならぬ。然るにかの満蒙に理想国家を打建んとの空想は、恐らく支那人の国民意識に満足を与える事とは背馳する。さりとて支那人の国民意識を永久に叩きつぶす事の不可能なるは云うまでもないとすれば、右の空想がまた所詮日本の利益とも背馳するや明かだ」

説得力のある論述だと思うが、湛山のこの提言を、「此頃満洲に在る軍部の新人」の一人の石原は受け容れようとはしなかった。むしろ、湛山の危惧した「空想」の道を走り、日本に破滅をもたらすことになる。

湛山は二月二十七日号の「社説」では、「甚だ不自然の経過に依って成立した」急造の新国家に次のような注文をつける。

「先ず第一に提議したきは、出来る限り速かに新政権に警察乃至軍隊を組織せしめ、我軍隊をば満蒙の地より(既成の条約にて認めらるる範囲の分は暫く残すも)撤退する事である。或は満蒙新国家の対外国防の為めには、当分日本軍隊の駐屯を要すべしと説く者もないではない。が之は第一に我国軍の権威の為め、第二には満蒙新国家と我国との親善の為め、第三には列国に徒らなる疑念の念を抱かしめざる為め、記者の絶対に反対する所である。（中略）満蒙国民と雖も、其国防を日本軍隊が負担して呉れると云えば、難有きが如くなれども、併し其国内の処々に外国軍隊が駐屯することを、素より心より喜ぶ筈はない。結局は彼我の間に面白からぬ感情を激発するに至るべきは想像に難くない」

湛山のような冷静な想像力を、石原は持ちえなかった。湛山が厳しく指摘したように、石原が掲げた理想は、しょせんは独善的な空想だったのである。

第二十六章　日本人から離れる

数多ある石原論の中で、最もユニークなのは平岡正明の『石原莞爾試論』（白川書院）だろう。

平岡は石原を、日本近代史上稀な「武装せる右翼革命家」と規定する一方で、「成人した風の又三郎」などとも評している。前者の線で「たんに軍国主義者、武断派というだけではない。職業軍人でありたい、陸大出の、ドイツ留学をしたエリート軍人である。職業軍人とはなにか。軍隊組織の内部にいなくてはアホみたいなものであり、軍隊（もっとも明確な階級制度と指揮命令の体系）がなければ無に等しい。これと異なって石原莞爾は、世界戦略をもった軍人であった」と書き、石原の満洲プランはスッキリしているとして、「ごたごた言わずに武力で満洲を取っちまえ、というものだ。日本国内の帷幄《いあく》、政治家たちには、武力奪取したあとでごたごた言ってもらいたい、という態度だ」と断じている。

独特の戯文体で書かれた平岡の石原論には、国内クーデター派の軍人、橋本欣五郎と石原の関係を指摘した箇所がある。当然、両者には連携があったと眼《がん》をつけて橋本の手記『昭和歴史の源泉』を読んでいたら、こうある。

「昭和六年夏、板垣大佐上京す（軍司令官同行？）。板垣と石原は関東軍を代表する同志なり。予は直ちに彼を偕行社新館宿舎に訪ね、来るもの重藤大佐、遅れて根本中佐来る。茲に於て満洲処理の決心確定す」

平岡は「とおり一遍の談合に非ず。次の行から核心点がはじまる。よろしいですか？」と合いの手を入れて、さらに引く。

「而して関東軍に軍事行動を一任し、予は必要たる軍資金及政府に於て追従せざるに於ては『クーデター』を決行すべく約す。

而して決行後を如何にすべきやに就ては予は独立国家を主張し、板垣は領土宣言を主張せるも、此問題については事変後に譲るに決し、今後吾人同志は満洲に興味を有せざるものの如く世間に見せかくるため、何等口演等を為さざる事を約して別る。此会見僅か十分前後、同志は頼もしきなり。何等の理窟なし。決行予定日は此会見の後約一ヶ月即ち九月二八日頃と予定す」

板垣は言うまでもなく、板垣征四郎であり、石原とは兄弟以上の「同志」。平岡はこの手記を引いて、「同志は頼もしきものなり。目は人間の眼《まなこ》なり、眼と眼で見交す顔と顔、といったあたりまえのコンコンチキにおいて、満洲謀略と国内クーデタの呼応はわずか十分ほどで決定されるのである」と絵解きする。

石原は病弱で、異常に感受性が強い少年期に農民たちの困窮を目の当たりにして育った。そこから平岡は「誤差を承知で」石原を「成人した風の又三郎」と言うのだが、しかし、「上からの革命家」石原には下からの五族協和の思想は似つかわしくなかった。平岡は「石原莞爾には対人民戦争（ことに中国紅軍）という観念が最後までない」と喝破している。言ってみれば、石原の五族協和は、ひとりひとりの人民という観念を欠いた「思想」だったのである。ために、ついにそれは「肉体」をもたなかった。

私はむしろ、その肉体化された五族協和思想を、石原よりはひとまわりほど下の穂積五一にみる。石原と石橋湛山、あるいは、石橋と穂積というように、さまざまな可能性を石原と対置させて、石原という存在がいたずらに肥大化するのを防ぐことが必要だと私は思う。それが悪夢ともいうべき夢の再びの暴走にストップをかける道だろう。

「私のこの頃の実感は、だんだん自分が日本人から離れるんですよ。自然に離れるんです。アジアの人々に学んで暮していると、そうなるんです。それだけアジアの人に近づいているように思えます。これはどうしようもないですね。つき合うにつれて日本人への関心はなくなっていくと向うの人は言いますけれど、私はだんだん日本人から遠のくのです。日本全体のアジアや南に対するいまの姿勢ということから考えてみますと、あれもこれもくいちがいがひどく、まだまだ私たちの道は遠いと思います。しかし、この道を前進しつづけようという勇気は少しも減っていません」

アジア、アフリカ、ラテンアメリカの国々からの留学生や研修生を受け入れ、献身的に世話をして、これら南側の国の人たちに「留学生の父」と慕われた穂積五一は、「日本人から離れる」と題した雑誌『未来』のインタビュー（一九七三年六月号）で、こう語っている。

東大法学部の学生時代は、上杉慎吉の指導する七生社に属し、自らも、

「私は国粋的です。日本のことは、山も川も、人も文学もすべて好きで、みな性に合うんですね。食べものなども日本食で、季節の野菜食ばかり食べる。日本ずくめというわけです」

と語る穂積が、なぜ「日本人から離れる」ことになったか。

穂積は戦争中も、朝鮮や台湾の独立運動をしている人を助け、何度か牢獄にぶちこまれたことがあるが、朝鮮や台湾の人間に対する特高の拷問は、ことのほか酷かった。

「なんであんなひどいことをするんだ」

と穂積が言うと、

「アイツらは人間じゃない。人間だと思うから、いらんことを言うんだ」

と逆に怒鳴り返された。

よく、大東亜戦争はアジア解放のための戦争であったという日本人がいる。それに対して、アジアの留学生は、

「それは違う。日本の敗戦によって、解放という結果を見たにすぎない。解放の戦いならば、あれほどアジアの人々を殺戮するはずがない」

「エコノミック・アニマルという言葉は、日本の現在の所業だけに与えられたものではない。アジアにおける前歴の上に、つけ加えられたものだ」

と鋭く反論するという。

穂積は生前、留学生たちから、

「日本人は頭がよくて金儲けもうまいけれども、どういう人生観をもっているのかとみてみると、なにもないようだ。宗教心もないから、長くつき合うと飽きてきて、イヤになる。ちょうど浅い井戸のようなもので、水は要領よく出てくるが、いったん途切れると、あとはない。もう水を汲む気にはならない」

と言われた。

そうした留学生たちが、後輩に積極的に日本への留学をすすめることはないだろう。

「穂積先生は私たちにはとても寛大で、自分と日本人には非常にきびしかった」

こう述懐する東京経済大教授、劉進慶は、穂積が一九八一年夏に七十九歳で亡くなる一ヵ月前に会ったのだが、そのころすでに穂積が断食を始めていたことに気づかなかったことを痛切に悔やむ。

再びアジアを食いものにして大きくなる日本の前途に激しい苛立ちと怒りを抱き、

「俺がいなくなったら、日本の財界のアジアに対する姿勢はもっとひどくなるだろう。俺が生きている間になんとかしなければ」

と言いながら、穂積がとくに撤廃させようと努力したのは、技術研修の拘束契約だった。

アジアの各地に進出している日系企業が、日本へ研修生を派遣して来る。しかし、その場合、日本での研修を終えて帰国したら、三年ないし五年、その企業で働く、違反した時は五十万円から百万円の違約金を払うという契約を結ばせる。これが拘束契約である。

技術研修は経済協力の一環として行われ、研修生の日本での総経費の四分の三は日本国家の補助金から出されるのに、帰国後の身柄を拘束するこの契約は彼らにとっては大変な屈辱だった。

契約を結ぶ時に研修生は嫌だと言わないから、彼らもイヤがっていないなどと言うが、彼らは「生きる」ために屈辱を忍んでサインするのだ。それを表面だけで受けとって拘束を正当化する日本人の独善が、どれだけアジアの人たちの心を踏みにじってきたか——。

穂積の憤慨は自らの身を噛み、ついには食を断つに至った。そして憤死したのである。

この穂積の名は、多くの人には知られていない。もちろん、石原ほどに崇める人はいない。しかし、穂積こそが、石原にとってかわって顕彰されるべきではないのか。アジアの人からみれば、石原は憎悪の対象である。人気があるのは、その事績を丹念に検証したことのない日本人たちの間でにすぎない。

石原を推し、穂積を無視することが、どれだけアジアの人々を「日本人から離れ」させているか。五族協和の思想をまさに体現した日本人として、穂積を押し出すことを私は願ってやまない。石原はむしろ、積極的にフェイドアウトさせなければならない人である。

穂積はアジアの留学生や研修生に心の底から師父と仰がれた。

ある時、寮に一緒に入っていた日本人学生が、

「あの戦争は軍部がやったことで、自分たちはまったく関与していない。だから、なんの責任もない」

と発言した。すると、それまでにこやかに応対していたアジアの留学生が、即座に問い返した。

「もう一度言ってごらん」

それは、その日本人学生を気まずく黙らせるほどに鋭かった。

「済んだことは忘れよう、新しい立場で仲よしになろうではないかと言う日本人がいるが、忘れようと言えるのは自分たちだ。日本人が忘れようなどと言うのはおかしい」

「過去の悲痛な記憶は早く忘れたい。しかし、日本人が自分でかちとったものでもない与えられた平和と人権に浸って、今日までの行為をないがしろにし、恬然としているのを見ると、我慢ができない。そんな時、日本へのなごやかな感謝は急に冷えてしまう。そして日本軍に追われ、血まみれのはだしで、飲まず食わずにジャングルをさまよったことを思い出す。怖い日本兵の顔が浮かんでくる」

「自分は赤ん坊の頃から、両親に叱られる時は、きまって〝日本人が来るぞ〟と言われて育った。こうして育った情感は、おいそれとは消えない。これは日本人にはわからないだろう」

日本人は、アジアの人々に対して、対等とは言い得ない過去をもっているのであり、どんなに謙虚になっても謙虚になりすぎることはない。そう覚悟して南側の国々の独立と繁栄のために骨を噛むような努力をつづけてきた穂積にのみ、こうした国々の人たちは心を開いた。もちろん、石原に心を開くことはなかったし、石原をいまもなお崇敬する日本人を許すことはないだろう。

「自分が亡くなったら何もしてくれるな。家族や内輪だけの密葬ですませよ」

穂積はこう遺言をのこしたが、それぞれの国に帰った留学生や研修生の手によって、次々と追悼集会が開かれた。タイをはじめ、ブラジル、ペルー、パキスタン、インドネシア、韓国、中国などの国々でである。

日本でのそれでは、前記の劉進慶から、

「穂積精神が日本でそれにふさわしい評価と位置づけがなされず、日本人によって継承・発展されないとすれば、今後、日本と南側諸民族との関係には明るい前途はありません」

という挨拶があった。

日本人がおかした歴史的過ちを悔いて、アジアの人々の側に立つ穂積の決意と行動は、次のように激しいものだった。

一九六五（昭和四十）年頃、タイの留学生が麻薬密輸の犯人として捕まったことがある。新聞にも大きく載り、文部省の留学生課長は、早速、ケシカランという談話を出したが、穂積は、この学生はトランクを預かっただけで、犯人ではないとして、半ば強引に、この学生をもらいさげてきた。

それまで穂積は留学生に、ことあるごとに、

「麻薬と殺人以外は、どんなことがあっても君たちのことは引き受ける」

と言っていた。しかし、その麻薬の〝犯人〟である。タイの留学生でさえ、あるいはと思っていたし、穂積を慕って留学生の世話を手伝っていた人も、もし本当に犯人だったら、と気が気でなかった。

「穂積先生、今度はちょっとやりすぎではないか」という周囲の声に対して、穂積は、これによってアジアの一人の青年がダメになるのは耐えられないと言って奔走し、この学生を救った。幸い、彼は犯人ではなく、その後、タイに帰って故国のために働いている。いま、彼の家の居間には、穂積の大きな写真が飾ってあるという。

穂積が身の危険をかえりみず、アジアの人々のために尽くす例としては、もっと驚くようなものもある。やはり六五年前後のこと。李承晩政権の内相として権勢をふるった張瓃根が、李政権の崩壊後、ひそかに日本に逃れてきた。その隆盛期には群がり寄った日本人の幾人かを頼ってである。しかし、そうした日本人の誰も、張を見向きもしなかった。それで、穂積の戦前からの友人である朝鮮人が、穂積に身元引受人になってくれるよう頼んできた。穂積は張には一面識もない。しかし、即座にこれを引き受けた。

「あなたが李承晩政権の内相としてやられたことは容認しないが、日本人が誰ひとり救いの手をのべないのはあまりに恥ずかしい」というのが穂積の助ける理由だった。「過去に日本のやったことを考えれば」という思いが、穂積の胸底にはあっただろう。

この時、ある屈強な朝鮮の青年が、

「穂積が身元引受人なのだから、張の居所がわかるはずだ。それを教えろ」

と言って乗り込んで来た。ピストルを呑んでという感じだったが、そうした脅しにも、穂積は屈しなかった。

第二十七章　宮崎正義という黒衣

「我国ノ現状ハ戦争ニ当リ挙国一致ヲ望ミ難キヲ憂慮セシムルニ十分ナリ　為ニ先ツ国内ノ改造ヲ第一トスルハ一見極メテ合理的ナルカ如キモ所謂内部改造亦挙国一致之ヲ行フコト至難ニシテ政治的安定ハ相当年月ヲ要スル恐尠カラス　又仮ニ政治的安定ヲ得タリトスルモ経済組織ノ改変ニ関スル詳細適切ナル計画確立シアラサルニ於テハ我経済力ノ一時的大低下ヲ覚悟スルヲ要スルコト露国革命ニ就テ見ルモ明ナリ

若シ戦争計画確立シ資本家ヲシテ我勝利ヲ信セシメ得ル時ハ現在政権ヲ駆リ積極的方針ヲ執ラシムルコト決シテ不可能ニアラス　殊ニ戦争初期ニ於ケル軍事的成功ハ民心ヲ沸騰団結セシムルコトハ歴史ノ示ス所ナリ

戦争ハ必ス景気ヲ好転セシムヘク爾後戦争長期ニ亘リ経済上ノ困難甚シキニ至ラントスル時ハ戒厳令下ニ於テ各種ノ改革ヲ行フヘク平時ニ於ケル所謂内部改造ニ比シ遥ニ自然的ニ之ヲ実行スルヲ得ヘシ　故ニ若シ政治的安定ヲ確信シ得ヘク且改造ニ関スル具体的計画確立シ而モ一九三六年ヲ解決目標トセサルニ於テハ内部改造ヲ先ニスル必スシモ不可ト称スヘカラサルモ我国情ハ寧ロ速ニ国家ヲ駆リテ対外発展ニ突進セシメ途中状況ニヨリ国内ノ改造ヲ断行スルヲ適当トス」

一九三一（昭和六）年五月に発表された石原の「満蒙問題私見」の一節である。ここに石原の軍人的思考の特徴が出ている。とにかく、国内の改革はややこしくて難しいのだから、外との戦争を起こし、「戒厳令下ニ於テ各種ノ改革ヲ行フ」と主張する。それが「平時ニ於ケル所謂内部改造ニ比シ遥ニ自然的ニ之ヲ実行スルヲ得」というのである。

「戦争ハ必ス景気ヲ好転セシム」という石原の戦争観は、戦争による被害や犠牲はまったく無視し、また、軍備の拡大が経済を圧迫するという経済のイロハをも没却したものであった。「私見」の中で、石原はこうも言っている。

「経済上ヨリ戦争ヲ悲観スルモノ多キモ此戦争ハ戦費ヲ要スルコト少ク概シテ之ヲ戦場ニ求メ得ルヲ以テ財政的ニハ何等恐ルルニ足ラサルノミナラス国民経済ニ於テモ止ムナキ場合ニ於テハ本国及占領地ヲ範囲トスル計画経済ヲ断行スヘク経済界ノ一時的大動揺ハ固ヨリ免ルル能ハストスルモ此苦境ヲ打開シテ日本ハ初メテ先進工業国ノ水準ニ躍進スルヲ得ヘシ

此戦争ハ露国ノ復興及米国海軍力ノ増加前即チ遅クモ一九三六年以前ニ行ハルルヲ有利トス而シテ戦争ハ相当長期ニ渉ルヘク国家ハ予メ戦争計画ヲ策定スルコト極メテ肝要ナリ」

これを読めば、石原は単なる「戦争屋」であり、経済のことなど何も考えていないことがわかるだろう。戦争ほど不経済なものはないのであり、それを、ほぼ同時代のジャーナリスト、石橋湛山は数字を挙げて具体的に指摘し、戦争という破壊を経ることのない道を説きつづけた。しかし、石原には、その根気も、具体的方策もなかった。戦争を起こせば何とかなるといった程度の夢想しかなかったのである。

小林英夫の『超官僚』(徳間書店)によれば、一九二五(大正十四)年秋、ドイツからシベリア鉄道で帰国する途中、ハルビンに寄った石原は、国柱会が開いた講演で、

「(関東)大震災により破壊した東京に十億の大金をかけることは愚の至りである。世界統一のための最終戦争が近いのだから、それまでの数十年はバラックの生活をし戦争終結後、世界の人々の献金により世界の首都を再建すべきだ」

と自説をぶったという。

「さすがこの時は、関東軍にも呆れられたようで、石原の話はほとんど注目されなかった」と小林は書いている。

石原の黒衣としての宮崎正義に焦点を当てた『超官僚』は、モスクワ大学を出て満鉄の一雇員となった宮崎が、なぜ、石原の知遇を得たかを追う。

一八九三(明治二十六)年、石川県金沢市に生まれた宮崎は、石原より四歳下ということになるが、県の奨学金を受け、ハルビンの日露協会学校に学んでいる。満洲国建国とともに、満洲国立大学ハルビン学院と名称を変えたロシア語の専門学校である。

同校第七期生の中村秀輔は在学中に次の「ハルビン小唄」を作詞した。

楡のハルビン　緑の都
国際列車が　今日も出る
花の東京と　パリーの空へ
虹のかけ橋　中どころ

一九一七年のロシア革命を機にロシアの貴族が亡命して来たり、ハルビンはまさに〝アジアのヨーロッパ〟という感じの街だった。

そのハルビンにある日露協会学校を経て、ペテルブルグ大学およびモスクワ大学に学んだ宮崎は革命前夜の一九一七年六月、モスクワ大学を卒業し、満鉄に入って、屈指のロシア・ウォッチャーとなる。そして「満洲産業開発五ヵ年計画」を立案することになるのだが、石原と宮崎が、いつ、どんな出会いをしたのかは定かでない。

ただ、石原が亡くなった翌年の一九五〇（昭和二十五）年に出された『石原莞爾研究』第一集に、宮崎は「秋二日」と題した一文を寄せて、次のように回想している。一九三〇（昭和五）年秋のことである。

「旅順の駅に着いたのは十一時半頃であった。駅には石原さんが迎えに来て居られる。講演は一時半の予定であるから、それまでホテルでゆっくり休憩して戴く心算でお迎えに上ったという鄭重な御挨拶である。恐縮しながら未だ馴染みのうすい中佐と馬車に同乗してヤマトホテルに行く」

「講演会場には司令官始め幕僚その他約五十名程集っていた。ソヴェート・ロシアの政治経済事情や日ソ関係等について二時間ばかり講演した。講演が終った後懇談に移り質疑応答などで大分時間が経った。漸く終ったので辞して帰ろうとすると、石原さんが、もっといろいろ御尋ねしたいという熱心な幕僚たちが居るから御迷惑でなかったら晩餐を共にしたいといわれる。

案内されて行ったのは青葉という料亭である。若い参謀の方々が五、六人来て居られる。多年の知己の如く談論風発、夜の更けるのも忘れた。石原さんは時々同僚達に辛辣な皮肉を浴びせて呵々大笑して居られた。遅くなって再び石原さんと同乗、馬車を駅に走らせる。夜空は澄みきって満天の星である。汽車が動き出すと石原さんはホームに直立不動、挙手の礼で送られた。何時までも、何時までも。私はその後も随分講演を頼まれたことはあるが、石原さんほどの心遣いをされたことは極めて稀である。昭和五年の秋の一日、当時私は大連満鉄本社の一職員に過ぎなかった」

こうした「心遣い」が石原人気を昂める理由だろう。しかし、それと、その行動、そして思想は別である。人柄がいいから、思想や行動もいいとは限らない。

石原と宮崎の仲については、後に大蔵大臣となる泉山三六が、三井銀行調査部にいた一九三六(昭和十一)年ごろ、三井合名理事の池田成彬の命を受けて、当時、日満財政経済研究会主事だった宮崎を訪ねた時のことを『トラ大臣になるまで』(東方書院)に書いている。

「池田さんからの紹介で私が訪れたのは、宮崎(正義)君という無名の士であった。この宮崎君が実は林(銑十郎)内閣の代理として、否、軍の特使として、池田さんに大蔵大臣兼日銀総裁の大任を持ち込んだ男である。池田さんは大蔵大臣に結城豊太郎氏を推して、ご自身は日銀総裁だけを引き受けた。それ以来、池田さんも宮崎君とは特別の関係にあったが、あの頃、軍を一人で背負って立っていた石原将軍は、どういうわけか宮崎君を『先生、先生』と言っていた。世に隠れたる大人であったが、実に堂々たる人材であった。頭のはげ上がった重厚の紳士ではあったが、年は私といくつも違わなかったから当時四十五、六だったと思う。偉い男もいたもので、表面は満鉄の一社員にすぎなかったが、満洲国建国綱要を編んだのもこの宮崎君であり、満鉄総裁・松岡洋右氏は、わざわざ足を運んで宮崎君を訪ねていた」

それより前、宮崎は関東軍(石原)の意向を受けて、満鉄経済調査会を設立する。一九三二(昭和七)年一月二十六日のことである。これは満鉄調査課の付属機関ではなく、形式的には満鉄の組織ながら、実質的には軍の機関として、満洲全般の経済建設計画の立案に当たるとされていた。

宮崎より少し後に満鉄に入った東大新人会出身の伊藤武雄は『満鉄に生きて』(勁草書房)に、そのころの宮崎をこう書いている。

「満鉄の軍協力体制は経済調査会が一手に引受けるということになりますと、宮崎君は、その実質的創立者として華やかな脚光をあびます。昭和七年のなかごろから八年、日本が満洲国を承認するまでの時代、かれの声望は旭日の勢いで上昇しました。石原と特別な関係のあるかれは、軍、民間をとおして、非常な売れっ子になったのです。軍としては、満洲国の経済建設に、とにかく形だけでも手をつけざるをえない以上、満鉄調査課のスタッフを背後に擁するかれに頼らざるをえなかったわけです。満鉄側でも軍の意向を吸収するチャンネルは必要です。それには宮崎君をとおしてが、もっとも迅速かつ確実に情報をにぎることができる。こうした立場に立って宮崎君には重役も一目おかねばならなくなります」

そして石原は私的機関として日満財政経済研究会を設立し、宮崎をその中心に据え、一九三六（昭和十一）年夏には日満産業五ヵ年計画案を策定させた。石原はそれを「宮崎氏の超人的活動の賜物」と評している。

なお、この研究会の資金は参謀本部の機密費から出ており、最盛期には四十人以上いた所員の中には、古賀英正（のちに作家・南條範夫）、木村禧八郎（社会党代議士）、戒能通孝（都立大教授）らの名も見える。

小林英夫が古賀に聞いたところによれば、宮崎は「雄弁で、仕事のできる人」だったという。

「誰に対しても謙虚で、また他人の機嫌をとるようなこともしなかった。飲む打つ買うもやらなかったし、だから同僚や上役から煙たがられるところがあった。しかし下の者からは信頼されていた。文学青年的なところがあって、よく小説の話などをした」

その宮崎が書いた『満洲経済統制策』は前編と後編から成る。

「現在における世界経済は恐慌の激化と封鎖経済への転回を以て特徴づけられる」

冒頭でこう述べた宮崎は、資本主義には恐慌が不可避だとし、資本主義が日本の経済発展に果たした役割は否定できないが、「その反面に於て旧制度が次第に爛熟し来たると共に、真正なる企業家精神は営利の追求に幻惑されて堕落するに至った」と指摘する。つまり、「企業支配階級の不合理なる利潤獲得及びその浪費」、具体的にいえば「蛸配当、自社株価の操縦、重役賞与の過大、株主配当の過多等々にあらわるる一部階級の利益のための株式組織応（悪）用」が、今日の資本主義経済の堕落を招いている、諸悪の根源はここにあるのだ、と断罪するのである。

従って日満経済ブロックの確立のためには、資本家が恣に利益を貪るばかりの、いわゆる欧米型資本主義経済を改造して、「目先の営利に囚われざる所謂統制経済と人的要素等の扶植を主眼とする移植民政策の実行」が必要だとする。

それは「総合的意図あるいは計画あるを要すべく、しかもその計画は統一的、組織的に立てられ、統制の方法、方向程度が妥当であり、各部分においてもまた総合しても、実行し得るを要する」のである。

要するに経済を統制によって動かすということであり、ただ、宮崎は国家による全面的統制ではなく、国家統制を必要とする分野とそうでない分野を分け、それを使い分けることをめざしていた。すなわち、軍需、鉱工業、電気、交通通信などの部門は国家統制を必要とし、一般的な生活産業部門などにはその必要がなく、むしろ自由経済に任せた方がいいというのである。

「統制経済論者としての宮崎は、しばしばアカ呼ばわりされることもあったようだが、決して社会主義的な考えの持主ではなかった。ソビエト・ロシア通の第一人者でありながら、すべてを国家統制下に置くソビエト的、あるいはスターリン的な社会主義の行き方には批判的だった。自由主義経済の長所、利点を積極的に認めてもいた。しかしレッセフェール（自由放任）経済では、いずれ行き詰まる。そのことは資本主義の現状が示している。そうであるなら、社会主義が持っている長所を学び、それを資本主義経済の中に生かしていくべきではないかというのが、宮崎の基本的な考え方である」

小林は宮崎の主張をこう特徴づけている。しかし、これは言うは易しくして行うは難いことだった。「統制は統制を呼ぶ」のであり、それを「必要とする分野」だけにとどめることは至難の業である。軍と結託した新官僚たちによる電力の国家管理が何をもたらしたか、私たちはすでにその答を知っている。

宮崎は経済を知っているようで知らなかった。その新奇さと、それを満洲国で〝実験〟できることに石原は大いに共感したのだろうが、軍部の「反政党、反財閥」のスローガンのように、それは空虚なものだった。旧財閥を排することが新興財閥の進出を許すことになった如く、石原も宮崎も「新」を求めて足もとの現実を忘れていた。華やかさはないが、石橋湛山の方がずっとリアルだったのである。

第二十八章　六族協和

一九三八（昭和十三）年春、関東軍参謀副長だった石原莞爾を訪ねて来た大佐がいた。のちに大連陸軍特務機関長となる安江仙弘《のりひろ》である。ユダヤ人問題の専門家を自負する安江は石原に、「五族協和」にユダヤ人を含めて「六族協和」にせよと熱心に説いた。但し、同じユダヤ人でも、革命家のレオン・トロツキーなどを建国大学に呼んではならない、とも付け加えた。

安江はシベリア出兵の時にユダヤ人問題に関心をもち、研究を始める。

「ユダヤ人たちは中世以来、職業の自由無く、主として金銭取引きに従事することになり、財産が増大すると社会的危険分子となる所の中流知識階級を形作ることになり、教育があって財産の無いユダヤ人たちは社会主義者に落ちて行く」

こうしたユダヤ人観をもつ安江はパレスチナにも行き、シオニストのリーダーとも会合を重ねた。彼が心を揺さぶられたのは、ユダヤ人の民族的誇りであり、二千年にわたる流浪の民の国家建設への情熱だった。

芳地隆之の『ハルビン学院と満洲国』（新潮社）から、安江の主張を引く。

「もしユダヤ民族の強き民族精神が完全なる祖国復興によりて満足せらるるか、然らずんば各民族間に於てユダヤ民族が客分として、主として経済乃至科学的分野に於て其の天分を発揮する如く、自他共に反省考慮するとせんか、世界に於て所謂ユダヤ問題なるものが容易に解消するであろう事を信ずるものであります」

その前に、旧財閥ならぬ新興財閥として満洲に進出する日産コンツェルンの鮎川義介が、満洲国に五十万人のユダヤ人入植者を入れ、代わりにアメリカ系のユダヤ資本を導入してその開発に当てるという計画を打ち上げた。それに賛成し、推進役となったのが、安江と海軍大佐の犬塚惟重である。犬塚は、

「これはフグを料理するようなものだ。もしユダヤ人を料理できれば……、つまり、ずるがしこい彼らの性格を監視し、彼らのエネルギーを日本のために利用できれば、味も栄養もたっぷりの御馳走になる」

と、ユダヤ専門家の前で演説した。

これをユダヤ史研究家のトケイヤーが引き、『河豚計画』という本を書いたので、フグ・プランとして知

れわたることになった。

ちなみに西木正明は、ユダヤ人の国家をつくってやる見返りに、ユダヤ人にルーズベルトを暗殺させる計画があったという話を基に『ルーズベルトの刺客』(新潮文庫)という小説を書いている。

こうした中で、一九三八年十二月二十六日から三日間、ハルビンで第一回極東ユダヤ人会議が開かれる。ユダヤ人側から二十一名、一般参加者約七百名、日本からはハルビン特務機関長の樋口季一郎ら関東軍関係者四名が参加した大会は、次の決議文を採択する。

「ユダヤ人民会議は日満両国がユダヤ民族の一切の民族的利益と必要を包含し、ユダヤ人の中心組織たる統一機関の結成に十分なる協力を与えられんことを祈願す」

こうして受け入れに走り始めたが、この会議は一九三九年十二月二十三日の第三回を最後に消滅した。翌年の九月に日独伊三国同盟が締結され、ナチス・ドイツの意向を日本が無視できなくなったからである。

そして、「ヒトラー・ドイツに迫害されるユダヤ人を受け入れることで、満洲国を人道的国家として世界に知らしめ」、ひいては「対米戦争を回避する」という考えをもっていた安江はその職を解かれる。

この安江を石原が積極的にバックアップした形跡はない。フグ・プランは石原の好みに合わなかったのだろう。あるいは、ユダヤ人は「客分」にとどまらないと思ったのか。石原の東亜連盟思想にユダヤ人を入れる余地はなかった。「五族協和」とは言っても、その表皮を剝いでいけば、日本民族第一という地肌が出てくるのであり、石原もユダヤ人に天皇信仰を浸透させる自信はなかった。あくまで「東亜」に限る「五族協和」で、「六族協和」に発展させる気はなかったのである。

石原が一九四〇(昭和十五)年春、京都師団長の時に行った訓示でも、天皇信仰を押しつけない平等は説かれていない。

「明治維新迄は、或る意味に於て程度を越して支那を崇拝して居った日本が、維新後、特に日清戦争以後急に支那を軽蔑し出した。明治勃興の勢ひとして已むを得なかっただろうが、然し結局人を馬鹿にするものは遂に人と協力は出来ない。本当に東亜連盟、東亜の大同を考へるならば、日本民族は先づ個人としても、民族としても謙譲でなければならぬ。無論漢民族には幾多の欠点は有るが、歴史上から見ても、亦今次事変の状態から見ても、確かに偉大なる部面を十分に持って居る。之は大いに尊重してやらねばならぬ。又満洲国に於ける所の彼等の生活でも、能く見ると漢民族でも、朝鮮民族でも、白系ロシア人でも各々特徴がある。悪い所ばかり見ないで各々其の善いところを尊重して行く。人の善い所を探して行くことは自らの偉大を来す所以である」

もっともな訓示なのだが、「謙譲」はやはり自らを高しとするところから出てくるものなのであり、衣の下から鎧が見える感じで、次に続く主張からも、天皇信仰を抱く日本民族優越観がはっきりとうかがえる。これは、見下ろされる者からは、いやでも見えるものだった。石原が、より差別的な者に対して、平等を説いているだけに、石原自身にその自覚はなかった。そこに石原の悲劇と喜劇があった、と言わなければならない。

「我等満洲国内に活きんとするものは、最も明確なる意識の下に諸民族協同生活の新道徳を確立せねばならぬ。而して我等は内には日本民族として、天皇の近衛兵である自覚の下に他民族の模範となる様に大努力を払ふ一方、外は日本人たる特権を使用せず社会的・経済的には他民族と全く平等の立場に立って行かねばならない。日本人が此の気持ちになれば民族協和は案外容易に実現するものと信ず。

『東亜連盟』なんどというものは平等主義で怪しからん、日本が東亜の盟主だと強く主張する人が多いが、是は大いに反省しなければならない。どこ迄も平等の立場に立って、而もその道義心と実力が遥かに他民族より勝れて居るならば、自然に中核的存在となり、指導者が仰がるることともなるであらう。然るに未だお互ひ理解の出来て居ない時に己れが盟主だといふことを押し通さうといふ様では、断じて他民族から心服せらるることがない。心服せられないで口だけで、力だけで、他民族を押付けて行くならば、是は肇国の大精神である所の八紘一宇は帝国主義と同じことになるではないか。又日本が東亜連盟の中核的存在になり得ても盟主ではない。

然し天皇は世界の唯一の君主であらせられること、天皇に依って世界が統一せられ、人類社会の真の美はしき平和を齎すべきことは我等の信仰である。此の重大事は固より今日過急に声を大にして他民族の前で主張することに就ては十分慎まねばならないが、東亜の諸民族、世界全人類が逐次この信仰の信者となって来ることを我等は確信する。東亜の諸民族が天皇の御位置を心から信仰し得た時に始めて東亜連盟が完成するのである」

石原の「確信」が平等の最大の妨げであることに石原は気づかなかった。天皇信仰がゆきわたったときに「心服」が完成すると石原は考えていたのだろうが、それは面従腹背の極致であることを見通す眼は石原にはなかった。

同じ訓示の中で石原は「子弟の教育」に触れ、こう言っている。

「今の教育は成って居ない。第一小学校がいけない。私は小学校で人格を破壊された。私は割に出来の良い方で、先生の教へることは大体知って居た。小学校は出来の悪いものを標準にして居たから、大半の児童は私と同様真面目に全力を尽して習って居るのではない。退屈して悪戯をする。先生に発見せられる。叱られる。処罰を受ける。其の結果ひねくれる」

ここからは平等感も、反省ということもうかがえない。「人格を破壊され」、そして、「ひねくれ」たために、石原は独善的な五族協和思想を鼓吹するようになったのか。

武田徹は『偽満洲国論』（河出書房新社）で、清沢洌が『自由日本を漁る』で大杉栄と甘粕正彦の架空対談を試みたのに倣い、再びそれを実現させている。石原にからむ会話だけを引こう。

大杉 たしかに満洲国を断片的に取り上げて理想視する輩は、今なお後を絶たないからナ。

甘粕 部分を見ていると国家そのものの問題にまでなかなか眼が行かないからネ。僕たちがやったことの具体的な個々の作業のなかには、世界に先んじていたものがあったかもしれない。でもすべては文脈のなかで論じる必要がある。文脈とは国家さ。国家をつくろうとあれほど望んでいたのに、そんな僕たちが国家についてあまりにも無知だったというお粗末——。

大杉 おいおい、本当にあの甘粕のセリフかと思う発言がつづくネ。

甘粕 石原サンはある意味でずるいんだよ。最終戦争論をぶちあげて満洲事変を起こしたものの、国家を維持するときに付随する泥臭い仕事はしないで、やれ五族協和の協和会だ、やれ東亜連盟だと上っつらだけすくい上げる運動ばかりやって、僕らから見れば良いとこ取りの良い格好しいさ。

大杉 そうそう、甘粕はそう来なくっちゃ。石原なき後、協和会を内面指導の拠点にしたきわめつきの悪役ってことでないと収まりが悪い。

石原と甘粕の、どちらがヨリ「上っつらだけをすくい上げ」たのか、ここでは詮索しない。ともに「上っつらだけをすくい上げ」ていたようにも見えるが、それはともかく、とくに戦中は「五族協和」を進めるためにも、日本民族は雑種民族もしくは混合民族だという考えが圧倒的だったのに、戦後は一転して日本は単一民族だと主張するようになる不思議を克明に追った小熊英二の『単一民族神話の起源』（新曜社）というユニークな研究がある。

たとえば、国体論者の穂積八束は、国家は民族を基礎として成立するが、「一国ハ必シモ限定セラレタル一個ノ民族ヲ以テ成ルト謂フニハ非ス」として、こう説く。

「民族ノ別ハ固ヨリ絶対ノモノニ非ス。大民族ハ能ク異種ノ人ヲ混シ其ノ子孫ヲ同化シ其ノ民族範囲ヲ愈々大ナラシムルコトアルナリ。蓋民族ノ観念ハ同祖ノ自覚ニ生ス、此ノ自覚ハ歴史ノ成果タリ。同種ノ人、此ノ自覚ナキカ為ニ史上ニ一民族ヲ為サス、異種ノ人、此ノ自覚アルカ為ニ史上ニ同民族ヲ為スコトアルヘシ」

民族の観念は「同祖の自覚」によって生まれ、その自覚は歴史的につくられるものだという穂積の主張は、結局、民族の本質は人種的同一ではなく各人のアイデンティティ意識にあるということになる。小熊によれば、これは「一見開放的であり、人種差別への反省に立ったこんにちのエスニック集団の定義に近いが、逆にいえば、意識さえたたきこんでしまえばどんな異民族でも『日本民族』に変えられること」を意味した。だから穂積は一九一〇（明治四十三）年の「日韓併合」後、朝鮮民族に天皇崇拝を植えつけることを提唱する。

この穂積の東京帝国大学の講座を受けついだのが上杉慎吉だった。岸信介が師と仰いだ国体論者である。その上杉も、もちろん、穂積の思想に依拠する。

民族とは構成員の主観の産物であり、「人種の同一に非ず、言語の同一に非ず、宗教の同一に非ず。……

各人相互に同胞兄弟なり同一民族なりとの信念感情に基づく」と上杉は主張した。そして日本も、太古には「天孫民族あり、出雲民族あり、其の他先住諸民族あり、又は皇別神別蕃別ありしも、皆一家の如く、同胞兄弟たるの感情意識信念を一にして離るべからざる一体を成した」のであり、有力民族は他民族を「一大民族の坩堝中に融解」してしまうというのである。

こうした主張を背景にして「五族協和」が喧伝された。先に見たように、石原の思想もこの枠からはずれてはいない。石原が師事した国柱会(日蓮宗系の国粋団体)の田中智学は、天孫民族が多くの「土着民族」や渡来人を同化したことから、日本民族は「世界中のあらゆる民族」を統一同化する使命を帯びた「世界的大優勝種族」だと持ち上げている。

「同化」される側の同意を得ぬ「同化」思想は露骨な権力支配を隠す薄い膜に過ぎない。それは「五族協和」の日本以外の民族からは容易に透視できた。できなかったのは「同化」する側だけである。

穂積や上杉と同じ国体論の哲学者、井上哲次郎も、人類学の学説を引きながら、「日本人は混合民族」であり、太古の列島にはアイヌ系・南方系・朝鮮系・ネグリートや多くの渡来人がいたが、「天孫に依ってスッカリ統一されて……皆悉く一つに同化されて」しまったと説く。そして、帝国内異民族として朝鮮人、漢民族、アイヌ、台湾先住民族などの存在を挙げ、「是等は皆、教育に因りて、日本民族の風に同化せられて了ふべき者である」と断言しているのである。

そもそも、国内においてアイヌ等から不満の声があがる「同化」とは何なのか。内でやれないものを外でやれると思うのは大いなる勘違いなのではないか。天皇信仰を叩き込む「協和」は、やはり「協和」ではありえなかった。

第二十九章　二人の法華経行者

第二十六章「日本人から離れる」で、橋本欣五郎の手記に基づく平岡正明の「石原・板垣関東軍ラインと橋本ら国内クーデター派の連携説」を紹介したが、平岡はまた、二・二六事件をめぐって、それは「そのプランの頂点で北一輝対石原莞爾の頭脳戦の傾きも見える」と指摘している（平岡『石原莞爾試論』）。

原隊復帰の勅令が出て、反乱軍首脳が自殺を決意した時点で、北と西田税は彼らに、

「維新の曙光を認むるまでは断じて解散すべきではない。奉勅命令は脅しであろう」

と激励の電話をかける。

それに対して石原は、

「軍人の純潔を毒する職業右翼業者を逮捕せよ」

と主張した。

「軍人の純潔」と言いきってためらいのない石原の現実知らずに私は大いなる違和感をおぼえるが、しかし、石原が「職業右翼業者」と目する北や大川周明の方は、石原を頼みとしていた。

平岡は、石原が「反乱軍を鎮圧する反乱軍」を率いてクーデターを起こすために二・二六事件はチャンスであったのに、石原には「国家権力の奪取」という意思が欠けていた、と書く。

それゆえに石原人気は衰えないのかもしれないが、では、石原に、北や橋本に頼みとされる根拠はなかったのか。

一九三一（昭和六）年の「満洲事変」勃発直後の陸軍クーデター計画事件、いわゆる十月事件当時、橋本

はその後の内閣の閣僚名簿を作成していた。

首相は荒木貞夫。平岡のまちがった注によれば、こうなる。「戦後鳩山（一郎）内閣の文部大臣になって、日教組弾圧に精を出し、〝高一点〟といわれた老人（こちらは実は荒木万寿夫で、鳩山内閣ではなく、池田勇人内閣）。この時点ではお飾りである」。

蔵相に大川周明。外相が建川美次。「満洲事変の止め男、実は煽動者」の建川は陸相も兼任する。

内相が橋本欣五郎で法相が北一輝。以下は略すが、石原は参謀総長に擬せられている。

大川や北を主要閣僚とする橋本が軍を石原に任せるというのは、橋本側の勝手な片想いだったのか。私はそうではないと思う。

平岡は、山田清三郎の『皇帝溥儀』（東邦出版社）から、石原と甘粕正彦、東条英機の確執をめぐる次の一節を引く。

「甘粕は、陰の人間として、思いきった策略もやり、特務的なことも平気でやった。が、彼はそのひとつの果実を重んじ、空疎なロマンチシズムをしりぞけた。その点で、彼は、石原と性格の相反する東条――満洲問題についても、現実から浮き上った空中楼閣を夢みるのではなく、いわば既成事実の積み上げ式の緻密な考えをもつ東条と、手を組むことになったのだった。

そして甘粕は、『建国』が成ると、ついに、石原を満洲から追っ払ってしまった。

もし日本に帰らなければ、爆弾で消してしまう考えで、石原にひざづめ談判をすると、石原も苦笑し、承諾したのだった。

満洲を去った石原は、日本が国際連盟を脱退するとき、松岡（洋右）全権大使に随行、帰国すると、参謀本部に納まった。その後、京都師団長になったとき、立命館大学での講演を、舌禍にひっかけられ、ついに予備役に編入されてしまった。

いっぽう、甘粕が組んだ東条は、石原がいなくなった満洲へやってきて、関東軍参謀長と関東軍司令官を歴任した。そして、その間に、石原残党にひや飯を食わせ、甘粕・東条ラインを確立したのである」

その後、東条は首相にもなって独裁政治を展開し、日本を戦争に引きずり込んだまま、どうしようもなくなって退陣する。

この東条の専横と対比される形で、石原（人気）が浮上した。しかし、石原と東条にそれほどの違いはあったのか。

「陸軍における石原・東条の対立と反目は、もとをただせば、甘粕がその間に介入してつくりだしたようなもの」であり、「さらに言えば、甘粕がばかにした石原の世界最終戦構想を、皮肉にも東条がもらいうけたかたちで、手を出して、もののみごとに挫折してしまっ」たのだ、と山田清三郎は絵解きする。

石原が失脚せず、石原が東条の立場にいたとしても、それは「もののみごとに挫折」の運命をたどっただろう、ということである。「石原のロマンチシズムに対抗しえたのは甘粕のニヒリズムであった」と平岡は喝破しているが、石原のロマンチシズムは現実を直視していないがゆえに、いずれは挫折する空想に過ぎなかった。現実に根ざし、現実に鍛えられた理想主義ではなかったのである。その原因を日蓮主義者であったことに見る解説もある。

たとえば、同郷ながら、石原が「職業右翼業者」と目した大川周明が、「二人の法華経行者」と題して『改造』の一九五一（昭和二十六）年十一月号に「石原莞爾将軍と北一輝君」を書いている。それは、こう始まる。

「前途の多難一層なるべき日本のために、是非生きて居てほしかったと思ふ人々の中で、第一に私の念頭に浮ぶのは石原莞爾将軍である」

石原は現役を退いてからも、大川への手紙にはいつも自分のことを「老兵」と書き、病床からマッカーサーに送った手紙にも「陸軍中将」と署名したほど、最後まで一個の軍人を自任していたという。

それで、大川が石原の臨終の前々日に石原を見舞った時も、石原は、

「私のつとめは終戦と同時に終わったのです。いや、ヒトラーが参った時に既に終ったといふ方がよいでせう」

と言った。

それに対し大川は、なるほど軍人としてのつとめは終ったかもしれないが、「絶倫なる一日本人としての一層偉大なるつとめが、きっと将軍を待ち受けて居たことを信ずる」と説く。

そして、世の中にはその人のやったことよりもその人物の方がいっそう立派だという人間がいるが、西郷隆盛や頭山満のように、石原も数少ないそうした人物だったとし、

「かやうな人物は、其魂の中に何ものかを宿して居て、それが其人の現実の行動を超越した或る期待を、吾々の心に起させる。言葉を換へて言へば、其人の力の大部分は潜在的で、実際の言動に現れたものは、唯だ貯蔵された力の一部にすぎないと感じさせるのである。それ故に吾々は、若し因縁が熟するならば、何等か偉大なる仕事が、屹度其人によって成し遂げられるであらうといふ希望や期待を、其人に対して抱くのである」

大川はこう書いているが、西郷隆盛にしても、城山で死んだから、伝説的英雄となっている側面もある。石原の場合は、むしろ、軍人としての「仕事」と「人間」を切り離せば、人間としては賞讃される側面があるかもしれない。

一九四四（昭和十九）年夏、母の喜寿の祝いで酒田に帰った大川は、当時すでに現役を退いて故郷に退耕していた石原の来訪を受け、元気な大川の母親を含めた三人で長時間話し込んだ。それがよほど印象深かったのか、石原はその後、巻紙に毛筆で書いた手紙を大川によこしたという。

その母も、大川が東京裁判で発狂後、松澤病院に入院している時に亡くなった。その三周忌を営むため、酒田に帰った大川は、石原がいよいよ危篤状態だと知らされる。

それで大川は、帰郷した翌日の一九四九（昭和二十四）年八月一十三日朝、石原が簡素極まる生活をしていた西山に石原を見舞った。

長居をしては迷惑と思いつつ、病室に入ると、石原は身体を横にすると肺に水がたまり、呼吸ができなくなるので、床の上に積み重ねた蒲団によりかかっていた。

石原と相対した大川が驚いたのは、石原の顔に微塵も暗い影がなく、穏やかな微笑を湛えていることだった。羅漢顔が、病気の間に菩薩顔に変わっていたのである。

そして、大川の来たのを喜び、瀕死の病人とは思えない明晰な言葉で、世界と日本についての予見や法華経に対する深甚な信仰を語った。

その間、四十分ほど。大川は「善知識の説法を聴聞する厳粛な気持で、殆ど一言もさしはさまず」、その一言一句に耳を傾けたのである。

語り終って石原は、まさにその名の如く、莞爾とした面持ちで、

「日蓮聖人は還暦でなくなられ、私も聖人と同齢で往生するのは、まことに有難いことです」と頭を下げた。

この一週間、数分話すと昏倒してきたという重病人の石原が四十分も常人と変わりなく話しつづけたのは驚くべきことだった。石原の語ったところによれば、石原はこの昏倒の間に法華経についての深い理解を得た。

「私の生命は生理的にはとうに尽き果てており、生きていても苦しいだけであるが、周囲の者が薬だの輸血だのと騒ぐので、この身体を任せておくだけです。その輸血も今では無効になり、私の血液は常時の三分の一に減りました」

この石原の心境は、深草の元政上人の臨終の時とそっくりだ、と大川は指摘する。

上人の臨終が近づいた時、そばにいた一人の弟子が、

「上人にはもはや大往生でござりまするか」

と言上すると、上人はにっこりとして、

「もはや往かずばなるまいと思うが、みなが泣くから私も泣かずばなるまいかな」

と言い、

「深草の元政坊は死なれけり
我身ながらも憐れなりけり」

と辞世の歌を詠んで、まもなく遷化したと伝えられているのである。

大川は石原に別れを告げる時に、

「やがて私も参りますから、極楽浄土の池の中で将軍がすわっている蓮の近くに、私のために一葉を取っておいて下さい」

と頼んだ。石原は言下に、

「承知しました」

と答え、さらに大川が連れて行った二人の従兄弟の方を見て、

「女道楽でも酒道楽でも、したい放題のことをしなさい。どんなことをやっても、きっと私が君たちを極楽浄土に招いてあげます」

と言った。

そして石原は八月十五日に逝ったのである。石原が「極楽浄土」に行ったかどうか、私は知らない。大川やその従兄弟たちについてもどうなったかは知らない。中国や朝鮮の、戦争によって犠牲となった人たちが、あるいは、彼らの極楽行きを阻んだかもしれない。

大川は、石原の世界最終戦論は石原が日蓮の「前代未曾有の大闘諍、一閻浮提におこるべし」という預言を固く信じ、その時には、悲惨に呻吟する人類を救うために、本化上行菩薩が必ず「賢王」の姿をとってこの世に現れ、その賢王の唱題に和して、日月所照の四天下一切の衆生が、大音声を放って南無妙法蓮華経と唱える日の決して遠くないことを信じたからだ、と説く。

こうして石原は「最も真摯熱烈なる日蓮教信者として、一天四海皆帰妙法の時代が、恐らく現世紀の終らぬ前に実現されるだらうと信じ、大なる安心を以て長逝した」という。

石原のロマンチシズムは、法華経に胚胎するものだった。信仰は勝手である。しかし、矛盾が出てくると、南無妙法蓮華経だと言われては、苦笑するしかない。ただ、石原の場合は、それが石原個人の空想にとどまらず、その実現を信じて、多くの人間が動いてしまった。そこに法華経の罪深さもあろう。

石原と並んで、大川が連想したもう一人の法華経行者は北一輝である。二・二六事件をめぐって頭脳戦を展開した石原と北はともに法華経行者だった。

大川は、北に会う前から、北の文章には傾倒していたが、会って、その舌端からほとばしる雄弁に驚嘆したという。

「私と北君の間柄は、浮気が恐くて夫婦にはならなかったが、心の中ではお互いに綿々不断に慕ひ続け、離れて居るだけに相思の情が一層つのる男女のやうなものであった」と大川は回想している。北がこれをどう受けとめるかはわからない。

ただ、北と大川が離れた経緯について、世間の取沙汰は総じて見当違いだと大川は言い、離別の根本の理由は簡単で、大川が北の体得していた高い宗教的境地に達していなかったからだとする。

当時、大川が北を「魔王」と呼んだのに対し、北は大川を「須佐之男」と名づけた。それは往年の大川が気性が激しく、向こう見ずだったゆえだった。

ところで、石原の弟の六郎は、兄は「日蓮宗」の信者ではなかったとし、それは寺を中心に信仰されている宗教ではないという意味で、石原莞爾は日蓮の宗教を「日蓮教」と言った、と書いている。それはユダヤ教からキリストという人格の実践によってキリスト教が生まれ、インド教から仏陀という人格の実践によって仏教が生まれたように、仏教から日蓮という人格の実践によって日蓮教が生まれたという考えだとか。その石原の信仰と世界最終戦を安易に結びつけることに弟は反発し、それはあわて者の早合点の思いちがいだ、と難詰している。しかし、次の石原自身の言葉が弟よりも「あわて者」に軍配をあげるのではないか。

「自分は戦争がなくなるという軍事学上の結論に達したが、今まで誰も言ったことのない、この重大なことを世間に発表するのが恐ろしくて、普通ならば言い出せなかったかも知れない。ただ日蓮上人の予言が自分の軍事学の結論を裏付けているので、思い切って発表することができたのだ」

第三十章　放火犯の消火作業

一九七三年にアメリカ国務長官のヘンリー・キッシンジャーはヴェトナム和平協定締結の功で、交渉相手のレ・ドゥク・トとともにノーベル平和賞に選ばれた。しかし、レ・ドゥク・トは「平和はまだ南ヴェトナムにもたらされてはいない」として、これを拒否する。

当然だろう。自分の家に火をつけた人間が消火作業に手を貸したからといって、一緒に表彰されるわけにはいかない。

放火犯に消火賞を送るようなこの決定に怒って、ノルウェー議会のノーベル賞委員五人の内の二人が辞任した。『ニューヨーク・タイムズ』は社説で、これでは「ノーベル平和賞」ではなく、「ノーベル戦争賞」だと書き、ハーバード大学教授のエドウィン・ライシャワーも「ノルウェーの人びとにかの地で起こっていたことの認識が足りなかったか、あるいは十分なユーモアのセンスをもち合わせていたかのいずれかだ」と皮肉った。また、ハーバードとマサチューセッツ工科大学の学者六十名は「正常な正義感のもち主なら受け取り得ざるもの」という書簡に署名している（ウォルター・アイザックソン著、別宮貞徳監訳『キッシンジャー』NHK出版）。

私にはいま、キッシンジャーと石原莞爾が重なって見えてならない。対中国戦争不拡大と東条英機との衝突によって、石原はあたかも平和主義者のように偶像視されている。しかし、満洲事変の火をつけ、それから十五年に亘る戦争の口火を切ったのは明らかに石原であり、その後いかに「平和工作」を進めたからといって、放火の罪は消えるものではない。

もちろん、不拡大と反東条は本気でそうしたのだろう。たとえば、松本重治の『上海時代』（中公文庫）にも、戦争不拡大派のリーダーとしての石原が描かれている。

一九三七（昭和十二）年七月十九日、陸軍大臣室に現れた作戦部長の石原は、大臣の杉山元や次官の梅津美治郎に向かって、出兵反対を力説し、

「このままでは全面戦争の危険が大である。その結果は、スペイン戦争におけるナポレオン同様、底無しの沼にはまることになるから、この際思いきって華北に在るわが軍隊全部を一挙山海関の満・中国境にまで退ける。そして近衛首相自ら南京に飛び、蔣介石と膝詰めで日中両国の根本問題を解決すべきである」

と切言した。それに対し、梅津は、

「実はそうしたいのであるが、……その点につき石原部長は総理に相談し、総理の自信を確かめたのか？　華北の邦人多年の権益、財産を放棄するというのか？　満洲国は、それで、安定し得るのか？」

と反問し、結局、石原の説得は実らなかったという。それには、やはり、杉山らに、石原が火をつけたのではないかという思いがあったことは否定できないだろう。

石原は杉山らに近衛と蔣介石との膝詰談判を提案するに際して、内閣書記官長の風見章を通じて近衛に話を通している。

風見が近衛を訪ねると、近衛は風邪で病臥中だったが、石原の話を聞き、

「私は元来身体が弱いので、生きていつまで奉公できるか判らない。今、私が南京に飛び、蔣介石と直接交渉するのがよいというなら、一命を賭けてすぐにも行こう。今こうして病床にあるが、看護婦を一人連れて行けばよい」

と悲壮な決意を示したという。

しかし、これは実現できず、石原は中央を追われて、関東軍参謀副長となる。それでもなお諦めないで、石原は部下の馬奈木敬信に、

「イギリスの調停は、あまり好かなかったが、それがだめとなったから、どうしてもドイツに調停を頼んで欲しい。君はドイツ通だから、オットー大使館付武官と相談して、何とかしてやって欲しい」

と願いを托した。

こうした石原の思想と行動を私は否定する者ではない。戦後すぐに発表された『われらの世界観』所収の「戦争放棄」論も私は強く支持する。石原はこう述べる。

「新憲法に於て日本は戦争を放棄することになったが、その意義は実に深甚微妙である。今日までは軍備を持たぬ独立国はなかったから、日本は独立国でなくなったというのが、従来の常識から生れる当然の結論である。日本は自衛権すらも放棄して、ただ世界の正義と良心に訴えると言う。国民の中には未曽有の惨敗によって再び立ち上り得ないとするあきらめに陥っている者もあろうし、或いは臥薪嘗胆で今にやっつける

「わしは政府の不拡大方針と国際連盟理事会を、これで吹っ飛ばすつもりなんだ」

と豪語したが、この爆撃は、爆弾のいくつかが錦州城内に落ちてアメリカ領事館に損害を与え、何人かの市民を死傷させたことで大きな国際問題になった、とある。

そして、戦後、石原が極東軍事裁判の取り調べを受けた時、この爆撃について尋ねられ、

「あれが人道上許しがたいというならば、今次戦争においてアメリカがわが広島、長崎に原爆を投下して何十万という人民を殺したことは、どうなのか」

と反駁し、彼らを沈黙させた話はあまりにも有名だ、と書いてあるのだが、少なくとも酒田における尋問では、そんな反駁はしていない。

極東国際軍事裁判、いわゆる東京裁判の尋問調書を仔細に考察した瀬木博道は、八千代国際大学紀要の『国際研究論集』第九巻第四号（一九九七年一月発行）に、満洲事変の首謀者の石原が、もう一人の首謀者の板垣征四郎がA級戦犯として絞首刑に処されたにもかかわらず、起訴を免れ、

「なぜ自分を戦犯にしないのか」

と検察官に詰め寄ったという伝説は有名だが、尋問では、石原は満洲事変が太平洋戦争に結びついたことは認めながらも、その発端となった柳条湖事件が陸軍の策略だったことは否認しているという。

「鉄道が爆破された後、攻撃命令を出したのは中国人だ、と思っている」

こう石原は答えたのだった。

この事実を紹介した後で、瀬木は次のように指摘する。

「石原は真崎甚三郎元陸軍大将同様、二十六人の被告（重光、梅津は後で追加）を選定した一九四六年四月八

日の参与検察官会議という最終段階で免れている。満洲事変の謀略の中心人物であった石原が東京裁判の被告にならなかった理由はたまたま入院中で、検察側が尋問の機会を逸し、最終決定の段階までに十分な証拠を集められず、結局、訴追の決断を下せなかったためである。田中隆吉だけでなく木戸幸一も手記や供述で、石原が満洲事変の責任者である、と指摘、検察側としても、日本の侵略計画に多大な影響を与えたことを認め、訴追の準備は進めていたのだ」

ちなみに、「資料から考察した対日占領初期の諸問題」という瀬木の論稿によれば、あれだけ勇ましかった松岡洋右も、尋問では、

「国際連盟脱退は真意ではなかった」

と弁解し、脱退を正当化する演説をしたではないかと追及されると、

「私は滅多に本音を吐かない」

と言い訳をする始末だった。

尋問を受けたほとんど全員が「自分は戦争に反対だった」と言って責任を免れようとする中で、ただ一人、広田弘毅だけは他人の戦争責任を語らず、尋ねられても「私は知らない」と詳述を拒んだ。

瀬木も「その半面、自己の責任を逃れようとする動きも一切見せず、むしろ積極的に認めた点で、他の調書に見られない特色を示している」と書いている。

「こと外交に関しては、任期内に起こったすべてのことに関して、外務大臣が全責任を持つ、というのが私の信念であった」

と広田は語り、戦争責任に対する自己の心情を次のように吐露した。

「私はこれまでの尋問で自分の知っていることをすべて話した。けれども、それは自分が罪を免れるために弁解したのだ、と取らないで欲しい。それは望むところではない。自分のしたことに誤りがあれば潔く刑に服する覚悟だ」

この広田に絞首刑という判決が下された時、首席検察官のキーナンは、

「何と馬鹿げた判決か。広田の絞首刑は不当だ。どんなに重い刑罰を考えても、終身禁錮刑が限度ではないか」

と怒った。

近衛が自殺し、松岡が公判途中に結核で死亡する。木戸幸一は検察側に積極的に協力して極刑を免れる可能性の高い中で、「文官から一人戦犯を」という的は広田に絞られた。

それにしても、石原が戦犯を免れたというのはおかしい。石原自身がそれを望んだという〝伝説〟もあるが、その免責は納得しがたいのである。

私がこの評伝を書くために旧満洲を訪ねた時、同行してくれた編集者の父親はBC級戦犯として巣鴨プリズンに入れられた人だった。

彼はその旅の間、しばしば、自分の父親が巣鴨に入って、なぜ、石原は入れられなかったのか、と憤りを口にした。

それは、満洲事変の発端となった柳条湖事件（中国ではこれを「九・一八事変」と呼ぶ）の記念館に、首謀者としてただ二人、板垣と石原のレリーフが掲示されているのを見た時に最高潮に達したのである。

たとえ石原信者が石原を神格化しても、侵略された側は石原が侵略者の張本人であることを忘れてはいな

いし、戦犯とされた者や戦争の犠牲となった者は、石原がそれを免れたことに納得してはいない。

一九九九年七月六日号の『タイム』が「二十世紀に影響を及ぼした百人」という特集を企画し、小渕恵三が昭和天皇を推薦した。天皇は日本の無条件降伏を受け入れて平和に貢献したと言いたかったらしいが、『タイム』は軍服姿の天皇の写真を掲載し、「一九四一年　日本パール・ハーバー攻撃」とキャプションを入れた。これに小渕は大変不満だったという。しかし石原を神格化することも、軍服姿の石原を忘れるようなものではないのか。一九四九年八月十五日に亡くなる直前、石原がマッカーサーに送った書簡を見ても、石原が占領軍に言うべきことを言ったようには見えない。

「拝啓　未だ拝眉の栄に浴し不申候処、新日本建設のため閣下はじめ諸賢の御努力には日頃感銘罷在り候」と始まったその書簡は、「閣下に対する友情幸いに御受納被下度候　敬具」と結ばれる。

一緒に送った「新日本の進路」には「日本は統制主義国家として独立せねばならぬ」という章があり、「統制主義」は「全体主義」にあらずという注釈がついているのだが、しかし、石原のこの主張は、やはり軍人時代の彼の思想と変わらないと言わなければならない。統制ではなくルールの確立を、が経済運営の基本でなければならないのであり、統制主義を全体主義と混同するなと石原がいくら言っても、統制は全体主義につながるのである。

この主張を見ると、石原は東条とどれほど違っていたのだろうか、と首をかしげざるをえない。

保阪正康の『さまざまなる戦後』（文藝春秋）に、東条英機と東条家の戦後が書かれている。それによると、長男の英隆は、勤めていた会社から「東条の息子がいるとアメリカの印象が悪くなる」と辞職を迫られたし、のちに三菱自動車の社長になった次男の輝雄は、戦後すぐには「人の視線がたえず身体に突き刺さるようで外出も辛い」ともらしていた。孫でさえ、担任を拒否されるようなことがあったのである。

石原には子どもがいなかったが、いたとしても、東条の子どものようなことにはならなかっただろう。

しかし、石原と東条にそれほどの差はあったのか。いまなお消えぬ一方的な石原讃歌に対して、私は同郷の人間として、あえて厳しい評価を書きつらねた。放火犯の消火作業を称えることはできないからである。

あとがき

郷里（山形県庄内地方）の英雄的存在である石原莞爾の〝伝説〟を剝ぐ作業を私は続けてきた。朝日新聞社発行の『一冊の本』の連載を通してである。それは一九九七年八月号に始まって二〇〇〇年一月号まで三十回に及んだ。書き終えて、やはり、伝説は伝説でしかなかったと思うばかりである。

しかし、いまもなお、新たなる伝説をつくる試みはなされている。たとえば、『文藝春秋』は一九九九年十二月号で「20世紀日本の戦争」という特集を組み、阿川弘之、猪瀬直樹、中西輝政、秦郁彦、福田和也にそれを語らせているが、「満州事変」の項の見出しは、「石橋湛山の『小日本』か、石原莞爾の『満州』か」で、『諸君！』に石原の伝記を連載している福田に、石原を称揚させている。

「小日本主義というのは、基本的には成り立たなかったと思うんです。世界経済が破綻して、世界中がブロック経済化していく。世界経済のメインプレーヤーにならなければいけないはずのアメリカが、ホーレー＝スムート関税法のように、非常な高関税をかけて輸入品を締め出す。イギリスも高関税政策をとる。英米が貿易の門戸を非常な勢いで閉ざしているときに、貿易立国的な考え方をしても、それはナンセンスだったのではないか」

福田は湛山の小日本主義をこう否定する一方で、もし、石原の理想通りに本当に五族協和でやれたら、アジアに「アメリカ合衆国」のようなものをつくった可能性もある、と石原を持ち上げている。その場合は「日本がイギリスで、満州がアメリカ合衆国となる」のだとか。

この本で私が書いたことと、まったく逆の結論である。私は湛山について『孤高を恐れず――石橋湛山の志』（講談社文庫）を出しているが、その現実認識は冷静で、提言もリアリティに満ちている。私は石原の身勝手な大風呂敷と対比して、なおいっそう、そう思った。石原の描いた悪夢に踊らされて悲劇に遭ったひとりひとりのいのち、ひとりひとりの人生に想到しないがゆえに、福田は次のようなことを言う。

「五族協和とか理念の問題はひとまず置いても、戦後日本の繁栄の基礎に満州体験があるというのは否定できない事実ですね。満州で宮崎正義や戦後に新幹線を手がける十河信二などの満鉄幹部、それに岸信介や椎名悦三郎などの革新官僚がある種の大規模な計画経済を行なって、重工業を中心としたインフラをつくったことは、戦後の日本経済の復興にとって、かけがえのない経験となった。

加えて社会経験としての満州生活もけっこう大きい。今でも大連の市街にいくと、戦後の日本のマイホームの原形がうかがえます。子供たちがそれぞれ一部屋を持ち、家族が居間で顔を合わせて、客を応接間で迎える。満州体験を持つ清岡卓行さんの小説などを読むと、消費物資もけっこうあって、映画も満映があり、遊園地もある。戦後社会を先取りしたような経験をしている。だから内地に帰ると辛くてしようがない。内地は当然のことながら戦前のままですから。

だから満州というのが、石橋湛山式に、これだけお金を入れました。負けて全部捨ててきました。なんて損なんでしょうとは、僕は言えない。無駄になってしまったものもあるけれど、やっぱり大規模な都市計画をやったり、産業を興したり、という満州経験が戦後の日本をつくったんだろうと思うんです」

福田の言うように「石橋湛山式」は要約できないが、「満州経験」について福田の指摘は珍しいものではない。しかし、それはあくまでも、日本側からの勝手な見方でしかないだろう。たとえば「建国大学の現実」に書いたように、五族協和の朝鮮族などがそれをどう見ていたのかを忘れてはならない。

この座談会で、秦郁彦は「戦争というのは究極の公共事業です」と言っている。言いも言ったりだが、この本で私は、そうした見方への根底的なアンチテーゼとして、石原批判をした。

連載中にいろいろと声をかけて励ましてくれた城山三郎さんは、最終章の「放火犯の消火作業」を読んで、「すごい打っちゃりだね」と笑っていたが、その結論を書くために連載してきたとも言える。

やはり現地を見ておこうと、光文社の三橋和夫、丸山弘順の両君と、旧満州、中国東北部への旅に立ったのは、一九九七年の五月二十七日だった。六月二日まで、ほぼ一週間の旅を終えて帰国した。

毎月、昭和史をひもとくようなこの連載はなかなかに辛かった。何とかまとめることができたのは、編集部の平泉悦郎さんと森田成樹さんのおかげである。改めてお礼を申し上げたい。

佐高　信

二〇〇〇年三月二十日

主な参考文献

ウォルター・アイザックソン『キッシンジャー——世界をデザインした男』（ＮＨＫ出版）
愛新覚羅溥儀『わが半生——「満州国」皇帝の自伝』（ちくま文庫）
愛新覚羅浩『流転の王妃の昭和史』（新潮文庫）
青江舜二郎『石原莞爾』（中公文庫）
泉山三六『トラ大臣になるまで——余が半生の想ひ出』（東方書院）
伊藤武雄『満鉄に生きて』（勁草書房）
犬養道子『花々と星々と』（中公文庫）
同『ある歴史の娘』（中公文庫）
今村均『今村均回顧録』（芙蓉書房出版）
歌の手帖　編『私を支えたこの一曲』（青年書館）
衛藤利夫　述『満洲生活三十年——奉天の聖者クリスティの思出』（大亜細亜建設社）
同『韃靼』（地久館出版）
江成常夫『まぼろし国・満洲』（新潮社）
ＮＨＫ取材班　編『「満洲国」ラストエンペラー』（角川文庫）
ＮＨＫ取材班　臼井勝美『張学良の昭和史最後の証言』（角川文庫）
大川周明「二人の法華経行者」（『改造』一九五一年十一月号）
岡田一杜　山田文子編著『川柳人鬼才鶴彬の生涯』（日本機関誌出版センター）
小熊英二『単一民族神話の起源——〈日本人〉の自画像の系譜』（新曜社）

外務省編纂『日本外交年表竝主要文書』
上笙一郎『満蒙開拓青少年義勇軍』（中公新書）
川村湊『満洲崩壊――「大東亜文学」と作家たち』（文藝春秋）
木村武雄『ナポレオン レーニン 石原莞爾――近世史上の三大革命家』（講談社）
デュガルド・クリスティー『奉天三十年』（岩波新書）
小林英夫『超官僚――日本株式会社をグランドデザインした男たち　宮崎正義・石原莞爾・岸信介』（徳間書店）
五味川純平『戦争と人間』（三一新書）
榊山潤『小説石原莞爾』（元々社）
佐橋滋『異色官僚』（現代教養文庫）
澤地久枝『暗い暦』（文春文庫）
杉森久英『夕陽将軍――小説　石原莞爾』（河出文庫）
武田徹『偽満州国論』（河出書房新社）
玉井禮一郎編『石原莞爾選集9 書簡・日記・年表』（たまいらぼ出版）
同『石原莞爾選集2 ベルリンから妻へ　書簡と日記』（たまいらぼ出版）
寺崎英成　マリコ・テラサキ・ミラー『昭和天皇独白録』（文春文庫）
中野好夫『アラビアのロレンス』（岩波新書）
南條範夫『歳月――ある軍人の生涯』（河出書房新社）
林出賢次郎『厳秘会見録』
原田熊雄　述『西園寺公と政局』（岩波書店）
平岡正明『石原莞爾試論』（白川書院）

深田祐介『炎熱商人』（文春文庫）
藤浦洸『なつめろの人々』（読売新聞社）
藤沢周平『周平独言』（中公文庫）
藤原作弥『満洲、少国民の戦記』（新潮文庫）
同『満洲の風』（集英社）
文藝春秋　編『されど、わが「満洲」』（文藝春秋）
芳地隆之『ハルビン学院と満洲国』（新潮社）
本庄繁『本庄日記』（原書房）
松本重治『上海時代――ジャーナリストの回想』（中公文庫）
『現代史資料』（みすず書房）
宮崎正義『満洲経済統制策』
宮野澄『最後の海軍大将・井上成美』（文藝春秋）
三輪公忠『松岡洋右――その人間と外交』（中公新書）
森島守人『陰謀・暗殺・軍刀――一外交官の回想』（岩波新書）
山口昌男『「挫折」の昭和史』（岩波書店）
山口重次『悲劇の将軍　石原莞爾』（世界社）
山口淑子　藤原作弥『李香蘭　私の半生』（新潮社）
山田清三郎『皇帝溥儀』（東邦出版社）
山室信一『キメラ――満洲国の肖像』（中公新書）
横山臣平『秘録・石原莞爾』（芙蓉書房出版）

湯治万蔵　編『建国大学年表』
魯迅『魯迅選集』（岩波書店）
T・E・ロレンス『智恵の七柱』（平凡社）

［**初出について**］

本稿は、「黄沙の楽土　石原莞爾と日本人が見た夢」と題する朝日新聞社発行の『一冊の本』の連載（一九九七年八月号〜二〇〇〇年一月号）を二〇〇〇年六月、朝日新聞社より同書名で刊行され、二〇〇三年八月『石原莞爾　その虚飾』と解題して講談社文庫として刊行された。本書は講談社文庫版を底本とし、タイトルを「石原莞爾の夢と罪」に改めた。

〔解題〕

石原莞爾についての内在的批判

この評伝選についての『通販生活』二〇二三年春号の鈴木力の書評は嬉しかった。

題して「どこへ連れて行かれるのか分からないスリリングな評伝」。

普通の評伝は生い立ちから始まって、人生の盛りを迎え、そして死に至るという編年形式だが、私のスタイルはまったく違うという。

「読者は何が始まりどこへ連れて行かれるのか分らない」のだとか。

「まるでジグソーパズルのようだ。個々のピースがあるべき場所にピタリとはまり、やがて全体像が姿を現す。なかには無関係と思われる記述もありながら、それらが重なって、生きた人間の肉体となる」という評に私はわが意を得た思いだった。

この石原伝が講談社文庫に入った時も、解説で京大教授の山室信一が似たようなことを書いている。快著『キメラ——満洲国の肖像』（中公新書）の著者のそれを引こう。

「真に批判するためには、その懐に飛び込んで対象の論理そのものに即しながらその論理の矛盾を突き、解体させていく必要がある。確かに、ここでもそうした批判が一貫した軸となって議論が展開されている。ただ、石原を信奉している人に対しては、いかに石原の論理や行動の矛盾を説き明かしたところで馬耳東風であろう。石原のあばたもえくぼにしか見えない人に、まず石原を相対化する視点をもってもらう必要がある。そこで採られたのが、この本を特徴づけている対比列伝ともいうべき手法であったように思われる。本庄繁、今村均、井上成美、石橋湛山、穂積五一などの人々の職分をしかとわきまえ、孤絶を恐れぬ生き方の潔さ、清冽さを知ることで、わたしたち読者は自ずから曾《かつ》て日本にあったノブレス・オブリージという責任ある地位にある人が取るべき身の振り方について感得し、異なった相貌をもった石原と対峙する視点をもつに至っていることを知らされるのである」

山室は『キメラ』で「私たち日本人が満洲国を忘れても、満洲国は日本人を忘れはしないであろう」と指摘したが、満洲国の仕掛け人の石原を忘れない人は、残念ながら、プラスイメージで頭に残している。それに対して私は手袋を投げたかった。虚飾を剝いでその実像を提示したかった。

生きているうちに伝説の人となった石原についての評言を山室は次のように挙げる。

「いわく、日本陸軍史上最大の知謀、時代を先読みできた稀有な軍略の天才、東條英機や占領軍など一切の権力・権威を容赦なく批判した自由人、永久平和をめざしたパシフィスト……などなど」

これらに接するたびに山室は「この程度で日本陸軍史上最大の知謀であったとするなら、それこそ日本陸軍の軍事的・知的水準がいかに低かったかという悲惨さを例証する以外のなにものでもなく、あとに退けない情勢を作りだすために錦州において非戦闘員に対する無差別爆撃を笑いながら指揮した石原が永久平和追求者なら、あらゆる殺人者も菩薩であると看做すしかないのではないか」などと半畳を入れたくもなるという。その通りだろう。

また、最後に山室は、私にとって「石原は、同郷の人であり、その思想や生き方の幾分かは紛れも無く自らが育った風土に織り込まれたものである以上、石原を斬ることは自らの精神の根っこを掘り、断ち斬ることを意味したに違いない」と分析している。

確かに石原は私の生まれた酒田の隣の鶴岡の出身であり、知らない人を斬る感じではなかった。まだ存命中だった父からも心配する声が届いたおぼえはある。しかし、それだけに同郷の私が決着をつけたいという思いも強かった。ましてや、昭和史の専門家的存在の保阪正康までが、私には見当はずれと思える石原礼讃をしているから、なおさらである。

保阪は天皇制を擁護し、昭和天皇は平和主義者、好戦主義者のいずれでもないと主張するが、それを読みながら思い出したのは、久野収の「歴史というものは見ようによっては、何でも証明できる悪しき証人だ」という指摘だった。

私は昭和天皇を平和主義者には入れない。広田弘毅を描いた城山三郎の『落日燃ゆ』（新潮文庫）にこんな場面がある。

石屋の息子で首相になった広田に昭和天皇が「名門を崩すことのないように」と注意するのである。また、予算編成の近づいた時に呼び出され、「大元帥としての立場からいうのだが」と前置きされて、陸海軍予算の必要額を告げられる。粛軍を掲げて努力していた広田は呆然として言葉を失った。天皇は最後に「国会で審議して決めるように」と付け加えたが、広田の驚きと落胆は消えなかった。

その他、田中伸尚の労作『ドキュメント昭和天皇』（緑風出版）全八巻には、むしろ好戦主義的昭和天皇が出てくるが、「いずれでもない」という保阪は、歴史家として逃げているだけだろう。もちろん、先入観を持つことは厳に戒めなければならない。しかし、変に中立を標榜したら、見えるものも見えなくなるのではないか。

そのためか、保阪の石原莞爾観はチグハグである。

保阪は極東国際軍事裁判で、石原が「満洲事変の中心は自分である。満洲建国にしても、自分であるのに、なぜ自分を戦犯として逮捕しないのか」と発言したとし、兵士を「人間」として扱ったことなどから肯定的評価をするのだが、本書で詳述したように、東條英機と石原の違いはマイナス八〇とマイナス三〇くらいの違いでしかない。しかし、保阪は意図的と思えるほどに石原のマイナス面に触れない。そして、「五・一五事件」で祖父の犬養毅を殺された犬養道子の『花々と星々と』(中公文庫)を引きながら、石原について道子が投げた決定的なセリフを隠す。

保阪は、犬養の肉親の一人(女性)が事件の後に見舞いに来た閣僚の中に荒木陸相の姿を見つけ、

「荒木さん、あなたがやった!」

と迫ったことを『花々と星々と』から引用し、「とたんに正装の大臣が崩折れて畳廊下に両手を突き、長い間背を震わせていた」と道子が書いていると続ける。

ところが、『花々と星々と』の続編『ある歴史の娘』で道子がズバリと書いていることは無視している。石原讃美のために都合が悪いから意図的にはずしたとしか私には思えない。

道子は怒りを込めて指弾している。

「祖父、犬養木堂(毅)暗殺の重要要素をなした満洲問題は、その発生から満洲国建国までの筋書一切を極端にして言うのなら、たったひとりの右翼的神がかりの天才とも称すべき人間に負うていた。『満洲問題解決のために犬養がよこす使者はぶった斬ってやる!』と叫んだあの石原莞爾その人である」

保阪は犬養道子に会ったらしいが、道子は保阪が石原を評価するとは思わなかっただろう。

石橋湛山（いしばし・たんざん）

一八八四年東京都生まれ。一九〇七年早稲田大学文学部哲学科卒業。

一一年東洋経済新報社入社、四一年社長。

戦時下に自由主義的論説を主張し「小日本主義」を唱えた。

戦後、自由党に入り、第一次吉田内閣で蔵相、第一〜三次鳩山内閣の通産相を経て、
五六年一二月総裁となり首相に就任したが、病気療養のため翌年二月辞任。

晩年は日中・日ソ交流に尽力。一九七三年四月二五日逝去。

『石橋湛山全集』（全一五巻、全集編纂委員会編、東洋経済新報社、一九七〇〜一九七二年）

良日本主義の石橋湛山

良日本主義の石橋湛山

目次

序　石原莞爾か、石橋湛山か――現代日本の思想状況

石原莞爾か、石橋湛山か。現代日本の思想状況は、この二人のどちらに与《くみ》するのかというところまで来ている。

『文藝春秋』は一九九九年十二月号で「20世紀日本の戦争」という座談会を行った。メンバーは阿川弘之、秦郁彦、中西輝政、福田和也、それに猪瀬直樹。その「満州事変」の項の見出しが、石橋湛山の「小日本」か、石原莞爾の「満洲」か、となっているのである。

私は湛山についてこの評伝を書き、石原莞爾についても『石原莞爾その虚飾』（講談社文庫）を書いたので、石原莞爾と当時の日本人が見たのは非現実的な悪夢であり、湛山の思想こそ現実的なものであることははっきりしたと思っていたのだが、その座談会で福田和也はまったく逆のことを言っている。

「小日本主義というのは、基本的には成り立たなかったと思うんです。世界経済が破綻して、世界中がブロック経済化していく。世界経済のメインプレーヤーにならなければいけないはずのアメリカが、ホーレー＝スムート関税法のように、非常な高関税をかけて輸入品を締め出す。イギリスも高関税政策をとる。英米が貿易の門戸を非常な勢いで閉ざしているときに、貿易立国的な考え方をしても、それはナンセンスだったのではないか」

この福田の主張が、湛山の小日本主義を深く理解して批判したものとはとても思えないが、百歩譲って、当時の状況の中で貿易立国的な考え方が仮りに「ナンセンス」だったとしても、歴史は明らかに石原莞爾の

思想が、よりナンセンスだったことを証明している。

たとえ困難だとしても、貿易立国の道を行くのが現実的なのであり、誇大妄想的に「満州国」に郷愁を抱くのは、再び多くの人間に悪夢を見させる道なのである。

同じ座談会で、秦郁彦がそれを問わず語りに語っている。

「朝鮮を併合した後、そこに隣接する満州が反日的地域でないことが重要だという議論が出てくるんです。朝鮮を守るために、朝鮮に二個師団を新たに創設する必要があると陸軍が主張します。そして満州を取ると、次はその隣りの華北が反日・満でないことが必要だと言いだす。これはもうきりがないわけですよ。それを予期したのか、朝鮮併合は反対というのが石橋湛山以下の小日本主義者の議論なんです」

「石原莞爾が満州事変の目的として準備計画書の中で言っているのは、要するに不況克服のために有効だという論理なんです。彼がどこまで具体的にそれを計算したかはわかりません。もともとあの人は経済は分からない人ですから。しかし実際問題として、それが日本の大恐慌脱出の有効な手段になったことも確かです。満州事変景気というものが起きた。結果として、満州事変はケインズ理論を先取りしたようなかたちになった。戦争というのは究極の公共事業です。あの大不況を脱出するために、高橋是清蔵相はじめみんな苦労して、試行錯誤でやってみたが、どれもうまくいかない。不況脱出にはある程度の規模の戦争が有効なんですが、いったんそれを始めると、どんどん拡大していってとまらないというのが、満州事変であり日中戦争ではなかったかと思います」

「戦争というのは究極の公共事業」ということの驚くべき（ある意味では率直な）秦の発言について、猪瀬は「そうすると、満州事変はアメリカのニューディール政策と一緒だということになりますね、極端に言えば」と相槌を打っている。

しかし、戦争を前提とした「公共事業」と、それを前提としないニューディール政策を一緒にされては、ルーズベルトが憤慨するだろう。この座談会のメンバーに加えて、小林よしのり、西尾幹二、そして石原慎太郎らの改憲派に共通するのは、戦争を不可避のものとし、その邪魔になる憲法九条を葬り去ろうとする意思である。

私は『石原莞爾』を、二人の女性の対照的な石原莞爾観から書き始めた。一人は市川房枝であり、もう一人は犬養道子である。

同郷人として少なからぬ関心をもっていた石原莞爾の全集が出るというパンフレットが私のもとに送られてきたのは一九七六年春だった。そこに、当時、参議院議員でクリーンの代名詞のように言われていた市川の熱烈推薦の言葉を見出して私は愕然とした。

市川はこうすすめる。

「私は石原中将の著書の一部しか読んだことがありません。しかし氏の中将時代即ち京都の師団長であった時代に、京都のお宅と、軍人会館でお目にかかり、そのお人柄と、中国に対してのお考えに敬服し、氏を中心とした東亜連盟にも一時参加したことがあります。私は百姓の娘でしたので偉い軍人には全く知人はなく、婦人に無理解で戦争の好きな軍人―軍部にずっと反感を持っていました。しかし石原中将は軍人でも違う、今までにない偉い軍人だと思います。

此度、白土菊枝さんの努力で将軍の全集が刊行されることになったのは、まことにうれしく、軍部や戦争に関心を持っていられる方々には、是非この全集を読んで下さるようおすすめします」

さらに市川は『自伝』の中で石原中将は「満州事変勃発のときは中佐で、関東軍作戦主任参謀の任にあり、関東軍の推進力として事変の強行、満州国建設に活躍した。日華事変突入当時は参謀本部第一部長で、対ソ戦本位の立場から、対中戦争不拡大を主張した。ついでまた関東軍参謀副長として赴任したが、東条英機氏らの統制派と対立し、内地に帰され京都の師団長となった」と書いている。

しかし、悪役の東条と対立したからといって、そのまま石原が善玉になるわけではない。「そのお人柄」とは別に「偉い軍人」として石原が何をしたかが問われなければならないのに、それを放棄して、無条件に市川は石原を礼讃してしまった。

これに対し、犬養道子は『ある歴史の娘』でストレートに石原を指弾する。

「祖父、犬養木堂暗殺の重要要素をなした満州問題は、その発生から満州国建国までの筋書一切を極端にして言うのなら、たったひとりの右翼的神がかりの天才とも称すべき人間に負うていた。『満州問題解決のために犬養がよこす使者はぶった斬ってやる！』と叫んだあの石原莞爾その人である」と。

犬養道子の祖父、木堂こと犬養毅は、たとえば孫文を助けた。まさに民権の立場に立って、中国革命の手助けをしたのである。湛山もその系譜の人だった。

それとは逆に石原莞爾は民権を抑える軍人として中国に入っていく。

つまり、石原莞爾と湛山の違いは国権と民権の違いであり、いままた、この対立がクローズアップされているのである。石原慎太郎をはじめとする国権派が前面に出てくる時、民権はなおざりにされ、「国家のために死ね」という声が高くなる。

ところで、『石原莞爾』を書く過程で、ある発見をした。何かというと、戦争中の国権派は混合民族説に立っていた、ということである。それに対して、今日の国権派は一様に日本民族は単一民族だと主張している。

たとえば三島由紀夫は『文化防衛論』で、「日本は世界にも希な単一民族単一言語の国であり、言語と文化伝統を共有するわが民族は、太古から政治的統一をなしとげており、われわれの文化の連続性は、民族と国との非分離にかかっている」と強調する。

彼によれば「敗戦によって現有領土に押しこめられた日本は、国内に於ける異民族問題をほとんど持たなく」なり、「在日朝鮮人問題は、国際問題でありリフュジー（難民）の問題であっても、日本国民内部の問題ではありえない」という。

こうした主張は櫻井よしこらにも受け継がれているが、不思議なのは、彼らがいずれも、戦争中の彼らの先輩が混合民族説に立っていたことを知らないことである。

岸信介の師である東大教授の上杉慎吉など、次のようにまで主張した。

すなわち、民族とは構成員の主観の産物であり、「人種の同一に非ず、言語の同一に非ず……各人相互に同胞兄弟なり同一民族なりとの信念感情に基づく」と。そして日本も、太古には「天孫民族あり、出雲民族あり、其の他先住諸民族あり、又は皇別神別蕃別ありしも、皆一家の如く、同胞兄弟たるの感情意識信念を一にして離るべからざる一体を成した」のであり、有力民族は他民族を「一大民族の坩堝《るつぼ》中に融解」してしまうという。

こうした混合民族論が展開されたのは、満州国の「五族協和」（日本、朝鮮、漢、満州、蒙古の五族が協和する）を実現するためには、日本民族が他民族と融和する複合民族でなければならないからだった。

その熱心な主唱者の石原莞爾が師事した田中智学は、天孫民族が多くの「土着民族」や渡来人を同化したことから、日本民族は「世界中のあらゆる民族」を統一同化する使命を帯びた「世界的大優勝民族」だと持ち上げている。

しかし、それは戦後の三島や石原慎太郎の論とは違って、単一民族としての優秀さではなく、むしろ、同化する優秀さの主張である。優秀さの主張は同じでも、その論拠は正反対なのである。

上杉慎吉と同じ国体論の哲学者、井上哲次郎も、人類学の学説を引きながら、こう断言した。

「日本人は混合民族」であり、太古の列島にはアイヌ系、南方系、朝鮮系、ネグリートや多くの渡来人がいたが、「天孫に依ってスッカリ統一されて……皆悉く一つに同化されて」しまった。そして帝国内異民族として朝鮮人、漢民族、アイヌ、台湾先住民族などの存在を挙げ、「是等は皆、教育に因りて、日本民族の風に同化せられて了ふべき者である」と。

同化されてしまう者がそれを喜ぶかどうかを問わぬ、まことに身勝手な同化論だが、現代の国権派は先輩に見倣って混合民族説を採用するのかどうか。

たとえば石原慎太郎の「三国人」発言など、上杉慎吉や井上哲次郎らからは激しく糾弾されるだろう。憲法をめぐる思想状況の中で、改憲論を振りかざす国権派を揺さぶる一つのポイントが、この混合民族説か単一民族説かである。

石原莞爾も石橋湛山も、決して過去の人間ではなく、その思想を受け継ぐ人間によって現代も生きている、あるいは、生かされているわけだが、あの戦争中に、湛山が闘ったのは、犬養道子流に煎じつめれば、石原莞爾その人だった。

湛山は『東洋経済新報』の一九二一年七月三十日号に「大日本主義の幻想」を書く。このとき湛山三十六歳。石原莞爾より五歳年上だった。石原はそれから七年後、一九二八年に「満蒙問題解決のための戦争計画大綱」を発表する。

「満蒙問題の解決は日本の活くる唯一の道なり。国内の不安を除く為には対外進出によるを要す。満蒙の価値……満蒙の有する価値は偉大なるも日本人の多くに理解せられるにあらず。満蒙問題を解決し得ば支那本国の排日亦同時に終熄すべし。満蒙問題は正義のため、日本が進んで断行すべきものとす。満蒙問題解決の鍵は帝国陸軍之を握る。満蒙問題の解決は日本が同地方を領有することにより始めて完全達成せらる。対支外交即ち対米外交なり。即ち前記目的を達成するために対米戦争の覚悟を要す」

この時点ですでに石原は対米戦争を頭に入れている。

「もし真に米国に対する能わずんば速に日本はその全武装を解くを有利とす。対米戦争の準備ならば、直ぐに開戦を賭し、断乎として満蒙の政権を我が手に収む。満蒙の合理的開発により日本の景気は自然に恢復し、失業者また救済せらるべし」

対米戦争の覚悟を要すと言っている人が、どうして戦争不拡大論者なのか。石原のそれは戦略の次元の話に過ぎない。

あたかも石原に向けて説くかのように、湛山は「大日本主義の幻想」を衝く。

「政治家も、軍人も、新聞記者も異口同音に、我が軍備は決して他国を侵略する目的ではないという。勿論そうあらねばならぬはずである。吾輩もまたまさに、我が軍備は他国を侵略する目的で蓄えられておろうとは思わない。しかしながら吾輩の常にこの点において疑問とするのは、既に他国を侵略する目的でないとすれば、他国から侵略せらるる虞れのない限り、我が国は軍備を整うる必要のないはずだが、一体何国から我が国は侵略せらるる虞れがあるのかということである。前にはこれを露国だというた。今はこれを米国にしておるらしい。果たしてしからば、吾輩は更に尋ねたい。米国にせよ、他の国にせよ、もし我が国を侵略するとせば、どこを取ろうとするのかと。思うにこれに対して何人も、彼らが我が日本の本土を奪いに来ると答えはしまい。日本の本土の如きは、ただ遣るというても、誰も貰い手はないであろう。さればもし米国なり、あるいはその他の国なりが、我が国を侵略する虞れがあるとすれば、それはけだし我が海外領土に対してであろう。否、これらの土地さえも、実は、余り問題にはならぬのであって、戦争勃発の危険の最も多いのは、むしろ支那またはシベリヤである。我が国が支那またはシベリヤを自由にしようとする、米国がこれを妨げようとする。あるいは米国が支那またはシベリヤに勢力を張ろうとする、我が国がこれをそうさせまいとする。ここに戦争が起れば、起る。而してその結果、我が海外領土や本土も、敵軍に襲わるる危険が起る。さればもし我が国にして支那またはシベリヤを我が縄張りとしようとする野心を棄つるならば、満州、台湾、朝鮮、樺太等も入用でないという態度に出づるならば、戦争は絶対に起らない。従って我が国が他国から侵さるるということも決してない。論者は、これらの土地を我が領土とし、もしくは勢力範囲として置くことが国防上必要だというが、実はこれらの土地をかくして置き、もしくはかくせんとすればこそ、国防の必要が起るのである。それらは軍備を必要とする原因であって、軍備の必要から起った結果ではない」

それなのに、世人、つまり多くの日本国民は、この原因と結果を取り違え、「台湾、支那、朝鮮、シベリヤ、樺太」という植民地を「我が国防の垣」であるとする。しかし、実はその垣こそ「最も危険な燃え草」なのである。

こう断じる湛山は、さらに次のように主張する。

「もし朝鮮、台湾を日本が棄つるとすれば、日本に代って、これらの国を、朝鮮人から、もしくは台湾人から奪い得る国は、決してない。日本に武力があったればこそ、支那は列強の分割を免れ、極東は平和を維持したのであると人はいう。過去においては、あるいはさようの関係もあったか知れぬ。しかし今はかえってこれに反する。日本に武力あり、極東を我が物顔に振舞い、支那に対して野心を包蔵するらしく見ゆるので、列強も負けてはいられずと、しきりに支那ないし極東を窺うのである」

状況の違いはあれ、八十余年後の現在も十分に説得力を持つ指摘ではないか。経済に明るい湛山は、軍事費の膨張が予算を圧迫していることも知っていた。貧困ゆえに満州への進出を夢見たのではなく、軍事国家の道を歩んだがゆえに貧困となり、他人の土地を奪ってそこに「王道楽土」を建設するという勝手な夢を見ざるをえなくなったのだった。

湛山は、そうした大日本主義が価値のないことを丹念に検証した後で「吾輩が我が国に、大日本主義を棄てよと勧むるは決して小日本の国土に跼蹐《きょくせき》せよとの意味ではない。これに反して我が国民が、世界を我が国土として活躍するためには、即ち大日本主義を棄てねばならぬというのである」と説き、それは「決して国土を小にするの主張ではなくして、かえってこれを世界大に拡ぐるの策である」と続けている。

小沢一郎の掲げる「普通の国」論というのがある。憲法を改めて日本も他国並みに軍事力を持とうという主張だが、それは国民に上や特上の天丼ではなく、並天丼を食べさせようとするようなもので、あまりに情けない主張である。それに対して湛山の主張は上天丼の主張であり、現在はその小日本主義に非武装平和という九条の思想が加わって、特上天丼の主張となったというべきだろう。これで石原莞爾的改憲の主張と対決するのである。

第一章　貴下を除名す

リベラルの系譜

一九五二年九月三十日、長野市篠ノ井上石川の川柳小学校六年生だった田中秀征は『信濃毎日新聞』を広げ、石橋湛山と河野一郎の顔写真が載っているのを見た。

前日の九月二十九日、ワンマン吉田茂が党首の自由党から、この二人の政治家が除名されたとある。これが湛山と田中秀征の初めての出会いだった。奇しくも九月三十日は田中の十二歳の誕生日で、何となく政治に関心をもつ少年だった田中はその日のことをいまも鮮明に憶えている。

あの日から四十年余り経って、新党さきがけの代議士で首相特別補佐となった田中は、九三年秋、日本社会党の機関紙『社会新報』が行った興味深いインタビュー「リベラルとは何か」に答え、

「私は湛山の孫弟子と言われたことを最大の誇りにしているんですよ」

とその胸の裡を明かしている。

これは田中が、

「リベラリストというのは、典型はだれですか」

とインタビュアーに問い返し、

「石橋湛山でしょうか」、

と言われたのを受けた形の述懐だが、あまりそういう言葉を厳密に概念規定するのは意味あることとは思っていないと言いながら、その後を田中はこう続けている。

「よく、北風と太陽の話でね。北風がビュービュー吹きつけて旅人のマントを脱がせる手法ではなく、ぽかぽか暖かくしてマントを脱がせると、そういうのがリベラルと言われるが、私もどっちかと言えば、その手法が好きだ。むりやりは好きではないから」

しかし、田中は自ら自由主義者を名乗ったことはない。むしろ保守だと言ってきた。

「保守っていうのはね、ちゃんと自分でそれなりに定義づけているんですよ。これはイデオロギーではなくて、個人の道義と信頼によって、政治を組み立てていく。

だから、保守政治家には、革新政党以上に非常に節度が必要だと。逆に言うと、節度のない政治家は保守政治家ではないとさえ思っているんですよね。

そういう感じでいると、やっぱりいわゆるリベラルと思われるんですかね。節度を重んじる、分をわきまえるとか、そういう姿勢は大事で、質実国家なんていうのはね、まさに背伸びをしない、内容本位で自然体、さっき言った、北風を吹きつけるようなものではないということだと思いますね」

そして、戦後の社会党が果たした役割に触れ、次のように言っているのも、決して、社会党へのリップサービスではないだろう。

「安全保障についても、社会党の存在がなかったら、ひょっとしたら軍事大国になっていたかもしれない。ですから、自民党のアクセルと社会党のブレーキの結果が今だと思う」

孫弟子の田中にとっても、師匠の湛山にとっても、組織や国家、それにイデオロギーは個人のための手段でしかなかった。組織大事、国家大事、あるいはイデオロギー大事という考えを二人はとらない。言ってみれば、組織、国家、そしてイデオロギーから自由なのである。あくまでも人間第一、個人第一の思想がそこには貫かれていた。

それがリベラリズムであり、独裁に抗する時、彼らはミリタントになる。

ねらわれた湛山

「キカヲジョメイス」

湛山は幹事長の池田勇人から電報で来た除名通知を、理由不明の電報は受け取れないと直ちに書留速達で返送し、『毎日新聞』五二年九月三十日付の一問一答で次のように訴えている。

当時は自由党が吉田茂派と鳩山一郎派に分かれ、湛山は河野一郎と共に鳩山を首相に推す勢力の中心人物となっていた。

「このまま進めばいまに吉田は国を亡ぼす。我々の努力をあえて無視して除名するなどとは気持ちがわからぬ。吉田がこれほどまでに鳩山を排斥して政権に執着する裏には何かひそんでいる。いまや私は吉田の人間性を疑う」

とまで言い切った湛山はまた、

「吉田という男は賢明な男だ。世間では側近とか取り巻きが悪いと言っているが、吉田はそんなものに惑わされる男ではない。その吉田がこれほど鳩山を排斥し政権に執着するには何か隠れたことがあるのだと言わざるを得ない。抜き打ち解散前に白洲（次郎）君を通じ、あと一年吉田の首班を続けさせてほしいという妥協の申し入れもあった。あと一年ということはせんさくすればその間に何かする仕事か、あるいはもみ消す必要のあることでも潜在するのではないかとさえ思われるくらいだ。いずれにせよこうまで政権欲にとりつかれている吉田は人間ではない」

と言葉を重ね、

「私を除名するなら確実な証拠をあげ、またこちらに十分弁明させてほしいと思う」

と怒っている。

このインタビューを読むと湛山は激しているように見えるが、しかし、それほど興奮していたわけではなかった。

秘書から電報を受け取った時も

「バカなことを……」

と言っただけで顔色も変えず、その落ちつき払った態度に、むしろ静岡の選挙区の人たちが、

「今日蓮のご法難だぞ」

と言って奮い立ったのである。

日蓮宗の僧侶の家に生まれ、自らも得度して湛山と名を改めたことにちなんでの「今日蓮」であり「ご法難」であることは言うまでもない。

ご法難と言えば、これから八年後の一九六〇年十月十二日午後三時二分、東京は日比谷の公会堂で演説をしていた社会党委員長の浅沼稲次郎が、十七歳の少年、山口二矢に左胸を刺され、まもなく亡くなった。元愛国党員の山口は、そのとき六人をテロの対象に考えていたと言われるが、それは浅沼のほかに、日教組委

員長の小林武、共産党議長の野坂参三、部落解放運動のリーダーで社会党左派の松本治一郎、そして、自民党「容共派」の石橋湛山と河野一郎だった。

当時の自民党の総裁は池田勇人だが、池田ではなく、石橋と河野がリストアップされたのである。すでに総裁の座を退いている湛山がなぜねらわれるのか。

それは、右翼や独裁者から見て湛山が〝危険な政治家〟だったからだろう。湛山を恐れる者たちは「問答無用」として言論を排する点で共通している。田中秀征の挙げたリベラル観に従えば、右翼や独裁者はまぎれもなく「北風派」であり、湛山はその方法をとらない「太陽派」だった。

湛山が首相となった時の官房長官が石田博英で、田中秀征はかつて、博英の政策秘書をしていた。その意味でも田中は湛山の孫弟子となるのだが、博英の随想集『明後日への道標』（大光社）に田中が寄せた「石田博英の人と思想」という解説がある。

博英を〝巨大な市民〟と位置づけ、その思想的特徴を〝偏見なき精神〟とする田中の文章はもちろん、博英を語っている。

しかし、私には、それはそのまま湛山を語っているように思われて仕方がないのである。

特に共産主義に対する次のような自信など、湛山と酷似していると言えるだろう。いやいや、こう言うのはおかしいのであり、湛山の精神を博英が受け継ぎ、それが田中秀征に流れていると言わなければならない。

まだ日本と中国の国交が回復していない時、博英はしばしば、こう言った。

「日中間が国交回復したときに困るのは中国のほうだ。なぜなら、日本人が向こうに行ってうらやましく思う以上に、中国人は、日本に横溢する自由と豊かな生活に惹きつけられるからだ。だから、共産主義を必要以上に恐れるのは全くナンセンスだ。いっそのこと、中国人をバスに乗せて日本国内を団体旅行させればいいんだ」

政治家に最も必要なものは洞察力だという湛山の孫弟子はここで、次のように宣言してもいる。

「政治家にとって最大の資格は、抽象的なものに対して情熱を燃やし得るということである。酒とか、女とか、金などの卑近で具体的なものに対する野心と情熱だけではなく、歴史、世界、正義、秩序、道徳など、自らの利害と直接的に結びつかない抽象的なものに対して、心からの怒りと喜び、そして創造的情熱を注ぎこんでやまないような人格的資質が、何にもまして政治家に要求される」

一九七〇年、ちょうど三十歳の時に書いたこの熱いマニフェストの後に田中は、石田が大仰な陳情団を、

「あなたがたは、どうして多額な費用を使って、そんなに大勢で来るのですか。理屈の通ったことなら一人の陳情でも私は耳を傾けますよ」

と、たしなめたことを紹介する。

石橋湛山を通じて「小日本主義の運命」をたどろうとするこのドキュメントを、私は『週刊東洋経済』連載の時は「湛山除名」と題した。それはなぜかと言えば、これまで日本は、単に一政党でなく日本が、しばしば湛山を〝除名〟しようとしたのではないかという危惧を抱いているからであり、そうさせてはならないと思うからである。

湛山の孫弟子を手がかりに、湛山をいまに生かそうというこの試みは、その意味で「湛山復活」、もしくは「湛山再生」とも言える。

早大生時代に数度の留置経験をもち、筋金入りの自由主義者だった石田博英は、

「戦争があったらおしまいだ。戦争を防止する一方で、戦争原因を、この地球上から根こそぎ除去しなければならん」

と強調するのが常だった。

そんな博英を秀征はこう評している。

「戦争、軍国主義、貧困、圧制、独裁、全体主義は、彼にとってこの上なくいまわしい言葉なのである。日本国憲法が、戦後的な価値を集約しているものであるとしたら、彼の思想は憲法の精神そのものだとも言える」

博英はニューライトの旗手と言われた。では、ニューライトとはどういう輪郭をもつのか。

秀征は六つの特色を挙げる。

第一に、経済成長を国力の増大という観点からではなく、国民福祉の増大、国民生活の向上という視点から見る。

ために、物価の急激な上昇や公害の頻発などによって国民生活が侵害されても、なお成長優先の政策をとることはしない。経済は何よりも国民の豊かで快適な生活のためのものという認識に立つのである。

第二に、マイホーム主義を積極的に評価する。これを経済の繁栄と平和がもたらしたものと評価する点で、マイホーム主義を〝男の堕落〟と慨嘆するオールドライトとは分かれる。

第三に、安易に物理的な力、すなわち警察力や防衛力に頼らない。

実力行使を、最終的なぎりぎりの非常手段と考え、それを使わない政策がより良く、それが漸減する社会がより好ましいと考える。つまり、力以外の方法で平和を求める「太陽派」なのである。

第四に、反共主義を排し、反共イデオロギー外交に反対する。

第五に、全体主義的な発想を毛嫌いする。

「整然とした制服のパレード、見事に唱和する大合唱、愛国の涙、犠牲的精神、それらが危険なのは、いつのまにか国民から切り離され、それ自体が目的化され美化されてしまうからである。自民党の中には、体質的に、この種の全体主義的発想を持つ人が少なくない。いや、政治家ならだれでも少なからずこのような傾向を持つと言っても良いだろう。

政治とは本来、その仕上がりが美しいものであるはずがない。それは詩的なものではなく、優れて散文的なものである。己の美意識に基づいて作成された青写真通りに、強引に社会を動かそうとすれば、必ず無理が生じ犠牲が伴うものである。政治家は、常に国民の最後の一人をも投げ出さずに導いていくという姿勢がなければならない。このような政治は当然、不格好で、がまんならないほど遅々として進まないものである。しかし、不幸と犠牲が最も少ないという何よりの成果をもたらすものだ」

この、政治は散文だと言いつつ詩的な秀征の独白を読みながら、私は『サンサーラ』一九九四年二月号掲載の城山三郎との対談で、小沢一郎と秀征を比較して、こう言ったのを思い出した。

「田中秀征びいきに過ぎるかもしれないけれど、秀征というのは大衆の後ろを歩ける人なんですね。小沢一郎は後ろを歩けない人で、前しか歩けない人だから、（大衆に）媚びないという意味がだいぶ違うという感じがします」

大衆に媚びないけれども大衆を無視しない精神はもちろん、石田博英にも脈々として流れていた。

「人間は、いかなる場合にも手段とされてはならない。それは、あくまでも目的であるべきだ」

これが博英の口癖だった。

ニューライトの特徴を五つまで挙げたが、六つ目は新しい革新の概念を内包しているということである。秀征によれば、「常に時代の変化を敏感に察知して、制度の改革、発想の転換を先取りすべく努力」し、しなやかに時代の流れに対応しようとする。彼らの嫌うのは、「固定観念、先入観、偏見」である。博英は「保守」という言葉を異常なまでに嫌い、「改革」という言葉を好んだというが、時代の中でのさまざまな違いはあれ、政治に理念と哲学を求めた点では、湛山、博英、秀征は共通する。

単騎出陣型の政治家

日本とアメリカの安全保障条約の締結に反対する運動が日本を覆い、時の首相・岸信介がその標的となっていた一九六〇年六月、長幸男、武田清子の夫妻と石田雄という三人の学者、そして、まだ二十代の若き文芸評論家だった江藤淳が、前首相・石橋湛山の家を訪ねた。長によれば、病める身でありながら、「議会制民主主義を守る原則的姿勢」を保っていた石橋にさらなる健闘を頼むためである。

言葉が不自由になっていたこともあって湛山は、四人の話すことに熱心に耳を傾け、その一つ一つに深く頷いた。

石橋家の玄関には、湛山が自ら書いた「野の百合花は如何にして育つかを思へ労めず紡がざるなり」というマタイ伝の一句と、百合の花のブロンズのレリーフがかけられていた。

江藤淳が四人の中に入っていることが興味深いが、その江藤は、それから八年ほど後に書いた「一つの感想」という文章の中で「いわば陰であり、虚であり、裏側の仕事だったはずの文学が、今日陽であり、実であり、表側の仕事である政治・外交のごときに比べて、これほど偏重されているのは異常ではないか」と言い、「陰陽・虚実・裏表の順序が狂っている世界の繁栄は、実は虚像の繁栄ではないか。そしてそのなかで文学は、実は枯渇して行くのではないか」と嘆じている。それからさらに四十年近く経って、文学が枯渇したかどうか私は知らない。

しかし、「表側の仕事」であるはずの政治が、まさに「裏側の仕事」と化してしまったことは確かである。「本来陰であり、虚であり、裏側の世界の棲息者であるはずの自分が、どうして表通りで営業しているような顔をしなければならぬのか、という疑問から逃れられない。早く言えば私は、このことがひどく恥ずかしいのである」

江藤のこの述懐を借りて言えば、本来、表側の世界の棲息者であるはずの政治家が、今や、裏通りで営業しているような顔をしている。さらに悪いことは、それを恥ずかしがってはいないのである。

「裏側の仕事」に通ずることが玄人の政治家と呼ばれる現状を打破するためには、素人の健康さを取り戻さなければならない。

やはり、湛山の衣鉢を継ぐ政治家、宇都宮徳馬が追悼しているように、湛山は「政治に道理を求める人」であり、金や役職で子分を集めることは不得意どころか、大嫌いだった。

湛山はつまり、「大いなる素人」だったのである。

「総理には不適任」

吉田（茂）自由党と鳩山（一郎）自由党に分かれ、分裂選挙を戦う直前に行った徳川夢声との対談がある。『週刊朝日』の一九五三年四月十九日号に掲載された「問答有用」である。

「石橋さんは、はじめっから野党みたいなもんだったな」

と夢声に言われた湛山は、笑いながら、

「ぼくは政治家じゃないからね」

と答えている。

「そんなこっちゃ、総理にゃなれませんよ」と言われるが、「ならんでもよろしい。なりたくない。非常に不適任なんだ」と、その心境を吐露している。

「どういう点で？」

と突っ込まれた湛山の発言を引こう。

「長年、言論のほうをやって、自分の信じてきたことを述べまくってきたから、そういう習性がしみこんでるんだな。だけどね、いまは政治的考慮もずいぶんしてるつもりなんだよ、これでも（笑）。いいたいこともつとめて抑制してるんだが、ヒョコッと出るんだね。これからの政治家ってものは、腹にあることをどんどんいうようでなくっちゃいけないと思うんだけども、世間はそうは思わない。だから、思ったことを率直にぶちまけるということが、ぼくの欠点でもあるんでしょう」

それを「欠点」とする政治常識は現在も変わっていないように思うが、それでは、政治はますます「裏側の仕事」となるだろう。

「われわれ素人には、石橋さんのごとき人がいて、ときどきアッと言わしてくれると、政治ってものがたいへんおもしろく感じられるんですがね」

という夢声の述懐はいまも生きている。

そんな湛山を、大内兵衛はこう評している。

「日本のすべての政治家を通じていえば、ファシストが大部分で、リベラルは少数である。それだから日本の政治では軍国主義が勝って平和主義が負けているのだが、その少数のリベラルのうちで一応筋を通したのはたとえば犬養（毅）、たとえば原（敬）であるが、戦後にはそういうのが一人もいない。石橋さんが病気に倒れずに、この人本来の面目をほどこすのに成功していたら、日本の政治にももう少し光沢があったろうに」

犬養はともかく、小沢一郎が同郷ということもあって尊敬するという原敬には、私は少し異論がある。しかし、マルクス主義者の大内から、リベラルとして太鼓判を押されたのだから、湛山も本望だろう。大内は「財政と金融との筋がわかっていて、その筋によって政治をやろうとした」例外的政治家として湛山を推してもいる。

君子の交わり

その人との関わりやしがらみよりも、湛山は筋を重視した。それで、湛山の側近中の側近だった宮川三郎は湛山を信長にたとえた。

『同行』という雑誌の一九五二年十月号に載ったその一文のタイトルは「単騎出陣型の御大将」である。

ちなみにこの年の九月末に湛山は自由党を除名された。

「◇……自由党の内紛という奴は六月、七月、八月に亘って新聞の特種になった。所謂反乱軍も話としては面白いし、反乱軍と書いた以上は、つい石橋湛山を明智光秀と譬えたくもなるのであろう。併し、これは違う。御当人はアハハと笑っているけれど、どうせ譬え話をするのなら、むしろ織田信長とでも言うたら性格的にはもっとピッタリしただろうにと私は思う。

石橋さんという人は、如何にも積極的で、悲観だの屈託だのというものに縁がない。謀略なんてインチキ臭いことは性に合わんし、況んや恨んだり根に持ったりすることの出来ん人柄である。自らお弟子を作ることをせず、徒党を組むことを欲せず、熟慮断行し、原則的には『単騎出陣型』の生れついての大将である。

◇……友を欲しないのではない。相棒を望まんわけではない。弟子や部下を持つことが嫌いなわけでもない。実際の処、彼ぐらい多くの友人を持ち部下を持っているものは余り多くはないのだが、只自分で計らず自然の流れに委せてあるといった格好だから、謂わば、来る者は拒まず去る者は追わずというわけであろう。

熟慮中には努めて人の意見を聴く、反対するに決っている人の意見を殊更に尊重して聴く風がある。併し決ったとなると、一切は自分の責任で単騎出陣ということになる。

◇……多ぜい兵隊が居っても、ついて来いとも一処に行こうとも決して言わない。だから大将お一人では大事と思って後を追うものは勝手みたいなことになる。信長公出陣で、行くほどに人数が加わり、熱田に着く頃には三千騎になっていた……と言ったような格好が最近の自由党の所謂石橋派と思えばよい。

勝てば勿論差支えないが、人世は敗けることもある。そんな場合石橋さんは恐らく一人で責任を負うつもりでいるのだろう。道連れを作ったり巻き添えを食わせたりするようなことを極端に嫌うために巧まずして単騎出陣が原則になったのだと思わせる。東洋経済が追放に指定された時、一切を自分で背負って他に一人の犠牲者も作らなかったのは、正にその好例である」

側近ゆえの過褒があるとはいえ、「単騎出陣型」は確かにその通りだろう。

ただ、信長とは違って、他人に「部下」という意識はあまりもたなかった。「師弟」という上下関係にも、やはり湛山はなじめなかったのである。

「要するに石橋湛山氏は真の自由人である、凡て自分の責任でやるかわり、他人も亦凡て他人の責任でやっているものと認め、出来るなら他人の喜悲に立入ったり分け前を望んだりしないのだと見てよいのだろう。そこが又一緒にいるものに好都合なところでもある。勝手に働いて勝手に成績を挙げて、大将から賞品などない代りに、勝手に祝盃を挙げたからって文句を言う大将ではないのである」

こう続く宮川の石橋評はさすがに湛山をよく知る者の言である。

利害でつながっていないという意味で、その交わりは淡かった。しかし、逆に、利害がなくても結ばれているという意味で、それは深かったのである。

まさに石橋と人との交わりは、淡きこと水の如き「君子の交わり」だった。

当時、「石橋さんのお伴をすること二十年」で、東洋経済の社内では、「あれは石橋さんのイエス・マンだ」と言われ、外からは、「石橋と表裏同体」と見られていた宮川が、実情はそんなに単純なものではない、と述懐している。

湛山は宮川に、一度たりと、「お前が必要だ」とか、「君も一緒に来るか」とか声をかけたことはないという。

影の形に添うように、宮川の方から、「一緒に参ります」と無遠慮に言うのだが、湛山は「無用」とも言わないかわりに、「そりゃ好都合だ」などとも絶対に言わないとか。

宴会などで、他人が湛山と宮川の関係について言うことがあると湛山は宮川を横目で見ながら、

「そうね、ま、やっぱり親切者なんだろうね。だけども、親切者ぐらい煩さいものもないからねえ」

と言う。

湛山はまた、ある人に、

「宮川と言う男はね、ちっとも言いつけた通りに物ごとをやらんのだよ。何をやらせても宮川式でやって仕舞うんだから、あんな始末の悪い部下はないね」

と言ったことがあった。それをその人が宮川に伝え、二人で大笑いをしたこともあったという。

ともあれ、湛山にとって政治は徒党を組んでやるものではなかった。まさに理念を先行させてやるものだった。

国会議員は国政を

湛山が晩年、八十二歳の時に書いた「政治家にのぞむ」という一文がある。

「私が、いまの政治家諸君をみていちばん痛感するのは、『自分』が欠けているという点である。『自分』とはみずからの信念だ。自分の信ずるところに従って行動するというだいじな点を忘れ、まるで他人の道具になりさがってしまっている人が多い。政治の堕落といわれるものの大部分は、これに起因すると思う。

政治家にはいろいろなタイプの人がいるが、最もつまらないタイプは、自分の考えを持たない政治家だ。

金を集めることがじょうずで、また大ぜいの子分をかかえているというだけで、有力な政治家となっている人が多いが、これはほんとうの政治家とはいえない。

政治家が自己の信念を持たなくなった理由はいろいろあろうが、要するに、選挙に勝つためとか、よい地位を得るとか、あまりに目先のことばかりに気をとられすぎるからではないだろうか。派閥のためにのみ働き、自分の親分のいうことには盲従するというように、いまの人たちはあまりに弱すぎる。

たとえば、選挙民に対する態度にしてもそうである。選挙区のめんどうをみたり、陳情を受けつぐために走り回る。政治家としてのエネルギーの大半を、このようなところに注いでいる人が多過ぎる。

国会議員の任務は、都府県市町村会議員などと違い、国政に取り組むことにある。私とても、現役のとき、陳情にやってきた選挙区の人たちを、政府の関係当事者に紹介してやったことはある。せいぜいそのくらいで、陳情を受けついで走り回ったことはなかった。

現役時代、私の後援会の人たちが、ほかの代議士は、国会の休会中はむろんのこと、開会中でも選挙区に帰り、地元のささいな陳情を受けつけたり、演説してまわったり、会食会を開いてサービス精神を発揮している。先生も、たまには選挙区をまわってくれないと、この次が心配だという。

たびたび催促してくるので、後援会の幹部を東京に呼んで、『国の政治のことを考えれば、諸君の要求に応じているヒマがない』と説明したところ、全くそのとおりで、われわれはよくわかるが、一般選挙民にわかってもらうのは容易なことではないとなげいていた。

なるほど、選挙に当選するために選挙民を買収したり、あるいはその資金を作るために利権あさりをするという悪質政治家に比べれば、地元のために働く政治家はまだ許されるともいえよう。しかし国会議員の責務はそんなところにはないはずである。こうした政治家が多くなったのは、むろん、そのような政治家を要求する選挙民にも責任がある。また、言論機関も反省する必要がある。総選挙ともなると、新聞は候補者に質問状をよこしたり、座談会を開くが、その場合、選挙区の利害に関するものが圧倒的である」

残念ながら、湛山のこの指摘はいまも有効性を失っていない。

バラ戦争

「政治家にだいじなことは、まず自分に忠実であること、自分をいつわらないことである。また、いやしくも、政治家になったからには、自分の利益とか、選挙区の世話よりも、まず、国家・国民の利益を念頭において考え、行動してほしい。国民も、言論機関も、このような政治家を育て上げることに、もっと強い関心をよせてほしい」

八十二歳の時に書いた「政治家にのぞむ」を湛山はこう結んだ。その通りだが、問題は、いつわらない自分、あるいは忠実の対象としての自分があるかどうかだろう。また、それが「自分の利益」に占領されていたら……。

湛山の孫弟子の田中秀征は、三十歳の時に出した『落日の戦後体制』という本の中で、最近の若い人、特に女性は、いろいろな選挙ポスターを見て、異口同音に、

「どうして（候補者は）不必要に笑いかけるのか」

と反発すると書いている。

そして「それは、娼婦が見知らぬ人に向かって不自然な笑いと流し目を送る姿をほうふつとさせる」と断

罪している。

こうした、「こびの氾濫」を嫌う田中は、青年の客気をみなぎらせて、同書の「あとがき」にこう書いた。

「私は、正直に言ってこの時代が嫌いである。なりふりかまわずうごめいているこの時代になじめない。自然美、はぎれの良さ、香り、格式、われわれは、あまりにも多くのものを捨てさり、いまだに新しいものを産んではいない。経済成長と科学技術の発達は、確かに、物を量産してきたが、ひとつとしてわれわれの心を盛りこんだものはない。

〝老醜と新奇〟が、この時代の二つの表情である。みにくく、けばけばしく、けたたましい時代、それがわれわれの時代である」

この〝宣言〟から三十年余り経って、田中がいま、「われわれの時代」にどういう感慨を抱いているか、私は知らない。また、改めて聞こうとも思わない。

こうした「感覚の提示」の時期を経て、田中はまさに責任を担う季《とき》に入っているからである。

しかし、「けばけばしさ」や、「けたたましさ」を嫌い、「香り」や「はぎれの良さ」を好む感覚は消えることはないだろう。

官僚出身対党人派

それは師の湛山とも共通するものだった。戦後、湛山は「目白文化村」に住み、ここで首相となった。この文化村には、歌人で書家の会津八一、法政大学教授の関口存男、音楽評論の兼常清佐といった「文化村の三奇人」をはじめ、学習院院長の安倍能成など、多くの学者、文化人が住んでいた。

一方、湛山にとっての「政敵」ともいうべき吉田茂は大磯住まいである。

そのワンマンぶり、独裁性を湛山は激しく批判したわけだが、あるポストを、湛山はこの吉田からバトンタッチされている。それは日本バラ会会長の椅子で、吉田から湛山へ、そして、湛山の弟子の石田博英へと渡った。

言うまでもなく、十五世紀後半のイギリスで、紅バラを紋章とするランカスター家と、白バラのヨーク家との間に王位継承をめぐって三十年にも及ぶ争いがあった。バラ戦争である。

共にバラを好んだ湛山と吉田茂の争いは、この〝バラ戦争〟にもたとえることができよう。

どちらが白バラで、どちらが紅バラなのか。

私としては、すっきりした白バラが湛山で、けっこう派手な紅バラが吉田だと思いたいが、判断は読者に委ねたい。

このバラ戦争は、一九五二年九月二十九日に吉田が自由党から湛山を除名したことによって激化する。

同年十月二十五日号の『日本週報』で湛山は「首を切られても痛くはない」と題し、こう発言している。

「さてこのたびは、河野（一郎）君とぼくが、いわゆる、泣いて首を切られた〝馬謖《ばしょく》〟の役割を果たしたわけであるが、これなども、いかにも吉田氏の性格を表わしていると思って、憤るよりもむしろおかしいぐらいだ。あれはちょうど、GHQが、好ましからざる人物なりとして追放したやり方とソックリそのままではないか。吉田君もいつのまにか、占領当局のお仕置が、身についてきたものとみえる。こんどの吉田追放令は、まさにぼく等に対する挑戦状ともいうべきものだ」

選挙中、湛山が名古屋へ遊説に出かけた時、吉田が飛行機でやって来た。そして記者会見があって、日比谷公会堂における鳩山の演説に関して質問を受けた。その際、吉田は「病人にしてはよくやった。しかしながら、それは病人のやったことだからまともに批評はできない」と答えた。それで湛山は怒った。

「吉田君は人間ではない。とにかく友人であるならば、そして鳩山が政界に出ることは鳩山個人のためにも、日本のためにも悪いという信念があるならば、〝君はこれこれだから出てはいけない〟ということを、なぜ鳩山に言わないのか。

もう一つの行き方は、君は手足が悪いようだがひとつやるか。それでは前の経緯もあるから、〝君に総裁が行くように党に話をしよう。内閣を組織するなら援助してやろう〟ぐらいのことは当然言ってもよいはずだ。しかもそのいずれの方法もとらずに演説をけなすのは、選挙妨害にひとしい」

それを四国へ行った時に湛山が話した。

「高知県というところは、板垣退助の出生地で日本の民主政治の発祥地だ。そこでこんなけしからぬ人間を当選させるようだったら、高知県の名折れだ」

これは四国の新聞に出たので吉田は見たに違いない。あるいはこれが吉田の癇にさわったのかもしれない。

「よくわれわれを分派行動というが、分派行動をやるのは向うだ。福永幹事長の問題も皆が反対するのは分りきったことなのに、あんなことをするのは、混乱させた方が悪いのだ。

ぼくらを公認しないとか、除名するとかいう放送を何度もしていたが、結局除名してしまった。

代議士になってしまうと、除名するのに、議員総会の三分の二以上の賛成がなければできず、やっかいな問題になるから、どさくさまぎれにやってしまったわけだ。

そして先例があると称しているが、その先例とはこういうことだ。

選挙最中ある地区で自由党候補者が幾人も出る。定員三人のところに五人も出ると困るから、あとの二人は辞退してくれ、と勧告する。それを聞かないと除名する。これは選挙に関係するから後にのばせない。臨機の処置として選挙対策委員会で除名することがある。

しかしぼくと河野は、選挙に関係がないのだから、除名したかったらあとですればいいのだ。ぼくを司令部が追放した時に、世間では吉田がやらせたんだ、としきりに言ったが、僕は信用しなかった。しかし、こんどのやり口をみるとこれは世間が言う通りかな、と思っている。

いずれにせよ、昨今の吉田君のやり方は、彼自身のもっとも嫌っているはずのファッショそのものである、といわざるをえない」

ちなみに、吉田は一八七八年九月二十二日生まれ。東大を出て外務省に入り、奉天総領事、外務次官、駐英大使などを務めた。牧野伸顕の娘と結婚したことでも知られる。

一方、湛山は一八八四年九月二十五日生まれで吉田とは六つ違い。一つ年上に鳩山一郎がいた。鳩山は八三年一月一日に生まれている。

湛山と一緒に吉田から自由党を除名された河野一郎はずっと若く一八九八年六月二日生まれである。湛山と河野は共に早稲田を出てジャーナリストとなったが、鳩山も東大を出て弁護士となり、政治家になるまで民間にあった。

つまり、吉田対鳩山、石橋、河野の争いは、官僚出身政治家と党人派の争いでもあったのである。その後、いわゆる「吉田学校」は、池田勇人、佐藤栄作ら、官僚派政治家を多く輩出する。

坊主の精神持つ指導者

先に、湛山の「首を切られても痛くはない」を紹介したが、湛山はさらに『文藝春秋』十一月号に「吉田への果し状」を書く。

「吉田は現在、政権を持続せんとしているようであるが、これは憲法上、実に危険なことであると思う。秘密外交、抜き打ち解散、抜き打ち除名等のやり方は、明らかに権力主義の権化であり、独裁者的横暴である。

世に側近が悪いんであって、吉田個人は悪くないというが、側近は中心があってのもので、何でもない。蛸の頭を切れば、八本足は物の用に立たなくなる。昨日（十月二日）新聞社の座談会で広川（弘禅）と私が共に出席する筈になっていたところ、広川は私が出ると聞いて、『これはかなわない』といって逃げたそうである。側近とはこんな者が多いのである。吉田個人の性格に独裁主義が巣喰っているのである」

その後、湛山は、尾崎行雄老が吉田の抜き打ち解散を批判して、

「何で議決して解散せんのか！　議会政治無視も甚しい」

と怒っていた話を紹介し、さらに舌鋒鋭く吉田に迫る。

「吉田が何故、政権に執着するのか？　前にいった独裁主義だからだ。人に会わなかったり、新聞記者に水をかけたり、旧軍部がパール・ハーヴァーを奇襲した如くに解散したり、大臣をスパスパと替えたりするのは、皆その例である。

もっと何故フェアーに出来ないのか？　自己の利益のみ考えて、人を人として何故扱わないのか。『法華経』の『常不軽菩薩』という乞食坊主は、きたない恰好で何所へいっても人を拝む。あなたには仏

になる資格があるという。拝まれる人は気味が悪いから怒る。遂には石を投げる。投げられても拝んで、『我不レ軽レ汝』といったという。

この坊主の精神こそ今の日本の指導者に必要である。私は選挙運動の時、石を投げた人もたくさんあっただろうが、いつも『常不軽菩薩』の精神でやって来た積りである。

私の経済政策をインフレ政策というのは当らない。私のは経済力増強政策という積極政策である。インフレーションは歴史の示す通り、戦争直後、或は社会的混乱の後に起るもので、現在の如く一応安定した経済情勢では金を出しても、インフレには絶対ならない。

日本には、未だ未だないというが、資産や土地がある。更に唯一の強みは、世界有数の優秀なる人間が多数いる。何故これをもっと活用しないのか？

ところが、池田(勇人)・ドッジ政策はこれを殺している。均衡財政というがこれは経済を縮小しての均衡、つまり消極政策である。ドッジ氏は、元来が銀行家であるから、金を出さずに、物価を下げて不景気にし、賃金をそのままにしようとする。日本をアメリカの下請工場にするには持ってこいかもしれない。

然し、これでは、日本経済は不安定である。行詰りである。現にそうである。企業の大小を問わず、幹部は金を借りるのに浮身をやつしている。それが仕事なのである。これでは産業は復興しないのは当然である。

ドッジ政策に反するからといって、私は反英米政策をいうものではない。米英協調主義である。が、イエス・マン的協調ではならぬ。真の友人は忠告し合うのが本当だ。イエス・マン的関係は一方の奴隷に過ぎない。吉田の米英協調主義は真の親友関係ではないのはこれである。問うべきは問い、正すべきは正すべきである」

この中に出てくる吉田側近の広川弘禅は、のちに転じて鳩山の下に走り、反吉田になる。吉田に比すべくもないが、現在に当てはめれば、小沢一郎の側近だった中村喜四郎が反小沢の急先鋒になったのに似ている。

その広川について、こんな証言がある。吉田の娘、麻生和子の、『父吉田茂』（光文社）の中のものである。

「どんな社会でもありがちなことだとは思いますが、政界というところはいやな世界で、今日の友は明日の敵といったことがしばしば起こります。

それというのも、男の人にとっては、やはり権力というものがよっぽど魅力なのでしょう。自分の思ったとおりにできる権力をえるために、常に得なほうへと身を処していく。常に得なほうへつくということが、ためらいもなくできてしまう場合があるようです。

もちろん、それでわるいかといわれれば、どなたもそれなりの理由があってのことでしょうからなにもいうことはありません。

それでも広川弘禅さんのときのことは、いま思えば笑い話みたいなものですが、その当時は私も若かったのでしょう、ほんとうに心の底から腹が立ったものです」

麻生和子によれば、吉田には、「自分と性格のまったくちがったタイプの人間」に惹かれるところがあり、広川が風変わりなことをしたり、奇抜なことを言うたびに「おもしろいやつだ」と笑っていた。

たとえば、食事に招くと、広川は自分の茶碗と箸をもってやって来る。

そして、出されたものを食卓の上で自分の食器に移してから食べるのである。

禅宗の僧侶で、そういう習慣だったかららしいが、麻生和子には「なにか芝居がかって見えて、おもしろいというよりヘンな方だなという感想のほうが強かった」という。

安岡正篤との距離

安岡正篤という人がいた。「歴代首相の指南番」とか、「右翼的陽明学者」とか言われた政財界の黒幕的人物である。

一八九八年生まれで、旧制一高から東京帝国大学法学部に学んだ安岡は東洋思想に通じ、吉田茂の岳父である牧野伸顕や海軍大将の八代六郎らに師として遇された。そして、弱冠二十七歳で海軍大学校に特別講座を持ち、「日本武将論」を講じたのである。

反共産主義の考えが強く、戦争中は小磯国昭、鈴木貫太郎両内閣の大東亜省顧問となって活躍。〝昭和の大塩平八郎〟と呼ばれた大川周明に対し、安岡を〝昭和の由比正雪〟と呼ぶ向きもあった。

終戦の時の「玉音放送」の文案を〝添削〟したのは有名だが、吉田以後の首相の中で、岸信介、池田勇人、佐藤栄作、福田赳夫、大平正芳等、とくに官僚出身者が、その施政方針演説などに安岡の朱を入れることを求めたのである。

安岡は「教えること」が趣味だと言い、

「各国を通じてその政治的優劣の最も顕著な問題は、要するにそのエリートの差である。エリートが時代の正しい要求に応ずる人格、識見、手腕を有せず、従ってその職責を空しうし、世の中が治まらなくなるうちに、頻発する動揺と急激な変化を、革命ということができる。それは新しいエリートが政治権力を奪取し、掌握するための闘争である」

と〝エリート学〟を高唱した。

これが吉田にはぴったりだったのか、二十歳も年下の安岡を、吉田は「老師」と呼んだのである。影の形に添うように安岡と共にあった林繁之の『安岡正篤先生随行記』（竹井出版）や『安岡正篤先生動情記』（プレジデント社）にしばしば安岡と吉田が会談したという記述が出てくる。一九五一年の一月にもそれがあり、「吉田総理と先生は、総理の岳父である牧野伸顕伯爵（宮内大臣などを歴任）を介して知り合い、戦前戦後を通じて公私の交わりが深かったのである。牧野伯爵は夙《つと》に青年学徒の安岡先生を敬愛し、戦後、千葉県柏市に隠棲され、みまかるその時まで先生との親交が絶えなかった」と書いてある。

また一九五三年五月の頃には「岸信介の懇請により会談する」とあり、岸の弟で吉田門下の佐藤栄作や池田勇人、さらには早くも福田赳夫について「有為の人」と言った声などが出ているが、湛山はまったく出てこない。

吉田と安岡の親密ぶりを示すものとして『動情記』の一九五五年四月のある日のことを引いておこう。

「大磯の吉田茂より『庭園の花咲き初めし』との便り。一日、先生は大磯に清遊した。玄関に出迎えた婦人は曾て新橋の老妓である。それを先生は吉田邸の今日の手伝いかと思い違いをし、『あなたも来ておられたか』と軽く挨拶したので婦人はいささか怪訝の体《てい》に見受けられたと。後で先生『僕の迂闊《うかつ》にも困ったもの』と。実は吉田邸の小りん女史であった」

同じ年の六月の項に「賀屋興宣、石井光次郎、池田勇人、千葉三郎、岸信介、保利茂等と先生、時局について会談」とあって、そのまま石橋内閣に触れることなく、一九五七年の二月の某日、「岸新総理を南平台の自邸に訪問。後より佐藤栄作も会談に入る。内外情勢と岸内閣のなすべきことを話しあった由」となる。

側近として、時の総理から、「至急会えぬか」と電話があったことなどは細大もらさず書いているから、安岡と湛山はほとんどつきあいがなかったのだろう。

社会党と湛山

安岡という学者か思想家か、はたまた黒幕かわからぬ人物を介在させると、吉田と湛山の違いがはっきりする。

人間を上下のタテ関係で判断し、自らをエリートだと確信していた吉田は、現天皇の立太子礼では「臣茂」と名乗って問題となった。

おそらく、湛山だったら、そんな署名はしなかっただろう。湛山は人間と並列のヨコ関係でつきあった。湛山をはじめ、三木武夫、そして田中角栄の党人派首相が安岡からは遠かったというのが興味深い。よかれ悪しかれ、この三人は安岡に「決断」を仰がなかったのである。自ら決断した。

『動情記』の一九六八年の項に、自民党幹事長だった田中角栄が柳橋の料亭に遊び、安岡が別室に来ているのを知って、

「安岡先生も来ておられるのか」

と案内の芸妓に言ったとある。

それを聞いた女将が安岡に告げ、安岡は女将を通じて、

「よろしければこちらにどうぞ」

と誘わせた。しかし、田中は

「先生は強《こわ》いからな」

と笑っただけで動かなかったという。

これが佐藤や池田、あるいは福田や大平だったら、いそいそと駆けつけただろう。

『動情記』には、一九六八年五月二六日に書いた三島由紀夫の安岡宛ての手紙も載っている。二年後に三島が割腹自殺した時、安岡は、「手紙を貰っていたが、早い時期に東洋の学問など、じっくりと語り合いたかった。惜しいことをした」と述懐したという。

前記の手紙でも、三島は「書斎派の哲学」である朱子学よりは、「知行合一の陽明学の何たるかを証明したい」という「大それた野心を抱いて」いるとし、その後を次のように続けている。

「左翼学者でも、丸山真男の如き、自ら荻生徂徠を気取って、徂徠学ばかり祖述し、近世日本の政治思想の中でも、陽明学は半頁のcommentaryで片附けているかの如きは、もっとも『非科学的』態度と存じます。却って大衆作家の司馬遼太郎などにまじめな研究態度が見え、心強く思っております。東洋思想に盲目の近代インテリが今なお横行闊歩している現下日本で、先生のような真の学問に学ぶことのできる倖せを恭く存じます」

ここで「左翼学者」とレッテルを貼られた丸山真男の方が湛山には近かった。まして、三島由紀夫のエリートイズムには、湛山は嫌悪感に近いものを感じただろう。

あの浅沼稲次郎を刺殺した十七歳の少年、山口二矢を登場させれば、安岡や三島はこの山口と近く、湛山や丸山真男は刺殺された浅沼と近かったのである。

そんな位置にある安岡を、吉田は「老師」と呼んでいた。安岡は蔣介石の意向で戦犯指定を免れたといわれるが、そうしたこともあって徹底した反中国派だった。台湾に追われた蔣介石を支持し、共産主義が支配した中国を嫌ったのである。それは吉田茂も同じで、その点も、中国との国交回復に力を尽くした湛山とは違っていた。

『湛山座談』（岩波同時代ライブラリー）に、戦後まもなく、湛山が社会党と政策協定を結ぼうとした話が出てくる。

「この政策協定は、僕の勝手にやったものでなく、吉田首相諒解のもとに行なったのですが、いよいよの時に至って、吉田首相の気が変わった。そして、社会党には左派なるものがある。それは共産党だ、そんなものと提携はできぬという理由で、社会党との関係を絶った」

湛山は往時をこう回顧しているが、吉田のこの「変心」に安岡が関わっていたと考えることもできるだろう。吉田と安岡の関係を考えれば、それは決して強引な推理ではない。

前にも引いた徳川夢声と湛山の対談がある。そこで夢声が、

「あたしは吉田首相と二時間ほど対談をしたんですが、その時の印象では、まことに感じのいい人なんです。それで、吉田ファンてえほどじゃないけども、どっちかっていえば、吉田という人を買ってるんですよ。そういうあたしの立場から、石橋さんの吉田首相に対する批評をうけたまわりたい。ズバズバとやっていただきたいですな」

と語りかけ、湛山が逆に、

「承知しました。あなたが感服したというのは、どういうところに?」

と問い返すと、夢声は、吉田が新聞記者に突然、コップの水をかけたことを踏まえながら、

「あたしァ水ぶっかけられたこともないし、まあ、大磯でお茶のごちそうぐらいになってますし、それにあの人は、座談が非常に上手ですよ」

と答える。それを承けて湛山は

「水ぶっかけたことが、ある意味では、吉田の評判をよくしてるんだよ。いったい、強いということは大衆にとって魅力がある。女が相撲とりにほれたり、拳闘の選手にほれたりするようにね。新聞記者というやっかいなものに水ぶっかけたのは、強いという意味になる。(笑)ぼくはね、個人攻撃をすることは元来ヘタでもあり、また主義としてやらないことにしてるんだが、しかし、吉田に対してだけはやむを得ずやり始めた」

と話している。

「冷酷有情」の吉田

その前段で湛山は、一九五三年一月十三日に、大阪で記者団と会見し、

「吉田首相は民主政治のガンであるから、今国会中に不信任案を成立させるか、予算案をつぶすかで、かならずこの内閣を打倒する」

とブチあげて大きな反響を呼んだことについて問われ、

「ここでああだこうだっていうと、なんか弁明みたいになっていやなんだけども……。つまり、ぼくの話の半分だけ、新聞に出たんだよ。『吉田が民主主義のコースにほんとうに乗ってくれなければ、こういうことになるぞ』といったんだ。その前提がなくなっちゃって、シッポのほうの『こうなるぞ』という部分だけ

出ちゃった。その話をした時、記者諸君は『こんな愉快な記事が書けるのは、新聞記者になってからはじめてです』っていうんだ。（笑）翌日あんなものが出たってことは知らないんだよ。ラジオの人がきて、『先生えらい爆弾を投げつけられたが、それについて御感想を』というんだ。『え？　だれに投げたんだい』（笑）新聞をとりよせて見たら、なるほど出てる。もうしょうがない。（笑）出てしまったあとで、ああでもないとか、こうでもないとか、そんな卑怯なことはいえませんからね」

湛山が腹にすえかねたのは、吉田が鳩山の演説を批評して、あれは病人のいうこったから相手にするに足らん、と言ったことだった。

それを指して湛山は吉田を「実に冷酷無常な人だ」と攻撃する。

「かれは鳩山に政権をゆずるとかゆずらんとかいっていましたがね、ゆずろうなんてえ気は、もうとうないんですよ。それから、自分が困ってくれば、どんなおせじでもつかう人だ。こんどの総選挙に、ほうぼう遊説してますね。吉田はあんなことをしたくないんだけども、こんど負ければ、二度と自分は立てないという利害計算の上から、遊説に走りまわってるんだ。いつでもそうだ。首ねっこをおさえられりゃあ、どんな難題をもちかけられても承知するが、その危機を通過すれば、あとはゴウゼンとかまえる。そういった人ですね」

吉田から自由党を除名されてまもなくだからか、湛山の口調も相当にきつい。

「しかし、冷酷無情の人間であるにしては、犬養健氏をとりたてるとなると、何度反対をうけても根気よくねばって、結局、大臣に押しちまうし、福永健司氏を幹事長にしようとした時も、えらい反対があって、自由党がガタつく騒動になったのに、こんどまた官房長官にしちまってる。そういう点じゃあ、無情どころじゃない。それが正しい愛情といえるかいえないかは別として、一種の感情家ではあるようですね」

夢声がそう反問ともつかない反問をすると、湛山は、

「そうですよ。感情家だから、冷酷にもなるんでしょうね」

と答えている。

「冷酷有情ですかね。（笑）」

と夢声が言えば、

「愛情が公平でない。偏愛なんだ。自分にとって役に立たんと思やあ、いつでもポイと捨てちゃう」

と湛山はあくまで厳しい。

「それじゃ、犬養法相も福永官房長官も、役に立つと思われてるわけですね」

という夢声の問いかけにも、

「少なくとも、吉田の感情にたてをつくということはないからね」

と切り捨てている。

最後にまた、政財および官界の人間にファンの多い安岡正篤に戻れば、安岡は中曽根康弘について、こんな感想をもらしたという。

「中曽根も気障なところがあったが、この頃は大きく変わった。浜地（文平）さんもそれをしみじみ語っていたが、いつか総理になる前に貰った長文の手紙は、人間の深みと敬虔さが窺えて驚いたことがある。おそらく総理として輿論も揚がると思うよ」

もちろん、リクルート事件の発覚前だが、中曽根に「人間の深みと敬虔さ」を見て驚いたという安岡に私

は驚く。

易学の大家としても知られる安岡は、リクルート事件の発覚を見通せなかったのか。それとも、エリートにとっては取るに足らざることなのか。

浜地の後継者として代議士になった藤波孝生は、中曽根の防波堤になる形で汚職の罪に問われた。あるいは、このように部下を切り捨てるのが、安岡の教えるエリート学なのかもしれない。安岡に学んで同じことをやる財界人も少なくない。

池田勇人との因縁

一九五七年秋のある日、東京は白山にある安岡正篤の家を、当時四十七歳だった自民党池田派の代議士、大平正芳が訪ねた。池田勇人を総理にというグループ、つまりは派閥の名前をつけてほしいというお願いのためである。

塩田潮の『昭和の教祖安岡正篤』(文藝春秋)によれば、吉田茂が安岡を老師と呼んだのは「吉田さんらしい皮肉をきかせたウイットだった」と安岡は語っていたという。

ともあれ、その吉田派が池田派と佐藤栄作派に分かれる。そして前尾繁三郎や宮沢喜一と共に池田派に参じた大平が、派の命名を安岡に頼もうと提案したのだった。

それに応えて安岡は「宏池会」と名づけた。中国後漢の学徳高かった馬融《ばゆう》が「高光(宮殿の名)の樹に休息し、以て宏池(広大な池)に臨む」と讃えられているのに由来した名前である。池田の姓も念頭に入れてのものだった。

ちなみに安岡は、保利茂や福田赳夫が集った佐藤派の「周山会」の命名者にもなっている。日本の政財界人にとって安岡は麻薬のような精神安定剤《トランキライザー》であり、また、何となくありがたみを感じさせるコピーライターでもあったのである。平成という元号も安岡が遺したといわれる。

池田への追悼

ところで、宏池会を組織して、のちに首相となる池田勇人と湛山は不思議な因縁がある。

まず池田を大蔵次官に抜擢したのが蔵相としての湛山だった。

そのとき池田は、

「大臣のためならなんでも致します」

と言い、湛山はあとで、松村謙三と、

「池田は恩義を感じた人のためにはドロボウでもしかねない」

と笑ったという。

湛山の選挙の応援に来た時も、池田はこのことに触れ、

「私には終生忘れがたい恩人が二人います。吉田（茂）さんと石橋さんです。私は石橋さんのおかげで大蔵次官に起用され、親孝行もできたし、政界入りの糸口もつかめたのです」

と演説した。

その二人の恩人、吉田と石橋が対立し、吉田が湛山を自由党から追放した時、池田は幹事長だった。湛山は池田幹事長から「キカヲジョメイス」という通告を受けるのである。

そんなことがあったにもかかわらず、湛山は石橋内閣で池田を蔵相に起用した。

一九六五年八月十三日の『朝日新聞』に掲載された湛山の「池田勇人君を悼む」という一文がある。とりわけ、その結びは胸に迫る。むしろ、湛山という人間を伝えて余りある追悼文ではないか。

「ぼくは池田君の政界入りのきっかけを作り、その後、『池田幹事長』のもとで二度、自由党を追出された。その後、総裁公選のとき、かれは同じ自由党系の石井光次郎君は総裁として物足りないといい、ぼくを支持し『石橋総裁』実現の大きな力となり、石橋内閣では内閣のカナメとなった。そんなきずながあったからか、北海道旅行の終りに、札幌で急に池田君の病気が気になり出し、ベニザケのうまいのをかれあてに発送した。それが十一日。いまごろサケは汽車に乗っているだろう。池田君の食膳に間に合わなかった」

時に湛山八十歳。喉頭ガンで亡くなった池田は六十五歳だった。

それからしばらく経って刊行された『池田勇人先生を偲ぶ』という追悼集にも湛山は「私の弟子・池田勇人君」と題した一文を寄せている。

「池田君は外交政策では吉田さんの弟子だが、こと経済政策では完全に私の弟子である。石橋内閣のときの『一千億減税、一千億施策』のキャッチ・フレーズも、二人だけのあうんの呼吸で作り上げたものだし、彼の『所得倍増政策』なども、石橋流の考え方を拡大発展させたものだった。だから私は彼の政権担当時代にも、こと外交面では、ただの一度だけ注文をつけたことはあったが、国内政策、とくに経済政策については、全くまかせきりだった」

外交面での注文とは、日韓交渉をやめろということである。前記の「悼む」でも「吉田さんの弟子だけあって、外交はアメリカ一辺倒でこれだけは最後まで何度いっても直らなかった」と書いている。

「吉田さんの弟子」といえば、『大野伴睦回想録』（弘文堂）に面白い吉田の切り返しがある。

「代議士は大嫌い」と広言していた吉田が首相になり、自由党の人間を知らないこともあって、大野にすれば「手当り次第にちょっと目につく人物は、片っ端から大臣に」した。

一九四六年春の第一次吉田内閣では、教授グループの東畑精一を農林大臣にしようとして断られ、次に農林省農政局長だった和田博雄を大臣にするといい出した。企画院事件に連座した和田は、どちらかと言えば左派の人である。

これには、人事に口出ししないと約束して総裁就任を頼んだ党内も黙っていず、激しい反対の火の手が上がった。

大野も吉田に、

「和田君の思想は、わが党の主義主張と根本的に相容れないものがある。いかなる理由で、党内の反対を押し切ってまで農相にされるのですか」

と談判すると、吉田は、

「あなた方は、いまになって何をいうのです。総裁を引き受ける条件に、私の行う人事には一切注文をつけないことになっている。それを、いまごろとやかくいわれるのなら、総裁をお返しします」

と色をなして怒り、大野も引き下がらざるをえなかった。

ところが、その後、和田は社会党に入る。

「それみたことか」という気持ちで大野が吉田に、

「総理、私たちが申し上げた通りだったでしょう。和田君は社会党に走ったではありませんか」

というと、吉田はケロリとした調子で、

「うん。和田君は仕方がない。彼は〝吉田学校〟の卒業生ではないからね。中途退学生だ。池田、佐藤君らのように卒業していたら、もっとまともになっていたのだが」

と答えた。

さすがの大野も、これには感心したという。吉田学校の二人の卒業生、池田と佐藤に対する大野の評価は正反対である。池田に甘く、佐藤に辛い。

吉田が一年生代議士の池田を大蔵大臣に抜擢したのは「ホームラン」だとし、自分もこれには幹事長として積極的に産婆役をつとめた、と大野は述懐する。

第三次吉田内閣でのことだが、「いかに有能の士とはいえ、党内の順序を無視している」と、自由党の代議士会が池田蔵相就任反対の決議をした。

弱ったワンマンが大野を呼び、何とかまとめてもらえないか、と頼む。

それで大野が党内収拾に動き出したある晩、池田から大野に、これから伺いたいのだが、という電話がかかってきた。

明日ではダメかというと、お家の方に迷惑はかけないという。

そしてまもなく、夜中の零時過ぎだが、魔法ビンと小さな包みを手にして池田が入って来た。

「奥さまを起こしては」

といいながら、池田は魔法ビンの熱燗を湯呑みに注ぐ。包みは酒の肴である。注しつ注されつ、持参の酒を飲みつくした後は、ウィスキーになり、午前二時頃まで語り合った。

大野はこのとき、官僚上がりにしてはこせこせしたところがなく「大物になるな」と思ったという。

「その後、ほどなく池田君は蔵相となり、私が評価したように、ぐんぐん頭角を現わしていった。以来、池田君とは主流、反主流と政治上の立場は変っても、お互いに尊敬し合う仲である」

こう書いている『大野伴睦回想録』の「恩讐の政界」の章に、一九五七年の総裁公選の時のことも触れてある。

伴睦と池田の賭け

「大野さんの回想録は、私に関する限りきわめて正確だ」と、当時、池田は言っているが、湛山についてはどうなのか。とりあえずまず紹介しよう。

岸信介、石井光次郎、そして湛山が立ったこの公選で、大野派は「白さも白し、富士の雪」と白政会を結成し、中立を保っていた。大野派が白政会とは、買収も厭わぬ政治家が白手袋をはめている感じがするが、この際追及しないことにして、回想録から引くと、岸や湛山は何度も高輪の伴睦の家を訪れ、協力を懇請したという。

白政会の中には「岸は戦犯だ」と反対の声が強く、湛山に傾いて、倉石忠雄立ち会いの下に伴睦が湛山と会うことになった。

湛山は伴睦の顔を見るなり、

「第一次吉田内閣の時、私は蔵相で、あなたは幹事長だった。いまでも、あのときのあなたの党内をまとめる手腕は、よく覚えている。なにしろ私は党内のことを全く知らない。わが方に協力してもらえるならば、総裁当選のあかつきに副総裁になっていただき、党のことは一切お任せするつもりだ。また閣僚のイスもいくつか大野派に差し上げる」

と言った。それで大野は具体的に大臣のイスを四つ求め、蔵相には水田三喜男をという確約をとったという。

そして投票の前夜、伴睦は紀尾井町の料亭、福田家で池田と会った。池田は石井支持である。

「池田君、石井、石橋では石橋君の勝ちだ」

「いや、とんでもない。石井さんですよ」

「冗談ではない。石井君は百四十票以下だよ」

「では、賭けましょうか」

こんなヤリトリがあって、二十万円の賭けをした。

結果は、決選投票で石橋。「大野派三十数人の帰趨で石橋君が当選した」と書いている大野は、池田からせしめた二十万円で、同志と共に愉快に酒を飲んだとか。

しかし、あとで検証しなければならないのは、次の指摘である。

「この公選で賭は勝ったのだが、大臣のイスの方は石橋君らの裏切りで、まんまと一ぱい喰わされてしまった。石橋内閣の組閣というのに、あれほど協力した私たち白政会を除け者にしておいて、石井派支持の池田君を組閣本部に招いて勝手に大臣を決めていく。約束の水田君の大蔵大臣も、どうやら危くなってしまった」

それで大野は赤坂の料亭、川崎から電話をかけて、湛山の側近の大久保留次郎を呼び出し、

「話が違う」

と怒鳴りつけた。それに対して、

「蔵相には池田君が決ってしまい、農相ではいけないか」

と返事が来て、通産相に水田を押し込み、松浦周太郎の労相ほか、郵政、厚生と四つのポストを獲得したという。


この回想録は、当時、大野番だった読売新聞記者（現会長）渡辺恒雄が執筆したといわれる。版元の弘文堂の社長は、渡辺の弟の昭男である。

多分、伴睦だけでなく、渡辺のバイアスもかかっているだろう。それにしても、一国の総理の座をめぐって、当事者たちが二十万円を賭け、そのことを恥ずかしげもなく、公表しているのには恐れ入る。ただ、この「義理人情一代記」は、ここまであからさまに書いているがゆえの迫力はある。


第五次吉田内閣で、郵政大臣に灘尾弘吉と塚田十一郎が候補になった。大野派に属する塚田を推したい伴睦は、吉田が灘尾のことをあまり知らないのを幸いに、

「そんな人のウワサ（灘尾は内務官僚で非常にいい男）くらいで大臣を決められては困ります。党に功労でもあった人ならいざ知らず、単にいい男だけでは。それより党の仕事もよくやった塚田君の方を、この際大臣にするべきではないでしょうか。灘尾君については、他日の候補ということにしては」

と持ちかけ、傍にいた林譲治と益谷秀次が「その通り」と相槌を打ってくれたこともあって、塚田郵政大臣が決まった。


ところが、この決定を小耳にはさんで逸早く、電話で塚田に、

「君を大臣に推薦したら、その通りに決まったよ」

と手柄顔に知らせた男がいるというのである。

組閣の度にハラハラして、なれずに来た塚田は躍り上がって喜び、電話の主にお礼参りをした。

大野は黙っていたので、見かねた林と益谷が塚田に、

「君を大臣にしたのは大野君だ。方角違いに頭を下げているね」

と教え、あわてた塚田が大野のところに飛んで来た。

「この電話の主の名前、書くのは当人には気の毒だが、党人上りの政治家と官僚出身のそれとが、どのように違うか知ってもらうために、あえて公表しよう。その名は佐藤栄作君なのだ。すべての官僚出身の代議士が佐藤君のようだとはいわない。池田勇人君のように総裁の器をそなえた人物もいるが、概して官僚出身は出世街道を歩くことが、第二の天性のようになっている。僅かなことでも、自分に有利な材料があれば利用することを、決して忘れない。その点、生粋の党人上りは大まかというのか、スキ間だらけというのか、目先の勝負ではお役人さんにはかなわないようだ」

大野にここまで酷評された佐藤が、後に七年八ヵ月も首相をやることになるのだから皮肉である。

番記者という存在

大野伴睦のゴリ押しで、東海道新幹線は岐阜羽島駅に停まる。乗降客も少ない田んぼの中という感じのその駅に降りると、伴睦夫妻の銅像が建っている。伴睦だけでなく、夫妻である。

銅像を建てたがる神経が私には理解できないが、それも夫妻となると異様で、私はしばらく、そこに立っ

て銅像を見上げていた。

湛山は『湛山座談』で、その伴睦について、こう言っている。

「思いがけないといえば、大野伴睦氏がその著書のなかで、僕が同君を自民党の副総裁にすると約束しながら、それを反古にした、と苦情をのべていることである。僕は同君にそんな約束をしたおぼえがない。ただそういう誤解を生じた原因については、内心思いあたるフシがある。それは、大野氏に副総裁になる希望があることは村上勇君の意見として聞いたことがあったことである。

第一次吉田内閣の時、大野君はさいしょ、同君が内務大臣のあと、党の幹事長であった。そのころ僕は、党務についてはなにごともわからなかったので、大野君の世話になった。そんなことで、比較的懇意にしておった。だが、その後、僕が鳩山擁立を一生懸命にやり、自由党に鳩山分派をつくった時、選挙にのぞんで、とうぜん大野氏は鳩山派に来るものと信じていたのに反対だった。そのくせ、大野は、鳩山を「先生、先生」といって、鳩山氏を大恩人として、たびたび鳩山の第一の子分と自称していた。それでいて、僕の依頼を受けながら、来るのを承知しない。なぜかとたずねても、はっきりしない。結局、河野がいるからいやだというのだ。実に不都合な言い分だと僕は憤慨した。

河野と仲が悪いにせよ、政界の大恩人である鳩山が大決心をして新党を組織する。それへ全生命を捧げて死ぬか生きるかのたたかいをしようと僕もしている。それを一河野の件を口実にして、ソッポを向いて助けてくれぬとは不人情もはなはだしい。爾来、僕は彼を快く思わぬようになった。副総裁の話は彼の誤解だが、がんらい、僕としてはそんな約束をするはずがなかった。彼の義理人情など、ご都合主義の義理人情だと思っている」

とくに最後の指摘は、かなり厳しい。たしかに伴睦は、鳩山が一九五九年三月七日に亡くなった時に読んだ弔辞では、「先生の薫陶と指導がなければ、今日の大野伴睦は存在しなかった」と言い、

ほととぎす九天高く去り行きぬ

という句を鳩山の霊に手向けている。

また、吉田茂総裁の下、自由党幹事長になった時には、吉田を荻窪の荻外荘に訪ねて、

「私は幹事長として、総裁のご用は何でもおおせ付け下さい。必ず忠勤を励みましょう。ただ、お断わりしておきますが、私は鳩山一郎の直系ですから、総裁の子分になるわけには参りません。しかし、今日は鳩山先生が追放された以上、その後継者として総裁に出来る限り仕えるつもりです」

と仁義を切ったと『回想録』に書いている。

ならば、鳩山の追放が解除された以上、「直系」に戻るべきではないか。それを「ソッポを向いて」いたのでは、湛山に、伴睦の義理人情など「ご都合主義の義理人情だ」と斬り捨てられても仕方がないだろう。

私は、共産党の野坂参三が、国交回復前の中国へ行きたいと旅券を求め、外務省がそれに難色を示した時、伴睦が助けたという話は「ちょっといい話」だと思った。

伴睦が『回想録』に書いているところによれば、野坂に頼まれた伴睦は、共産党とは犬猿の仲だが、頼まれたのではやむをえないと、いろいろ奔走した。それで、自由党の仲間から忠告めいた苦情を言われたので、こうたしなめたという。

「思想的に赤でない人間を中国にやるのは心配だが、赤の野坂君を赤の国に旅行させても、これ以上アカにはならない。格別、中国行きを騒ぐ必要はないよ」

しかし、この話も、湛山に聞けば、少なからぬホラがあるのだろう。『大野伴睦回想録』のそもそもの信憑性について、大下英治の『政界陰の仕掛人』(角川文庫)にこんな記述がある。「最後の派閥記者渡辺恒雄」の項にである。渡辺恒雄ことナベツネは読売新聞の現会長。政治部の記者時代は大野派の番記者だった。それも別格の存在で、前出の大野派の四天王の一人、村上勇がこう語っている。

「大野さんは、信頼している人のいうことには、特に耳を傾ける人だった。渡辺氏の進言は、ためらいなく入れていました。陰の助言者的存在でした。人もうらやむ仲でした。いわれるように、単なる新聞記者ではない、側近の一人、もっとも信頼されている一人でした。それも、政策的ブレーンというより、もっと生々しい政局の読み方とか、それへの対処の仕方、そういうことについても進言者でした。たしかに、当時から、そういう渡辺氏に対して、いろいろ批判もあったかもしれません。しかし、そういうことには、ヘッチャラでおれる人でもあった。だから、大野側からみれば、大変頼もしい味方でしたよ。敵からみれば、憎い存在だったろうねぇ」

ナベツネは、大野の宿敵の河野一郎の子分である中曽根康弘と刎頸《ふんけい》の交わりを結ぶまでは、大野組の代貸しだったのである。

当時の大野番記者には、

(一) 玄関どまり
(二) 玄関脇の書生部屋どまり
(三) 応接間に入れる者
(四) 奥の間まで通され目通りのかなう者

という四段階のランクがあったといわれる。ところが、奥の間までたどり着いた記者が一礼して頭を上げると、床の間を背に羽織袴姿で伴睦がすわっており、そばにナベツネがいたというのである。そして、それを取り巻くように村上らの四天王をはじめ、大野派の面々がすわっている。つまり、渡辺はほとんど大野派の幹事長だったわけで、派の陣笠代議士たちに対して説教をするのも彼の役目だった。

こうした状況を説明した後で、大下英治は、『回想録』の大部分は「渡辺が代筆している、といわれている」と書いている。「回想録だけでなく、大野が新聞や雑誌に署名で書く原稿のいくつかも、渡辺が代筆していた。しかも、渡辺に内容も任せっきりで、チェックもしなかったという」のである。

これで、前回引いた『伴睦回想録』の「石橋君らの裏切り」の一件が透けて見えるのではないか。

湛山も言うように、湛山が伴睦を前にして「副総裁」を約束したわけではないだろう。そこに村上勇等の介在者がおり、さらに「執筆者」の渡辺の思惑が重なって、事実は歪められた。

これは自然な類推で、決して湛山に味方した見方ではあるまい。

伴睦の『朝日』嫌い

大下の前記の本には、専務当時の渡辺へのインタビューも収録してある。その中で渡辺は、

「ぼくは、大野伴睦の原稿を代筆したよ」

と明言し、

「『大野伴睦回想録』も、渡辺さんですか」

という大下の問いには、こう答えている。

「あのなかの一部分ね。全部じゃないです。あれは全部口述して、ある人間が書き直した。しかし、なかにはまったくぼくの筆のがあるわけ。

『サンデー毎日』だったかな、「金権政治に抗議する」とかいう、総裁選挙で敗れたあと、池田をぼろくそに書いた、総裁選挙の内幕を書いたのがある。あれは、全部ぼくが書いたんです。大野伴睦は読まないんだよ。大野さん、あなたの名前で出るんだから、原稿を読んでくれませんかといったら、きみに任したんだから、読まなくてもいいという。「ゲラぐらい、みてくれませんか」「いいからきみ、出しとけよ」と、こういうんだから。

それで載ったら、原稿料が一枚一万円、三十枚で、三十万円ですよ。ぼくが一枚千円で週刊誌なんかに書いてるころですよ。そのころは、千円でもありがたかった。五、六枚書くと、五千〜六千円になるんですよ。それを毎週書かしてもらえるんだから、週刊誌は、いい収入になる。いまは、読売社員のアルバイトは禁止しているが……。

それにしても、同じおれが書いて、大野伴睦の書いた封筒の捨てたのがあったから、それをチョキチョキっとやってもっていった。それで大野伴睦の手記になっちゃったんだから。大儲けしたね、あれは。『大野伴睦回想録』は編集はしたんですが、出版記念会を椿山荘でやったら、当時総理大臣だった池田勇人がやってきた。池田の悪口も書いてあるんですが、いいことも書いてあった。池田は、あいさつで、この本の何十何頁にこういうことが書いてあった、まさにそのとおりだとかいって、大野伴睦をたたえた。そしたらあとで大野伴睦が『おい、おれの回想録に、あんなものを書いたのか』といった。それほど大野伴睦というのはハラがでかいというか、スケールがちょっと違ったよ、あの人は」

その前段で渡辺は「昭和三十一年十二月に石橋（湛山）内閣ができて、副総裁の約束があったにもかかわらず、なれないんですよ」と言っている。

これは『回想録』の記述と一致するが、仮に渡辺が書いたのが『回想録』の一部分だとしても、その「一部分」に前記の問題の部分が入ることは確かだと思われる。

それにしても、番記者筆頭の渡辺の力は絶大だった。伴睦は『朝日新聞』が大嫌いで、朝日の記者がいると、

「帰ってくれたまえ」

と言う。

「記者会見じゃありませんか」

と朝日の記者が怒ると、伴睦は、

「ああ、いてもいい。そのかわり、おれは話さないよ。きみがいるあいだは、ほかの記者諸君が迷惑するんだ」

と言って口をつぐむ。

しようがないので、渡辺が割って入り、朝日の記者に、

「すまんけど、ちょっと出てくれ、これでは記者会見がすまないから、終わったら肝心なことは教えるから」

と話して会見をやった。

さすがに手間がかかる。それで渡辺は自分と親しい記者が朝日の大野番になったのを機に、伴睦に

「彼は朝日新聞の記者ではあるけれども、人間的には信ずるにたるいい男だ。ひとつ、別格でいれてやってください」

と頼み、伴睦から、

「きみがいいというなら、いいよ」

という承諾を得て、それから、朝日の記者も会見に「入れるようになった」という。

渡辺は手柄顔にそう語っているが、伴睦が朝日を嫌いになったのは、朝日にさんざん批判されたからだった。

渡辺を介して、会見に入れてもらってから、朝日の鋒先が鈍ったかどうかは知らない。しかし、従前のようではなかっただろう。

こうした渡辺のような人間をかわいがる伴睦と湛山が合うはずがなかった。

前掲の『湛山座談』で湛山は、伴睦が嫌った朝日新聞出身の河野一郎を対照的にほめている。

「河野一郎君については、毀誉褒貶、世評一定せずといいたいが、誉と褒とはまったくないといえるほど悪評の高い人だ。

が、僕は以前から彼を悪くいったことはない。すこし自分ながらおかしいくらい、つねに彼をほめている。今日の政界において、彼ほどはっきりした見識をもち、かつ実行力のある人物は見ない。僕は終戦後、もっとも困難な問題は農業問題、なかんずく米価問題だと考え、これを正しく処理しうる政治家はだれかと、つねに心がけてさがしていたが、それは河野君のほかあるまいと、われわれの内閣をつくる時は、農相は同君ときめて、彼にも言い、他にも公言していた。そしてそのとおりになった。この点においては僕は、まったく彼に信頼しているといってよい。ただ、彼は、世評によればいかにも悪徳漢だ、自己の利益のためには、どんなことをもやって省みないといわれておる。それが、どれほど真相をうがった批評であるか、僕にはわからぬが、そんなにおいがせぬでもない。この点が改まれば、将来の日本の首相たる候補者である。

日本の政界は、過去においては官僚と軍人が全盛だった。明治初年以来の内閣総理大臣はことごとく官僚か軍部出身で、かの原敬のごときは平民宰相で有名だが、やはり役人出だ。そうでないのは、首相以外の大臣にしても、いま僕の記憶にある人は、昭和の初めごろの蔵相片岡直温、三土忠造くらいのものである。純然たる民間出のものといえば、僕が昭和二十一年に大蔵大臣になったのが、内閣制度はじまって以来はじめてというべきだろう。まったく、敗戦による社会の激変の結果であり、常時のできごとではない。

真の平民宰相も、僕がその最初たる光栄に浴したが、いかにも短命だった。河野君にぜひ平民宰相らしい実際を示してもらいたい」

三木武吉が鳩山一郎を評して床の間に座らせられる男だと言った。自分が座ったら妖気が漂うというのだが、伴睦の場合は臭気が漂うだろう。

第二章　吉田茂に抗して

咢堂・尾崎行雄

「憲政の神様」といわれた尾崎行雄の三女、相馬雪香から私に電話があったのは、九三年の早春だった。尾崎行雄記念財団の講演会で政治腐敗の構造について話してほしいという。年齢を感じさせぬ凛とした声である。

「喜んで」と応諾した私は、六月十七日に憲政記念館で行ったその講演を次のように切り出した。

「私は人の悪口を言うのが商売のように誤解されておりますけれども、本当は人を褒めたいのです。しかし、褒めるに値する人物が残念ながら非常に少ない。けれども今日はまさに私が言葉の限りを尽くして褒めたい人の代表のような尾崎行雄ゆかりの会にお招きをいただきまして、大変光栄に思っております。

私は二年ほど前、松村謙三さんのことを『正言は反のごとし』という本に書きましたが、その中で尾崎さんと松村さんの出会いの場面にも触れました。

松村が東京遊学を志し、富山から、父親の友人の代議士、島田孝之の紹介状を持って尾崎のところを訪ねるのです」

以下、拙著から、松村が「きわめて鮮明」な印象をもったその場面を引く。

〈貧乏でも堂々たる門戸を張った尾崎は紋付き羽織に袴姿で松村を迎えた。隈板（大隈、板垣）内閣の文部大臣をやめた後だから、まだ四十歳になるかならぬかだったと思うが、端然としていた。

松村は、名士を訪ねたら、まず気候の挨拶をしなければならないと勝手に決めて、そんなことをいったら、尾崎はじろりと松村を見すえ、

「お前は学生だろう。商売人のように暑いとか寒いとか、そんなことをいうものではない」

と一喝された。

返す言葉もなく畏《おそ》れ入っていると、

「お前はいったい、何のために来たのであるか」

と尾崎が尋ねる。

「島田さんの紹介状にもありますが、実は私学を希望するので、早稲田にでも入ろうかと、ご指導を賜りたく……」

と松村がいうと、前文相の尾崎がズバリと答えた。

「日本の大学というのは、金をかけた大学ほど悪い。一番に悪いのは、一番に金をかける学習院である。次は帝国大学である。早稲田あたりは貧乏だからよいだろう……」

これで松村は早稲田に入ることにしたというが、この最初の出会いのせいで、松村は尾崎に「なにかおびえる気持ち」を持ち、議会に入ってからも、なかなか会えなかった。

尾崎の晩年に、逗子の別荘に訪ねて、このときの話をしたら、尾崎は笑っていたとか〉

民主主義への疑問

松村は湛山より一歳年長で、早稲田入学も一年早かった。また戦前から政治家として活躍していたが、湛山は戦後になって政治家としてのスタートを切った。

そのため、尾崎に対しても、松村のようには硬くなっていない。むしろ、尾崎教の咢堂《がくどう》信者が聞いたら憤慨するようなことを『湛山座談』で言っている。

ジャーナリストと政治家と、どちらが性に合っているかと問われて、湛山は、「ジャーナリストですね。どうも政治家は窮屈ですな。みんなに監視されているようで……」と答え、政治の世界に入った契機をこう語っている。

「戦争中に日本が誤った道を歩んだ、もうここで誤った道を歩ませてはならないということを考え、それだけで政治に入ったようなものですね。政治に入ってみて、それまで僕もずいぶん勝手な、青っちょろい議論をしておったということをしょっちゅう感じる。なかなか思うとおりには実行できないね。こんなことがあった。日本が普選を実行した時代に、尾崎行雄さんと犬養毅さんは憲政の神様というのでえらい評判になった。ところが、犬養君でも尾崎君でも、けっして憲政の神様でも何でもなく、それまでの尾崎さんのごときは――悪口になっては恐縮するけれども――若いときには大臣病患者で、側近の田川氏のごときは始終困ったものだといっておった。あの人は金が非常にかかった人で、旅行などをするのにもやはり大臣と同じでなければ満足しない。側近の者も困ったですよ。そういうふうな妙な逸話――民主主義でもなんでもない、あの人などは殿様の生活を、いわゆる大臣の生活をすることを理想として暮してきたですね」

同じ政界の後輩である松村には大先輩の尾崎や犬養を君呼ばわりはできないだろう。しかし、最初取材対象として会った湛山には、それができた。ただ、すさまじい圧力に抗して藩閥政治打倒を主張した二人の事跡を考えるとき、一度とはいえ、それは聞きよいものではない。その後を湛山は次のように続ける。

「僕が普選論を盛んにやった時代ですから、『東洋経済』へ入ったばかりの明治四十五年ごろ、当時、尾崎さんが東京市長だった。

ある日のこと訪ねた。市長室におって、その時分の政治家はふだんでもフロックコートかモーニングを着ておった。冬のことで、モーニングを着て先生は、ストーブのところで尻をあったためておる。そうしてね、僕が普選論をやったら、『どうもそれはいかぬ、そりゃ英国のごときはいい。というのは、英国では、たとえばレストランがあって、片一方のレストランには、紳士が行くときまっておる、隣に労働者が入るレストランがあって、そのほうへ労働者は入る、彼らは自分でおのおの分を守って、紳士は紳士、労働者は労働者が紳士の分野をおかすことはない、秩序がある。だから普選で彼らに選挙権を与えてもいいけれども日本のごときこの無秩序の、この無作法の労働者などに選挙権をやったらとんでもない、収拾がつかないという議論をしていました。』

その時、僕はどうも尾崎は偉そうなことをいうが、とんでもないことを考えるものだと思っていた。『東洋経済』の訪問記事を取りにいった時、記事にしたかどうか覚えていないけれども、とにかく、そんなことをいっておった。それで彼が普選というものにどういう考えを持っておるかということを知ったんです」

それからまもない大正二年二月五日、時の首相・桂太郎を弾劾する名演説をして、犬養とともに、「憲政二柱の神」の名を確立する尾崎も形無しである。

護憲派による桂内閣不信任案が衆議院本会議に上程されて、五つ紋の羽織にまっさらな白紐、そして仙台平の袴で登壇した尾崎は、桂を次のように追及したのだった。

「彼らは常に口を開けば直ちに忠愛を唱へ、恰も忠君愛国は自分の一手専売の如く唱へているが、その為す所を見れば、常に玉座の蔭に隠れて政敵を狙撃するが如き挙動をとっている。彼らは玉座を以て胸壁と為し詔勅を以て弾丸に代えて、政敵を倒さんとするものではないか」

この演説に桂の顔は土色になり唇をけいれんさせていたという。まもなく総辞職した桂は同年秋、ガンにおかされて六十七歳で死去する。「尾崎が殺した」という声が出るほどの激しい演説だった。

「二柱の神」の一人、犬養毅の孫、道子はそのメモワール『ある歴史の娘』(中公文庫)に、当時尾崎咢堂はハイカラで先物買いだといわれた、と書いている。

女王も労働者も同じ「I」(私)を使い同じ動詞を使う「民主精神」や万国に共通の普遍法の理念を、祖父毅は英学、つまりイギリスに学んだ、とも道子は書いている。

しかし、湛山によれば、少なくとも尾崎はそれにかなりの抵抗感を持っていたことになる。「ハイカラで先物買い」の咢堂にして、そうだった。

ただ、湛山はそこから、一転して、尾崎を認める回顧をする。

「しかし考えてみると、さすがに彼は実際の政治家であって、こっちの考えが青かったこと、普選を積極的にやれば世の中がよくなると考えたのは、実はこっちのほうの間違いということも反省させられたですが、そういうふうに、どうも僕の考えることは、世間の実際を知らずに勝手なことをいって、みずからの議論のすさびにしていたふうがあった。

だから、必ずしも先輩のいうことをそう頭から否定するばかりが能ではない。若気のいたりで、頭で考えるように甘いものではないということを感じますね。民主主義についてもそうですね。僕は民主政治は好きで、加わるけれども、どうも疑問を抱いている、果して民主政治で人間ができるものかどうか」

普選とか、婦人参政権とかが現実のものになっても、やはりどこかに欠点があって満足できない。

こう語った湛山は、いまからおよそ四十年前の時点で、

「いまは民主主義に対して非常に疑問を持っている。民主主義はいったいどうなっていくかということ。どうも、もう少し考えないと……。民主主義というものが、実際安心して将来を託せるようなものであるならば、それが実現したといって喜ぶべきだけれども、どうもそれに対してすぐ疑問を持つ。そういう点では満足できない」

と率直に述べている。

「除名」という共通項

先に、尾崎の普選に対する考えに湛山が落胆したと書いたが、尾崎は自らの体験から、日本の民衆に急に選挙権を与えてもそれが逆効果になることを恐れていたのである。まず、民主政治の何たるかを教え、彼らの方から普選を要求するようにする。

しかし、大正八年の欧米旅行から帰り、日本の社会運動の過激さを目の当たりにし、そんな悠長なことは言っていられないと思う。

「いまや最も危険なる直接行動の思想が、民主政治の牙城をくつがえさんとして、怒濤のごとく迫りつつある時、これを防ぐには、普通選挙よりほかかない」

尾崎はこう考えて普選運動の渦中にとびこむ。

この尾崎と湛山には「除名」という共通項がある。尾崎も何度か政党から除名されているのである。一度は、政友会に有利な小選挙区制が成立し、原敬総裁（首相）の下、同党が横暴を極めていた時、島田三郎が国務大臣の汚職に関する質問書を提示すると、政友会は絶対多数をカサに着て、島田を衆議院から除名しようとした。これに怒った尾崎は、島田の質問書をそのまま写し取り、自分の名前で改めて提出したのである。

こうなれば、島田を除名するなら、尾崎も同様に除名しなければならない。しかし、尾崎まで除名しては事が大きくなる。さすがの政友会も弱って、尾崎はもちろん、島田も除名せず、うやむやのまま、問題を終わらせてしまった。

ところが、次の議会で、普選の討議中、田川大吉郎が「党の規律を乱した」として、憲政会から除名される。

このときも尾崎は、

「元来この問題の発頭人は我輩であって、田川君ではない。田川君を除名するぐらいなら、我輩をまず除名するのが本当だ」

と主張し、遂に除名された。

沢田謙は『尾崎行雄伝』（尾崎行雄記念財団）に、「もとより彼は政党主義者であった。が、良心の自由までしばる政党にとどまることはできぬ。除名結構！　どうせ普選に対する考え方に、こうまでへだたりができては、ながくとどまりうる憲政会ではなかった。憲政会から除名されて、身軽になったのをさいわいに、彼はまっしぐらに、普選運動へと突進したのであった」と書いている。

実は、尾崎の除名騒ぎはこれにとどまらない。

近衛文麿が首相となって日中戦争が始まり、国家総動員法が議会にかけられた時、社会大衆党の西尾末広が、「ヒットラーのごとく、ムッソリーニのごとく、あるいはスターリンのごとく、大胆に日本の進むべき道を、進むべきであると思うのであります」と演説した。

この中の「スターリンのごとく」がいけないとして、政友会と民政党が西尾を懲罰にかけた。それで西尾がその言葉を取り消したのになおも除名にすると騒ぎだしたのである。

尾崎は西尾をまったく知らなかった。もちろん、社会大衆党とも何のつながりもない。しかし、議会が多数党の横暴で議員の発言を封ずるのは自殺行為である。

尾崎はすでに八十歳になっていた。耳も遠くなっているし、議会で反対の論陣を張るエネルギーもない。それで自ら懲罰委員を買って出て、委員会でも本会議でも、わざと西尾の言った言葉をそのまま繰り返した。そして、それを取り消さず、「もし西尾君の発言が除名に値するなら、私の繰り返した言葉は取り消さないだけ、いっそう重い罪過である。西尾君を除名する前に私を除名せよ」と迫った。

かつて島田三郎を救ったと同じ方法で、尾崎は抵抗したのである。

しかし、「尾崎と西尾とでは人物が違う」という理由にならない理由で、西尾だけが除名された。

この問題が起こる前、尾崎の銅像を建てようという話になり、ほとんどまとまりかけていたのだが、「私の銅像なんか建てたって議会は立派にならない。それより、西尾君の除名をやめなさい。その方が議会の名誉です」と尾崎が言ったので、銅像は沙汰やみになったという。

野党よ健在なれ

「私は、憲政会から除名されたため、却って自由の身となり、軍備制限その他、思うままに主張することができた。むしろ、好都合であった。その方が、自分一人のためのみならず、帝国のため、世界のため、却って利益であったかもしれない」

一九二一年の除名処分のことを尾崎行雄はこう言っている。

尾崎が除名されて八年後の一九二九年春に、「カネのかからぬ選挙」と「政情の安定」を理由に、小選挙区制が提案される。時代は大正から昭和に移っていた。

この提案に対し、尾崎は痛烈に批判する。

選挙区は小さいほどカネがかかるのであり、小党を出られなくして議席の多数が大政党に集中すれば、政情は一見安定するように見えるが、多数が無理を通すことになる。選挙費用の節約と政情の安定を理由とする小選挙区制の提案は、そのあまりのバカバカしさに「抱腹絶倒の外はない」と。

尾崎が舌鋒鋭く反対したこの小選挙区制が「政治改革」の名の下に、それから六十五年後の一九九四年一月にまとめられた。一度は参議院で否決されたのに、奇妙な形でよみがえったのである。

熟慮に熟慮を重ねて反対にまわった社会党の参議院議員十七人に非難が集中し、前書記長の赤松広隆など、ヒステリックに「即刻除名せよ」と叫んだ。

多分、赤松は「憲政の神様」が小選挙区制に反対したことなどはまったく知らないのだろう。

ちなみに、尾崎行雄は憲政会を中心とする護憲三派の連立内閣には反対で、

「連立内閣というのは、あまり仲のよくない三人が同席したようなもので、酒を飲みたい者もあれば、汁粉を食べたい者もある。毎日食事のたびごとに不愉快を忍び、遠慮をするようでは、しばらくは辛抱しても、仲間割れするに決まっている」

と断じた。

連立政権維持をナントカの一つ覚えに、自らの党の特徴を次々に崩していった赤松らは、これをどう聞くか。

ところで、湛山が河野一郎と共に、吉田茂から自由党を除名されて四年後の一九五六年にまとめられた吉田の息子の健一の「大磯清談」がある（東京白川書院刊『大磯随想』所収）。

四十を過ぎた息子が八十近い父親に「あなた」と呼びかけるのが奇異と言えば奇異だが、ある日の「清談」は次のように三木武吉の話から始まっている。

子　亡くなった三木さんですね。あなたとは非常に仲が悪かったように世間でいわれておりますが、最近こんな話をきかされたのです。総裁時代に、石橋さんと河野さんを除名したことがあった。

父　覚えていないよ。

子　その時、三木さんがカンカンになって、あなたを訪ねてこられて話し合われた。そうしたら、あなたが、「君、それは水に流そう。あれはなかったことにしよう」といわれた。

父　あまり懇談したことがないよ。

子　三木さんはその後、あるジャーナリストに「えらく感服した」と語ったということが、死の直後の会合に出て、お二人の間柄について、三木という人は悪意どころか……。

父　忘れてしまったがね、いつか三木が二つの事件をもってきたことがあった。一つは執行部を変えろというやつで、もう一つは河野除名かな、覚えていないが。執行部の方は、理由なくして変えるわけにはいかない。君一人の意見で変えるわけにもいかぬ、いやだといって断ってしまったが、もう一つは賛成してやった。

「覚えていないな」といい、「賛成してやった」といい、あまりにも白々しいワンマンの言い草である。湛山と河野の除名を「覚えていない」もひどいが、三木の意見に「賛成してやった」では、三木が同じ鳩山(一郎)支持派の河野の除名を吉田に進言しにやってきたことになってしまう。

湛山はその後一九五四年、この「清談」よりは二年前に岸信介とともに再度、この吉田から除名されているわけであり、あえて吉田に好意的に解釈するとすれば、それだけ湛山の除名を気にかけていたということかもしれない。

鶴見祐輔の息子で評論家の鶴見俊輔は、久野収、藤田省三との共著『戦後日本の思想』(中央公論社、のちに岩波同時代ライブラリー)所収の「日本の保守主義」(武者小路実篤、小泉信三、安倍能成ら、雑誌『心』の同人グループ分析)の中で、吉田に触れてこう言っている。

「自分たちを打倒しかけるような強い反対勢力を育てることが、保守主義には本当に必要だということが、イギリス流保守主義の常識でしょう。『心』の同人たちは非常に寛容なんだけど、徹底的に批判され、打倒されそうになると、ピリッと硬直して全身反応を示すというところが、日本の保守主義にはあるんだ。吉田首相が典型的で、カメラマンに水をぶっかけた。私は吉田首相は本当にえらい人物だと思うし、好きな人物なんだけど、イギリス流の保守主義とか自由主義とは違うものですね。批判されることを憎悪する」湛山に「徹底的に批判され、打倒されそうにな」って、吉田は全身硬直反応を起こし、湛山を除名したということである。

水かけ事件については、吉田は前記の「大磯清談」で、

「ボクはね、写真がキライというんじゃないんだ。写真を撮すヤツがキライなんだ。ずいぶん無礼だな。だから、水、ぶっかけちゃうんだな」

と言っている。うるさいほどに何枚も撮るのは「職業からくる熱心さのせい」と、一応理解を示しつつ、「撮られるヤツが迷惑するのも」日本もイギリスも同じと、好きなイギリスを引き合いに出した吉田は、「ぶっかけるのはボクばかりのようにいっているけれど、チャーチルだって、イーデンだって、ほかにも、ずいぶん、みんなやっているんだから……」

と彼の国の宰相たちを例に挙げる。吉田はイギリスから保守主義や自由主義ではなく、カメラマンへの水のかけ方を学んだということだろうか。

吉田茂の欠点

吉田を戦後の名首相として位置づける契機になったのは、一九六三年に書かれた高坂正堯の「宰相吉田茂論」である（中央公論社刊『宰相吉田茂』所収）。

そこで高坂は、「職人的な外交官」「頑固な親英米派」「臣茂」という吉田の三つの顔を指摘しつつ、彼の商人的な国際政治観に言及している。

吉田は外務大臣になった時、終戦時の首相、鈴木貫太郎を訪ね、敗戦国の外相の心得を教えてくれと求めた。それに対して鈴木は、

「戦争は勝ちっぷりもよくなくてはいけないが、負けっぷりもよくないといけない。鯉は俎の上にのせられてからは、庖丁をあてられてもびくともしない。あの調子で負けっぷりをよくやってもらいたい」

と言ったという。

そして吉田は独特の外交を展開し、日本を復興させた。こう礼讃する高坂でも、講和問題に触れて吉田を次のように批判せざるをえなかった。

「吉田は、ときには空論をも混じえた議論が、民主主義の危険であるだけでなく、強さでもあることを認めていなかった。そのため、彼は、講和問題について国民の世論をとりまとめるという仕事をやらなかったし、やろうともしなかった。(中略)

問題なのは、吉田が国民に呼びかけ、世論の力を集めて、彼の外交を支える力にすることを怠っただけでなく、それを嫌い、かつ軽蔑したことにある。彼がこの時期に世論に呼びかけなかったことは理解の余地がある。しかし、彼はこの時期に、世論の形成者に対する私的な働きかけを始めるべきだった。イギリスの首相は英国銀行の頭取と『タイムズ』の編集長とに絶えず連絡し、自らの立場を説明するとともに、相手の意見を聞くという。つまり、政治、経済、そして世論が、国家を支える三本の柱なのである。しかし、吉田はこの第三の柱を持っていなかった。それは彼の固い信念に内在する欠点なのであった」

その欠点ゆえに吉田は、ソ連を含む全面講和を主張した時の東大総長、南原繁を批判した。

一九五〇年五月三日、吉田は、教育事情視察のために訪米していた南原が彼の地で全面講和論を展開したのに怒り、

「ああした人を曲学阿世の徒というのであって、言うところは空理空論だ」

と毒づいた。そう言われた南原は三日後に記者会見し、

「吉田首相は私に『曲学阿世の徒』という極印を押したが、この極印こそは満州事変以来、美濃部博士をはじめ多くの学者に対して、軍部とその一派が常用したものであった。まことに学問の冒瀆であり、学者に対する権力的弾圧である。現在のような複雑な国際情勢の中で、現実を理想に近接融合せしめるために英知と努力を傾けることこそ、政治と政治家の任務である。それを初めから空理空論と決めつけて、全面講和と永世中立を封じ去ろうとするところに、日本民主政治の危機の問題がある」と反論した。

吉田に欠けている「世論」への傾聴が湛山にはあった。公職追放解除後に初めて行った一九五一年七月六日の講演で湛山は、この講和条約について批准前に総選挙をやれと主張し、その後をこう続けている。

「社会党方面からは、いわゆる全面講和とかいう議論が出ておる。軍事基地の提供、再軍備反対の声も一部にはある。そういう異論もあるのに、ここで改めて国民の総意を聴くことなく締結してしまうことは、やはり将来に禍根を貽《のこ》すものではないかと思うのであります。もし総選挙をして、この条約が国民の意に副わないというような結論が出るものであったら、そんな条約は作ってはならないのです。したがって、総選挙をすることが、講和条約の成立に支障を起さしめるということは毛頭考えられません。実際問題としては、必ずや大多数の国民の投票を得て、この講和条約の支持者が国会に多数選出されてくるということを確信い

たします。とすれば、この際多少の手数はしのんでも、総選挙に訴えるのが当然であろうと、私は考えます」

吉田の暴言としては、その前に労働組合の幹部に対して放った、「不逞の輩《やから》」という発言がある。湛山なら、もちろん、こんな発言はしなかっただろう。

「申すまでもなく民主政治は、政府及びその与党の外に、健全なる野党があって、常に国民の求めるところに従い、円滑に政局の転換が行われるところに意義がある。だから英国では、政府が『陛下の政府』であると共に、野党もまた『陛下の反対党』と称せられ、その首領には国庫から二千ポンドの年俸を出している」

湛山は五四年に「わが国の民主政治」で、こう説いている。

三木武夫と睦子の眼

「三木元首相夫人の睦子さんや、経済評論家の佐高信さんら六人が二十日、参院議員会館で記者会見し『腐敗防止法の制定こそ政治改革の第一歩。政治家とカネの関係に切り込まずに政治改革はない』と訴えた」

九四年一月二十一日付の『毎日新聞』にこのような記事が載った。政治改革法案（内実は小選挙区制法案）が参議院で否決される前日である。

「（今の議員は）自分で選挙違反をしていて、どうして政治改革をといえるのか」

と三木睦子は怒り、同席した東大名誉教授の石田雄や作家の田中康夫は、小選挙区制はカネまみれの政治をさらに進行させ、平成翼賛的体制をもたらす、と強く警告した。

金丸信、竹下登、そして小沢一郎と、金権政治の主流を歩いてきた政治家が国会に出て来られなくすることこそ、政治改革だろう。しかし、そうした政治家改革の方には進まず、奇妙な形でこの法案は再修正されて成立した。

私たちのアピールに応え、参議院否決に力を尽くしたのが、やはり湛山の自由主義の流れを汲む國弘正雄である。三木武夫のアドバイザーだった國弘は、もちろん、三木睦子とも親交が深い。

その國弘も書いている『三木武夫とその時代』という「政治記者の記録」に、元読売新聞記者の宮崎吉政が「石橋湛山と三木武夫」という一文を寄せている。

そこで宮崎は、三木睦子から、

「私は女学生の頃から、母（森矗昶《のぶてる》夫人）より『石橋湛山氏は』などとよく聞かされていた」と言われて、その縁の深さに驚いたと書き、湛山と森矗昶の「肝胆相許した交流」からも、「石橋と三木は実に、見えざる糸によって結ばれていたのだ」と嘆声を発している。湛山と森の交流は戦前からだが、湛山と三木の出会いはいつか？　宮崎はこう書いている。

「政治家としての石橋と三木が邂逅したのが何時のことであったかは、私には知るよしもない。

第二次大戦後、昭和二十一年の四月選挙で三木が三度目の当選を最高点で飾ったのに対し、東洋経済社長をやめて初出馬した石橋は見事に落選していた。そして、五月、石橋が第一次吉田内閣の蔵相として、華々しい石橋財政のスタートを切った頃、三木は無所属ながら数少ない戦前派（前議員四十、元議員五十二、定数四百六十四）のひとりとして、既成政党の誘いには目もくれず、ひたすら『手づくりの政党』を目指して奔走していた。

この年、九月、蔵相石橋は各派代表を首相官邸に招き、戦時補償法案につき説明したが、三木は協同民主党代表として出席している。これが、私の知るかぎりの石橋、三木の接触であるが、両人の間でとくに論議が交わされたという形跡はない。また、そのような会合でもなかったようであった。

宮崎によれば、「生粋の言論人」である石橋の鋭い舌鋒は政治家になっても変わらず、永年の同志である鳩山一郎や三木武吉、そして河野一郎をも歯に衣着せず、率直に論難した。

ところが、三木武夫についてだけは、宮崎たちも、湛山の批判の声を聞いたことがないという。

「所属政党に再度除名されても少しも怯まない石橋は、三木の、時には矯激奔放と見える理想論のよき聞き役だったのだ」

こう述懐する宮崎は、三木夫妻が石橋夫妻を映画や食事に誘い出す光景を何度も見たといい、

「そうしたことは、昭和四八年四月、石橋が八十八歳で死去するまでつづいていた」

と、その一文を結んでいる。

この宮崎の証言に対して、一九六四年十一月、病に倒れた首相・池田勇人の後任として湛山は、

「佐藤（栄作）が適任」

と明言したとあるが、この時は湛山が買っていた河野一郎が首相になるラストチャンスだった。

なぜ、湛山が党人派の河野ではなく、官僚出身の佐藤を推したのか、私には疑問の残る選択だが、それほどに、河野に対する印象が悪くなる経緯があったのか、宮崎証言の信憑性を含めて、のちに検証することになろう。

「稚気愛すべき」三木

ここに、「夫・三木武夫との五十年」という副題がついた三木睦子の『信なくば立たず』（講談社）という回想録がある。

その中に、池田後継をめぐって自民党副総裁の川島正次郎と幹事長の三木武夫が連日、協議をする場面が出てくる。

もちろん、池田や佐藤の師匠というかボスである吉田茂は河野が嫌いで、「盗人のごとき輩」と河野を非難する手紙を三木によこしたりしていた。

そんな中で、右翼の野村秋介によって河野の平塚の家が焼き討ちされる。

その翌日、三木夫妻は真鶴にあった別荘に行った帰りに大磯の吉田邸に寄る約束になっていた。

それで訪ねると、玄関に迎えに出て来た吉田は、

「愉快だ、愉快だ」

と言い、さらに、

「今日は愉快な日だ」

と何度も繰り返す。

三木はその理由がわからず、

「なんで愉快なのかなあ」

と首をひねっていると、吉田は

「河野邸、焼き討ちだ」

と言った。

「私はもう本当におかしくなってしまいました。吉田さんという人は、本当に稚気愛すべき人という感じでした」

三木睦子はこう語っているが、いくら、憎っくき政敵とはいえ、焼き討ちを「愉快」とは、「稚気愛すべき」ではすまされないのではないか。

「稚気愛すべき人」は、私にはむしろ、三木武夫のように思われる。三木睦子は不本意かもしれないが、次の証言は抱腹絶倒ものである。

一九六五年に三木夫妻は銀婚式を迎えた。それで睦子は記念に三木の演説集でも出版しようと思ったのだが、ある日、三木が、

「ほう、君はもう銀婚式か！」

と言い、一呼吸おいて、

「それで、僕の銀婚式はいつだろうかね？」

と言ったので、睦子はカーッとなって、「もういいわ！」と、すべてを沙汰やみにしたという。

少し先走ることになるが、そんな三木が湛山の七回忌の時、次のようにその思い出を語っている。

「七年たってみて、石橋先生がもう少しご健在であったら、日本の政界は変わっていて、もう少しスッキリしたものになっていただろうと惜しまれてなりません。石橋さんが首相になられたとき、私も石田（博英）君も若かったものですから、石橋さんの歳も考えずに引っ張り回し、寒い中を北海道へいったり、ほう

ぼうへいって演説をしました。寒い中を沿道いっぱいに人が集まって、石橋さんを歓迎してくれました。国民の期待は非常に大きかったのです。石橋さんも国民大衆の中にあることに、非常な喜びを感じておられました。

石橋総裁という人は、近代化そのもので、そういう政治姿勢だったのです。

石橋さんは、先見性に優れていて、自分の経綸があったので、いろいろ起きてくる現象を追いかけるのではなく、将来のことを見通して、先手を打とうという見識を持っていた人です。

ところが病気になって、長期療養が必要になった。ちょうど予算審議の最中でしたが、野党も石橋さんにはひじょうに好意をもっていましたから、国会へ出て来なくてもいいという。浅沼（稲次郎）社会党書記長がいうのには、石橋さんが本会議に出て来て、ただ一言、予算委員会における閣僚の答弁は私の考えの通りであります、とだけ言え、そうしたらだまって予算は通すというんです。

ところが、そのことが国会へ出て言えない。お医者さん方の診断では、とても出られる状態ではなかったのです。そこで、国民に対して石橋さんが残せるもの、石橋さんらしいものは何かと考えたとき、それは潔い退陣以外にはない、ということになったのです。

日本の政界で、裏から表から見て、石橋湛山という政治家は実に立派であったと私は思います。首相となって国会に出ることもなく退かれたことは、残念なことです。しかし、その志はわれわれが継いでいかねばならないことだと、しみじみ石橋さんの遺影を見て感じます」

野党にここまで惜しまれた首相は湛山以外にいなかった。それはリベラリズムに起因する。

前記の石田雄によれば、敗戦直後の日本には「（共産党の）野坂参三氏が中国から帰ってきたときは石橋湛山氏も歓迎委員の中に入る。こういう政治的状況、知的状況があった」（『世界』一九八五年七月号座談会、「平和問題談話会」について）という。

同じく自由主義を標榜していても、「反共」にアクセントをおく吉田が野坂の「歓迎委員」に名を連ねることはあるまい。

茶坊主が繁昌する吉田

湛山にとって、その前半は吉田茂、後半は岸信介が主要なる政敵であったと私は思う。

吉田について、三木武夫が『文藝春秋』の一九五一年十二月号でこう語っている。

「今までの吉田首相は、まあ、よくやったと思う。われわれから見て個人的にはチャーミングなところもある。しかし所詮、彼は日本だけで通用する政治家である。

ことに、吉田氏には側近というものがある。総理が側近をもつということはある意味では必要であり、それ自体は非難しないが、そのやり方が政治道に反している。

われわれが自由党の連中と交渉ごとをやってみて感ずることは、吉田首相という人はいわば雲の上の人だ、ということである。なかなか直接に吉田首相に対して話ができない。非常に恐れていたわけである。

例えば増田（甲子七）君（当時幹事長）と全権問題で交渉したが、僕のいうことを、いちいちメモにとっている。メモにとった言葉を、吉田首相に恐る恐る申し上げるという仕組みのようである。『三木はこういいました』というようなことになるらしい。

こういうふうに、非常に細かいところまで気を配っている姿は、他党のものには理解し難い、自由党の特色である。それで、まず側近にとり入ろうと茶坊主の繁昌する所以であろう。これは政界ではなく、財界にもこうした茶坊主があることは勿論である。

私は、吉田首相をことさら恐れ多いとも思わないし、いいところもあるかわり、言語道断だと思うこともあるから、会ってもざっくばらんなものの言い方をする。すると増田君などが『うちのオヤジを怒らせないでくれ』と袖をひく。このような党の幹事長は、私には到底つとまらん。

吉田首相は、国会などの公な場所では強引に出るが、よく観察すれば、トボケた格好をしているけれども、神経質で細心な人間だと思う。芸はどうしてなかなか細かいもんだ」

三木睦子の回想録『信なくば立たず』には、石橋総裁誕生の決め手となったのは、三木による大野伴睦と池田勇人の取り込みだといわれる、と書いてある。「特に、三木とは肌合いの全く違う大野伴睦さんの支持を取りつけたことが決定的勝因となった」という。

その伴睦は、経営者から政治家に転じた森矗昶の関係で、森の娘の睦子にとっては「大野のおじさん」だった。

森の法事の席で伴睦は、

「森さんにはずいぶん世話になった。私は院外団で何度も立候補したけれども、なかなか当選できなかった。その時、森さんに、伴睦、ちょっと来い、といわれて社長室へ行ったら、三万円いただいた。それで当選できた。私は政友会の公認ではなかったけれども、森さんのおかげで当選でき、今の伴睦があります」

と感謝の言葉を述べた。しかし

「でも伴睦おじさんに失礼だけど、そのころ三万円などというおカネはあるはずがないでしょう。ケタが違う。三千円かなと私は思いました。おじいちゃん、ちょっとボケていたのかもしれません」

と三木睦子は注釈をつけている。

「振り返ってみると、戦争は辛かったけれども、家庭内にあまり波風もなく、私みたいなじゃじゃ馬をよく飼い慣らしたものだと、亡き夫に対して敬意を表します」とも言っている三木夫人は、そのじゃじゃ馬ぶりを右翼の頭領、赤尾敏に向かっても発揮した。

一九七五年六月十六日のこと。佐藤栄作の国民葬が武道館で行われ、首相だった三木は葬儀委員長としてそれを主宰した。その席で右翼の暴漢が三木に殴りかかり、三木はヒキガエルのように這いつくばらされたのである。

後でこれを知った睦子は赤尾敏をつかまえ、

「けしからん話じゃないの」

と食ってかかった。

以前から、

「あのかあちゃんは手ごわい」

と言いながらも、何かと電話をかけて来たり、家にやって来たりしていた赤尾は、苦手な女にまた怒鳴られるなという顔をしつつ、

「自分はそんなことをさせる意思はなかったんだけど、勝手にあんなふうなことで、真意が分からない」

と懸命に弁解していたという。

「赤尾敏という人は面白い男です。なかなかユーモアのある人です」と睦子は書いているが、彼女の方こ

そ「面白い女」だろう。

「死もまた社会奉仕」

短命羽田内閣の官房長官だった熊谷弘は、私が編集していた『現代ビジョン』の一九七八年十月号で、社民連から「さきがけ」に移った菅直人と対談し、次のように語っている。

「ぼくはある人から、政治家は二つのタイプから常に勉強していたほうがいいといわれたことがあるんです。

一つは詩人で、もう一つは医者だというんですが、なぜかと聞きましたら、詩人というのは直感力がある。何が問題かをきゅっとつかむ直感力を政治家は持たなきゃいけない。だから、詩人と付き合ったほうがいいと。

もう一つ、医者となぜ付き合ったほうがいいかというと、医者は常に全体を考える。一部分だけじゃなくて、全体がどうなっているか、常にバランスを考えるわけです。

ぼくは役人でしたが、役人というのは役の人といいまして、なんの役割につけるかということがすごく大事で、役が人間を決める。

ところが政治の世界は、まったくそれと違うんです。まさに詩人と医者の世界なんですよ」

新生党の小沢一郎の側近といわれた熊谷が、この発言の後、どれほど「詩人と医者」に学んできたかは知らないが、古巣の通産省で実力局長に突然、辞任を迫るという乱暴なことをやった熊谷が一九八〇年の『静岡新聞』のコラムで、私が最も好きな湛山の一文を引いている。

現職総理として急死した大平正芳の黒いリボンのついた写真を見ていたら、湛山が山県有朋死去の際に書いた小文を思い出したというのである。

「石橋湛山といえば、世人の記憶に残るのはその進退のいさぎよさであろう。石橋湛山自身は山梨県の生まれであったが、政治家としての地元は静岡県であった。最近の政治家は、なにかと派手なやり方で選挙運動をやりたがるが、石橋湛山のやり方は、頑固ともいえるオーソドックス派であったと伝えられる。雨のそぼ降る熱海の街で、淡々と日本経済論をぶつ石橋の姿を忘れられないと渡部恒三代議士は語っている」

こう書く熊谷も、同じく渡部恒三も、湛山の思想を正当に受け継いでいるとは思えないが、それはともかく、熊谷は次に湛山の一文を引くのである。

「山県有朋公は、去る一日、八十五歳で、なくなられた。先に大隈侯を喪い、今また公を送る。維新の元勲のかくて次第に去り行くは、寂しくも感ぜられる。しかし先日大隈侯逝去の場合にも述べたが如く世の中は新陳代謝だ。急激にはあらず、しかも絶えざる、停滞せざる新陳代謝があって、初めて社会は健全な発達をする。人は適当の時期に去り行くのも、また一の意義ある社会奉仕でなければならぬ」

私はこれを初めて読んだ時、その峻烈さにとびあがった。「死もまた社会奉仕」と言い切るとは、と呆然としたのである。

一九二二年二月十一日号の『東洋経済新報』に書かれたこの一文は、次に山県有朋の国葬に触れ、こう続く。

「二月三日の衆議院に、山県公国葬予算が現わるるや、これに反対した議員が二名現われた。大阪選出議員の南鼎三および森下亀太郎両氏である。世間はこれを以て、時勢の変化として驚いた。しかり議会の中にもこの時勢の変化が現われて来たのである。吾輩は、南・森下両氏が、山公は政治的罪人であるというように説いたことには反対である。少なくもこの断定には、議論の余地がある。維新以来今日までの歴史的産物として山公を見る時、公は確かに罪人ではない。社会が公に求めたる処のものを、公は立派に成し遂げておる。しかし吾輩は南氏が、見よ、世の中には親の葬式さえ営むことの出来ない貧民が多数ある。それにもかかわらず、その貧民が納めた間接税で、山県公の葬式を行えとは、何事であるかと叫べる点に至っては、ただ『然り、然り』といわざるを得ない。南氏とは、いかなる人であるか知らない。氏のこの反対演説に対して、政友会席から『売名議員』と罵った者があるという、あるいは、そうであるのかも知れない。吾輩は、それでも構わない。人を取らずして、その言を取る。正しき言に対しては叩頭する、これが吾輩の主義であり、これが吾輩の常に世に行われんことを祈願せる処のものである」

藩閥政治の親玉である山県を国葬にすることの是非もさることながら、そもそも国葬などということがおかしいのだ、と湛山は思っていた。その胸中から「死もまた社会奉仕」という痛言が放たれたのである。

それから四十五年後の一九六七年十月二十日、ワンマン吉田茂が亡くなった。

そのとき湛山は「死もまた社会奉仕なり」の一文を想起し、「軍閥、藩閥の巨頭である（山県）公の死は、憲法の発展のために好ましいというのが、私の一文であった」と注釈をつけつつ、「自由主義者の心がまえ」と題して、次のように述懐している。

「先日、吉田茂氏が亡くなったとき、新聞社から注文されたので、若干の感想を述べたが、このままではぐあいが悪いということで、発表は取りやめになった。かえって、石橋に迷惑をかけることになろうとの、私に対する好意から取りやめになったと聞いている。

私は、別段、吉田さんの悪口をいったつもりはない。人が死んだ場合、弔意を表するために、事実を誇張して褒めたり、偉くもないのに偉いと褒めたりするようなことは、私にはできない。同時に、功績があったものを、好き嫌いの感情をまじえて、それを没却するようなこともしたおぼえはない。どこまでも冷静に判断して、その人の真の値うちを明らかにする、また大勢に順応して心にもない言動はとらない。これが今日まで守り続けてきた私の信念である。吉田さんの場合も、それ以外の何ものでもない。ところが世間一般がそうではないから、私の言に意外の感じをいだくのである」

たしかに「世間一般」はそうではない。それだけに湛山の冷静な指摘が光るのである。

湛山は「長い目でみれば、単独講和がよかったかどうか、今でもなお結論がつけられていない。それを判断することが、吉田さんに対する正しい批評になると思う」と、この「心がまえ」を結ぶ。

吉田内閣誕生の裏事情

一九四六年四月十日の戦後初の総選挙で第一党となった自由党の総裁、鳩山一郎は組閣直前に、GHQからパージされ、吉田に自由党と政権を預けた。

そして長期の吉田内閣がスタートするのだが、吉田は『回想十年』(新潮社)に、鳩山から口説かれた経緯をこう書いている。

「私はそのとき三つの条件を出した。金はないし、金作りもしないこと、閣僚の選定には口出しをしないこと、それから嫌になったら何時でも投げ出すことの三点であった。鳩山君はそれで結構という。そこでとうとう引き受けることになった」

ところが、頼んだ鳩山の方の『鳩山一郎回顧録』では、それが四ヵ条になっていて、次のように違う。

「吉田君が総裁を引き受けることになった時、四ヵ条かの書いたものを、向こうから持ってきた。この書いたものはその後どうなったか、紛失してしまったが、あの時、二人でこういう話をした。

――自分は政党のことはまったく関係がなくてわからんから、政党の人事についてはいっさい君のほうでやってくれなければ困る。政党はいっさい君のほうで押さえてくれ。ただし、内閣の人事については干渉してくれるな……と、こう吉田君が私に話した。また、吉田君は、自分は金はないし、金づくりもできない。金の心配は君のほうでやってくれなければ困る。俺は辞めたくなったらいつでも辞めるんだ。君のパージが解けたらすぐ君にやってもらう、とこういって吉田君はこれを四ヵ条に書いて私のところに持ってきた。

私は後のことはあまり考えていなかったし、吉田君の話を信じていたので、この文書もぞんざいにしていたわけで、どうしてしまったのか紛失してしまった」

これがのちに紛糾の原因となる。吉田は、鳩山のパージが解けたら政権を返すと言ったおぼえはないと主張し、鳩山は約束違反だと思った。

これについて湛山は『湛山座談』で、こう言っている。

「鳩山さんが追放になったことも、誰がやったか知らぬけれども、ぼくのパージと同じことで、司令部が、鳩山さんの人気がバカにあって、力が強くなると思ったからかもしれませんね。それでわざと追放したのでしょうが、あの追放の事実は僕よりもっと薄弱ですからね。戦時中ドイツへ行ったときの彼の紀行文があった。その中にヒットラーのことを書いてあった、それを理由にしてきたからね」

「鳩山追放で党全体がアワをくって、かわりにだれかをつくらなければいかぬ。それで急に外務大臣の吉田君のところへ申し込んだ。吉田自身はうんともなんともいわない。うんともいわないからそんなものは放り出すかと思ったら、条件を三つか四つか出した、いやならいつでもおりる、金が要るといってもおれは金は一文もつくらぬからそう思っておれ、そして人事には一切口出ししてもらっては困る、とにかく自分のほうでは何もしてやらぬ、それでよかったらなるというんだ。それからとうとうしょうがないから、みんな吉田に頼んだ。あのときに、宮内大臣の松平（慶民）氏をという話もあった。だれか知らぬが話を持ち込んだので、松平氏にはその気持があった。その松平氏を排除して吉田にいった。その間のいきさつにもへんなことがあって……。そんなふうで吉田氏は、初めから自分が総理大臣になったらああとかこうとかいう考えがあったわけではない」

つまりは「自然の勢いで、偶然押しつけられた」というのである。

吉田茂の〝弁明〟

ところで、吉田と鳩山の争いを吉田の側から見てきた保利茂は『戦後政治の覚書』（毎日新聞社）で、この確執の「事実関係はぜひ理解してほしい」と述べている。

一九五一年六月二十日、吉田内閣は三木武吉、石橋湛山、河野一郎らの追放解除を発表し、続いて八月六日に鳩山一郎、松本治一郎らの解除も発表した。

それを吉田が決裁した翌日か翌々日の同年六月十一日、鳩山は東京音羽の私邸で倒れた。「ここがポイント」だと保利は言う。

「吉田さんは鳩山さんのために、事実、店仕舞いをし始めた。その矢先に、不幸な事態が生じたのである」と。

そして保利はこう結論する。

「よく『吉田は鳩山に譲る気はなかったのだ』と言われるが、鳩山さんの追放解除を決裁した時点では店仕舞いを始められていた。それが、鳩山さんの病状を見極めていくうちに、鳩山さんに譲る気持をあえて抑えるようになったと言えるのが、私がタッチして知ったいきさつからの確信である」

これを河野一郎に話したら、

「どうも信用できんな」

と河野は首をかしげたという。

「しかし、このことは長い鳩山、吉田の確執を思い、またあれほど仲のよかった両家のためにも、ぜひ知っていてほしい事だと思う。すべて知ったうえで、ケシカランというのならまだしも、そこらの事情もわからずに、鳩山が悪い、吉田が憎いということでは、あまりにもお互い不幸なことではないだろうか」

と保利はなお、執着を示す。

吉田の回想録をという話になった時も、保利は、集まった池田勇人や佐藤栄作らに、ぜひ記録に、と説き、みんな賛成したが、政治学者の板倉卓造だけが、「それはどうですかね。私の感じでは、どうも吉田君の言い訳みたいに聞える。吉田君は言い訳の嫌いな人だった。弁明しているととられると、ご本人のためにどうかな」と言って反対し、結局、割愛されたという。

「鳩山君の病軀よく独立再建の国務に堪え得るや、重責に堪ゆるの明かならざる限り、私として党総裁および総理大臣に鳩山君を推挙するのは、情誼はともかく、総理大臣として無責任であると感じ、これを躊躇せざるを得なかった」

この『回想十年』の吉田の言葉を「弁明」と取るかどうかは立場によって異なるだろう。しかし私には、これを読んだだけでも、吉田が「言い訳の嫌いな人だった」とは思えない。

麻生和子の『父吉田茂』（光文社）には、首相候補として自分の名前が急浮上して、「これは、たいへんなことになった」と思った吉田は、「存じ上げている幾人かの方をお訪ねし、総理をお願いしようとずいぶん頑張った」とある。

しかし、なかなか適当な引き受け手が見つからず、そのうち、外務省の先輩の幣原喜重郎までが出て来て、「おまえがやれ」と説得された。

その前の迷っている段階で、吉田は、いまかいまかと返事を待っている人たちに、「とにかく、娘の和子を九州からよんである。あれのオーケーをとらなきゃ返事ができない」と言って呆れられたこともあったという。

「時間稼ぎのつもりかどうかは知りませんが、重大な事態に直面してかえってまぎらわしい冗談をいうようなところが父にはありました」と娘は語っている。

近衛公の自決を求める

吉田茂は敗戦の年の一九四五年春、早期和平工作に関わったとして憲兵隊に逮捕されている。この投獄体験が、いわばアリバイとなって追放を免れる。これが鳩山一郎や湛山との大きな「差」となって吉田に幸いするのである。

しかし、湛山はもちろん、鳩山と比べても、吉田の戦争への抵抗はそれほど「差」のあるものだったのか？

鳩山は『私の自叙伝』に元首相・細川護熙の祖父、近衛文麿の推進した「翼賛選挙」の推薦候補にならなかったことを書いている。

「（一九四二年）四月三十日、本邦開闢以来の総選挙が行われ、公認推薦候補者の約八割が当選するという奇現象を呈したのである。本当に利巧な者ならば、こういう選挙に出馬するのは見合わせただろう。だが、私をめぐる三十余名の同志は、落選当然と心得てやっぱり鹿を逐う仕事をやめようともしなかった。非推薦だからおよそ勝利はおぼつかない。だがそれでも、三十余人（同交会と呼ぶ）のうち、ありがたいことに私をはじめ九人が当選したのは、まさしく死中に活を求め得た思いであった。（中略）陥ちる方が当り前で、当選するのが可笑しいみたいな選挙であった。だが、このような面白くもない話はこの辺で打ち切ろう」

鳩山は三六年に発表した「自由主義者の手帳」では「官僚でも軍人でも、いやしくも政治をやろうとする程の者は、よろしく選挙の洗礼を受けて苦難を味わい、民衆と結びついた、精神的資格をまず獲得すべきである。そうすることによって、高い所から『お上』が取締りの捕縄を摑んで、下を見下すような悪風も消えようし、公僕が殿様である如き、甚だ思いあがった錯覚も除去できよう」と明快に言い切っている。

このため、六年後の選挙では翼賛政治会の推薦候補にはなれなかったのかもしれないが、ただ、のちにその翼政会の政調会の評議員にはなっているのである。

戦争責任の追及

近衛を中心とする翼賛体制に協力的であったかどうか、あるいは近衛に幻想を抱いていたかどうかという点で、吉田と鳩山に大きな差はない。

湛山はそこが違っていた。

戦後になってからだが、湛山は二度、近衛への直言を公にしている。『東洋経済新報』一九四五年十月二十七日号の「近衛文麿公に与う」と十一月十日号の「重ねて近衛公に与う」である。

「近衛文麿公閣下」と呼びかけられた前者は次のように続く。

「閣下が先に東久邇宮殿下の内閣に国務大臣の席を占められた経緯は素より一般国民の知る所ではない。併し恐らく其の一人として怪訝の念を抱かなかった者はないであろう。然るに今般閣下には新たに内大臣府御用掛を仰付けられ、而して新聞は之れを以て閣下が憲法改正草案の起草に参与せられる為めなるべしと伝えている。果して然るか。然らば記者は僭越ながら一般民衆の感情を代表し、切に閣下の反省を乞わねばならない」

あの「死もまた社会奉仕」の痛言と同じく、湛山は特に昂ぶった調子ではなく、近衛に「責任」という短刀を突きつける。上ずった高音部の声でないから、逆に鋭く対手の肺腑を抉るのである。

「閣下の名が連合国の所謂戦争責任者又は犯罪者中に加えられているか何うかは記者の勿論知らざる所である。記者は閣下の同胞の一人として何卒其の然らざるを祈ってやまざる者である。

併し連合国が閣下を戦争責任者或は犯罪者と見るか否かに拘らず閣下は今次の戦争に就て、少なくも日本国民に対し、至大の責任を感ぜられないであろうか」

連合国が戦犯と見るかどうかが問題なのではない。自分自身で国民に「至大の責任」を感じないか、と湛山は近衛に問いかける。

「如何にも米英を加えて之れを敵とした大東亜戦争は東条内閣に依って始められた。閣下は其の東条内閣の前の首相として、米英との開戦を回避する為め大に力を尽されたと伝えられる。従って歴史を若し此の時期以後に限定すれば、閣下は啻《ただ》に戦争責任者でないのみでなく、却て熱心な戦争反対者であったと言えるかも知れない。併し歴史は言うまでもなく左様に都合の好い所で断ち切ることは出来ない。大東亜戦争が何《ど》うして始められたかを検討する者は、少なくも昭和十二年まで遡って、其の発端を支那事変の勃発に求めざるを得ず、更に下っては昭和十五年の日独伊三国同盟締結こそ、大東亜戦争必至の運命を定めたものとなさざるをえないであろう」

この三つの重要なる転機の事件は、いずれも近衛が首相の時に起こった。

「素より支那事変の前に、既に昭和六年には満州事変があり、前者は謂わば後者の引続きであった。昭和十二年七月盧溝橋に遺憾なる銃声を聞くに至ったのは決して閣下の責任ではない。之れは国民の周《あまね》く信ずる所である。併し閣下は支那事変を処置するに当り、爾後国民政府を対手にせずとの有名な声明を発し、所謂東亜新秩序の建設を揚言し、又軍を深く支那奥地に進めることを許し、遂に日支の国交を匡救《きょうきゅう》すべからざる紛乱に陥れた。遠因は仮令《たとい》満州事変にあったとするも、事態を更に重大化し、窮極に於て大東亜戦争を避け難き勢に導く口火を付けたものは、実は当時の閣下の対支政策であったと言うべきではあるまいか」

時期を区切って認めるべきは認めつつも湛山は、見逃すことのできない近衛の戦争責任を追及する。

「昭和十五年の三国同盟に至っては殆ど狂気の沙汰と称すべく、平沼、阿部及び米内の三内閣は之れが締結を躊躇して倒れた。如何に陸軍方面からの強力なる圧迫があるも、之れに屈して三国同盟を結ぶことは、苟《いやしく》も国家を念とする者の到底忍び得ない所であったからである。当時一般の国論も亦該同盟に反対した。然るに閣下は米内内閣の後をうけて、敢て此の同盟を締結した。閣下が如何なる積りで之れを締結したかは兎に角として、結果は明かに対米英開戦論者の主張を容れたものであり、而して事実其の戦争は起った。閣下が昭和十六年三たび内閣を組織し、対米英国交の調整に努めたと言え、時は既に去った。閣下が結んだ三国同盟は此の調整を妨げる最も重大な障碍をなした」

平沼、阿部、米内の三内閣が、「一般の国論」が反対していたこともあってためらっていた日独伊三国同盟の締結に近衛は敢えて踏み切った。その近衛を終戦間際の和平工作によって免罪することはできない。「始めた罪」を「終わらせようとした功」によって消すことはできないのである。

湛山の厳しい糾弾は続く。

「併しそれでも其の場合、若し閣下が一切の真相を国民に発表し、対米英開戦論者と一戦を交ゆる勇気と愛国心とを持たれたら、或は狂瀾を既倒に廻《めぐら》すことも出来たかも知れない。それは恐らく生命を危険に曝す難事であったに違いないが、併し特に皇室にも親近せる閣下の位地を以てすれば、決して不可能の事ではなかった。併し閣下は遂にそれをも為さずして、内閣を東条大将に渡し、大東亜戦争を起さしめた。戦争は仮令閣下に依って始められたのではないにしても、閣下は以上の経過を顧みて此の戦争に責任無しと果して言えるか。或は閣下はそれ故に、罪亡しに、敗戦日本の再建に一身を捧げんとしておられるのかも知れぬ。併し国民は恐らく閣下の左様の婆心を受容れることを潔としない。況や重大なる憲法の改正に閣下の力をかりるが如きに於てをや。閣下が若し国民の信頼を回復せんとせば、其の途は他にある。それは閣下が支那事変以来経歴せる一切の事実を公表し、軍国主義者の罪を明かにすると共に、併て閣下の罪を天下に謝することである。仮令如何なる経緯に今回の任命が出づるも、閣下は速に之れを拝辞すべきである。然らざれば閣下は再び国家に大害を齎《もたら》すであろう」

近衛邸の仮装パーティー

一九四四年夏の時点で、海軍兵学校長として「敵性言語」の英語教育をやめさせなかった井上成美は、無謀な戦争を始めることに最後まで反対し、米内光政や山本五十六とともに、右翼から、

「国賊！　腰抜け！　イヌ！」

などと罵られ、暗殺さえ噂された稀有な軍人だった。

井上は戦後も銅像や顕彰碑の話には耳をかさず、ひっそりと暮らしていたが、一九六八年に海上自衛隊の練習艦が遠洋航海で南米に向けて出発する時、壮行会に招かれた元海軍大将の嶋田繁太郎が乾杯の音頭を取ったと聞いて、

「恥知らずにもほどがある。公の席に出せる顔か」

と激怒したという。この井上の怒りと、湛山の近衛への指弾は通うものがあるだろう。

近衛が「罪を天下に謝すこと」は湛山にとってどういうことを意味したか。「重ねて近衛公に与う」がそれを明らかにする。

「記者が近衛公に与うる書を発表したのと時を殆ど同じくして世間にも亦近衛公の反省を求める声が盛んに起って来た。然るに公は之れが答を、或は偶然であったかも知れないが、一外国新聞記者との会見に際して試みた。此の談話には直ちに内閣からも抗議が出て、公は改めて内閣記者に向い、其の真意なるものを弁

明した。併し国民が公に対して問題にしているのは、公が憲法に就て如何なる意見を抱くかと言うことではない。抑《そもそ》も公には憲法改正の如き国家の重大事に関与する資格ありや否やを問うているのである。前記の外国記者との会見談を見ると、公が今度の憲法改正問題に関与したのは、マ元帥の慫慂と陛下の思召に依ったものの如くに語っているが、若しそれが真実だとするも、国民はそんな事では満足しないであろう。若し左様の口実を以て、飽まで公が突張るなら、累は必ず皇室に及ぶ。明治時代藩閥政治家は屢々袞龍《こんりょう》の袖に隠れて恣意を逞しうしたと言われたが、昭和の近衛公は復《ま》た之れを学ばんとするのであろうか。若しそうとするなら公は全く時代の変化に盲目なりと言わねばならない。十月二十四日公は木戸内府を訪問して、爵位拝辞の決意を伝達したが、之れ亦内府の懇請で一時延期に定めたと言う。延期したものなら、そんな発表は無用の事だ。其の後ラジオを聴けば、放送局は、何人の指金に依るものか、大東亜戦争勃発直前の経緯を述べて、頻りに近衛公の弁護をやっていた。醜い限りだ。記者は重ねて近衛公の自決を求める」

湛山の求めの通り、近衛は自裁することになるわけだが、自らの責任ということにはまったく鈍感で、「決意」をクルクル変えるとは、近衛と孫の細川護熙はピタリと重なる。

二人をダブらせて私は『エコノミスト』の九三年八月三十一日号のコラムにこう書いた。

〈細川の尊敬している母方の祖父の近衛とはどんな男だったか。それを知るには、勝田龍夫の『重臣たちの昭和史』(文春文庫)を改めてひもとくのがいい。

二・二六事件の起こった翌年の一九三七年四月十五日、近衛文麿は翌日に予定された次女温子《よしこ》と細川護貞(護熙の父)の結婚式で忙しいのに永田町の自邸に原田熊雄らを招いて仮装パーティーを開いた。

このとき近衛は、何とヒットラーに扮したのである。そして、のちに近衛はこのヒットラーと手を組み、アメリカやイギリスと戦うことになった。

当時、評論家の阿部真之助は、痛烈にこう批判している。

「十年前、左翼華やかなりし頃は彼（近衛）の姿が自由主義よりもっと左に寄った位に映ったのであるが、今では時代と共に、漸次右へ移動して、自ら国家社会主義者と、公然名乗るを辞さないまでになった。彼が仮装会で、ナチス独逸のヒットラーに扮したのも、仮装の裏に、彼の本心が潜んでいたのだった。林大将の後に、ヒットラーを気取る近衛が出て来て、どうして世の中が、後戻りしたということが出来るのだ」

この拙文に対し、横浜市に住む五十五歳のサラリーマンが、同誌の投稿欄で、「佐高氏はあたかも近衛文麿氏の人格と細川護熙氏の人格が同一であるような書き方をしている。近衛氏は毀誉褒貶の多かった人のようであるが、その欠点のみをあげ、あたかも細川氏も同様の欠陥を持っていると匂わせるのは、問題であろう」と反論し、私に「猛省」を促して来た。しかし私は、細川が近衛を尊敬しているというから、その危険を指摘したのである。このような冷静さを欠いたファンが多いことも細川と近衛は似ている。

軍部の力が強大だったその只中で「粛軍演説」をして代議士除名処分を受けた斎藤隆夫は一九四一年秋に「近衛文麿公を論ず」という一文を発表し、「世の中の苦労を嘗めた経験を有せない貴公子が、自己の能力を顧みず、一部の野心家等に取り巻かれて国政の大任に当たるなど、実に思わざるも甚だしきものである」と激しく弾劾した。

「自己の能力を顧みない」細川が、小沢一郎や公明党の市川雄一など、「一部の野心家等に取り巻かれて国政の大任に当たった」のは近衛の時と瓜二つである。

小沢らの唱える「大会派」構想に細川が乗っていくのも、翼賛政治の状況と似ている。

「小日本主義」の湛山は、まちがってもヒットラーに仮装することなどなかった。その一点だけでも近衛を赦すことはできないし、近衛を尊敬するという細川の無知、無責任を見逃すことはできない。

追放に対する弁駁

「戦争中は、僕の故郷の小さな村にも、毎日、戦死者の遺骨が帰ってくるんです。その度に、近所のおばさんたちが泣くんですね。いつも優しくしてくれたおばさんたちがワァーッて泣く。子供の頃のそんな体験は、心に残ってしまいますよ。それに村の人たちも小学生の僕に向かって『戦争のない国をつくってくれ』って真面目に頼むんです。そうすると自然に、政治をめざすことになっちゃった。僕の村は、五百戸程度の小さな村だったけど人を育てる風土があったんだよね。なにしろ、長野県は全国で一番寺子屋が多かった。その中でも我が村は長野県の中でも一番寺子屋が多かったんだから」

一九四〇年秋、長野市篠ノ井上石川に生まれ、湛山の孫弟子を自任する田中秀征はこう語っている。

田中が地元の小学校に入るのは戦後だが、村の人たちに「戦争のない国を」と言われる度に、おばさんたちの泣く姿がよみがえってきたということだろう。

「政治家は、一年の半分は本を読んでものを考えなければ、国民が期待する役割を果たせない」

あくまでも書生っぽさを失わない田中は、いまも村の人たちの期待を背に負っているのである。

人災だった「公職追放」

戦争中の自らの行動を悔い、戦後は反戦平和の市民運動にエネルギーを注いだ中野好夫は、誰を戦争犯罪人と思うかという問いに、「中野好夫」とだけ書いた。

その峻烈さには頭が下がるが、往々にして、最も責任を感じてほしい人が厚顔にもそれを感ぜず、そんなに感じなくてもいい人が、痛切にそれを感じる。

湛山の「公職追放」は、まさに最もその責任からは遠い人間に降りかかった災難ともいうべきものだった。もちろん、それは天災ではなく、人災である。

追放の噂が出てきた時も湛山は「僕が追放されるならば、日本のジャーナリズムで一人として助かる者はないはずだ、やれるならやってみろ」（『湛山座談』）と意気軒昂だった。

しかし、追放になる。

湛山は一九五一年十二月二十六日の日記に「吉田総理が予の追放を積極的に求めていたりとの岩淵（辰雄）氏の報告は、真実なれば驚く外なし」と書いている。

岩淵は公職適否審査委員をしていたのだが、吉田内閣の蔵相である湛山について、吉田に

「石橋が追放になるぞ」

と言って忠告したら、吉田は、

「あれは追放した方がいいよ」

と、ぬけぬけと言ったとか。

「内閣の傷になるじゃないか」

とさらに問うと、

「傷になんかならんよ、それより石井光次郎を助けてくれ」

と言ったと、のちに岩淵は証言している。

ＧＨＱに対しても吉田に対しても、言うべきことは言った湛山の姿勢が煙たがられたのだろう。

岩淵証言と、外務省から大蔵省の部下が取ってきた湛山の追放指令を持って吉田のところへ行った際の湛山証言（『湛山座談』）を併せ読むと、吉田の演技がわかって白々しい気持ちになる。

「吉田に、とうとう出ましたねと言ったら、何がと言うから、これを見ろといって文書を見せた。そうしたら彼は憤然として電話をとって外務省のやつを呼び出し、あれほど言ったのになんだって文書を出した、と。そうしたら電話の相手、何を言っているか聞こえないけれども、そんなこと知りませんといったらしい。吉田さんは、何を言うか、ここへちゃんと持ってきている、冗談じゃあない、と言った。それで怒ってガチャンと電話を切った。僕がこれを聞いているんだから、吉田さんという人は面白い人だと思った。それから僕は、吉田、それはおかしいじゃないか、どうだと言ったところが、いやもう内閣も二、三日でやめる、やめる前にそんなつまらぬことを言って面白くないからかくしておったと人をくった返事で……」

大根役者のバカバカしい演技を見せられて、湛山も怒るよりシラける感じだったろう。

その前に官房長官だった林譲治が外務省の役人と二人で湛山のところへやって来て、司令部がどうしてもパージせよと言ってきかないから悪しからず承知してくれという吉田のことづけだと言っているのである。

湛山は、承知しない、と言って追い返したのだが、すさまじい吉田の二枚舌、三枚舌に驚く。

湛山が次のように述懐するのも当然だろう。

「鳩山（一郎）さんは、自分がパージを解かれないのは吉田のせいだと言っておりました。しまいまでそう言って頑張っておりました。僕はそれほどにも思わないけれど……。ともかく、何故か知らぬけれども、司令部で僕をマークしておるということはいつも感じておりました。吉田さんはけっして積極的に僕をパージするとは言わなかったけれど、僕を助けようとはしなかった。のみならず、僕をやめさせるときには代わりを直ぐこしらえておかねば困ると言うので、やめるまえから後釜を考えた。その点はけしからぬことですね。だから、僕は吉田さんという人には何か釈然としない」

追放の指令を受けた湛山はすぐにそれに対する反論を書く。一九四七年五月十二日の「私の公職追放に対する見解」である。

追放の理由は、湛山がかつて東洋経済新報社の社長兼編集人であり、同社誌が「其の編集方針としてアジアに於ける軍事的且つ経済的帝国主義を支持し、枢軸国との提携を主唱し、西洋諸国との戦争必至論を助長し、労働組合の抑圧を正当化し、且つ日本民衆に対する全体主義的統制を勧奨したことにつき責任を有する」というものだった。

中央公職適否審査委員会に宛てた書簡だが、同委員会は、湛山は追放に該当せずとの決定を下したのに、GHQが直接、日本政府に「石橋追放」覚書を出したのである。そういった経緯があっても、反論は委員会宛てに出さなければならなかった。その中で湛山は、

「東洋経済新報が、終始一貫して総ての形の帝国主義と全体主義とに反対し、あらゆる戦争を拒否し、枢軸国との接近の危険を叫び、労働組合の発達に努力したことは、苟《いやしく》も同誌を知る日本国民の周《あまね》く確認する所である。蓋《けだ》し此の事は仮令私の政敵なりとも、其の者が正直である限り、断じて拒否しないと考える。又其の数は少なくとも米国、英国、支那、其の他の外国の読者も同様に之れを認めると信ずる。であればこそ昭和二十（一九四五）年連合国最高司令部は日本に上陸して間もなく、東洋経済新報に関し、次ぎの覚書（本司

令部はオリエンタル・エコノミストが直ちに刊行を回復することを希望する）を日本政府に交付したものと私は思う」

と言い切っている。

湛山がいかに軍部と闘ったかを考えれば当然だろう。この中には悲痛な思いの心情吐露もある。

「私は昭和十九年二月一人の男児をケゼリン島に於て戦死せしめた。一年遅れて其の公報を受けた私は、昭和二十年二月彼の為に追弔の会合を催したが、その席上で次ぎの如く述べた。『私は予て自由主義者である為に軍部及び其の一味の者から迫害を受け、東洋経済新報も常に風前の灯の如き危険にさらされている。併し其の私が今や一人の愛児を軍隊に捧げて殺した。私は自由主義者ではあるが、国家に対する反逆者ではないからである』と。

私も、私の死んだ子供も、戦争には反対であった。併しそうだからとて、若し私にして子供を軍隊に差出すことを拒んだら、恐らく子供も私も刑罰に処せられ、殺されたであろう。諸君はそこまで私が頑張らなければ、私を戦争支持者と見なされるであろうか。東洋経済新報に対し帝国主義を支持した等と判決を下されるのは、正にそれであると私は考える」

湛山が、二十五歳で戦死した次男和彦の追弔の会を催した時、まだ戦争は終わっていない。自らを「自由主義者」と規定することにも大いなる勇気のいる時代だった。

マ総司令官へのうらみ

湛山の書簡が出されたと同じ五月十二日の日付で、湛山の追放を「狂気の沙汰」として、その撤回を訴える連名の書簡がマッカーサーに提出された。

名を連ねたのは、芦田均、西尾末広、三木武夫、末弘厳太郎、小汀利得、一万田尚登、大内兵衛、安倍能成、長谷川如是閑、松岡駒吉、池田勇人らである。

また、自由学園園長の羽仁もと子は、単独でマッカーサーに手紙を送り、「軍国主義・超国家主義と戦ってきた」湛山には「所説を異にする人々さえも彼の苦心と清節に多くの同情を持った」ので、「石橋氏の追放になることは、考えてみればみるほど忍び得ない」と訴えた。

湛山自身も、結局出さなかったが、「マッカーサー元帥に呈する書」を起草し、のちに刊行した『日本経済の針路』に収めている。

その中で湛山は「戦時中内務省警保局長であった町村金五氏は、東条首相から特に『東洋経済新報』を監視すべしと命ぜられたと証言しています」と書き、密室主義を嫌う湛山らしく、次のように結んでいる。

「私は、すべての日本国民と等しく、閣下がわれわれに深き同情を垂れられ、日本の再興とその民主化のため、終戦後継続して絶大の努力を注がれたことに厚く感謝する者であります。しかしそれにもかかわらず、もし私がなにごともすべて閣下に対して感謝のみしていると申し上げたら、私は阿諛《あゆ》者であります。私はここにはただ自分の私事に関してのみ申し上げるのですが、公職追放およびその訴願に関する判決が、なんら公開の裁判を経ることなく、本人はもちろん、証人の喚問もなくして秘密裏に下されることに、私はいかにするも納得ができません。しかもこれによって重大なる人権の自由をひとたび停止された者は、泣けど叫べど、その無実の罪を訴えるに途なく、否、泣き叫ぶことさえも、政令違反の脅威によって禁止されているのであります。これはおそらく閣下のご承知なき日本の現状の一面だろうと思います。閣下の常に説かれる民主主義と正義とのため、切に閣下のご検討を願い上げるしだいであります」

このマッカーサーについて、のちに湛山は、

「マッカーサーのやったことは大局的にはよかったといえるでしょうね。とくに古い政治家を一掃したのはよかった。憲法もむろんそうですけれど、ただ指令（アメリカ本国から占領軍への）にあったが実際にやられなかった土地の国有化、これなどは僕個人としてはやってもらいたかったですね」

と『湛山座談』で回顧している。

また、一言でマッカーサーを評すると、と問われて、

「いま冷静に考えると、わからぬが、なかなかえらい人と思いましたね。個人的にはうらみがありますからね、帰ってもらいたいと考えていた。だからトルーマンが彼を罷免したときは、ぼくは追放中でしたが、思わず万歳をさけびたい気持でしたね」

と答えている。

当時、GHQの内部には、民政局のホイットニーやケーディス、経済科学局のマーカット、そして参謀二部、つまり、諜報・治安担当のウィロビーらの間で、激しい勢力争いがあった。最終的には徹底した反共主義者のウィロビーが民政局や経済科学局の進歩分子を一掃して、自らの天下とする。

もちろん、マッカーサーの権力下においてだったが、そのマッカーサーが、朝鮮戦争の戦略をめぐって大統領と対立し、トルーマンから解任されたのである。

マッカーサーの部下たちの中で吉田茂が最も頼りにしていたのがウィロビーであり、湛山がつきあっていたのがマーカットだった。

「日本の事情をいろいろ聞いてきたが、物わかりのいい、いい人だと思った。こういう人がいたことで、僕は占領政策を少し楽観しすぎましたね」

湛山はこう述懐している。

さらに湛山は一九四七年十月二十七日に「公職追放に対する弁駁書」を発表する。これは湛山の追放の「資料に供されたと信ずる覚書」に対する詳細な弁駁書だった。

次節にそれを詳しく紹介するが、同日湛山は、東京丸の内の日本工業倶楽部に現れ、午前中は日本の記者に、午後は外国人記者に、長文のそれを配って、追放の不当を訴えた。午後の会見では、英文訳の弁駁書を読んでいた記者団との間で一問一答となり、ＡＰ通信支局長のブラインズとの間に次のような質疑応答がなされた。

「一体これは誰の責任だと思うか」

とブラインズが尋ねたのに、

「向こうの文書に署名しているからホイットニーだろう」

と湛山が答え、

「マッカーサーはどうか」

と重ねて尋ねられると、

「ホイットニーの上司としての責任はあるだろう」

と言っている。

住本利男の『占領秘録』（毎日新聞社）によれば、翌日、ＡＰ特電を載せたアメリカの新聞は、

「はじめてマ総司令官の横面をはった日本人石橋湛山」と見出しをつけていた。

『石橋湛山全集』第十三巻の解説にある如く、「軍政下におかれた当時の状況で、身の安全を考えれば、石橋のこのような言動は無謀ともいえるのだが、石橋からすれば当然の態度だった」のである。

大日本主義を棄てよ

「私は今私一個の利益の為めに以上の弁駁を行うのではない。私は私一個の利益の為めに、強いて今公職追放を免れたいとは少しも考えていない。只だ私はデモクラシーの為めに、デモクラシーの権威の為めに、敢て茲に訴願する次第である。如何に之れを裁断するかは一に貴委員会の公明にまつ者である」

湛山は「中央公職適否審査委員会」および「中央公職適否審査訴願委員会」に宛てた「弁駁書」をこう結んだ。

そういう思いで湛山は、

㈠「日本の侵略を支那の責任に帰した」と云う非難に就て

㈡「全体主義統制の強行を主張せり」との非難に就て

㈢「ヒットラー及びナチの経済政策を称讃した」との非難に就て

㈣「大東亜主義を支持した」との非難に就て

㈤「西洋諸国との戦争を煽動した」と云う非難に就て

といった項目を立て、ていねいに反論している。

『石橋湛山全集』第十三巻の月報に、元共同通信編集総務で公職適否審査委員の一人だった加藤万寿男が書いている如く、『東洋経済新報』は、戦争が起きる最後まで、自由主義の立場を堅持した稀に見る雑誌であり、この雑誌まで追放のワクに入れるとなると、日本の新聞雑誌はあげて残らず追放の対象にせねばならぬ」ので、審査委員会では全会一致で、東洋経済新報社長としての湛山を「追放非該当」と決定していた。それをGHQの民政局が承認せず、日本政府に直接指令して、湛山を追放にしたのである。

それだけに湛山としてはやりきれない気持ちでこの「弁駁書」を認《したた》めたことだろう。

日本文の東洋経済新報に対する非難への弁駁に続いて、湛山は英文のそれについても、次のように項目を挙げて反論している。

(a)「戦争の責任を支那に帰し且つ支那に於ける日本陸軍の行動を是認した」との非難に就て

(b)「北支の全面的搾取を主張した」との非難に就て

(c)「アジアに於ける新秩序を建設し、又東洋から他国民を排斥することに対して哲学的根拠を与えた」と云う非難に就て

(d)「アジアを支配する日本の自然的権利を主張した」と云う非難に就て

(e)「米国は太平洋戦争を煽動していると非難した」と云う非難に就て

(f)「日本と枢軸国との提携を弁護した」と云う非難に就て

(g)「労働組合の撲滅と労働の全体主義的統制を是認した」と云う非難に就て

(h)「新東条内閣の出現を心から讃嘆した」と云う非難に就て

書き写しているだけで腹が立ってくるが、これらの非難がいかに見当違いのものだったかは、日本の膨張

する大アジア主義の痛烈な批判者だった中国文学者の竹内好が、「自由主義の立場から植民地主義に反対した思想家」として湛山を挙げていることだけでも明らかである。

もし「満州国」を認めるなら論理必然で朝鮮の独立も認めるのが自由主義者というもので、湛山は「自由主義者にしてアジア主義者」という日本には稀なタイプのリベラルだった、と竹内は湛山を評している。

湛山は前記の長文の弁駁で、たとえば、こう訴える。

「東洋経済新報が、其の不断の主張として、徹底的に帝国主義に反対し、平和主義を唱えたことは、同誌の読者の周く証明する所である。例えば東洋経済新報は大正十年ワシントンに軍縮会議が招集された際、日本の態度は之れに対して甚だ消極的であり、寧ろ反対の意向の強かったのに対して、殆ど毎号の紙面を割いて官民を鞭撻し、台湾、朝鮮をも放棄して、世界に軍備廃止の機運を作れと反復主張した」

そして湛山は一九二一年七月二十三日号の社説「太平洋会議に対する我態度」や同年七月三十日号の社説「大日本主義の幻想」の一節を引く。

平成の現在の日本にも横行する「大国の責任」論に似た「大日本主義」を、湛山は後者で語りかけるように撃った。

序章に詳述したので、ここでは繰り返さない。

「重箱を集むる愚」

そうした視点に立って湛山は「資本は牡丹餅《ぼたもち》で、土地は重箱だ」としながら、日本の進むべき道を次のように指し示す。

「入れる牡丹餅がなくて、重箱だけを集むるは愚であろう。牡丹餅さえ沢山に出来れば、重箱は、隣家から、喜んで貸してくれよう。而してその資本を豊富にするの道は、ただ平和主義に依り、国民の全力を学問技術の研究と産業の進歩とに注ぐにある。兵営の代りに学校を建て、軍艦の代りに工場を設くるにある。陸海軍経費約八億円、仮りにその半分を年々平和的事業に投ずるとせよ。日本の産業は、幾年ならずして、全くその面目を一変するであろう」

経済の原理原則を踏まえた自由主義者である湛山の真面目を伝えるこの論文は、こう結ばれる。

「吾輩は、我が国が大日本主義を棄つることは、何らの不利を我が国に醸さない、否ただに不利を醸さないのみならず、かえって大なる利益を、我に与うるものなるを断言する。朝鮮・台湾・樺太・満州という如き、わずかばかりの土地を棄つることにより広大なる支那の全土を我が友とし、進んで東洋の全体、否、世界の弱小国全体を我が道徳的支持者とすることは、いかばかりの利益であるか計り知れない。もしその時においてなお、米国が横暴であり、あるいは英国が驕慢であって、東洋の諸民族ないしは世界の弱小国民を虐ぐるが如きことあらば、我が国は宜しくその虐げらるる者の盟主となって、英米を膺懲すべし。この場合においては、区々たる平常の軍備の如きは問題でない。戦法の極意は人の和にある。驕慢なる一、二の国が、いかに大なる軍備を擁するとも、自由解放の世界的盟主として、背後に東洋ないし全世界の心からの支持を有する我が国は、断じてその戦に破るることはない。もし我が国にして、今後戦争をする機会があるとすれば、その戦争はまさにかくの如きものでなければならぬ。しかも我が国にしてこの覚悟で、一切の小欲を棄てて進むならば、おそらくはこの戦争に至らずして、驕慢なる国は亡ぶるであろう。今回の太平洋会議は、実に我が国が、この大政策を試むべき、第一の舞台である」

まったくの言いがかりとも言うべき追放理由に対して、湛山はまた次のようにも反論している。

「(私が軍部や政府の考えに全然同意しなかったのは)元来私が民主主義者であり、従ってヒットラー及びムソリーニの独裁政治に対して、強き反感を抱いたことである。のみならず私はまたヒットラーが欧州に於て戦争を起したことを全く不都合の所行なりとして排撃した。私は当時英国のチェンバーレン首相の戦争防止の為めの活動を讃嘆した。私は独伊を内政的にも又外政的にも不徳の国だと考えた。従って私は斯かる国と我国が提携することは、仮令如何にそれが当面の政策として有利であるとしても、結局必ず禍をもたらすに違いないと信じた(私は此の趣旨を昭和十四年九月東洋経済新報に強く論じて発売禁止の厄に会った)。況や独伊と提携せんとする軍部は日本に於て独伊と同様の独裁政治を行おうとしているのである。もしも独伊との提携成り、その結果が軍部の予期する通り日本の外交を成功せしめたとするならば、日本国民の自由が完全に消滅することは明らかである。私は斯くて独伊との提携が成立しないことを先ず祈り、而してその提携が遂に出来て後に於ては、その結果が不成功に終らんことを切に願った」

山中湖の別荘で、『東洋経済新報』英文『オリエンタル・エコノミスト』を一つ一つ読みながら時間をかけて作成したこの「弁駁」も効果がなく、湛山は追放された。

別に解除を期待していたわけではなく、その結びに書いたように湛山は「デモクラシーのために、デモクラシーの権威のために」、敢えて訴願したのだった。

ところで、のちに湛山が首相になった時、『ニューズウィーク』はこう書いたという。

「日本の首相として、今週、鳩山一郎の後を継ぐ石橋湛山(七十二)は、性格の強い、独学の経済専門家だが、自分では『決して事をかまえる人間ではない』と言っている。しかし彼は恨みを忘れない人間である。

かつて（一九四七年）米占領軍当局によって蔵相の地位から追放されたが、この『個人的侮辱』を決して水に流してはいないのである。こうした事件が少なくとも一部の理由となって、彼が首相になると間もなく、日米関係の全面的建直しがあると見てよいだろう。彼は自説を固執して譲らず、すべて白か黒か、どちらかにきめなければ承知しない男である。恨みを根に持つ石橋としては、米国にお返しする日が近づいたわけである」

湛山会編の『名峰湛山』で、この記事を伝えているのは、ニューヨーク駐在領事だった片桐良雄だが、大蔵大臣としての湛山の秘書官も務めた片桐は、石橋首相の誕生を、アメリカの新聞は複雑な表情で受けとめた、と書いている。親米的と見られていた岸信介が首相になることを望み、またそれは確実だと思っていたからである。

「GHQに反抗して『マックにたてをついた初めての日本人』の過去を持ち、中共貿易の拡大を支持する石橋首相の出現は、疑いもなく日米関係に新しい時期をもたらすものだということはわかっても、米国自身にとってはいったい歓迎すべきことなのかどうか、そういうためらいが国内一般の空気を支配していた」と報告する片桐が「その中での傑作」として紹介しているのが前記『ニューズウィーク』の記事なのである。

九年前の追放がいかに理不尽なものであったか、あるいはアメリカは〝自覚〟していたのかもしれない。湛山の追放は、決して湛山への「個人的侮辱」にとどまるものではなかった。

第三章　湛山思想の原点

良日本主義のすすめ

一九九二年六月十一日の『毎日新聞』に、同月六日付の『朝鮮日報』に掲載された同紙東京特派員のコラムが転載された。

それによると、長野県の大衆浴場が外国人の出入りを禁じる立て札を出したという。繁華街で働く女性たちのアパートが、すぐ隣にあるからで、こうした話はこれに限らない。

「エイズにかかるかもしれない」と、東南アジアの女性たちの入浴は毛嫌いされているのである。この事実を指摘したうえでの東京特派員の批判はきびしい。

「こんな日本が、東南アジア人のためにという名目で、PKO法案を通過させた。一緒に入浴もしないほどさげすんでいる人たちを助けようと、四十七年ぶりに軍隊を動員して国際貢献をしようというのだ。

問題はPKO法案の強行処理も、銭湯の立て札も『日本優越主義』という同じ根に根差していることだ。平和的貢献が目的なら、いま日本で働いているアジア人に、銭湯ぐらい思うように使わせてあげることから始めるのが順序ではないか。外国人を差別する日本人に国際貢献を語る資格はない」

新生党代表幹事の小沢一郎は「大国の責任」を説き、国際貢献の美名の下にPKO法案の採決を強行した。自民党幹事長時代のことだが、こうした大国主義と、新党さきがけ代表の武村正義の「小さくともキラリと光る国」という考えは対立する。

武村はその著『小さくともキラリと光る国・日本』（光文社）で、

「日本の憲法は戦争を放棄し、戦力と交戦権を認めないことを定めている。この平和憲法のもとで、戦後の日本が繁栄を続けてきたのは紛れもない事実である。ところが最近になって、世界の平和を維持するために、日本もその国力に見合った軍事的貢献を果たすべきではないかという議論が起こっている。結論から言うと、私はこの考え方はとらない」

と明言し、

「私は無理をして（国連安保理の常任理事国に）なろうとしている印象は与えないほうがよいと思う。請われれば堂々とその役を引き受ければいい。そして、アジアの一員として、世界の貧しい百数ヵ国の声を代弁するユニークな常任理事国として大いに活躍すればよいと思う」

と宣言している。

ここには明らかに湛山流の小日本主義の影響が見られる。「大きいことはいいことだ」的大ざっぱな大日本主義に対して、その質を問う小日本主義は、むしろ、「良日本主義」という呼称がふさわしい。

外交無策への憤り

「経済大国」から「生活大国」へということが盛んに言われていた時、私は「生活良国のすすめ」を説いた。

湛山は、大日本主義に対抗して小日本主義を主張したが、中身は「良日本主義」と言えるだろう。

武村の盟友で湛山の孫弟子を自任する田中秀征は、『さきがけと政権交代』（東洋経済新報社）の中で、「私は湛山思想、「小日本主義」の原点は、国民を信じる、日本人を信じるところにあると理解している。そうであれば、新党さきがけも、日本人の健全な判断力に対する確信に立脚しているゆえに、湛山思想とも一体性を持っていると言える」と書いている。

私は、冒頭のエピソードを踏まえて、湛山思想には、とりわけアジアの民衆への信頼もあると付け加えたいが、そんな田中に降りかかったのが、国連安保理の常任理事国入り問題だった。

一九九四年一月四日の『毎日新聞』（「霞が関しんどろーむ」）によれば、九三年夏、宮沢政権の末期に外務省は国連に「日本は安保理においてなしうる限りの責任を果たす用意がある」と意見書を提出し、事実上、常任理事国への立候補宣言をした。

しかし、自民党政権から細川護熙を首相とする連立政権に変わって、首相特別補佐となった田中秀征は、同年九月二十七日の細川の国連での演説を前に、外務省に対して、自分からなりたいと言ってはいろいろな責任を負わされて大変なことになると抵抗し、激しいやりとりの末に、細川演説は「改革された国連において、なしうる限りの責任を果たす用意がある」という表現になった。

いろいろな責任の中には、もちろん、軍事面での貢献がある。小沢一郎やそれに連なる大蔵省や外務省の官僚は、まず、常任理事国入りありきで、そのためにはＰＫＯをやらなければダメだと考えていたと思われる。

湛山流の小日本主義に立って、そうした大日本主義に頑強に抵抗した田中について、外務官僚の幹部の一人は、「あの人の主張は国連を知らない者の言うことだ。国際社会では通用しない」と嫌悪感を隠さなかったという。

また、やはり、常任理事国入りに慎重だった宮沢喜一に対しても

「戦前の体験をいつまでも引きずり、日本が小国だった時代の感覚にとらわれている」

と批判したというが、宮沢の、

「結局、外務省は軍事力をバックに外交のできる国になりたいんだと思う。それで、危ないと言っている。(第一次、第二次世界大戦の)ドイツのように二度間違えるなよと」

という反論を待つまでもなく、外務省はきちんと戦前の大日本主義の反省をし、それを踏まえて、いま、己のやるべきことをやっているのか。そうではないことを痛烈に告発した文書がある。

NHK政治部記者の手嶋龍一が湾岸戦争時の日本外交を検証した『一九九一年日本の敗北』(新潮社)に引いているもので、フセインの人質となった東京海上火災クウェート事務所長・長尾健が「イラク駐箚《ちゅうさつ》日本大使」に宛てた痛切な手紙である。

一九九〇年九月二十三日という日付の入ったそれは、次のように鋭く日本の外交不在を衝く。

「日本政府の我々人質解放に向けての諸方策は我々の最大関心事でありますが、大局的にはほとんど進展が見られぬかの体《てい》であり、率直に申しまして遺憾の念を禁じえません。

アメリカをはじめとする我が国を含む西側諸国の経済制裁はイラク国民を困窮に陥れることはできても、イラク政府を屈伏させることはできず、かえって硬化させていくだけのように思われます。イラク国民は西側諸国の想像以上に誇り高く、かつ粘り強くまた一枚岩であり、現状では両陣営が千日手を指しつつ時間と金を浪費しているように思えてなりません。

日本は幸いにして軍隊を持たない唯一無二の平和憲法国家であり、かつその世界に対する経済の影響力は絶大なものがあるのですから、独自の立場でこの紛争の平和的解決のために貢献すべきであり、ひたすらアメリカの覇権維持のための世界戦略に盲従するの体は、日本をアメリカの属国と錯覚しているのではないかとの懸念を持たざるをえません。

我々は決して希んで人質の身となったわけではありませんが、フセインの言うようにピースメーカーとしての役割を担っていることも確かであり、平和解決のためにこの生命が役立つなら、嬉々として捧げる日本男子としての覚悟は既に出来ております。

我々は、日本政府が確固たる独自の外交政策を打ち出し、毅然とそれを実行するなら、我々の解放が諸外国の人質に比し最後になろうと、何年になろうと、あるいは命さえ奪われても、義のために死すことを潔しと出来ると確信をし、また我々の家族もそれに感得することも出来ましょう。しかしながら、現在のような日和見的なご都合主義外交はインディペンダントな国の外交とはいえず、このような外交策の犠牲に身を晒すのは最も忌み嫌わんとするところであります。この紛争に際して、日本は当事者ではないが、対岸の火事を拱手して傍観する者であっては断じてならないと思います。この紛争は、今後の日本の外交スタンスを決めていく上で重要な分岐点に来ているといえます」

極限状況にあって、こうした〝遺書〟を認《したた》める日本人がいることをわれわれは誇っていいだろう。この手紙はしかし、日本政府および外務省の外交無策を憤って生まれたことを忘れてはならない。

である。

危険な「並みの思想」

長尾のいう「確固たる独自の外交策」が、国連安保理の常任理事国入りといったものでないことは明らか

小沢一郎の説く「普通の国」はそれこそ「アメリカの覇権維持のための世界戦略に盲従する」道であり、とても「インディペンダントな国の外交」とは言えない。

「平和憲法国家」日本の独自の外交策である小日本主義の立場に立てば、安易に国連安保理の常任理事国入りをめざすといった方策は出て来ないのである。

「われわれはもはや日本という国に命を救ってもらおうなどという期待は抱いていませんでした。官僚たちは自らは安全地帯に居て、デスクワークで人質救出をやっていたに過ぎなかったのです。クウェートでもバグダッドでも、われわれ民間人の家族は、役人たちの家族に比べて遥かに辛い環境に置かれていました。私が得た教訓は、たったひとつ。生き残るには自分自身を頼る以外にない、ということでした」

バスラの空港に人質として抑留されていた別の日本人のこの声を外務官僚はどう聞くのか？

田中秀征は前記の本に、「一九九四年一月にアメリカの上院は、日、独が常任理事国入りするためには、他の常任理事国並みの軍事貢献をすべきだという決議を満場一致で採択した。条件をつけられたのである。これに対して、アメリカ政府も国連本部もそうは言っていないという説明もある。しかし、常任理事国入りしても、常にこのような注文が各国議会から突きつけられるのは目に見えている。日本は肩身の狭さをしのぐため、他の面での過剰な負担を引き受けることになるだろう」と書く。

「他の常任理事国並み」という「並みの思想」が「普通の国」思想である。それは「量の思想」であり、

「質の思想」ではない。

「質の思想」に立つ小日本主義あるいは良日本主義は、国連に対しても外務省に対しても、現状をよしとせず、その改革を要求する。

現状の延長線上でしか、ものを考えられない外務官僚は、国連での細川演説を、「安保理においてなし得る限りの責任を果たす用意がある」という外務省案から「改革された国連において、なし得る限りの責任を果たす用意がある」と書き換えたことに、「後退だ」とか、「外交の継続性が失われる」とかいって頑なに抵抗したという。

それについて田中は、

「私は日本が常任理事国になってはいけないと言うつもりはない。ただ、なりたいと思わない方が良いと言っているのだ。また、できることなら、ならない方が良いとも思っている。

かねてから私は、日本が常任理事国になるかどうかということより、なりたいと思うかどうかということに重大な関心を抱いてきた。

なぜなら、このことほど、日本の外交姿勢や日本の素顔、生き方を内外にさらけ出すものはないと思うからだ。おそらく、常任理事国を志願するかしないかという意見の相違が、これからの日本の政治潮流を大きく二分していくに違いない」

と書いている。

「なりたがる」思想は、なることが軍事面での貢献を迫られる軍事大国になることだということを隠している。「大国の責任」とかいう美名でそれを覆おうとするのだが、それは田中が言うように、「国際的出世主義」であり、品性を欠いている。

いま、まさに湛山の小日本主義、私の言葉で言えば、良日本主義がよみがえらなければならないのは、こうした旧態依然たる大日本主義的思考に対抗してである。

湛山が闘わなければならなかったのも、現状から出発する「継続性」の思想に対してだった。

それに対して湛山は、一九二一年七月二十三日号の『東洋経済新報』社説「一切を棄つるの覚悟」で、こう言い放った。

「我が国の総ての禍根は、しばしば述ぶるが如く、小欲に囚《とらわ》れていることだ、志の小さいことだ。吾輩は今の世界において独り日本に、欲なかれとは註文せぬ。人汝の右の頰を打たば、また他の頰をも廻して、これに向けよとはいわぬ。否、古来の皮相なる観察者によって、無欲を説けりと誤解せられた幾多の大思想家も実は決して無欲を説いたのではない。彼らはただ大欲を説いたのだ、大欲を満すがために、小欲を棄てよと教えたのだ。（中略）しかるに我が国民には、その大欲がない。朝鮮や、台湾、支那、満州、またはシベリヤ、樺太等の少しばかりの土地や、財産に目をくれて、その保護やら取り込みに汲々としておる。従って積極的に、世界大に、策動するの余裕がない。卑近の例を以ていえば王より飛車を可愛がるヘボ将棋だ。結果は、せっかく逃げ廻った飛車も取らるれば、王も雪隠《せっちん》詰めに会う。いわゆる太平洋および極東会議は、まさにこの状況に我が国の落ちんとする形勢を現わしたものである」

この「何もかも棄てて掛る」湛山の小日本主義は「我が国際的位地をば、従来の守勢から一転して攻勢に出でしむる」唯一の道だったのだが……。

民権派リベラルの真髄

「いまの自民党の中には、歴史的にいうと二つの流れがあると思う。一つの流れは明治の近代政治が始まったころに自由民権運動をやり、その後護憲三派運動をやり、戦争になると翼賛政治会に属さないで野党的だった、そういう流れ。

もう一つは、自由民権運動は反国家的な逆賊的なものだ、普選運動はアカだといい、戦争中は軍人政治、ファッショを謳歌し、戦後になって極端に米外交に追従するというもの」

湛山の直弟子、宇都宮徳馬は、『朝日ジャーナル』の一九六三年一月二十七日号で、こう発言している。それは「民権派」と「国権派」の流れともいうべく、尾崎行雄から湛山、宇都宮と受け継がれる前者の流れは、後者からはまさに、アカの野党扱いされてきた。

湛山自身、戦後第一回の総選挙に立候補する時には、社会党から熱心に誘われている。松岡駒吉が来て、顧問でもいいから是非出てくれと要請されたのである。

それを断って自由党から出馬したのはなぜなのか。

「それは日本自由党が一番なにもなさそうだから、私独自の主張が容れられそうだというので、これを選んだわけです。社会党では社会主義なんだという殻があって困ると思った。窮屈で、なにもかも制限してしまう。自由党なら、なんだか、非常に漠然たるもので、これなら自分の主張を通すことができると思った。それで入った」(『湛山座談』)

自由党にそれほど知り合いはいなかった。むしろ湛山は、幣原喜重郎、斎藤隆夫、松村謙三ら、改進党や進歩党の人に知人がいたのである。それで進歩党からも誘いがあったが、やはり、自由党の方が自由な感じがして、進歩党には入らなかった。

自民党を含む保守の政治家の中で「国権派」と「民権派」を分ける一つの指標がある。

それは、とくに選挙の際に統一協会の支援を受けるかどうかである。渡辺美智雄は、かつて、青嵐会の闘士だったが、いわゆるタカ派と呼ばれる人たちは、すんなりと統一協会の推薦を受ける。新井将敬などもそうである。

それに対して、さきがけに結集した人たちや、自民党のハト派は、思想統制を前面に押し出す統一協会を嫌う。民権派リベラルの流れはこちらにあるのだが、国権派の方も反共ということだけでリベラルを名乗ったりするから、ややこしくなる。

逆説的な言い方をすれば、統一協会を寄せつけず、社会党から誘われるような人間が民権派リベラルだということである。

ただ、社会党は、湛山の言う社会主義の制約は薄くなったが、労働組合のコントロールを受ける度合いは小さくなっていない。

宇都宮徳馬を、学生時代から尊敬してきたという田中秀征が、あるインタビューで、なぜ社会党から出なかったのかと問われて、こう語っている。

「さきがけの立党の理念の中にもあるんですが、私は子供の頃からずっと、今まで皇室を敬愛してます。社会党の人たちがよく、秀征さんなら一緒にできると言うんですが、私は社会主義者であったことは一度もないし、共産主義者であったことも一度もない。

なぜならなかったか、理由がある。私は六〇年安保の頃に学生時代を送った人間ですが、みんなと同じように『共産党宣言』なんか読み始めていました。しかし、あの口汚さに耐えられなかった。口汚いことを言う政治勢力というのは今でも信用しないんです。人を罵倒したり、人を暴いたり、そういうことをする政治勢力やマスコミを、私は信用しない。やっぱり政治には品性が必要だと思う。そういう意味で、私はほんとの保守だと思っています。社会党を選ばなかった理由をもう一つ挙げるとすれば、一つの組織基盤があって、その上に乗っかる候補でありたくないと思ってきたからです」（『諸君』一九九三年十二月号）

また、田中は反共にエネルギーを注ぐことを批判してきた。これもまさに師の湛山の考えと一致する。共産主義に負けるはずがないというのが自分の信条だという田中は、それを次のように吐露する。

「なぜ共産主義と闘う必要があるんだ。われわれはわれわれの道を進んでいけば、共産主義や社会主義に負けるはずないではないかと。ああいうものにね。だから、共産主義などを相手にして闘っていることによって支持勢力を集めていくことよりも、時代の要請に応えていくということが先決だと、そういうふうに当時（『自民党解体論』を書いたころ）から思っていた。まあ、冷戦が終わって、結果的にそうなりましたけどね」

国権派、もしくは大日本主義の保守と違う民権派リベラルの真髄は、たとえば湛山が『東洋経済新報』一九四五年十月十三日号の「社論」に書いた「靖国神社廃止の議」などに特徴的に表れる。

「難きを忍んで敢て提言す」と副題をつけて湛山は言う。

「甚だ申し難い事である。時勢に対し余りに神経過敏なりとも、或は忘恩とも不義とも受取られるかも知れぬ。併し記者は深く諸般の事情を考え敢て此の提議を行うことを決意した。謹んで靖国神社を廃止し奉れと云うそれである」

宇都宮徳馬らとともに学生時代に共産党に入り、のちに転向して、「本物の右翼」になったという田中清玄は『田中清玄自伝』(文藝春秋)で、靖国神社というのは長州の護国神社のようなものに過ぎず、皇室とは何の関係もない。それを全国民に拝ませているのはおかしいとし、

「俺のような会津藩の人間にとっては、何が靖国神社だぐらいのもんですよ。しかもどれぐらいこの勢力が、今も日本を軍国主義化するために動き回っていることか」

と吐き棄てているが、靖国神社をありがたがる勢力が現在よりももっと多かった一九四五年の時点で、湛山がその廃止を提言するのは大変なる勇気が要ったのである。それは、細川護熙が首相となって日本の侵略を認める発言をしたのの比ではない。湛山の提言を引く。

「靖国神社は、言うまでもなく明治維新以来軍国の事に従い戦没せる英霊を主なる祭神とし、其の祭典には従来陛下親しく参拝の礼を尽させ賜う程、我が国に取っては大切な神社であった。併し今や我が国は国民周知の如き状態に陥り、靖国神社の祭典も、果して将来これまでの如く儀礼を尽して営み得るや否や、疑わざるを得ざるに至った。殊に大東亜戦争の戦没将兵を永く護国の英雄として崇敬し、其の武功を讃える事は我が国の国際的立場に於て許さるべきや否や。のみならず大東亜戦争の戦没者中には、未だ靖国神社に祭られざる者が多数にある。之れを今後従来の如くに一々調査して鄭重に祭るには、二年或は三年は日子を要し、年何回かの盛んな祭典を行わねばなるまいが、果してそれは可能であろうか。啻《ただ》に有形的のみでなく、亦精神的武装解除をなすべしと要求する連合国が、何と之れを見るであろうか。万一にも連合国から干渉を受け、祭礼を中止しなければならぬが如き事態を発生したら、却て戦没者に屈辱を与え、国家の蒙る不面目と不利

益とは莫大であろう」

今日の時点から見て、ずいぶんと配慮の多い文章だと思う人が少なくないかもしれない。手続的、技術的な不可能を挙げて、まわりくどいと思う人もいるかもしれない。しかし、それほどに危険な提言だったのである。それでも湛山は、この時点でこれを言わずにはいられなかった。

“本物の右翼”と湛山

「右の如き国際的考慮は別にしても」と続けて湛山は「靖国神社は存続すべきものなりや否や」と問う。そして、こう答える。

「前述の如く、靖国神社の主なる祭神は明治維新以来の戦没者にて、殊に其の大多数は日清、日露両戦役及び今回の大東亜戦争の従軍者である。然るに今、其の大東亜戦争は万代に拭う能わざる汚辱の戦争として、国家を殆ど亡国の危機に導き、日清、日露両戦役の戦果も亦全く一物も残さず滅失したのである。遺憾ながら其等の戦争に身命を捧げた人々に対しても、之れを祭って最早『靖国』とは称し難きに至った。とすれば、今後此の神社が存続する場合、後代の我が国民は如何なる感想を抱いて、其の前に立つであろう。ただ屈辱と怨恨との記念として永く陰惨の跡を留むるのではないか。若しそうとすれば、之れは我が国家の将来の為めに計りて、断じて歓迎すべき事でない」

すでに触れたように、湛山は次男を「大東亜戦争」で失っている。そうした悲哀を胸中に秘めて、湛山は次のように結論する。

「言うまでもなく我が国民は、今回の戦争が何《ど》うして斯かる悲惨の結果をもたらせるかを飽まで深く掘り下げて検討し、其の経験を生かさなければならない。併しそれには何時までも怨みを此の戦争に抱くが如き心懸けでは駄目だ。そんな狭い考えでは、恐らく此の戦争に敗けた真因をも明かにするを得ず、更生日本を建設することはむずかしい。我々は茲で全く心を新にし、真に無武装の平和日本を実現すると共に、引いては其の功徳を世界に及ぼすの大悲願を立てるを要する。それには此の際国民に永く怨みを残すが如き記念物は仮令《たとい》如何に大切なものと雖も、之れを一掃し去ることが必要であろう。記者は戦没者の遺族の心情を察し、或は戦没者自身の立場に於て考えても、斯かる怨みを蔵する神として祭られることは決して望む所でないと判断する。

以上に関連して、茲に一言付加して置きたいのは、既に国家が戦没者をさえも之れを祭らず、或は祭り得ない場合に於て、生者が勿論安閑として過し得るわけはないと云うことである。首相宮殿下の説かれた如く、此の戦争は国民全体の責任である。併し亦世に既に論議の存する如く、国民等しく罪ありとするも、其の中には自ずから軽重の差が無ければならぬ。少なくも満州事変以来軍官民の指導的責任の位地に居った者は、其の内心は何うあったにしても重罪人たることを免れない。然るに其等の者が、依然政府の重要の位地を占め或は官民中に指導者顔して平然たる如き事は、仮令連合国の干渉なきも、許し難い。靖国神社の廃止は決して単に神社の廃止に終るべきことではない」

私は田中秀征や田中清玄のような皇室尊重主義者ではないが、清玄は前掲の自伝で、現天皇は即位されて以後、一度も靖国神社へ行っていないと言い、昭和天皇も敗戦直後に一度行っただけで、その後は行っていない、と指摘している。清玄によれば、昭和天皇の重臣たちを殺し、「陛下の政権を倒して、その平和政策を粉砕しようとした連中を神にまつるという」非常識なことをやった。

それで昭和天皇は、

「これでいよいよ私は靖国神社へは行けなくなった」

と言ったという。

清玄一流の毒舌で、鄧小平が来た時に、鄧が陛下に会うのなら、その前に靖国神社にお参りせよ、と言った「馬鹿な右翼」も次のように叩かれる。

「陛下が訪中されて鄧小平さんに会う前に、四川省か山西省か、どこか田舎のお寺をお参りしてこい。そうでなければ会わさないと、まったく逆のことを言われたら、日本人はどう思いますか。それとおんなじことだ。これほど陛下をないがしろにする話はないじゃないか。これで何が皇室崇拝だ。嘘とごまかし、それに時間をかけてもみ消すことだけだ。なぜ政府や官僚どもは、こんなことを放置しておくのですか。

しかも、もっとひどいのは、それを今、大挙して国会議員たちが、年寄りも若いのもふんぞりかえって参拝していることだ。今年も去年より何十人増えたとかいって騒いでいる。この政治家たちは『平和、平和』って、一体何を考えているんだ。彼等が平和って言ったって『戦争をやるための口実だ』ぐらいに思ったらいいですよ。俺は断固反対だ。この問題ははっきりしている。こういうことは遠慮会釈なく叩かねばいかん」

これがまさに清玄の〝遺書〟となったわけだが、「靖国公式参拝なぞとんでもない」というこの〝本物の右翼〟は、

「いま一番危険なのはね、湾岸戦争でもそうだったが、日本の艦隊や自衛隊を派遣しろという根強い声が依然としてあるでしょ。国際情勢から見たら当然だと思うかも知らんが、日本の内部事情を見ますと、それ

がきっかけになって、日本には軍国主義復活の危険性が常にあるんですよ」

とも言っている。

清玄は小沢一郎についても警戒していた。「何でも自分の力ばかりで押し通そうとする人間だ」とし、これまで「アメリカの軍拡論者のいうとおりに日本は動かされてきた」と言っているのである。小沢はそのエージェントだった。

この田中清玄の放言録に湛山がチラリと出てくる。

清玄は自民党からはまるで嫌われ、「信用してくれたのは」吉田茂と佐藤栄作だけだったと述懐しているが、湛山が清玄にこんな話をもらしたというのである。

湛山が内閣を組織して閣僚名簿を天皇のところへ持って行った時、天皇は外務大臣の岸信介の欄を指差し、

「これは大丈夫か」

と言った。

岸嫌いの清玄にとっては忘れられない話だった。

「世界の二十偉人」

湛山に一九一二年三月十五日号『東洋経済新報』所載の「世界の二十偉人」という時評がある。

それは、前年にアメリカの富豪カーネギーが七十四歳の誕生祝いに招待した新聞雑誌の代表者に、自ら選んだ世界の二十偉人の表を配ったことを題材にしている。

カーネギーが選んだ偉人は次のような顔触れであった。

1 シェークスピーア　英国の劇詩人
2 モルトン　エーテルの発見者
3 ジェンナー　種痘の発見者
4 ナイルソン　鉄工業における熱気法の発明者
5 リンコルン　米国の政治家
6 バーンス　スコットランド詩人
7 グーテンベルヒ　印刷術の発明者
8 エヂソン　電気応用家
9 シーメンス　水量計の発明者
10 ベッセマー　鉄鋼製法の発明者
11 ムッシェット　鉄鋼製法の発明者
12 コロンバス　米大陸の発見者
13 ワット　蒸気機関の発明者
14 ベル　電話の発明者
15 オークライト　木綿紡績機械の発明者
16 フランクリン　空中電気の発見者
17 ミュルドック　燈火用石炭瓦斯の発明者
18 ハアグリーブス　紡績機の発明者

19　スチーベンソン　蒸気機関車の発明者
20　シミントン　ロッタリー機関の発明者

これに対し、イギリスの『評論の評論』の主筆ステッドが、「英国思想界の泰斗」フレデリック・ハリソンに頼んで、ハリソンの眼で高じく二十偉人を選んでもらい、カーネギーの表を添えて、「英国及び欧州大陸に於ける凡そ一百人の名士」に手紙を送り、その意見を聞いた。

湛山によれば、カーネギーの表では「思想文芸政治に関係せるは、唯シェークスピーア、リンコルン、バーンスの三名あるのみで、その他は総て近代の科学産業に関する人のみ」だが、「流石にカーネギー氏一流の見方が窺われて面白い」という。

カーネギーのこの選定を、「予の未だ耳にしたることなき人物」も入っていると不満を述べるハリソンは、人間を「段々忙しくし、ひどく働かせ、疲れさせるような発明」をなした人は入れるべきでないとして、カーネギーと重なることの少ない次の二十人を挙げる。

1　モーゼス　古代神政文明の代表者
2　ホーマー　古代詩人の代表者
3　アリストートル　古代哲学の代表者
4　アルキメデス　古代科学の代表者
5　ジュリアス・シーザー　羅馬《ローマ》帝国の建設者
6　セント・パウロ　キリスト教宣伝者
7　シャーレメン　欧州国家組織の建設者

8　ダンテ　近代詩の鼻祖
9　グーテンベルヒ　印刷術の発明者
10　シェークスピーア　近代詩人の最大家
11　コロンバス　亜米利加《アメリカ》大陸の発見者
12　ウィリアム・ゼ・サイレント　ホーランドの建設者
13　リセリュ　近代フランスの建設者
14　フレデリック大王　普露西《プロシャ》帝国の建設者
15　ニュートン　近代天文学及び物理学の建設者
16　フランクリン　電気力の発見者
17　ワット　蒸気機関の発明者
18　ワシントン　アメリカ合衆国の建設者
19　ダルウィン　新科学の建設者
20　コント　実証哲学の建設者

カーネギーとハリソンが共に挙げているのは、シェークスピーア、グーテンベルヒ、コロンバス、ワット、フランクリンの五人。

「ダーウィンと共に生物進化の法則の発見者として有名なるアルフレッド・ウァレース博士」は『評論の評論』に「予は未だ曾てこのカーネギー氏の表の如き奇怪至極なる偉人の選定を見たことがない。予はこの中で唯一人即ちシェークスピーアを残す外は一人も偉人と認めることが出来ない。予は偉人という言葉を或る一事一物を発見発明した人間（発見発明は屢々頗る小人物によってなされておる）という意味と解せずして、品性の上に適用せらるる言葉として取る」という返答を寄せ、次の二十人を挙げて来た。

1　ホーマー
2　仏陀
3　ペリクリス
4　フィディアス
5　ソクラテス
6　アレキサンダー大王
7　アルキメデス
8　キリスト
9　アルフレッド大王
10　ミカエル・アンゼロ
11　シェークスピーア
12　ニュートン
13　スウェーデンボルグ
14　ワシントン
15　スコット
16　ロバート・オーウェン

17　ファラデー
18　ダーウィン
19　ヂッケンス
20　トルストイ

ミケランジェロやディケンズ、あるいはリンカーンと書いてもらわないとわかりにくいが、総じて東洋の人間は挙げられていない。「世界」に東洋は入っていないかのようである。

そして、『評論の評論』誌が集まった意見をまとめて得点の多い順から挙げたのが次の二十一名。同点者があったために、ベスト二十ではなく、二十一となった。

1　シェークスピーア
2　コロンバス
3　シーザー
3　グーテンベルヒ
3　ニュートン
6　ダンテ
7　ダルウィン
8　スチベンソン
9　ホーマー
9　仏陀

9　アリストートル
9　ミカエル・アンゼロ
9　フランクリン
9　リンコルン
15　モーゼス
15　ソクラテス
15　パウロ
15　ワット
19　孔子
19　シャーレメン
19　ルーテル

これついて湛山は「仏陀、孔子が出て、キリストが挙がらなかったのは、全くハリソン氏が言える如く、多数の西洋人は習慣上キリストを以て人間以上のものとしておるからであろう」と注釈を付し、さらに「カーネギーの選定は偏僻《へんぺき》である。しかし吾輩はこれを以て一番面白いと思うた。生々としておる。ひからびていない。これに反しハリソンやヴァレースの選定は如何にも理屈には合ってるとは思われながら、何処となく、血の通っていないものだという感じを免れ得ない」と評している。

田中王堂の影響

ここに私は湛山のある種の性向が出ていると思う。湛山は「血の通っていないもの」や、ひからびているものは嫌いなのである。常に「生々としておる」もの、躍動しているものを求め、共感する。

「衆議に成った結果は常に平凡であるという法則はここにも真理であった」として、シェークスピアからルーテルまでの得点集計をも湛山は排し、敢えてカーネギーの「偏僻な選定」に軍配を挙げる。

「而して最後に思うに、斯る事を我日本人にやらして見たら何んな選定をするであろう。随分奇抜な者がなろう。吾輩はそれを知りたい。而して日本人の将来はそれによって多少卜《ぼく》することが出来るだろうと思う」と、湛山はその時評を結んでいるが、では、湛山なら、誰を選んだのか。残念ながらそれを記したものはない。しかし、日本人に限定した場合、日蓮などが挙がってくるだろう。そして、あるいは入るかもしれないと思われる人が田中王堂である。

「私は、先生によって、初めて人生を見る目を開かれた」と『湛山回想』（岩波文庫）で語る王堂、田中喜一と湛山は早稲田大学の教授と学生として出会った。若くしてアメリカに渡った王堂は、シカゴ大学でデューイに学ぶ。デューイの哲学はプラグマティズムと称されるが、観念論を排する実用主義であり、人間中心の相対主義的性格を有する。

王堂はデューイに学んで、福沢諭吉や二宮尊徳に日本的プラグマティズムを見出した。

「軽重・長短・善悪・是非等の字は相対したる考より生じたるものなり」（『文明論之概略』）という福沢の思想に、ものごとを相対的、機能的に捉えるプラグマティックな思考法を見、また、「善悪の論甚だむづかし。本来を論ずれば善もなし悪もなし、善といって分つ故に悪と云物出来るなり、元人身の私より成れる物にて人道上のものなり、故に人なければ善悪なし」（『二宮翁夜話』）という尊徳の、善悪についての相対主義的認識を賞讃したのである。

「もし今日の私の物の考え方になにがしかの特徴があるとすれば、主としてそれは王堂哲学の賜物であるといって過言ではない」と湛山は回想しているが、王堂哲学の根幹は作用主義とか経験主義とか訳されるプラグマティズムであった。

一八六七年、埼玉県の所沢に生まれ、一九三二年に亡くなった王堂の墓は、所沢市近郊の菩提寺にあり、湛山の筆で、

「徹底せる個人主義者・自由思想家として最も夙《はや》く最も強く、正しき意味に於て日本主義を高唱し、我国独自の文化の宣揚と完成とに一生を捧げたる哲学者田中喜一此処に眠る」

と刻まれている。

ドイツ観念論が主流の日本では王堂は不遇だった。カントやヘーゲルを学ばずして哲学者と言うなかれといった風潮の中で、王堂は「理論は大貨幣にして実行は小貨幣であり、小貨幣にくずせない理論はニセ札にすぎぬ」と主張して講壇哲学者に論争を挑んだ。

左右田喜一郎ら新カント派の学者のように、「物と心」「主観と客観」「ザインとゾルレン」「事実と理想」等を固定した対立と考えるのは誤りであり、それらは、作用上の区別と見るべきだ、と批判したのである（判沢弘「田中王堂」、朝日ジャーナル編『日本の思想家』第三巻所収）。

しかし、マルクスをも含むギリシャ哲学の滔々《とうとう》たる流れの前に、英米系の経験主義哲学は退潮を余儀なくされ、王堂は、井上哲次郎ら日本の代表的哲学者（というより哲学学者）を目して、

「世人が彼らを思想家としてゐる間は思想家としての私の本質は到底解りません。何時この価値の転換は

来るでせうか」

と嘆かざるをえなかった。

王堂について湛山は「白皙《はくせき》温顔にして、長い髪と短い三角の顎鬚《あごひげ》とをたくわえ、それに赤ネクタイを結んだ氏は、一見していかにも哲学者らしい風彩を具えていた」と『湛山回想』で描写している。

そうした風貌で教壇に立った王堂は、大きく英語で数行書いたメモを持ち、考え考え、時には数分間も間を置いて、ぽつりぽつりと語ったという。

それは「ある親しみと深み」を感じさせたが、難解だった。理解しにくさは、それまで湛山たち学生が無批判に受け入れてきた形而上学的哲学と鋭く対立することから来ており、それがわかると、全学生がこぞって王堂を高く評価するようになった。

そして、王堂の死の直前の一九三二年春、湛山は学友の杉森孝次郎と共に、膀胱結石で順天堂病院に入院していた王堂を見舞う。

平凡社の社長、下中弥三郎が引き受けてくれた王堂全集出版の計画をたずさえてである。

湛山たちは必ず承諾してもらえると思って、それを申し出た。

ところが、病床に起き直った王堂は、

「諸君は私の財政困難を察して心配してくれるのであろうが、今この日本の思想界の状況で、私の論文集が売れるとは思えない。したがって装幀その他も決して立派な物は出来ないであろう。そういうみじめな出版はしたくない。私もまだ死ぬつもりはない。死ぬというなら、苦痛でも今から退院して計画中の著述に従事する。出すなら良い物を出したい。だから好意は謝すが、全集のことはやめてもらいたい」

と言って、これを断った。

そのため、湛山たちは引き下がらざるをえなかったのである。

「私はかように王堂氏が常に自らを高く標置する態度には、時に同感し得ない場合もあったが、しかしこの病床での氏の意気には、帰るみちみち杉森君と、さすがに王堂だなと語り合った」

湛山はこう結んでいる。これほどに傾倒した王堂哲学の影響が、カーネギーの選定した「世界の二十偉人」を評価する姿勢に端的に出ていると言ったら、「偏僻」に過ぎるだろうか。実用主義、作用主義的傾向は当然、ハリソンらよりはカーネギーに味方するのである。

「挙国一致」の性急な思想

地図の上
朝鮮国にくろぐろと
墨を塗りつつ秋風を聴く

湛山より二つ年下の石川啄木の歌である。

一九一〇年、明治四十三年に日本が朝鮮を「併合」した時、啄木は多くの日本人と違ってそれを喜ばず、こんな歌をつくった。

田口道昭は『自由思想』一九九一年九月号の「石川啄木と石橋湛山」で、田中王堂を媒介した啄木と湛山の接点を探っている。冒頭の歌を詠んだ年に書いた評論「性急な思想」に啄木は王堂の「生活の価値生活の意義」を引用しているという。

「時代閉塞の現状」を憂えた啄木は、また、それを原因として、「性急な思想」が勢いを得ることを恐れた。危機なればこそ、「性急ならざる思想」が求められる。「急がばまわれ」である。

田口は前掲の論文を、もし啄木が『東洋時論』での執筆活動を知ることができたら、友人の平出修宛ての手紙にあるように「来るべき時代進展に一髪でも添え」ようとする力強い仲間を見出したのではないか、と結んでいる。

一九一二年春に二十六歳の短すぎる生を終えた啄木が湛山と手を携えて「性急な思想」を撃つ機会は、ために、遂に訪れなかった。

九十年前との類似

現在もまた、性急な政治家によって性急な思想が喧伝されている。二十四歳の啄木が朝鮮併合に不吉な思いを抱いてまもなく、二十五歳の湛山は、「盲目的挙国一致」を激しく指弾する。

「意見というものは人の面が異る如く、異るもの」であり、異なる意見が集まって一つにまとめられるがゆえに、「初めてここに間違いのない健実な意見が出来る」と説く湛山は、「常に一本調子で、他の意見を混ぜずに国政が料理せられ、思想が左右せられる」日本を次のように批判する。

「挙国一致ということは、その言葉だけを以って言えば、大層善い事のようである。何となれば挙国一致とは即ち国民の勢力の集中ということであるからである。しかし如何に国民の勢力の集中でも、その集中が間違った処へ行っておったならば、集中せられておるだけに、却ってその害その弊や怕《おそ》るべきものがある。

故にその勢力を集中するまでには十分意見を戦わして間違いのない方針を定めねばならぬ。然るに我が国の所謂挙国一致はこの準備を欠いておるのみか、たまたま異った考えを抱いておる者があると、それを圧迫するに挙国一致の名を以ってし、口を開かせない」

湛山の筆鋒の鋭さは晩年になっても衰えることがなかったが、青年湛山のそれはやはり、客気がみなぎっている。

「有名なガリバー旅行記の中に人間が馬の世界へ行った物語がある。馬の世界であるから馬が非常な勢力を有し、その言語、音調、動作、習慣、思想は、その世界の最も進歩したものとせられておる。で、そこへ行った人間も何時の間にか自分が人間であるということが恥ずかしくなり、四ツ這いになり、馬の真似をする。しかし何うもまだその鳴き声の調子が可笑《おか》しいなどと馬共に評せられたりなどしておるが、近頃の我が国は丁度この馬の世界のような有様である」

湛山がこの小論を書いてから九十年余り経った現在の「近頃の我が国の有様」は、では、変化しているのか。まったくというか、ほとんど変わっていないと言わざるをえないだろう。

新生党と公明党主導の羽田孜内閣を、二つの宗教が支える内閣と皮肉る者があるという。一つは、いうまでもなく創価学会だが、もう一つは、幸福の科学ならぬ〝政治の科学〟なのだとか。つまり、小沢一郎が引っ張る新生党は宗教政党に似ているというわけである。

湛山は、小沢や、小沢が擁立しようとした渡辺美智雄が唱える挙国一致を、こう打ち砕く。

「異った思想や、感情や、習慣は容れない。で、それ等の異ったものを有しておるものも次第に阿り、意見を曲げて、ここに一代を挙げて皆一様の鳴き声を発せんとしつつある。即ち挙国一致である。（中略）こんな挙国一致が何になろう。吾輩は我が国民がもう少し物事を冷静に考え、かくの如き無意義にして、しかも有害なる挙国一致の態度をば、一日も早く脱却せんことを希望する者である」

性急な思想は、また、つい先ごろのことも都合よく忘れる性質を有する。あるいは、危機を煽って、過去も近過去も没却しようとするのである。

歴史意識のなさにつながる態度だが、湛山に学んで私は、『朝日新聞』一九九四年四月二十六日の「論壇」に「未熟な国民と強権的指導者」と題する次のような小論を寄稿した。

細川首相の辞意表明の記者会見について、「おうかがいする」聞き方ではだめだと新聞でコメントしたら、読者から「一国の宰相に失礼」という手紙が来た。

しかし、佐川急便事件を批判して登場しながら、自ら佐川との関係を明らかにせず、「国民に失礼」なままに宰相の座を放り投げたのは細川氏の方ではないのか。

細川氏が尊敬するという母方の祖父、近衛文麿を評して、宇垣一成は「決断とか信念とかの程度は低く、他の誘惑脅迫には動かされ易き方なり」と言ったという。

まさにこの評は細川氏にも当てはまると思うが、彼の実態を見ず、ムードで彼と日本新党に熱烈な支持を与え、ついには首相にしてしまった日本人は、その後継者選びに関しても同じような気質を発揮した。「他の誘惑脅迫には動かされ易い」のは、近衛ではなく、日本国民の方なのかもしれない。

私が今度の後継首相騒動劇で一番驚いたのは、渡辺美智雄氏が一時、急浮上したことである。新生党の小沢一郎氏が政策的に一致するとして熱心に誘い、公明党の市川雄一氏も自民党を離党すれば一緒にやれると言った。

しかし、渡辺氏はわずか六年前の夏、「黒人は破産しても平気、アッケラカーのカーだ」と発言し、アメリカの黒人議員連盟から強烈な抗議を受けた人物である。だから、三年前に氏が外務大臣に起用されたとき、『ワシントン・ポスト』紙は「最も驚くべき選択」と書いた。

氏は黒人差別発言の半年ほど前にも「中国にはまだ穴を掘って住んでいる人がいっぱいいる」と演説し反発を浴びた。

つまり、人権感覚に乏しく国際感覚も欠落した人物だと私は思うが、そうした氏を小沢氏は強力に支持し、国民もまた「経済に強い」とか、「庶民的で親しみやすい」とか言って歓迎する空気を見せた。

その中身を検証することなく、表面的な印象だけでリーダーを選ぼうとする風潮は、細川辞任によっても変わっていないのである。

私は、少なくとも渡辺氏だけは首相にしてはいけない人だと思うが、氏を「有力」と予想報道したマスコミは、そのとき、氏の黒人差別発言を指摘することはなかった。

責任感覚とは人権感覚である。渡辺氏とそれを推す小沢氏などは改憲を主張しているが、私にはそれが差別発言とつながって見える。

今度の一連の動きの中で、小沢氏と、さきがけの武村正義氏の対立が取りざたされた。武村氏は護憲を掲げ、渡辺氏が候補にのぼった時もそれに疑問を呈した。

渡辺氏の一連の差別発言を別にして、氏への共感を語ってはならないだろう。政策以前の問題だが、まさにそうした感覚が政策を生むのである。氏を立派な政治家と言う羽田孜氏にも私は同じ危険性を感じる。羽田氏は二十一日に新生党本部で、「世界に誇れる日本にしたい」と中学生に話したらしいが、「世界に誇れる日本」にするためには、渡辺美智雄的差別発言体質と訣別することが必要なのだということを自覚しているのだろうか。

また羽田氏が強権的な小沢氏にこれまで「ノー」と言ったことがないとされるのも気になる。一度や二度は言ったかもしれないが、決定的な場面で小沢氏と対立したことはない。ということは両者はまさに一体であり、羽田氏はこわもての小沢氏を隠すソフトな仮面に過ぎないのではないかという疑念がわく。ソフトかハードかをその表面的な印象だけで決めることは、細川氏に期待を寄せてしまったと同じ過ちを繰り返すことになるだろう。

イギリスの国民は断固としてヒットラーと戦い、イギリスを救ったチャーチルを、戦後すぐの総選挙では首相にしなかった。ムードで保守党に議席を与えず、冷静に労働党を勝利させたのである。未熟な国民は強力な指導者を求める。成熟した国民は、むしろ強引に引っ張られることを嫌うのである。

よく、リーダーシップうんぬんということが言われるが、あくまでも国民が主人公であり、その国民を引きずりまわすような強権的政治家をリーダーとする未熟な国民であってはならないと思う。

保守党ばかりの日本

全集の月報に書かれた「湛山と啄木」で、詩人の壺井繁治は、政治犯として投獄された時に、差し入れを許されていた『東洋経済新報』を、外部の動向を知るために「昆虫みたいに触覚を鋭くして」読んだと回想し、湛山の文芸評論「観照と実行」が、啄木の「時代閉塞の現状」より一年早く発表されていることに注目している。

自然主義の積極的な側面を「批判の文芸」として捉えた点がまことに先駆的だというのである。

とくに、自然主義の時代的意味を一応認めながら、なお批判を加えている次の指摘に、壺井は強く惹かれた。

「……即ち無理想無解決を標榜して、人生の真相を赤裸々に描写せんとするあの傾向。彼等は自ら自分の言葉の真意を知らずして、無理想無解決をば、永遠に人生には理想解決無しと云う意味に解して居るが、そうではない。過去の理想解決は役に立たなくなった。而して新しい理想解決はまだ発見されないと云うことだ。而して人生の真相を赤裸々に描写することは、そこからして新しい理想と解決の方法とを発見せんとする努力である。すべて過去の生活の方法が役に立たなくなった時、これを改造して新しい方法を求むる手段は、まず一度其の生活方法の顕れた根源たる人生に立帰って、其処でその役に立たぬ所以、新境遇との間の矛盾を調べ、そうして新理想なり、何なり、生活の新方法を立てるより外にはない。而して此経過は、古来これを批判と名づける処のものであるが、今の自然派文芸は、実にこれをやっているのであって、謂い得べくば批判の文芸とも称すべきものである、而して斯く解して、初めて此新興文芸は意義がある」

湛山はザインに埋没する人間ではなかった。ゾルレンを忘れない人間だったが、しかし、ゾルレンから出発するのではなく、あくまでもザインに根を置き、それをゾルレンへ引き上げようと努める人間だった。しかも、決して性急にではなく「大楽観和尚」（松山幸雄評）のおおらかさで進む。湛山の批判した「大日本主義」は、性急な愛国心に裏打ちされていた。それを撃つコラムを湛山は「盲目的挙国一致」と同じ年に書いている。

「日本には主義として軍備の拡張を不可とするものが無い。主義として小日本主義、非帝国主義を主張するものが無い。英国の自由党は実際の施政としては時勢上相当に軍備にも力を尽すが、主義として飽までも軍備非拡張である、小英国主義である、非帝国主義である。我れは主義として軍備に反対せず、帝国主義を非とせないが故に、時の事情さえ許せば、必要無しにも随分軍艦を造り大砲を拵えることを敢て辞せない。彼れは主義として軍備を不可とし、帝国主義に反対するが故に、実際の施政としては軍備も拡張し、帝国主義的行動をも取ると雖も、之を出来るだけ必要の範囲に限ろうとする、ここに大なる相違がある。

斯くの如く日本には、主義として一つも小日本主義を標榜する政党がない。この点に於て日本は実に挙国一致である。挙国一致で帝国主義を奉じておるのである。武断政治家の勢力ある所以はここに在る。政党に勢力の無い所以もここに在る。しかし僕は日本にも主義として相反対する政綱を取る政党が欲しい」

湛山はこのコラムの前段で、英国には小英国主義を掲げる自由党と、大英国主義を旗幟とする保守党とがあって、互いにその主張を闘わせ、国民の選択によって、かわるがわる政権を取る、と書いている。しかし日本では、小日本主義を標榜する政党はなく、どこを向いても大日本主義を呼号する保守党ばかり。

「桂公が出ても帝国主義、政友会内閣が組織せられても帝国主義、而して国民党の言う処を聞いても矢張帝国主義である。たまたま軍備拡張の不可を唱うるものがあっても、それは目下の財政状態が許さぬからだという。英国のアスクィス首相が観艦式に臨んで、吁《ああ》この資財を実益ある方面に用いたならと嘆じたのと、その根本に於いて雲泥万里の相違がある」

挙国一致、あるいは満場一致をよしとする空気の中では異論は唱えにくい。〝村八分〟が待っているからである。

しかし、それを恐れず、湛山は敢然として小日本主義を唱え、終生変えることはなかった。

良妻賢母主義批判

「父からは、女のくせにと言われたことは一度もありません」

湛山の娘、歌子は、いま、こう語る。母親の梅子からは言われたことがあるが、湛山は決してそう言わなかったというのである。ちなみに、歌子という名前は、梅のうと、湛山のたを合わせてつけたものだとか。電気アイロンとか、ミキサーとかを早々に買ったり、湛山はとても新しもの好きだったというが、女性尊重思想をそれだけで説明するわけにはいかない。

湛山は十一歳の秋、山梨県の昌福寺の住職だった父親の杉田湛誓が静岡県に転住するのを機に、湛誓の後輩の望月日謙に預けられた。共に日蓮宗身延山久遠寺の法主となった高僧だが、『湛山回想』で湛山は「私は、もし望月師に預けられず、父の下に育てられたら、あるいは、その余りに厳格なるに耐えず、しくじっていたかもしれぬ。父にも、また、そんな懸念があって、早く私を望月師に託し、いわゆる子を易《か》えて教ゆの方法を取ったのかも知れぬ」と書いている。後年、湛山が父親に、なぜ、あの時、自分を望月師に預けたのかを尋ねたら、父親は、

『孟子』に『古《いにしえ》者子を易《か》えて、之を教ゆ』とあるではないか」

と答えたというのである。

ともあれ、「徹頭徹尾厳格そのもののごとき風格」の父親とは違って、望月師は「やかましくこごともいうが、同時にまた春風のかおるがごときところ」のある人物だった。そしてまた、望月夫人が夫に似た人

だったのである。

湛山の長男の湛一は、湛山の女性尊重の思想を固めさせたのは、この育ての母の影響が大きいのではないか、と指摘する。

湛山は講演旅行などにもよく夫人を連れて行ったし、観劇にもしばしば一緒に行った。同年代の男たちと比較すれば、格段に女性を対等視する考えの持ち主だったろう。

のちに外交官夫人となる歌子はその見合いの世話をした清沢洌夫人から、

「世の中の男というものが、全部、お父さまみたいだと思ったらガッカリするからね」

と言われたという。

たとえば吉田茂と比べても、あるいは鳩山一郎と比較しても、湛山の女性尊重思想は頭抜けていた。

ましてや、九四年四月二十五日に、社会党の連立政権離脱に発展した統一会派「改新」の結成に絡んで「どの女と一緒に寝ようがいいじゃあないか」と言い放った小沢一郎とは比べるも愚かである。小沢の言う「普通の国」とは、こんな野卑なことを言っても問題にならない国という意味なのか。

女性を尊重せず、強権的政治をゴリ押しする小沢一郎が、リーダーシップがあると錯覚される日本においては、湛山思想はやはりまだ、少数派なのだろう。つねにそれは強権政治から〝除名〟される危険性をもつ。

しかし、国際社会においてはそうではないのであり、日本がそれに鈍感であり続けるならば、それこそ、日本が世界から〝除名〟されることになるだろう。

湛山思想の一つの柱である女性尊重、つまり、差別廃棄の主張をその評論にみてみよう。

まず、「欧化主義に対する反動的保守主義の結果」としての良妻賢母主義を批判した「維新後婦人に対する観念の変遷」である。

一九一二年に書かれたこの評論は「近年における職業婦人の増加」を顧慮していないと指摘しつつ、こう結論づけられる。

「我が社会は今日に至るもなおこの時勢の変を察せず、依然として良妻賢母、即ち汝らが唯一無二の職業は妻たり母たることなりと教ゆる主義によって女子を教育しておるが故に、ここに種々なる弊が現われつつある。例えば、女子が職業婦人たることを以て何らか自己の品位の下落であるかの如く考え、出来るだけ遊食の途を探さんとしておることの如きはその一である。また近頃世間に往々問題となっておる或る一部の放縦なる女文士の如き、吾輩の見ゆる処を以てすれば彼らは決して真の新しき女であるのではなくして、ただ少しく新しき知識と感情とを持っておるがために、在来の奥様御嬢様の如き単純なる娯楽を以て満足しておられず、何らか新しきものを求めんと、即ちかの如き放縦なる生活をなすに至ったものに過ぎぬ。即ち、畢竟《ひっきょう》女子は遊食していられるものと心得ておる人々であって、経済上において依然として良妻賢母主義の上に立てるものである。かくの如く我が社会は堅実にして実用的なる婦人を得んと欲して、かえって意外なる奇形の婦人を作りつつある。これ今においていて我が社会の深く考えなければならぬ処である。而して吾輩はこの救済策として、我が社会の速やかにその良妻賢母主義の教育を廃し、而して彼ら婦人をば一日も早く社会上経済上の彼らの地位を自覚し、これに処するの途を講じ得るが如き者にする手段を採らんことを希望する者である」

湛山は、男と同じにアルコールを飲んで〝新しき女〟を気取るような一部の「奇形の婦人」に惑わされず、女性が一日も早く、社会経済上の地位を自覚して、それに処する道が開かれることを求める。女性に対するその視線が、同年代の男性はもちろん、現代の男性と比較しても、ゆがんでいないのである。『湛山日記』には、しばしば、「婦人経済会に出席して雑談」といった記述が出てくる。

この会は、一九三四年十一月、湛山が市川房枝らの希望によってつくった経済問題、時局問題についての勉強会であり、戦中に一時中断したが、戦後、再開された。東洋経済ビル内で定期的に開かれたこの会の幹事役は矢次とよ子がつとめ、会員には、市川のほか、奥むめお、山高しげり、近藤真柄、生田花世、今井邦子、前田ふく、加藤タカなどがいた。のちに主婦連や婦人参政権運動などの主役となるメンバーがそろっていたわけだが、このように湛山の女性尊重思想は浮ついたものではなく、堅実なものだった。

修養の差は社会活動の差

湛山のそれが観念的なものでなく、なかなかに戦略的なものであることは、「婦人参政権の台頭」にちなんで書いた「婦人を社会的に活動せしめよ」という主張にも窺える。一九二四年七月五日号の『東洋経済新報』に載ったそれは湛山にしては珍しく皮肉な調子で次のように始まる。

「新聞紙の記す所によれば、政友本党の顧問中橋徳五郎氏は、婦人を加えざる普選は、真の普選にあらず、今日の我が重大なる時局に処するがためには、男女を論ぜず、ことごとく参政権を賦与し、国民一致非常の覚悟を以て困難に当る工夫をせねばならぬと論じつつある由である。もし真にこれが氏の意見として、而して氏および政友本党がその実現に驀進《ばくしん》するとせば、国家のため大慶至極、また政友本党のためにも、その創立匆々《そうそう》に受けたる反護憲の汚名を雪《そそ》ぐに足るといわねばならぬ。かつて聞く所によれば、政友会の故総裁原敬氏もまた、時機を見て、世のいわゆる普選の主張を自党の手に奪い、婦人にまで参政権を拡げたる案として、これを提出する計画をひそかに抱いた。それを或る場合に、或る人に洩《も》らしたということである。彼は普選の看板を他党に奪われ、常にこの問題について、政友会が受身の立場にあるを苦痛とした。この不利を盛り返し、政戦上防禦から攻勢に転ずるには、他党が男子普選で夢中になれる意表に出て、男女普選を提唱するほかないと考えたらしい。中橋氏の意またここにあるか。果たしてしからば最近の総選挙において政友本党が惨めの敗戦をし、失意の境に立てることも、全然無意味には終らない。政戦上不利の立場を救うため、婦人参政を唱うといえば、動機のはなはだ不純なる如きも、しかし艱難《かんなん》に会して発奮せりと見れば、敢えて咎《とが》むるに及ばない。社会の事は、多くかくの如くして進歩するのである」

ここでの湛山の論は、「婦人参政勿論大いに結構」だが、そういう「むずかしき問題を論ずる前に」もっと女性の社会進出を考えよと続き、「我が社会」が当の婦人までも加わって「女が」と軽蔑する風潮をたしなめ、それをこう省察する。

「実際現在の我が婦人には、軽蔑せられても致し方ない要素は沢山にある。けれどもそれは多くは修養の足らざるためであって、而してその修養を婦人に与うるには、彼らを社会に出して活動させるほかに、方法はない。今日の男子が、もし平均して女子に勝った修養を有すとせば、そは学校教育のためでも、あるいは天賦でもなくして、早くから社会に活動し、いわゆる世の荒波にもまれた結果である」

現在でも、まだ、こんな簡単なことがわからず、男の優位を自明の理のように主張する者がいる。それだけに、すでにしてこう省察していた湛山の指摘が光るのである。

ところで、良妻賢母の見本のように言われたのが、湛山が担いだ鳩山一郎の夫人、薫だった。

新婚時代、薫は一郎によく殴られたという。たとえば、弁護士事務所に自転車で通っていた一郎が暑い中

を帰って来て、すぐに、

「おい、風呂だ」

と薫に言った。

ところが、この時、お手伝いさんが水の入っていない風呂を空焚きしたために、風呂釜が割れてしまっていたのである。それで薫が、

「今日はお風呂は沸かせません」

と言いかけると、言い終わらないうちに一郎の手が薫の頬にとんで来た。殴った後、もちろん一郎はそれを詫びることもなく、そのまま自分の部屋に入ってしまう。

豊田穣の『鳩山一郎』(講談社文庫)によれば、そのとき薫は、こう考えたという。

もしお母様(一郎の母、春子)であったら、どう処理したであろうか。すでに電話があるのだから、夫が事務所にいる間に、風呂が壊れたことを連絡しておけば、友人の家で風呂に入るなり、何らかの適切な処置がとれたであろう……。

「姑の春子未亡人にすっかり仕込まれた鳩山薫夫人」についての記事が一九一四年六月五日付の『都新聞』に出ている。

「今度の議会選に夫・一郎君の応援に出て、運動者に連れられて有権者回りをやった。このとき運動者の紹介ぶりが、

「この方が鳩山の若奥様でいらせられます」

というふうに、若く美しい薫を宣伝して歩くので、訪問を受けた有権者はすっかりあてられてしまい、中

には焼餅をやいたり、憤慨して他の候補者に投票した者もあるというのであった」

こう書かれた薫は、しかし、家庭では暴君的一郎に仕えなければならなかった。

二階の書斎で本を読んでいる一郎が突然ベルを鳴らして居間にいる薫を呼ぶ。何事かと思って駆けつけると、開いている隙間から風が入るから襖を閉めろという。

そんな夫に対して薫は忍耐を続け、だんだんにそれを直していく方法をとる。

「腹が立った時、妻を殴るようなことはやめてください。それは妻に限らず、他の人との交際でもそうです。殴れば相手はよけいに腹を立てるだけです。私は妻ですから我慢しますが、弁護士や政治家の仲間の方では問題が大きくなります。私に不満があったらメモをつけておいてください。私は夕食後、そのメモを読んで、自分の間違いに気づいた時にはすぐに謝りますし、またあなたが間違っていたと思ったら、断然抗議を申し込みます。だから、お互いにいがみ合うことはなく、そのメモによって意思の疎通をはかりたいものです」

薫は一郎にこう言ったというが、もちろん最初は、一郎が間違っていると思っても「断然抗議を申し込める」ような状況にはなかった。後年はむしろ、薫が一郎をリードするかのように見えた鳩山夫妻も出発点では大いに違っていたのである。

湛山の長男の湛一によれば、湛山はさまざまな連絡を一郎ではなく薫にしていたという。その方が安心だったからである。薫にしている限り、確認の要はなかった。いずれにせよ、一郎は湛山のような女性平等論には立っていない。

「良妻賢母」は女性を対等のパートナーとして見た考えではなかった。それだけに、もちろん、妻の梅子に手をあげることもなく、娘に「女のくせに」と一度も言わなかった湛山の女性尊重思想が、当時の良妻賢母主義を超えたものとして際立って見える。

その男性、あるいは政治家の民主度を測るメルクマールとして、それはあるのである。

鳩山薫と石橋梅子

三木武吉という政治家は、狸といっても並みの狸ではなかった。鳩山一郎、河野一郎、大野伴睦、三木武夫等とともに翼賛選挙の非推薦議員であり、戦後は保守合同を仕掛けた策士である。

この古狸で有名なのは何と言っても次のエピソードで、戦後まもなく、郷里の高松から衆議院選挙に立った三木を、対立候補が立会演説会で、こう攻撃した。

「ある有力な候補者は、あろうことか東京で長年にわたってつくったメカケ三人を連れて郷里に帰り、小豆島に一緒に住まわせている。かかる不義不道徳な輩を、わが香川県より選出すれば、県の名折れであり恥辱である」

これを聞いて登壇した三木は、

「先ほど聞いておると、ある無力なる候補は、ある有力なる候補者は、といったが、つまりそれは私のことを指したのである。私はたしかに有力な候補者で、私のことをいった男が無力な候補者であることは明らかである。その無力な候補者は、私がメカケを三人も連れて帰ったといっているが、物事は正確でなければいけないので訂正しておきますが、女の数は三人ではありません。五人であります」

と切り返して満場の爆笑を買った。そして一転、しんみりした調子で、

「高松を飛び出してから、随分、私も苦労しましたが、その間には、いろいろな事情から多くの女との関係ができました。そのかかわりを持った女たちは、いずれも年をとっていわば今は廃馬であります。けれども、彼女たちが私を頼る限り、私の都合で捨て去ることはできません。この人々を養うことは、私の義務だと思っております。それも三人じゃない、五人です。訂正しておきます」

と続けて、割れるような拍手をもらったのである。

これは政治評論家の御手洗辰雄の証言によって書いているのだが、女性の数については異説があるようで、たとえば大宅壮一は『昭和怪物伝』(角川文庫)所収の「三木武吉」で、

「あなたは妾を五人もおもちだそうですが、指導的地位にあるものとしてそれでいいのですか」

と演説会場で聴衆の一人から質問を受け、

「五人というのはまちがいで、実は六人です。いずれも若気の誤りで仲よくなった女たちですが、私をはなれて生活ができないので、今も私が面倒を見ているのです。この際、つきはなして路頭に迷わした方がいいか、それとも今後なお世話をして行った方がいいか、あなたのご指導を願いたい」

と答えたところ、場内は拍手で沸き立った、と書いている。この「人口に膾炙している有名な話」も、口から口へと伝わっていく間に数が変化したのだろう。

大宅は、何人かの妾をもつ曾我廼家五九郎という喜劇俳優が、

「三人の女を互にケンカさせないで、うまく御して行くだけの腕がないと一国の総理にはなれない」

と、うそぶいた話を紹介し、もちろん「それだけが総理大臣の資格だとはいえないが、たしかに一面の真理を語っている」と、つけくわえている。

それはともかく一癖も二癖もある狸の三木が、かついだ鳩山をどう思っていたか、大宅は次のように推測する。

「〝毛なみ〟のいいことにかけては、鳩山は吉田に劣らない。ただし鳩山の性格は吉田と正反対だ。明けっぱなしで、おしゃべりで、人に動かされやすい。〝民主的〟ではあるが、同志としては実に頼りない。そのために三木は何度も煮え湯をのまされている。それでいて三木が最後まで鳩山をすてなかったのは、三木の意地っぱりに基づくものであるが、ほかに吉田調伏にかっこうの持ち駒がなかったからであろう。子供のようにダラシなく、優柔不断の鳩山には、三木もさんざん手を焼いた。野武士の三木が、坊ちゃん気質からぬけきらぬ鳩山とウマのあうはずがなく、三木は内心鳩山を軽蔑していたにちがいない」

そうだろうか。自らは床の間が似合わないことを承知している三木が、そこへのすわり方を自然に身につけている鳩山を「軽蔑していた」とは私は思わない。五人か六人か知らないが、〝廃馬〟を捨てずに養う三木に「軽蔑」という強い感情をともなった言葉はふさわしくないと思うのである。

もちろん、鳩山に「さんざん手を焼いた」ことは確かだろう。

鳩山派の寝技担当が三木であり、立技担当が湛山だった。一方、吉田派の寝技屋が大野伴睦であり、立技屋が緒方竹虎である。立技は立技同士というか、同じくジャーナリスト出身の湛山と緒方には、少しく通い合うものがあった。

ところで、もう一人、鳩山に「手を焼いた」ひとがいる。夫人の薫である。

新婚時代から何度か殴られたりした薫も、今や、政治家の妻として鳩山が頼る存在になっていた。前述したように、鳩山は一九四六年春、組閣の準備中に公職追放の憂き目に遭う。

組閣本部となっていたブリヂストン創業者の石橋正二郎邸（石橋は鳩山の縁戚）はその知らせを受け、それまでの大騒ぎがウソのように静まり返った。まるでお通夜である。

その中で、ただ一人、薫だけが冷静に撤退の後始末を始めた。それを見て三木は、のちに秘書にこう言ったという。

「あのときの鳩山夫人を見たかね。あの騒ぎにびくりともせず、毅然としていたじゃないか。あの夫人は偉い。あれは日本女性の鑑だよ。こうなったら、ぜひとも鳩山を総理大臣にしてやらなきゃなあ」

傍若無人の代名詞のようにいわれた河野一郎が、

「薫さんにはかなわないところがある」

と言って一目も二目もおいていたらしい。薫を文部大臣になどという声もあった。

鳩山が療養中、「闘病生活は一つの精神闘争」だとして鳩山は薫に自らを励ます本を読んでもらった。「生長の家」の谷口雅春の『生命の実相』であり、漱石の『草枕』などである。

チェンバレンやグラッドストーンといったイギリスの宰相の伝記にも耳を傾けた。とくにチャーチルが回顧録の冒頭に夫人への謝辞を献げていることに打たれた。

「偉大な人物の細君は芸術的作品の保管人である。彼女はそこから楽しみを引き出すが、それは保管人としての責務と結びついている。偉大な人物が健康と幸福、愉悦と余暇並びに安静をエンジョイすることができるのは、ひとえに彼女の賜物である。もしそのような条件がないなら、彼は公人としての義務を果たすことはできなかったであろう。

彼の成功、それは大小ともに賞讃されるものであるが、その時は彼女も一緒に賞讃されるのである。その代わり彼の不運に対しては、たとえ微細なものであっても、彼女は同情しなければならない。そしていつの場合でも辛抱強い聞き手となるのは彼女なのだ。彼が偉大な人物になったのは、すべて彼女のお蔭だといってはいいすぎかもしれないが、しかし、もしも彼女がいなかったら、偉大な人物も実際には、もっともっと丈《たけ》の低い者になったであろうと私は考える。

私は長い間、あなたが託された任務を、ものの見事に果たされているのを見守っておった。私はあなたに対して、礼讃の敬意を表するしるしとして、われわれの時代におけるもう一人の偉大な人物の伝記を献呈したいと思うのである。この方はあなたもご存じの方であるが、この人（チャーチル）もまた賢い、美しいそして忠実な奥さんのインスピレーションと同情に負うところが、測り知るべからざるものを持っている人である」

チャーチルは三十三歳の時に十歳年下の夫人と知り合い、結婚したのだが、のちに彼は「私の最も輝かしい成功は、私と結婚するように妻を説き伏せたことであった」と回想している。

これを読んで鳩山は、薫に対して、自分もそう言える夫になりたい、と病床で考えたのだという。

石橋梅子の拒否

しかし、湛山にとって、それは改めて書くまでもない当然のことだったろう。最初から夫人はパートナーという位置づけだからである。湛山が夫人に求めたのは、いわゆる「良妻賢母」ではなかった。

薫が政治家の妻たるべく育てられたのに対し、湛山夫人の梅子は、湛山が政治家となって、とまどうばかりだった。それまでは新聞記者などに押しかけられたこともない。たとえば薫に比べられたら、記者の評判が悪くなるのは決まっているのである。

多分、湛山の健康を考えて、「夜討ち朝駆け」の取材を断った時の記者が、次のようなことを書いたのではないだろうか。

「その頃、石橋は家庭の風波が絶えなかった。そこへまきおこったのが復帰問題である。居丈高になった淀君が、亭主をぐんぐんひきずったことも影響したようだ」

その頃とは一九五三年初め。前年、自由党を除名された湛山が復帰をめぐって揺れたことを、〝淀君〟のせいにしているのである。

こうした風評がたまらなかったのか、梅子は『湛山座談』で、あえて発言している。念願の鳩山首相が実現して、湛山が蔵相になるのか、通産相になるのか、もめていた時、自分が出しゃばったように言われるのは心外だというのである。

「おかしな話で、石橋はどうしても大蔵大臣でなくてはいけませんから大蔵大臣にしなさいといって私が出かけたというふうに、だれかが伝えました。私にはそれが心外でしょうがないんです」

ちょっと先の話になってしまうが、事実はこうだった。

湛山が組閣本部へ出かけた後、梅子が一人でいた石橋邸へ三木武吉がやって来て、

「実は石橋君が大蔵大臣を主張するはずだ、けれども、石橋君が大蔵大臣になると大変なごたごたが起こります。それでなんとか我慢して通産大臣になっていただかなくちゃならないんだ。それを説得するのは奥さんよりほかかない。私はここに待っているから私の車で議員会館へ行って下さい。そして石橋君に会って、ぜひ三木さんの頼みだから通産大臣を受けて下さいといって下さい」

と言う。

「そんなことできません」

と梅子が断ると、

「ぜひそうしてくれなくちゃ困るからやって下さい。それこそ大事件が起こるから」

と三木が口説く。

練達の狸の説得に負けて、梅子は事情がよくのみこめなかったけれども、議員会館へ行った。

すでに秘書が来ていて、梅子が、

「三木さんからこれこれのことをいわれたから来たんだけれども、石橋はもうここにはおりませんか」

と尋ねると、秘書は、

「もう組閣本部に入られました。今ではもう間に合いません」

と答える。そこへ代議士の池田正之輔が飛びこんで来て、

「奥さん、奥さん、石橋君をここで呼んでもらうことは時間がちょっと無理です。あなたを組閣本部の隣の部屋に案内するから、そこまで行って下さい。そこで石橋君に会って、通産大臣を受けなさいといって下さい」

と、まくしたてる。そばから秘書が、

「そんなことを奥さんにさせられません」

と口をはさむと、池田は、

「お前なんかの出るところではない」

と秘書を怒鳴りあげ、

「奥さん行きましょう」

と梅子を連れて行こうとする。

「いやです、そんな組閣本部の部屋まで……ここで会えるなら三木さんのお話を伝えることはいい。けれども、そんなところまで行って会議中に呼んでもらってどうのこうの、そんなこと私はしません」

梅子がそう言って拒むと、池田はあわてて、

「じゃあ秘書に電話をかけさせて、ここまで石橋君を呼んできてもらいなさい」

と言う。しかし、秘書も、

「そんなことできません」

と抵抗したので、池田は怒って出て行った。

人間的には魅力があるが、古い女性観をもつ三木にしてみれば、良妻賢母型ではない梅子は、何か強く見えたのだろう。

湛山に対して影響力があり、梅子が言えば湛山が聞くと思ったのかもしれない。

しかし、それぞれがそれぞれの意志をもつという考えの湛山は、とくに梅子に政治の話をしないかわりに、梅子にも干渉がましいことをさせなかった。というより、大体、梅子は政治や経済に強い興味を示さなかったのである。

湛山の長男の湛一によれば、食事の時に、親子でそうした話をしていると、梅子はとても嫌がったという。

政治が日常、茶の間に入っているような鳩山家と違い、石橋家は少なくとも夫人がその話題に入っていく

ような家庭ではなかった。

大体、湛山には家の子郎党一緒になって、ある意味では合戦のように、あるいはお祭りのように、興奮して政治をやるという考えはなかっただろう。

そこでも湛山は個の尊重を捨てなかった。合理主義とも見えるその思想からすれば、三木の画策は論外だった。夫人に言われて政治行動を変えるような湛山ではなかったらである。

第四章　政治の渦の中で

復党騒動

「歴代首相の指南番」といわれた安岡正篤の付人的存在だった林繁之が一九五二年十月の日記に「第四次吉田内閣の官房長官に緒方竹虎が就任。中野正剛と共に親交のあった先生は『緒方の官房長官は吉田のためになるだろう』とこれをよろこぶ」と書いている。

そして、その年の十二月、「鳩山派」の石橋湛山と河野一郎が自由党を除名されたことに触れ、吉田派と鳩山派の不協和音が高くなる中で、設定された吉田茂と三木武吉の会談について、それを聞いていた緒方が、

「互いに人物と人物のぶつかり合いであり、その駆け引きはさすがであったが、軍配は三木にあがった」

と安岡に語った、と林は記している。

「敵」方の三木を称える緒方に感心して安岡は、

「三木も三木、緒方も緒方、ともに国家を憂うる者である」

と林に語ったとか。林の『安岡正篤先生動情記』に、次に緒方の名前が出てくるのは、彼の死の時である。

一九五六年一月二十八日、緒方が亡くなったことを、石井光次郎より知らされた安岡は、

「中道にして死去せりか」

と言った後、言葉を途切らせ、

「彼の相貌まさに宰相の器なり。声がまた好かった」
と嘆惜したという。

「理の政治」「情の政治」

緒方の仲人は頭山満。頭山や安岡に期待されたところが、まさに湛山とは対照的だが、この緒方と湛山は肝胆相照らすものがあった。

一九五三年十一月二十六日、湛山は密かに副総理だった緒方と会い、二時間ほど腹蔵なく語り合って
「今日のような側近政治をいつまでも続けていたのでは、日本の保守党の発展は望めない。要するに党内に冷飯組をつくり、人事を壟断《ろうだん》するところに、現在の自由党の紛糾の原因がある。よろしく人材を起用しなくてはダメだ。そして、将来は自由党、分自党（分派自由党）、改進党を含めて、大きな保守合同にまで進展しなくては、立派な議会政治は確立しない」

という結論を得た。

緒方の誠意ある態度に、これなら折りを見て〝復党〟した方が日本の政治全体のためになるかもしれない、と湛山は思った。

吉田学校の門下生の一人である小坂善太郎が、緒方と吉田の関係について、こう回想している。

「緒方さんは吉田内閣の大黒柱でしたが、その側近政治には憤慨していました。だから非常につらい思いをしたと思います。

緒方さんは吉田さんに実力を認められていましたが、第五次吉田内閣の最後に、解散か総辞職かを迫られ

た際、吉田さんが、

『飼い犬に手を咬まれた』

といったことがありました。側近らしくない緒方に対して含むところがあったのでしょう。

ですから、緒方さんは吉田さんの周辺にいた池田勇人さんや佐藤栄作さん、福永健司さんなどを『茶坊主ども』といった表現で記者会見したこともありました。

ところでもし吉田さんのいうとおり、飼い犬に手を咬まれたのなら、緒方さんは吉田さんを捨て去って、鳩山さんと手を組んで新しい自由民主党の中枢になれたはずです。しかし、緒方さんは鳩山さんのもとへは立たず、自由党総裁として吉田さんの後を守っていかれました。あれは吉田さんの不覚の考え違いでした。

緒方さんの人格を高く買われた吉田さんは政界入りを強く勧められ、政界にあるあいだ、自分の片腕として、緒方さんもまたその信頼に充分応えられ、将来は自分の後を継ぐものと信頼された。その吉田さんの気持ちを緒方さんは最後まで大事にされたと思うのです。

ただし、緒方さんは、

『側近の人達が、やることなすこと、皆、私の考えを曲解して、私をしりぞけようとしている』

と私にいわれたことを思い出します。もし、緒方さんの広い見識をもって総理大臣をやっていただいていたなら、日本はずいぶんよかったろうし、自民党のためにもなったでしょう。議会民主主義の一つのエポックをつくれると、われわれは皆、期待したのです」

数がものを言う政界において、緒方は「理の政治」をやろうとした、と言う人間もいる。しかし、そこに湛山を置く時、「理の政治」は湛山であり、緒方は「情の政治」ではないのか、と私は思う。

ただ、もちろん湛山にも、情を優先させる側面があった。たとえば、鳩山自由党の自由党への復党問題の時などである。

『鳩山一郎回顧録』によれば、一九五三年の夏から秋にかけて、吉田自由党側からの復帰の誘いかけが激しくなった。その執拗さに根負けしかかった鳩山は、三木武吉や河野一郎が承知するなら帰ってもいい、と返事をする。

鳩山は、三木や河野が承知するはずがないと思って、こう言ったというのだが、それが吉田側に伝えられて、彼らは歓声をあげた。

一方、三木と河野は、鳩山が復党したら石橋（湛山）を担いで吉田とケンカしよう、と話し合っていた。

「石橋君がフラフラしていたのは、恐らく、そのためではなかったか」と鳩山は回顧しているが、これについて河野一郎は、三木、石橋、河野の三人が伊豆長岡温泉の大和屋で会談した後、鳩山を訪ね、

「やむを得ませんから、先生はどうぞ自由党にお帰り下さい。われわれはあとに残って、反吉田党を結成します。この際残念ですが、吉田を倒すまで、一時、政治行動を別にします」

と、涙の訣別をした、と語っている。そして、なぜ鳩山があんなに弱気になり、自由党に復帰したかを、次のように推測している。

「とにかく、先生とすれば、何より自分が病体であり、すべて家族の世話にならなければ、自分一人では処理ができない。その自分が、今後の激しい政治闘争を続けることができるかどうか、――ということをさんざん悩まれたすえ、結局復帰を急ぐ心境になられたものと考えるのが真相だろうと思う。

ところが、そのうちにまた、大黒柱と思っていた石橋さんまでもが、鳩山先生と一緒に復帰する、と言い

出した」

長岡会談で湛山は〝石橋総裁〟を了承した、と三木と河野は受け取ったから、湛山は一夜にして寝返った、ということになる。そして鳩山までが「フラフラしていた」と回顧することになるのだが、それについて湛山は「まことに心外」とし、鳩山と行動を共にしたのは、鳩山が倒れて見舞った時、薫夫人が寂しそうに、

「最近、同志の皆さんは、ほとんどお見えになりませんが――」と語り、それにホロリとした湛山が、

「政界というところは、いろいろ浮き沈みが激しいところですから、なにかと不愉快なこともおありでしょう。しかし、私は、ご主人のすすめで政界に出るようになり、以来、心をわかち合って闘ってきた間柄です。ですから、ご主人から離れて、単独に政治行動をとるようなことは、決してありませんから、ご安心下さい」

と約束したためだと述懐している。「私としては、いかに三木、河野両君が熱心に説得しても、政治行動の基本を、鳩山夫人に語った以外に、他に求めようとする考えは毛頭なかった」というのである。情に走って鳩山と一緒に自由党に復帰した後、湛山と、三木、河野両君の間には溝ができてくる。

湛山を支える石田博英と河野のソリが合わなかったことが、それに拍車をかけた。

「私と河野さんは、性格が似すぎているでしょう。そこで当時は、多少とも相反発する傾向があったと思うのです。従ってつい親分同士の石橋、三木の間も離れていったのでしょう」

と分析する石田は、しばしば湛山に河野の悪口を言った。それに対して湛山は、

「河野君と君を二者択一しろと言われたら、僕は河野君の方を採るね」

と返したという。

ここでは情を先行させていないが、先年亡くなった石田の葬儀で、河野の息子の洋平が自民党総裁として弔詞を読んだのも、不思議な因縁を感じさせる光景だった。

「八人の侍」の残留

前掲の復帰問題で、復帰論者の石田と、それに反対する河野一郎は対立した。結局、三木、河野ら、いわゆる「八人の侍」は復帰せずに日本自由党を結成する。

吉田自由党は鳩山らの復党を、「父帰る」として拍手で迎えたが、湛山シンパの記者の宮崎吉政の眼にも、みじめに見えたこの復帰劇の中で、石田だけは傲然と、

「足利尊氏鎮西落ちの心境だ。必ず攻め上って見せる」

と嘯《うそぶ》いたのだった。

『河野一郎自伝』(徳間書店)所収の読売新聞記者(当時)田村祐造の証言によれば、「八人の侍」の一人、山村新治郎が残るについては、学生だった河野洋平が絡んでいる。

河野一郎が丸ビルの日魯漁業の一室で復党するよう山村を口説くと、山村はそばにいた洋平に、

「いままで、ともに天をいただかずといって闘って来たのに、おめおめと帰れるか、洋ちゃん、どう思う」

と聞く。すると洋平は、

「ぼくは帰らない方がいいと思う」

と答え、それが決め手で山村の残留が決まったという。河野は三木武吉と、一人でも残るという人間がいたら、二人とも帰らないことにしよう、と約束していた。

しかし、「八人の侍」の苦労は並み大抵のものではなかった。とくにカネである。サムライの一人の池田正之輔が、ある時、三木のところにやって来て、

「じいさん、カネないかね。おれ、今からクニに帰るんだけど」

と言う。池田の故郷は山形県の酒田市である。

「池正、おれもないよ、いくらいるんだ」

と三木が反問すると、池田は、

「二万もあれば、行って帰れるんだけどな」

と答え、三木が、

「それぐらいならあるよ」

と懐の財布から出してやったのを、田村は目撃している。

田村の証言を続けると――

「それくらい金には困っていた。当時吉田攻撃の演説会をやるときは、有料でやったもんですよ。たしか、その当時だと思いますが、河野さん、家を抵当に入れたはずです。そうしてがんばるうちに――そういつまで、がんばり通せたもんじゃないけど、あの造船汚職が出て来るわけです。それで、わあと一気に盛り返すわけですね。ぼくはあれを見ていて、政治とは株よりも大きな勝負だなと思った。そうなると、八人の侍というのは偉かったとか、面白かったとかいうことになるけど、そう簡単なもんじゃないです。

八人の侍時代は、あまり政治的な動きはできなかったんです。せいぜいやって、あの有料演説会ですね。あとは予算委員会とか……。院内交渉団体にもなれないんですから……。だから、毎日将棋、碁なんかやっ

てました。ぼくは自由党を担当してましたが、それと同時に、日本自由党の係りでもあったわけです。そのころがいちばん面白かった時代かも知れないな、気軽に会えるし、暇だから雑談ばかりやっていて……」

しかし、一説によれば、鳩山自由党の残した借金が八百万円もあった。おカネに困って年も越せないと言っているこの八人を、五三年の暮、三木、河野、そして山村と親しかった明治座の社長、新田新作が見かねて、料亭・松ヶ枝に招き、忘年会を開いてくれた。そして陣中見舞いとして百万円を献じたのである。まさに干天の慈雨。この時の恩に感謝した河野は後に明治座が焼けた時、復興のために精一杯働いた。落ちぶれて袖に涙のかかる時、人の心の裏ぞ知るといわれるが、「八人の侍」への世間の支持は、有料演説会を開くと大入り満員という形になって表れた。

横須賀を皮切りに、関東各地で開いた演説会の入場料は三十円。経費を差し引いて一回五万円ほどの実入りがある盛況だったという。

一方、吉田は「わが世の春」で五四年の新春を迎えた。鳩山や湛山を含め、二十七名の分派自由党が頭を下げて戻って来たし、憎っくき三木や河野は、わずか八人の少数派となって、生活費稼ぎにドサまわりの演説会をやっている。

吉田内閣は当分安泰だと思うのも無理はなかった。ところが、その足もとを造船疑獄が襲うのである。戦争によって壊滅的な打撃を受けた造船業を立て直すために財政投融資をすることに絡んで、まさに政財癒着の一大構造汚職が浮かび上がった。

介在した金融ブローカーの森脇将光が、癒着についての〝森脇メモ〟を提出し、吉田側近の幹事長、佐藤栄作が船主協会などから二千万円を、同じく政調会長の池田勇人が二百万円を受け取っていたことが明らかになって、吉田は窮地に陥った。

四月二十一日、時の検事総長、佐藤藤佐は佐藤栄作の逮捕を法相の犬養健に求める。しかし、犬養は吉田の意向を受けて、それを許さなかった。指揮権発動である。

犬養はそれによって辞任せざるを得なくなり、吉田に対する世論の非難も一挙に強くなった。得意の絶頂から吉田は瞬時にして失意の淵に落とされることになる。

因果はめぐる小車

検察が確信をもって出した佐藤栄作（自由党幹事長）の逮捕許諾請求を、法相の犬養健は指揮権を発動して却下した。それによって佐藤は逮捕を免れたが、クロがクロでなくなったわけではない。

側近の佐藤をそうまでしてかばう吉田茂に対する非難は高まり、吉田内閣の危機が保守勢力の危機に発展することを案じた湛山は、副総理の緒方竹虎や、改進党の松村謙三に働きかけて、吉田の棚上げを図る。

一九五四年四月二十四日に吉田内閣不信任案が提出されたが、二十票差で否決されたからでもあった。反および非吉田の保守新党を結成して、鳩山一郎を党首にということで湛山は動き出したのである。

五月十一日の日記に湛山は、

「朝八時半芝二本榎緒方副総理公邸に木村義雄代議士の案内にて訪問、吉田氏円満引退の道なきかと相談、緒方氏曰く自分からは言えないと」

と書いている。

さらに湛山は岸信介にも会い、吉田包囲網を広げていく。これは「吉田タナ上げを合意することに対して二の足を踏む」自由党幹部をどう説得するかがカギだった。

五月十五日の湛山の日記には、

「十時半緒方氏公邸、岸信介氏を交え三人にて協議、吉田は洋行せしむ、帰国後は辞職の含みで新党準備会を作る（各党より委員を出して）。外遊後吉田の新党総裁立候補を断念せしめることには緒方も同調と認める」

という記述も見える。

しかし、自由党の鳩山派に岸派、そして「八人の侍」の日本自由党、それに改進党の面々を加えた反吉田新党の結成がなだらかに進んだわけではない。緒方は明智光秀だといわれて苦渋の色を濃くするし、何よりも岸が揺れていた。

もともと湛山とは肌合いがまったく違うわけだが、この時の岸を評して湛山は「岸はうろうろしていた」「岸という人は案外決心がきまらない人ですね。ほんとうに鳩山と踏み切るまでにはとつおいつ去就に迷ったふうでした」と、『湛山座談』で酷評している。

その岸と一緒に湛山が同年十一月八日、自由党から二度目の除名処分を受けるのだから皮肉である。幹事長は一回目の時と同じ池田勇人だった。

しかし湛山はまったく動ぜず、当日の日記には「夜八時より日活国際劇場にてロメオとジュリエットの映画見物」と記している。

そして十一月二十四日、鳩山一郎を総裁に、副総裁が重光葵、幹事長・岸信介、総務会長・三木武吉、政調会長・松村謙三、そして最高委員に芦田均、大麻唯男、それに湛山が名を連ねる民主党がスタートした。

湛山の指摘する岸の「うろうろ」について、一応、岸の弁解も聞いておこう。矢次一夫と伊藤隆が聞き手となった『岸信介の回想』（文藝春秋）で、岸は、自由党の錚々たる大幹部から自重を求められたのですね、と問われて、こう答えている。

「特に緒方さんから懇々と言われたことを覚えている。緒方さんはね、将来、政治家として君が伸びることをわれわれは期待している。それには戦後の日本をここまで連れてきた吉田に反対するという立場では大成しないし、君のためにもならない、と言うんだよ。それで私は、私が伸びるとか、伸びないとかいうことは問題ではないので、緒方さんの言う通り保守勢力の結集は必要だが、吉田さんのもとではもうできない、今までの殻を打ち破って、新しい形でやっていかなければならない、せっかくだが……というわけで物別れに終りましたね」

岸の述懐によれば、反吉田で湛山と岸を組ませたのは芦田均である。この三人が中心となって新党結成の準備を進め、それが原因で湛山と岸は除名されることになった。芦田は自由党ではないのだから、除名しようがない。

のちに激越に批判する岸と湛山がここで手を組んだのは、非自民ということで成立した細川政権を小沢一郎と武村正義が一緒に支えたようなものだろう。とりわけ政界においては、しばしば、こうしたねじれ現象が起こる。

造船疑獄と、それを糊塗しようとした指揮権発動によって世論の批判は高まり、反吉田の民主党が結成されても、吉田は屈することなく、ワンマンぶりを発揮して中央突破を図ろうとした。追いつめられて内閣総辞職を進言されても解散に打って出ようとしたのである。当時、自由党の総務会長だった大野伴睦の『回想録』によって吉田の動きを再現しよう。

大野らは、解散して選挙をしたら社会党が大勝するのだから、解散は絶対に阻止して総辞職へもっていこうとしていた。しかし、吉田はあくまでも解散を主張している。その最後の決定を行う臨時閣議が十二月七日朝、目黒の総理大臣公邸で開かれた。大野ら自由党幹部も隣室に詰めかけている。

しばらくしてそこへ入って来た吉田は、大野に向かい、

「総務会長、誰が何といっても解散に決めましたから――」

と言った。あまりの言葉に大野らが一瞬唖然としていると、松野鶴平が怒髪天を衝く勢いで、

「吉田、君はいまになって何を言うのか。総裁あっての党ではない。党あっての総裁であることを知らないのか。解散をすれば党は潰滅するのだぞ」

と嚙みついた。

それに対して吉田は返事をせず、ぷいと顔をそむけたまま、二階に上がってしまった。

その後、大野たちは次々に閣僚を呼び出し、解散の証書に署名したら、直ちに党を除名すると告げることにした。

まず、緒方が呼び入れられる。

「私は解散に絶対反対です。どうしても総理が断行するなら、私は政界を引退し、福岡に帰って百姓をします」

次に入って来た運輸大臣の石井光次郎は懐から辞表を取り出し、

「解散するなら、これを提出します」

と言明した。法務大臣の加藤鐐五郎も、解散証書には絶対に署名しないという。

事情を知らないオッチョコチョイは郵政大臣の塚田十一郎（大野派）で、部屋に入って来るなり、

「ただいま解散賛成論を一席ぶっていたところです」

と得意気である。けげんな顔つきで大野と塚田を眺める党幹部の前で、あわてて大野は、

「バカなことを言うなっ」

と叱りつけた。怒鳴られて事情がわかった塚田は、

「戻って発言を訂正してきます」

と閣議の部屋へ入って行く。

側近中の側近の池田勇人は、

「大勢が反対なら致し方ない」

と腕組みし、佐藤栄作は、

「私は総理に従います」

と泣いている。

「泣き男など相手にしていられない。勝手にしろ」

と大野たちが最後の談判に立ち上がった時、

「総理は大磯へお帰りになりました」

という知らせが来た。

これによって吉田内閣は六年余りにわたる長期政権の幕を閉じたのである。

前日、大野の下に鳩山一郎から電話があり、

「明日はどうなると思うか」

と尋ねられたので、大野は、

「解散は阻止されるでしょう」

と答えた。

「吉田君は言い出したら後へは引かない男だ。あくまでも解散するよ」

と言われても、

「いや、私たちが絶対に阻止してみせます。百万円の賭けをしても結構です」

と返事をしたという。

大野によれば、この賭けに勝った大野は、派閥の人間を集めて派手に飲んだらしい。鳩山は、大野の見通しの確かさに感心したというが、「百万円の賭け」には寒心するばかりである。ともあれ、大野の『回想録』から、もうひとつ興味深いエピソードを引く。


〝誤った情報〟の効果？

目黒の公邸で臨時閣議と党首脳会談が開かれていた時、永田町の党本部では総務会が行われ、万一、強引に解散が決定されるようなら、その瞬間に吉田を除名して解散を無効にする計画だったという。党員が総裁をクビにするのだから、まさにクーデターだが、これは吉田が自らまいた種で容易にできるようになっていた。

「こんな乱暴なことが出来るかというと、実は吉田さんが当時、党内の暴れん坊の石橋湛山、河野一郎両君をいつでも追い出せるように党規を変更させていた。党員の除名決定は党総務会の三分の二以上の出席で、そのうち三分の二以上の賛成があればよいと、簡略化してあった。吉田さんにしてみると、他人を斬るために準備した刀で自分のクビが狙われようとは――。因果はめぐる小車とかいう次第である」

大野はこう語っている。

この吉田辞任劇を別の角度から追ってみよう。当時、農林大臣だった保利茂の証言である（毎日新聞社刊『戦後政治の覚書』）。

十二月七日の問題の臨時閣議の前夜遅くに、保利は、労働大臣だった小坂善太郎と共に吉田に呼ばれて、目黒の公邸に駈けつけた。

断固解散というつもりの吉田は保利に、

「農林大臣、この情勢では解散する以外はないと思う。ところが、きょうの夕方まで解散論だった緒方君が、どうも主張を変えたらしい。解散に反対だと言い出している。ついては明日、解散閣議を開きたいので、それまでに、緒方君に話して賛成してもらってくれないか」

と言う。

たいていのことなら、承諾して動く保利も、これには首をタテに振ることはできない。

「それはちょっと無理です。緒方さんは副総理。ほかの閣僚なら、私どももあるいは話ができると思いますが、しかもお話を伺うと、緒方さんは考えを変えられた。これはよくよくのことと思います。お手数でも、やはり総理に手を尽していただかなければ、私どものできることではありません」

保利のこの答えに吉田も了解し
「それもそうか。それじゃ私が閣議前にもう一遍話してみよう」

ということになった。

翌朝、保利が、

「どうでしたか」

と聞くと、吉田は、

「やはり、イカンと言っている」

とのことである。

しかし吉田は「賛成しなければ罷免しても解散」というぐらいの気構えでいた。

そして始まった閣議で吉田は、

「日本の議会政治の姿勢を正していくことが大事なのだ。そのうえから野党の不信任案に対しては解散する以外、道はない。これに賛成してもらいたい」

と発言し、一人一人、閣僚の意見を求めた。

ところが緒方は、沈黙を守ってうつむいたまま。

文部大臣の大達茂雄だけが、

「解散はこの際穏当じゃない。私は残念ながら賛成いたしかねます」

と反対を明言し、他は大体、

「総理の決断に従う」

という感じだった。

これを見て保利は、

「ことは極めて重大ですから」

と、暫時の休憩を提案した。

副総理で、自由党総裁の後継者となることがほぼ決まっている緒方が賛成なら、他の閣僚が何人反対しても罷免して解散に持ち込むことができる。しかし、緒方が反対の姿勢を崩さない状況で決行することはできない。

休憩中に保利は別室で緒方に会い、改めてこう言った。

「いかがでしょうか。総理も非常なご決意のように見えますけれども、ご賛成願えるわけにはいかんでしょうか」

これに対して緒方は、

「賛成はどうしてもできない。どうしても解散するというのであれば、政界を去って郷里に帰る以外にない」

と、これまた強い決意である。

保利によれば、この容易ならざる事態に、公邸内の空気は殺気だっていたという。

そして、池田勇人、佐藤栄作、保利の三人で、公邸二階の総理の書斎に入り、吉田に、

「ここは極力忍んでいただくほかはありません」

と伝えた。ところが吉田は考えを変えようとしない。重ねて強行論を主張するので、池田や佐藤は引きず

られそうになった。

それで保利は、

「少し時間を貸して下さい」

と言って、池田と佐藤を誘い、二階の別室で再度相談した。

「総理が緒方さんまで罷免してもやるというなら、ついていくほかないじゃないか」

という意見も出たが、結局、思いとどまってもらおうということになり、書斎に戻って、

「副総理を罷免しての解散は容易なことではないと思います」

と進言した。

すると吉田はぷいと席を立ち、そのまま大磯に帰ってしまったのである。

総辞職は異例にも総理欠席のままの閣議で決められた。

保利は、緒方が前日になって意見が変わったのは、社会党あたりから、「吉田では困る。吉田が辞めさえすれば、自由党がいけないというわけではない。緒方になれば協力してもいい」というような〝誤った情報〟が入ったからではないか、と推測している。

好敵手、緒方竹虎の死

「時局を案ずるに、政局の安定は、現下爛頭《らんとう》の急務であって、内外庶政の刷新も、自立経済の達成も、国民生活の充実も、これなくしては到底考えられない。それ故にわが自由党は昨年、比較多数をもって内閣を組織するや態度を謙虚にして専ら同憂諸勢力の糾合に努め、幸いに分自党（分派自由党）の共鳴復帰を得たこ

とは世間周知の通りである」

これは一九五四年四月十二日、改進党の取り込みを図った自由党が、国民に向けて発した声明の一節で、緒方竹虎が自分で書いた。まだ吉田茂が延命を策していた時に出されたこの声明は「爛頭の急務」という耳馴れない言葉の故に有名となった。「ラントウノキュウム」が一種の流行語となったのである。そして、これが後の保守合同への流れをつくる。

緒方竹虎と石橋湛山。この二人は、それぞれが担いだ吉田茂と鳩口一郎が激しく争ったこともあって、常にライバルの関係に位置したが、戦争中は共にジャーナリストとして反東条(英機)の論陣を張りながら、その文章、文体において、根本的に違うところがあった。「爛頭の急務」に象徴されるように、緒方の文章が美文調であるのに対し、湛山の筆鋒には自ら酔うような調子は感じられない。あくまでも冷静に鋭く対象を突く剣のような感じである。それは当然、何を書くかにも影響を与える。あるいは、どんなことは書かないかをも左右するのである。文体がテーマを決め、テーマが文体を決める。

たとえば、緒方のペンでは「元号を廃止すべし」とは書けないのである。湛山はこれを一九四六年一月十二日号の『東洋経済新報』に書いた。小論でもあり、前に紹介した「靖国神社廃止の議」と並ぶ重要なコラムだと思うので、そのまま次に引く。

「尾崎行雄氏が先頃島田衆議院議長に提出した意見書なるものを見るに、中に改元の一項がある。今回の降伏は神武建国以来の最大凶事だから、全国民をして一人残らず之れを認識反省悔悟せしめるため、此の際昭和の年号を排し、本年を以て新日本の元年とし、将来長く之れを継続せしめよというのである。けだし翁の意見によれば、例えば本年を新日本元年とするならば爾後は改元せず、永久に右の元号を継続するのである。践祚《せんそ》の後元号を建て一世の間に再び改めずとする皇室典範の規定は勿論茲に改めざるを得ない。若し然うなら記者は旧くから其の必要を痛感していた事だが、此の際更に一歩を進めて、元号廃止、西紀使用を主張したい。

元来我が国に於て初めて元号を建てたのは大化の革新の際であるが、勿論支那の制度の模倣であった。而かも其の後も年号を定められない天皇は幾方かあり、大化革新の指導者であった天智天皇も其の一人であった。歴代必ず年号を建てるに至ったのは文武天皇の大宝元年（西紀七〇一）以来だと称せられる。

然るに此の支那伝来の制度のために常に我が国民はどれ程の不便を嘗めているか。早い話が大宝元年といっても、西紀の記入でもなければ、何人も直ぐに何時頃の事か解るまい。況や欧米との交通の繁しい今日、国内限りの大正昭和等の年次と西暦とを不断に併用しなければならない煩しさは馬鹿馬鹿しき限りだ。改元を主張する尾崎翁は未だ旧日本の因習に囚われたりと言わねばならぬ」

結婚の仲人が右翼の総帥、頭山満だった緒方に「元号廃止」という考えはなかっただろう。

ただ、鹿嶋海馬の緒方伝『心外無刀』（みき書房）によれば、朝日新聞のトップとして右翼と対決した緒方は、そのとき、頭山との関係を一度も口にしなかったという。「頭山の人柄を尊敬しただけで、その思想については同意したことはなかったから」である。

先に掲げた緒方の「爛頭の急務」声明は、以下、次のように続く。

「しかしながら、なおもって政局を安定するに足りない。その結果国会の議事は難航し、ひとり政府の施策がその意図通りに行われないばかりでなく、いわゆるキャスティング・ボートによる諸修正は多数決政治の信条をあいまいにし、ややもすれば国会の運営を不明朗ならしむるところ、ゆくゆく議院民主制に対する国民的信頼を薄くせんことを恐れるのである。

しかしながら、ひるがえって考えるに、いわゆる同憂諸勢力の糾合についてもまた謙虚に反省するものなしとしない。多数党の故をもって、いながらにわが党の主張に同調を求めんとするは決して大方諸同志の共鳴を得るゆえんの道ではない。

ここにおいてわが党は広く天下に宣言し、同憂の諸勢力一時に解党して、ここに清新の新党を結成せんことを提唱するものである」

この緒方の文章は、どこか流れる調子の文章である。リズム感に溢れるが、リズムのままに走り過ぎてしまう恐れなしとしない。

緒方と、緒方の無二の親友だった中野正剛を比較して、古島一雄は「僕は、中野も緒方も、小さいころから知っている。中野は若いときから文才があって、英気煥発で九州男児の典型だった。緒方は、反対に奥ゆかしいところがあって、名玉が埋もれていればその山が光るように見える。それが緒方である」と書いているが、それでも、その文章は中野に似ているように思う。湛山の文章と比較する時、それは一層はっきりするのである。

緒方は若い記者たちを連れて、よく新橋の料亭などに出かけたらしい。そして、口癖のように、

「みんな、言っておくが、ケチな遊びをするな。ケチな遊びは一番人間の品格にかかわる。芸者はカネで商売している身だ。十円やらなきゃならんところは二十円やれ。それを五円やるからいやがられて見下げられるんだ。遊ぶにも堂々と遊べ」

と言ったというが、あるいは、その遊びが湛山との一番の違いかもしれない。湛山は宴席に夫人を連れて

行くことも少なくなかった。

ところで、一九五四年十二月七日の『湛山日記』にこうある。

「本日〔第五次〕吉田内閣総辞職、さんざん頑張れるも、閣内多数も総辞職主張、ついに吉田氏はあきらめたるものなり、引かれ者の小唄的声明を発す。

右辞職後院内にて最高委員会議、岸氏及び芦田氏は鳩山内閣実現のため自由党に呼びかけんとす。

（中略）

本日衆議院に民主党、両派社会党三党協同の内閣不信任案を上程するはずなりしも取りやむ」

自由党との、改進党の争奪戦に勝って湛山らは民主党を結成していた。その民主党と左右両派の社会党が内閣不信任案を提出するはずだったのが取りやめになった背景には、吉田にかわって自由党総裁となった緒方の、社会党への働きかけがあった。

翌八日の「湛山日記」には、それを怒る記述がある。

「九時半鳩山邸にて最高委員会、社会党は早期解散を条件とす。

午後四時半再び同様最高委員会、岸幹事長より社党両派との交渉経過を聞く。

本日緒方氏自由党総裁に就任、次のごときあほうなるあいさつを行う。緒方は左社の鈴木茂三郎君を二度まで訪問、首班指名への援助を懇請せりと伝えられる」

この中の「左社」とは左派社会党だが、問題の緒方の就任あいさつは、このようなものだった。

「吉田総裁の辞任に伴い、不肖私は本日をもって自由党総裁に就任することになった。党歴きわめて浅く、経験はなはだ乏しき不肖をもって、はたしてよくこの大任に耐えうるかをうれうるものである。ことに吉田総裁という偉大にしてならびなき大総裁の後を襲うことを思うとき、慄然として身の引き締まるを覚えざるを得ない。しかしながらあえて自らこの任を犯すゆえんのものは、日本再建のうえに自由党に課せられた使命と、負うべき責任のきわめて重大なるを思い、瞬時のちゅうちょを許さぬものあるを感ずるからである。政界の現状は醜、見るにたえざるものがある。朝に再軍備を唱えた保守政党が、夕に社会党との休戦を唱うるさえあるに、政権を万一にぎょうこうせんとして社会党と提携、不信任案を提出するに至っては、無主義、無節操まことに言語道断といわざるを得ない」

主義や節操を重んずる湛山にとって、緒方のこの非難は我慢すべからざるものだった。ましてや、自らも左派社会党はもちろん、右派社会党にも支持を「懇請」しているではないか。

五五年体制と二人の政治家

いずれにせよ、曲折を経て社会党の支持を得た鳩山内閣が誕生し、緒方は自由党の機関誌で「鳩山内閣をつく――国民をギマンする人気取政策」などと激しくそれを批判していたが、一九五五年十一月十五日、保守合同によって自由民主党が結成され、総裁代行委員に指名された後、体調を崩し、明けて五六年の一月二十八日、六八年の生涯を閉じた。

自民党結成のほぼ一ヵ月前に、左右両派の社会党が統一して日本社会党が誕生しており、この時点から、いわゆる五五年体制がスタートしている。そのときすでに病身の鳩山の引退は予定されていた。そして次は緒方か岸信介という声が多かったのである。緒方もそれを強く意識しながらの死だった。

異例にも、イギリスの『ロンドン・タイムズ』は一月三十日号で緒方の死を次のように書いた。

「彼の死は対立の主因を除去したという意味で保守戦線を強化したが、政府により大きなまとまりと、これまで欠けていた方向とを与えるものと期待されていた政治家を失ったという点で、与党を弱体化することとなった」

また、一月三十一日の衆議院本会議で、それまでの、追悼演説は同じ選挙区の反対党議員がするという慣例を破って、社会党委員長の鈴木茂三郎が演壇に登ったのである。

「緒方君は、まことに重厚なご性格でありまして、事に当っては熟慮遠謀、常に自己の信念に従って、その正しいと信ずる道を堂々と歩むというお人柄でありました。人としてまことに立派であったばかりでなく、識見もはなはだ高く、当然、政権を担当して、日本の運命を担うべき一人として、内外に絶大の信頼を得ておられたのであります。今や国家は二大政党の分野に立ち、民主政治の完成に多大の期待が寄せられているときであり、国事もまた多端の折柄、かくの如き緒方君を失ったことは、議会のため国家のため、まことに痛惜の至りにたえません」

保守合同とその問題点については次節に書くが、保守合同は二人の有力な政治家の命を奪った。三木武吉と緒方である。

緒方が亡くなって半年後に三木もこの世を去った。

大野伴睦は、二人の死はやはり合同問題での過労が原因だ、と語っている。伴睦でさえ、眼底出血で入院するほどの命がけの忙しさだったというのである。

伴睦は緒方を「あたかも五島するめをかんでいるように、次第と味が出てくる」人物だと評している。生まれながらに、将たる器で酒席でもそれなりの風格があったとか。

〽うたはチャッキリ節
　男は次郎長
　花は橘

このチャッキリ節や新内は絶品で、粋人緒方の面目躍如たるものがあった。

それだけに、その急逝は残念でならず、天も非情なるかなと怨めしかったという。

その月の初めに伴睦は、熱海ホテルに静養中だった緒方を訪ね、長時間語り合った。

「このときの緒方君の話の中で、最も印象深かったのは、アジア政策に関することだった。なかでも、中国問題については、毛沢東、周恩来の政治思想は断じて承認できないにしても、いつまでもこのままの状態（国交断絶の戦争状態）で放置するわけにもいかない。また、蔣介石の敗戦日本に対する恩情は、まさに孔孟の教えそのままで、あの深い思いやりが、どんなに当時、中国にいた日本人を救ったことか。この蔣介石氏の恩義にそむくことなく、二つの中国に、これからの日本はどのように臨んだらいいのか。切々と説く緒方君の面影は、いまもなお、目を閉じると彷彿とするものがある」

湛山は緒方より四つ年上で、三木武吉と同じ年だった。ちなみに伴睦は緒方より二つ年下である。

緒方についての逸話で忘れられないのは、一九三六年の「二・二六事件」の時の、青年将校への対応である。

蔵相の高橋是清を殺してから朝日にやって来た中橋基明という中尉は、社の代表を出せ、と言い、主筆だった緒方がエレベーターで下に降りて行って中橋と会った。右手にピストルを持っている。

緒方は、ピストルに対しては、むしろ身体を近づけた方がいいと思い、ほとんど顔がつくくらいの所に立って、名刺を出した。そして、僕が代表者のこういう者だと名乗ったのだが、そのとき若い中橋が、ひょっと目をそらしたので、これは大丈夫だな、と思った。

緒方得意の剣道でいう「面勝《おもがち》」である。剣道では、立ち会った瞬間、相手と目が合った時に、相手が目をそらしたり伏せたりすれば「勝った」という感じになる。それが「面勝」だが、緒方はこれで落ちついて、「指示通り編集せよ、いうことを聞かなければ、ブッ殺すぞ」という脅しにも屈することなく対応できた。まさに緒方は壮士型の政治家だったのである。

「争臣論」に背く保守合同

「保守合同も『ラン頭の急務』以来、一年八ヵ月で、一応の結論が出た。アメリカの新聞は恐らく保守合同はもはや出来ぬものと思っていたに違いない。日本でも最後の最後まで、出来ぬという宣伝や、出来さすまいという策謀が行われた。今度は三木武吉は真剣だった。三木と石井（光次郎）、松野（鶴平）、大野（伴睦）は一生懸命だった。四月までにはまだ色々の事があろうが、保守合同の大半の目的である保守勢力の結集は完成したのだ。ヲガタが最初の総裁になるか否かは次の問題だが、これがなくても保守合同の名で成し遂げた事実は大きいと思う」

一九五五年十一月十五日、保守合同によって生まれた自由民主党は結成大会を開いたのだが、それを前にして、自由党総裁の緒方竹虎は、アメリカに留学中だった息子の四十郎にこのような手紙を書いている。

前記したように、保守合同は緒方と三木武吉という二人の政治家の命を奪った。

まさに、民主党の三木と自由党の緒方が奔走して合同を達成したのである。

あるときは東京の高輪プリンスホテルで、また、あるときは大阪の財界人、杉道助の家で、二人は会った。この合同については湛山も推進派だったが、私が湛山を書くに当たって最も躊躇したのは、この点だった。私には、これが誤りだったとしか思えないからである。

しかし、湛山自身が『湛山座談』で次のように語っているのを読んで、この評伝を書くことにした。

「保守合同には反対だったと今日に至るもときどき松村謙三氏に言われて、これには僕も頭を下げるよりほかない。まったく僕の考え違いだった。なんでも吉田を倒して保守を一本にまとめるということに目がくらんでいた」

松村がいかにこれに反対したか、そして最後まで三木武吉に食い下がったかは拙著『正言は反のごとし』(講談社文庫)に詳述したので、ここでは繰り返さない。

ただ、松村が、

「三木の奴、官僚の岸に乗せられている」

と吐き棄てるように言ったのを当時の朝日新聞記者、桑田弘一郎が聞いていることだけは記しておこう。

このとき、三木は、

「鳩山の後を緒方、それから重光(葵)、岸、池田(勇人)かな。合同で保守党は十年はもつ」

と言ったが、死の床では、

「保守党を無理に一党にしたことは、おれの誤りであった」

と嘆いたともいわれる。

松村と共に、合同に疑問を投げかけたのが三木武夫だった。三木も松村も湛山と同じリベラルの仲間だが、彼らと湛山をこの問題で分けたのは、あるいは、政治の闇の深さについての認識の違いかもしれない。戦前からの政治家の三木と松村は、保守党の黒い部分への強い警戒感があり、戦後に政治家になった湛山には、そこまで腐ってはいまいという希望的観測があったように思う。利権漁りの政治家がそこまでひどいとは、おそらく湛山は考えなかった。

三木武夫夫人、睦子の回想記『信なくば立たず』（講談社）に、それを示唆する記述がある。

保守合同の気運が昂まってきた時、三木武夫が睦子に、

「これは、造船疑獄が絡まっている」

と、チラッといったことがあるというのである。

要するに、保守合同をやって、臭いものに蓋をしないと、造船疑獄から発展して、いわゆる賠償汚職（戦後処理として、東南アジアへの多額の賠償金を支払った件に絡むもの）が摘発される恐れがある、というのだった。

「何かそういうことがあるから、とにかく保守合同して全部伏せてしまおうと、どうもぼくはそう見ておるんだがねえ」

こう語った三木は、年来の保守二党論者だった。かつて、政友会と民政党が覇を競い、政友会が政権を握ると、それこそ、村の駐在の首まですげかえる。それで、お互い、選挙違反の追及にも熱心だった。だから、政界浄化もでき、代議士も貧乏でいられたというのである。

三木も松村も、戦争中に政党が解消されて大政翼賛会がつくられ、異論が封じられていった状況を二度とつくってはいけないと思っていた。

もちろん、湛山も翼賛体制には厳しく筆誅を加えたわけだが、政治家としてその苦渋を嘗めていない「甘

さ」がそこに出たと言っては言い過ぎだろうか。

中国問題を含めて、ほとんど同じ行動を取った三木や松村と、湛山はこの合同問題でだけは袂を分かったのである。

合同が大詰めにきていた五五年十月六日の『毎日新聞』に三木はこう書いた。

「まだ問題がある。それはむしろ『政治以前』の問題というべきであろうか。政治家、あるいは政党に対する国民の信用の問題だ。汚職、乱闘によって失われた政党政治の信用と品位を取り戻す重大な責任を、我々議会人は負っているはずである。保守合同をうたいさえすれば、この責任が果たせると思うのは大きな錯覚だ。まだまだ政党も政治家もこの点に関し重大な反省を要請されている。

私とても、民主政治が妥協の政治であり、数の政治であることは知っている。私はたとえ多少の時間はかかっても、『社会党に太刀打ちできる』健全保守の建設をすることが、結局は『急がば回れ』になると思っている。保守がいたずらに合同を焦って、目先の小利を得ることは、将来の大利を失うのではないかとひそかに憂えている」

しかし、すでにガンに冒されていた三木武吉は鬼気迫る勢いで、合同に向け、周囲を説き伏せていく。武吉と武夫は香川と徳島に選挙区は分かれていたとはいえ、生家は隣り村ぐらいに近かった。

それでも、武夫は武吉の合同に反対する。

「政党の樹立をシンコ細工同様に取り扱う風潮は政党政治自体を傷つけるものではないか」

ついこの間、民主党をつくったと思ったら、一年も経たずに保守合同では、国民は納得しないだろう。そう考えて反対にまわった松村も、衆寡敵せずで、合同となった時には、

「私はまたこれで二度過ちを犯すんかねえ。しょうがないからついていったのだが、必ず汚職が起こって大変なことになるよ」

と力なく眩いた。

三木睦子も、武吉から、

「やっぱり松村君の言う通りに、保守合同したら三十年後にはおかしくなるだろう」

と言われたことを憶えている。

「三木武吉さんは分かっていた。しかし、当面はとにかくやらなければならない事情があったのです」

と睦子はその節を結んでいるが、「当面の事情」とは、つまり、武夫が睦子に語った、大がかりな汚職の摘発を防ぐという「事情」だったのだろう。

正力の一千万円

自由民主党という単一保守政党の誕生によって、ある意味でチェック機能が働かなくなり、金権腐敗政治への底深い根が張られていく。この保守合同の仕掛け人について、政治評論家の御手洗辰雄はこんなことを書いている。

「今になってみると、アレは俺がやったんだ、イヤ、俺がやらせたんだという人が沢山いる。多少ずつの尽力はそれぞれしたことは確かだが、三木、大野という二人の四十年にわたる旧怨を捨てさせ、その上複雑怪奇な民主、自由両党の内部を大合同に纏め上げるのは並たいていの仕事ではない。それを実行させるのは三木と大野以外にないと目をつけ、始めはイヤがった二人をとうとう説得したのは正力だ」(『文藝春秋』

一九六五年二月号)。

正力とは正力松太郎である。三木、大野はもちろん、三木武吉と大野伴睦。この伴睦の『回想録』に正力の関わりを裏づける証言がある。

保守合同が何とかできると目安のついたある晩、大野は三木に招かれて、神楽坂の料亭「松ケ枝」に出向いた。

「大野君、本当にいろいろ世話になった。これで安心して死ねるよ。僕もいささか疲れた――」

しんみり、こう語る三木に、

「三木さん、気の弱いことをいうな。それにしても、お互いよくがんばり通したものだなあ」

と大野が返すと、三木はそばにおいてあった革カバンを無造作に引き寄せ、

「大野君、ここに現金一千万円がある。この金は、保守合同に共鳴してくれたある人が、なにかと金もいることだろうと、無条件でくれた金だ。君も今度の運動で何かと金がかかっただろう。僕と命をかけて仕事をしてくれた君個人に自由に使ってもらいたい」と大野に差し出した。千円札で一千万円。いまから五十年ほど前の一千万円だから、少ない額ではない。

「折角、くれるというものを、もらわないテはない」と受け取って車に乗ったが、これをもらったことが知れたら、大野は三木から金をもらいたくて保守合同に懸命だった、と悪口を言われると思い、途中で運転手に、

「おい、石井幹事長の家にやってくれ」

と行き先を変更させた。

当時の自由党は緒方が総裁で、幹事長は石井光次郎である。

石井邸に着くと、石井は留守だったので、大野は、

「これは大事な品物が入っている。石井君が帰ってきたら、すぐ渡して欲しい。理由はあとから電話すると伝えてくれ」

と書生にカバンを託した。

あとで帰宅した石井から電話があり、驚いていたが、事情を聞いて、党の政治資金に使うことにしたという。

ともあれ、合同促進のためのカネが、民主党から自由党に渡ったわけである。こうした事実を湛山は知らなかっただろう。もし知っていたとしても、どこまで知っていたか。

このカネの出所が正力だった。

正力は前から、鳩山と三木に保守合同の必要を説いており、そのためには大野と握手しなければならぬと強調していた。それで三木は、正力がくれた二千万円のうちの一千万円を大野によこしたということらしい。

この『伴睦回想録』には、大野が三木に、

「君からもらった金は、個人で使うのはどうかと思ったので、党に渡しておいた」

と言ったら、三木はギョロリとした三白眼をパチクリさせながら
「君のような男を、清廉な男というのだ」

と、しきりに感心していたなどという箇所もあり、清廉ならざる政治家としての大野を知る人間は鼻白むが、しかし、正力から三木を通じ大野に一千万円が渡ったという事実は間違いないだろう。

いずれにせよ、保守合同は成り、自由民主党が誕生した。湛山は、一九四四年三月四日号の『東洋経済新報』に「強力政治実現の要諦」を書き、「首相はまず争臣を求めよ」と説いた。

当時の首相は東条英機であり、東条が「従来の惰性や経緯に捉われることなく」「一切の毀誉褒貶を超越し」、強力なる政治を行わんと決意したことを認めつつ、湛山はこう主張する。

「しかし、強力なる政治は、ただ主観的決意と掛声だけで実現はしない。政治は具体的行動であって、抽象的宣伝ではないからである。我が国の近年の政治は、この点においてははなはだ欠ける所が多かった。(中略)思うに我が政治をさように一新し、決戦態勢を整える方法は一、二に止らない。東条首相の考案もまたもとより単純であるまい。しかしもし記者にここに一言を宣することを許されるなら、国に争臣なければ危ふしということである。いわゆる争臣とは、今日の政治においていえば、当局者の施政に対し忌憚なき批評を加え、忠信を進める者を意味するが、近年の我が国には、遺憾ながらこの争臣が欠乏した。これは一つは、戦時のやむを得ざる必要から、言語機関の取り締りを厳にするに至った余弊であるが、また人情の自然として苦言を聞くを好まぬ弱点を克服する努力において欠くる所が当局者にあったからである。勿論政府はここに全然気付かぬのではなく、内閣顧問その他多くの委員会等を設け、広く有能達識の士の意見を聞くの途を開いた。しかしそれらが、事実いかなる働きをしたかといえば、記者は残念ながら、些かも争臣たるの役目を果していなかったと批評せざるを得ない。今日に至り改めて首相が、前記の如く、一切を白紙に還し、一切の毀誉褒貶を超越する政治の実行を決意せざるを得ぬに至ったことは、けだしその明白な証拠であろう。

しからばどうしてそれら多数の有能達識者は、争臣たるの職責を尽さなかったか、無論それには、大なる責任が彼らにある。しかし実情は彼らに真にその抱懐を尽すを憚らしめるものの存したことを認めざるを得ない。ほかではない。当局者に衷心から益言を歓迎する用意なく、正直な言説は、かえってこれをなせる者に往々不測の禍をさえ齎したことである」

湛山のこの「争臣論」は湛山の数多い評論の中でも重要なものだと思うが、保守合同はこの争臣をなくする、もしくは生まれにくくするものだった。湛山自身の言論とそれは矛盾していたのである。

岸信介との闘い

「その時、私の目の下三、四間のところで、隣席の議員たちに笑顔を向けながら、自席に着いたその人物のものごしは、私が保守系の政治家にしばしば見ていた人間とは異質のものであった。また社会運動や演説や入獄などの体験などで鍛えられた左派の政治家とも違うものであった。つまりその男には、私たち文士とか学者とか、一般に知識階級人と言われている人間に近いものがあった。

私は自分たちの仲間と言うか、自分自身のかげのようなものをその人間に感じて、極めてかすかであったが、はっとしたと言うか、ぎょっとしたと言うに近いショックを受けた。……人格、信念、思想、理想、宗教などというもののどれをもあてにしない人間、実証的精神だけを頼りとして、それを正確に人間関係にあてはめ、論証によって他人を引きずる人物。そういうふうに書くと、それが岸信介という人物になり、同時に私自身を含めての知識階級人のいやらしいタイプの一つとなる」

作家の伊藤整は「岸信介氏における人間の研究」（『中央公論』一九六〇年八月号）で、自民党幹事長時代の岸を見た印象から、その人間をこう観察している。

つまりは、要領のよい秀才官僚以外の何者でもないのであり、伊藤はさらに「そういう人物は実践家、政治家として常に二流か三流になるはずである。実証主義者たちの集まりであるヨーロッパの政治家ならば、ざらにある人物である。しかしヨーロッパでも、その資格の上にそれ以上の何物か、宗教的、政治的信念とか、思想とか、他人の心理を把握する力という特別のものがなければ、やっぱり一流人物になれないだろう」と断言している。

この岸と湛山が、保守合同以後、正面の敵手となる。湛山の厳しい岸評はすでに紹介したが、岸は湛山について『岸信介の回想』で、

「まあ石橋さんの経済に対する発言は、日本経済の進展の上に功績があったと思いますが、人柄としては、私は三木武吉に感心していたようなものは感じなかったし、そうかといって、松村さんに対するような反発する気持もない」

と語っている。

伊藤整の分析に従えば、松村謙三や湛山は岸と違って「人格、信念、思想、理想、宗教などというもの」に重きを置く人間だった。

岸の松村観を引く。

「私は性格的に松村謙三さんとはあまり合わなくてね、松村さんもそう思われたでしょうが、私はどうもぴたりこなかった。ところが、私が総理の時に、なんかの問題で新聞記者の諸君がやってきて、河野（一郎）君のことを非難したんで、私はこう言ってやったことがある。君たちは河野君のことを悪くいうけれども、彼はそんな男じゃないよ。悪人の巨頭みたいにいうが、根は正直で、むしろ気の小さい男だ。政界には諸君から見ると、まるで聖人君子みたいに見える人がいるが、実際は腹黒くて、いやな人間がおるよ、と

ね」

明らかに松村のことを指している。これをすぐにそのまま松村に伝えた記者がいて、松村は怒り、岸に対する印象をさらに悪くした。

一九四〇年に近衛文麿が主唱した新体制運動の頃、岸は軍部の支持を得た推進派で、民政党にいた松村はそれによって解党に追い込まれる。岸と松村の対立はそのあたりまで遡る根深いものがある、と矢次一夫は『岸信介の回想』で注釈している。

この『回想』は一九八一年に刊行されているが、岸は、

「いまでも松村さんの系統だった三木（武夫）にしたって、古井（喜実）、宇都宮（徳馬）にしたって、みんな松村的だな」

と付言している。

しかし、古井は松村の系統でも宇都宮は松村の系統とは言えない。明らかに湛山の系統である。微妙なその違いを無視して岸は「松村的」人間に反感を示しているが、それは湛山への反感を露わにすることを避けようとしたからかもしれない。一九五四年に一緒に自由党を除名されたことなども脳裡をよぎったのか。

ただ、岸のこうした思惑とは別に、湛山は一貫して岸の批判者だった。その中国への姿勢はもちろん、反官僚政治の湛山と、官僚出身で統制経済論者の岸とが、そもそも合うはずがなかったのである。

湛山は一九二四年九月六日号の『東洋経済新報』で「行政改革の根本主義」を説いた。

「我が国における行政整理の気運は最近著しく促進され、朝野の各方面より色々の提案を見るに至った。その限りにおいてまことに喜ぶべき現象である。しかしながら、この際我が行政をして、真に国民の要求す

る所に一致せしむるためには、現に世上に伝えらるるが如き、単なる事務簡捷や財政整理のための行政整理では駄目である」

こう書き出された「社説」は、

「元来、我が行政組織は、維新革命の勝利者が、いわゆる官僚政治の形において、新社会制度の下において、国民を指導誘掖《ゆうえき》する建て前の上に発達し来ったものである。であるから、役人畑に育て上げられた官僚が、国民の支配者として、国民の指導者として、国運進展の一切の責任を荷なうという制度に、自然ならざるを得なかった。これ、我が政治が国民の政治でなくて官僚の政治であり、我が役人が国民の公僕でなくて国民の支配者である所以であり、我が行政制度が世界に稀な中央集権主義であり、画一主義である根因である」と続き、「行政の一大改革」をめざすその主張は、次のように展開される。

「元来官僚が国民を指導するというが如きは、革命時代の一時的変態に過ぎない。国民一般が一人前に発達したる後においては、政治は必然に国民によって行わるべきであり、役人は国民の公僕に帰るべきである。而して、政治が国民自らの手に帰するとは、一はかくして最もよくその要求を達成し得る政治を行い、一はかくして最もよくその政治を監督し得る意味にほかならない。このためには、政治は出来るだけ地方分権でなくてはならぬ。出来るだけその地方地方の要求に応じ得るものでなくてはならぬ。現に活社会に敏腕を振いつつある最も優秀の人才を自由に行政の中心に立たしめ得る制度でなくてはならぬ。ここに勢い、これまでの官僚的政治につきものの中央集権、画一主義、官僚万能主義（特に文官任用令の如き）というが如き行政制度は、根本的改革の必要に迫られざるを得ない。今日の我が国民が真に要求する行政整理は即ちかくの如きものでなければならぬ」

小日本主義の湛山は、すなわち「小さな政府」主義でもあるのである。中央政府が巨大になって画一的に地方を統制するのではなく、分権によって、それぞれの地方が「活社会」を形成する。それこそが官僚政治を打破する道だと湛山は考えた。

そして湛山が「徹底せる分権主義」の採用を説いてから八十年経った現在でも、行政改革の必要が叫ばれている。官僚政治の厚い壁に阻まれて、それがなかなか進まなかったからである。岸のように、逆に官僚政治を推進した政治家がいたからでもあった。

湛山が「行政改革の根本主義」を書いた時点で、政府の指導的地位が根本から動揺するに至った二つの理由が挙げられている。

一つは「一度権力を得たる者が常に陥る安逸保守の生活のために、官僚が国民指導の実力を失った」こと、いま一つは「一般国民の著しき進歩によって、国民が官僚以上の実力を養った」ことである。

しかし、行政改革がその後も繰り返し叫ばれているということは、官僚が国民指導の実力を失わず、国民が官僚以上の実力を養っていないということだろう。

岸と河野の〝密約〟

一九五六年九月三日号の『週刊新潮』に「明日は宰相の夢、次期総理に七人の候補者」という記事が載っている。

七人とは重光葵、石橋湛山、高碕達之助、岸信介、大野伴睦、石井光次郎、松村謙三であり、本命が岸信介、対抗が石井光次郎で、湛山は穴である。ちなみに大穴が松村謙三。

この時、岸の応援団の矢次一夫は大野伴睦について「肥担桶に金のたがはめても床の間には置けない」と書き、伴睦の憤激を買った。

三木武夫夫人の睦子によれば、鳩山一郎は自らの後継者を湛山と思っており、夫人の薫が会長をしていた清和会（夫人の会）の会員を通じて、睦子にもそのような働きかけがあったと言う。

男たちが動くと目立つので、夫人たちが、「次は石橋さんに」と密かに耳打ちしていたとか。

三木睦子にとって、父・森矗昶の友人である湛山は「赤ら顔のちょこんとしたお顔」が浮かぶだけで、「経綸家として偉い人」だとは思っていなかった。

しかし、母、つまり森夫人は、『東洋経済新報』を読んでいて、その積極財政論を支持していた。そして、「いまは石橋財政でなければいけない」と、しばしば娘の睦子に言い聞かせていたのである。

「財界人の奥さんだから、当然といえば当然な話ですが、鳩山夫人とか森夫人というのは、旦那はものを読まないで走る、奥さんのほうはものを読んで考える、そのような感じでした」という睦子の観察もおもしろい。

しかし、鳩山自身の意図とは違って、鳩山を支えていた三木武吉と河野一郎が岸擁立に動く。鳩山の自由党復党の際にできた湛山と両者の間のミゾが然らしめたものでもあった。

三木武吉は死を覚悟した病の床で、岸に後事を託したと言われるが、矢次一夫にそう問われて岸は、

「その前にね、私は三木さんに対して、あなたも健康がよくないから、あなたの執念のようにしていた鳩山内閣が立派にできたんだから、少し静養してくださいと頼んだら、三木さんがぎょろっとした目を見開いて、君は、俺が鳩山内閣をつくったんで、目的を達したように考えているらしいが、俺にはもう少し重大な

ことがある。それは鳩山を傷つけずに、できるだけ早くやめさせることだ、それができるのは俺しかないと言ったんで、私はびっくりしたことがある」（『岸信介の回想』）

と答えている。

また、一九五五年夏、合同前の民主党幹事長として、外務大臣の重光葵と国務長官のダレスとの会談に立会うべく訪米した岸は、同行した河野一郎と〝密約〟を結んだ。岸によれば、それはこういうことになる。

「要するにそこで話したことは、保守の合同は必ずやる、そして鳩山さんはああいう健康状態だし、適当な時には引退してもらわにゃいかん、その場合将来の見通しとして、どういうふうにやっていくかということについては、根っからの政党人である君と、官僚出の僕が、若い世代を代表する二人として、固く手を握っていこうじゃないか、ということだったわけです。その時河野君は冗談半分に、俺は床の間に座る柄じゃない、床の間にはお前を座らせてやる、ただ俺がやってやらなければ、お前は政治のことがよくわからないだろうから、とにかく二人で仲よくやろう、と言ったものですよ。二人は党内でもいろんな意味で目立つ存在だったから、密約が成立したということで、新聞がいろいろ書き立てたわけでしょう」

このころ、湛山はどう見られていたのか。不本意な通産大臣を務めていた湛山について、御手洗辰雄が一九五五年九月六日の『日本経済新聞』に「わが人物評・石橋湛山」という一文を寄せている。

「共産党の政策が何か救世主的な魅力をもって世間を風靡しておった昭和二一、二年ごろ、その共産党の経済理論を代表する野坂参三を向うにまわして、これをコテンコテンにやっつけ、『もう少し経済を勉強したらどうだ』と国会本会議の壇上で子供扱いしていたのが石橋の大蔵大臣ぶりであった。自身に満ちた理論を、評論家らしい闘志をもってたたきつける態度は、野坂の学究的な女性的態度と対照して攻守全く位置を代えたような奇観であった。現代の保守政治家のうち、共産党や社会党と財政政策をもって堂々と太刀打ちのできるのはまず石橋が第一であろう。理論や事実の分析では彼以上のベテランもあろうが、自信から湧く闘志と敵を圧倒する気力、弁力で彼に及ぶものはない。この意味で言えば石橋は保守陣営のチャンピオンである。宗祖以来、討論と相手の折伏が商売の日蓮宗出身だから、議論に強く、喧嘩の好きなのは無理もない」

御手洗が「議論ばかり達者で実行力のないジャーナリストの中で、世にも珍しい実行的手腕の持主」と折紙をつけた湛山を、しかし鳩山ははっきりとは推さなかった。それどころか、三木睦子の回想とは違って、鳩山は岸を後継者に指名したい気持があったという。

これについて湛山は、かなり激した感じで、こう述べている。

「だいたい、選挙などをしなくてもすんだのだけれども、鳩山氏がずるいですね。ずるかったんですよ。後任者を指名することができなかった。指名するなら僕を指名しなければならない。けれども、僕に対してあまりいい感じを持っておらないわけじゃや。——僕などごきげんをとりにしじゅう行けばいいけれども、めんどうだから行かなかった。そんなのはわかっておると思ったから行かなかった。こっちはやることはやっていますから」(『湛山座談』)

愛国小児病者たち

一九五六年二月七日の『湛山日記』にこうある。

「朝緒方弁護士来、護国団(井上日昭《ママ》)が私をねらっているという風評その他を伝う」

一八八六年生まれで、湛山より二つ年下の井上日召は、専門学校中退後、満州に渡って大陸浪人となり、一九二一年に帰国してからは日蓮宗に帰依して、茨城県大洗海岸の立正護国堂に籠り、三二年に「一人一殺」を唱えて血盟団を組織した。その年、団員の小沼正が井上準之助を、菱沼五郎が団琢磨を撃ち殺して、井上は無期懲役の刑を受けたが、四〇年に大赦で出所している。

この時、逮捕された団員には、東大法学部学生の四元義隆や池袋正釟郎《しょうはちろう》がいる。四元はその後、中曽根康弘や竹下登、あるいは細川護煕にも影響を与える黒幕となった。

日蓮の一点で湛山と日召は交差するわけだが、現在もなお、景仰する政財界人が多い安岡正篤について、日召はこう指弾している。

「私はかねて中国の郵便局に日本往きの郵便を投函させ、私が中国に居るよう偽装したので警視庁も最初はそう思いこんでいたのである。ではなぜ当局が事件の真相を摑んだかといえば、それは金鶏学院の安岡正篤が、時の警保局長に密告したからだ。事件には、もと彼の門下だった四元や池袋など数名が参画しているので、累の及ぶことを恐れた安岡は、あれは井上日召という者の仕事だ。井上さえ捕えれば片づくのだと当局へ通じた。これは当時、絶対秘密にされていたが、後日、私は警視庁の役人から聞いて知った」

私は井上の思想にも行動にも同調する者ではないが、もしこの井上の言葉が本当だとしたならば、安岡とは何と〝文部省的〟な人間であることか。

安岡については、左翼から右翼に転じた田中清玄も痛烈に皮肉っている。

『田中清玄自伝』(文藝春秋)で、インタビュアーの大須賀瑞夫に、安岡とは付き合いがあったかと問われ、こう答えているのである。

「全然ありません。そんな意思もありませんしね。有名な右翼の大将ですね。私が陛下とお会いしたという記事を読んで、びっくりしたらしい。いろいろと手を回して会いたいといってきたけど、会わなかった。私は当時、アラブ、ヨーロッパなどへ行ったり来たりで、寸刻みのスケジュールだったこともありましたが、天皇陛下のおっしゃることに筆を加えるような偉い方と、会う理由がありませんからと言ってね（笑）。私には自己宣伝屋を相手にしている時間の余裕などなかった」

この中の「天皇陛下のおっしゃることに」うんぬんは、終戦の詔勅に安岡が朱を入れたことを指す。

『週刊東洋経済』九四年七月二日号の対談で、安岡をロシアの怪僧ラスプーチンに擬した國弘正雄は、「安岡正篤のいわゆる東洋学は、湛山からみれば、もう薄手で安手で、冗談じゃないよということだったと思う」

と断じ、三木武夫も安岡を大嫌いだったと指摘している。

ところで、ここに正延哲士の、「戦後史秘話」と副題がついた『総理を刺す』（三一書房）という本がある。自由党の院外団最高幹部として戦後保守政治の舞台裏を知悉した東五郎の動きを追ったドキュメントである。浅草に居を構えていた東は演芸界の顔役であり、テキヤの関東姉ケ崎連合会と政治結社松葉会の顧問でもあった。

東の頭にあったのは、二度と軍人がいばる社会はごめんだということであり、その意味で、軍部から疎んじられた鳩山一郎を応援することになる。

「五郎は、政治に関心を持ったというより、政治家という生き物に関心を持っていた。彼が知っている政党政治家の体質は、遊侠の社会に生きる者と同じような自由奔放さをもっていた。昨日まで胸を張って、国会議事堂の廊下を闊歩していた男が、落選すれば空威張りしているが心は乞食である。その生きざまは、賭博師のようである。五郎には、与し易い社会だった」

ヤクザや博徒のドキュメントを多く書いている正延は、東五郎の心情をこう描写している。院外団上がりの政治家、大野伴睦など、東にとっては、「与し易い」政治家の典型だったろう。そんな関係もあって、鳩山は現職の総理時代、関東姉ケ崎五代目の襲名式に花輪を贈った。四代目の山本五郎とは身内同然のつきあいをしていたため、断りきれなかったのである。

同じリベラル派でも、鳩山と湛山はそこが違っていた。湛山は合理の筋金を通していたので、院外団とこうした縁をもつことはなかった。戦後に政治家として出発したことも幸いしていただろう。

ただ、戦前に激しい軍部批判を展開していた湛山に、やはり治安法によって痛い目にあったこともある東五郎らは親近感を持っていたはずである。

岸信介が首相になって通そうとした警察官職務執行法改正案がつぶれた時、東は前記の山本五郎とこんな会話をかわしている。

「よかったな、兄弟」

と山本に言われて、東は、

「うん」

と答え、山本が、

「あのまま、警職法が通っていたら、アカも困るだろうが、こっちも困るよ。怪しいというだけで踏み込まれたら、博打もなにも出来ないや。女と寝てる所へも踏み込んでくるからなあ」

と言うと、東は逆に、

「……なあ、兄弟。兄弟は軍人が好きだったかい」

と山本に尋ねた。

「冗談じゃないよ。兵隊になりたい者がヤクザをするかい」

すぐに山本がこう反応したので東は、

「そうだろうな。おれは、憲兵隊に引っ張られて、何日も留められたことがある。芝居の本が気に入らないというんだ。あんな時代は二度と御免だな。岸は軍人とつるんでいたからなあ。今もその体質は変わっていないさ」

と述懐する。

反岸は、つまり、反官僚であり、反軍人だった。戦後保守の系譜には、岸―中曽根―小沢一郎と続く親軍人の流れがある。独善的な革新官僚（タカ派官僚）と結ぶ親官僚政治家の流れでもあり、こうした性急な挙国一致の偏狭愛国主義に、湛山やその弟子の宇都宮徳馬は身をもって抵抗した。

『週刊文春』の九四年七月七日号によれば、六月十一日に小沢一郎は中曽根に会談を求め、約束の時間よりも早く料亭に入って、座布団も敷かずに正座して中曽根を待った。

そして、中曽根が現れると、深々と頭を下げ、自分が尊敬する四人の政治家として、後鳥羽上皇、大久保利通、吉田茂、中曽根康弘を挙げたという。

「吉田首相は戦後復興の道筋をつくり、中曽根先生は日本の道筋を示された宰相」と持ち上げたのだとか。

これが功を奏して、六月二十九日に中曽根は、突如、新生党や公明党が推した海部俊樹を支持する記者会見を行うことになる。

新思想家と旧思想家

岸および中曽根と深い関係にあったのが右翼のボス、児玉誉士夫だった。中曽根の親分の河野一郎も児玉とは切っても切れないつながりをもっていたが、その児玉の配下に狙撃されて、危うく一命をとりとめた田中清玄は、亡くなる間際に、

「麻薬問題、暴力団問題は日本の政治を根底から改革し、革新しなければ解決しません。自民党の竹下や金丸それに小沢、それからそれに拝跪しているうすぎたない連中が、見てくれだけでごまかしの政治改革をやったって、何の役にも立ちません。かえって蔓延させるだけだ。こういう連中が政治家を辞めること、これが一番だ。それからこういう政治の腐敗勢力にくっついている一部のジャーナリズムも問題だ。これは国を滅ぼす」

と怒りをぶちまけている。

左翼小児病ならぬ〝右翼小児病〟というのがある。あるいは〝愛国小児病〟である。岸、中曽根は「愛国」の仮面をかぶった小児病者であり、小沢もまさにその系譜に属する。小沢は湛山が次のように批判した「十九歳の青年」と同じ病の持ち主なのである。

湛山は一九二一年から「政党政治の擁護」について論陣を張る。まず、同年十一月十二日号の『東洋経済新報』に「原首相の横死」に触れて、こう書いた。

「原氏の政治的思想及行動に就いては、非難すべきもの尠からず。此気の毒なる死を遂げたりとて、俄かに無条件に誉め立つるの軽薄は、固より吾輩の潔しとせざる処である。併し乍ら総ての欠点と長所とを差引

し、且つ之を現在の他の我政治家に比較し、吾輩は矢張、原氏を今日喪えることを、大なる損失とせざるを得ない。彼が一生無爵で通せること、無名の一青年の為め、むざむざ刺殺せられるほど、身辺の警護など云うことに無頓着なりしこと等は、寧ろ一身上の道徳に関する事。勿論、以て彼が普選に反対し（如何なる内部の事情がありしにせよ）、或は各種の新思想新社会運動に酷烈なる圧迫を加え（勿論、彼に於て殊に甚だしかりしとは云わねど）、乃至最近米国より提議のある迄、軍備縮少のシの字にも思い及ばざりし（之亦、彼一人にあらねど）等の時代錯誤と不聡明とを帳消しするには足らぬ。併し兎に角彼に、新代の民衆政治家たらんと欲せし若干の意気の存せしことだけは、茲に語られておる」

湛山は、そして、「中岡艮一と云う青年は何う云う考えで、斯んな凶行を敢てしたか」に分析の角度を移す。

「事実は、まだはっきりせぬ。併し吾輩は、いろいろな点から推断して、彼は保守的思想、もう少し具体的に云うなら国権主義或は、国粋主義等の思想に禍せられたるもののように考えられる。少なくも彼は今日の民主主義、国際主義の頭の青年ではない。前に安田（善次郎）翁を刺した青年も左うであった。彼等は、悲歌慷慨の徒である。併し彼等の頭脳は旧い。其眼界は狭い。故に往々、見当違いの憂国心から、斯う云う暴挙を企てる。昔、露国を中心として、虚無主義者と云うのがあった。而してしばしば世界の権力者を暗殺した。之は、極端な新思想家が暗殺と云う手段に依って、政治的革命を齎《もた》らそうと企てた、恐らくは唯一の例である。それも実は露国と云う、極端な専制政治国に於て、初めて生じた産物である。之より前、之より後、旧思想家が、新思想家を、暗殺明殺した例は、枚挙に遑《いとま》無きほどあれど、新思想家が、旧思想家を、個人的に殺したと云う例は、遂に聴かぬ。社会の秩序混乱の極、恐怖が恐怖を生んで、無数の人の殺された仏蘭西革命の場合の如きは、勿論別である。近頃独逸に暗殺事件が起ったが、之も殺された、或は殺されかかった者は新思想家で、襲った者は旧帝国主義者であった」

では、なぜ「新思想家」が常に襲われるのか。

「蓋し新思想家は常に大なる世界を見る処の者である。将来に輝く希望を認むる処の者である。彼等は多数の民衆を率いて、社会制度の改革革命は企てようとするけれども、個人を殺そうなど云う、けち臭い事を考えない。之に反して保守主義者は、思想的の落伍者である。彼等には、多数の新世界を設立すべき希望はない。挙世滔々として彼に逆行する。即ち其欝憤を洩すに由なくして、或個人に向うのである。僅かに十九歳の青年に、何程の深い憤懣があったろうとは思えぬが、恐らくは何等かの感化に依って、一種保守的の思想に養われたのであろう。果して然らば吾輩は茲に、今日の政治家、就中、床次内相の如きに、切に警告せざるを得ぬものがある。何ぞや。卿等は頻りに、今日の民主主義、社会主義、国際主義等を危険視して、其思想の流行を禁じ、之に代ゆるに国粋主義、懐古主義等を以てせんとしておるが、実は偏狭なる国粋主義、懐古主義ほど、世に危険なるものはないと云うことである。此上、突込んで、くどくは説かぬ、説かぬでも、若し卿等が、安田翁を斃し、原首相を刺した青年が、何んな思想の青年であったかを研究すれば直ぐわかる事である。幸にして卿等が茲に気着き、過去の誤れる思想と政策とを悔悟するならば、原氏の死も亦必ずしも無意義ではないかも知れない」

そして湛山は、こうした凶変を防ぐためにも、言論の自由はすこぶる必要だと力説する。「何でも無い事柄でも、隠さるれば、何か大きな意味の潜めるにはあらずやと、邪推するが人情」だからである。「事毎に報道の自由を阻み、言論を抑圧する結果は、人心を険悪にする」は、まさに言論人湛山の至言だろう。

「歴代の政府は、時代錯誤を極めたる国粋論、国権論は、喜んで奨励するも、之に対抗して、国民の頭脳を世界大に開発する新思想を自由に討議することは、努めて禁止しておる。故に高等教育にても受けたる青年は、其行動に於て、多少は啓発せらるるの機会を持ち、且又外国語に依って、自ら啓発するの便宜も有すれども、然らざる不幸の青年は、一生、斯かる機会と便宜とを有せない。彼等は、極く狭き周囲の感化に依って、頑固なる保守主義に陥り、或は又、飛んでもない履き違いの新思想かぶれする。畢竟、何も彼も白日の下に曝し、国民に帰趨する処を知らしめざるの罪にして、結果は、今回の如き不測の禍を齎すのである」

第五章　石橋内閣の光芒

落第坊主内閣の誕生

慶応義塾での修学時代、犬養毅は、尾崎行雄や波多野承五郎など自ら秀才をもって任じている連中に反発し、

「あんな奴らが秀才なら、秀才天下を毒する」

と息巻いていたらしい。

その犬養の仲間を、師の福沢諭吉は「民権村の若い衆」と呼んでいたというが、犬養と同じく湛山も、およそ秀才とは言えなかった。『サラリーマン重役論』所収の「落第の効能」というエッセイに書いている如く、湛山は五年ですむ中学を七年かかって卒業している。

「それも病気とか何とかいう、やむをえぬ故障のためではなく、ただ、ぼんやりと、なまけていて、試験に落第したのであった」

しかし、おかげで、二人の忘れがたい校長に出会う。幣原喜重郎の兄、幣原坦《ひろし》と、札幌農学校でウィリアム・クラークに学んだ大島正健である。

"Boys be ambitious" のクラークの感化を深く受けた大島の教えは、湛山のその後の一生を支配する思想の基礎となった。

二年の道草を食ったことが、幸運な出会いをつくったのである。

「回想してみるに、私は、少年のころから、頭は悪くもなかったらしいが、はなはだノンキ者であった。二度も中学で落第して、平気でいたとは、今から考えてみても、何とノンキなことであったろうと思うのである。しかし、かようにノンキでいられた理由は、必ずしも私の生まれつきばかりではなかった。私の父は、後に身延山の住職もつとめ、今でも日蓮宗では、そのころを知る人の間に名を知られているものだが、若い折には至って短気で、やかましやであった。だから、もし私が、その父のもとにいたら、落第したが最後、おそらく学校をやめさせられてしまうぐらいの厳罰を受けたに違いない」

超特急の秀才の眼に道ばたの風景は映らない。

芭蕉の「道のべの木槿《むくげ》は馬に喰はれけり」といった句に、なるほどと思うようなゆとりは生まれにくいのである。

岸信介と湛山の、自民党総裁の椅子をめぐる争いは、つまりは、秀才と落第坊主の戦いでもあった。

一九五六年末の、総裁公選に立候補したのは、岸、石橋、そして石井光次郎の三人。

十二月十四日の党大会の二日前の『毎日新聞』にそれぞれを推す支持者の弁が載った。岸について語ったのは川島正次郎、石井について語ったのが小笠原三九郎で、湛山については鶴見祐輔が次のように弁じている。鶴見は名作『母』の作者でもあり、評論家の鶴見俊輔の父親でもある。

「民主主義社会の健全な発達のためには、政治の中にしっかりしたリーダーシップの確立されることが必要である。石橋湛山の持つ党首としての適格性は、彼がおそるるところなく決断し、かつ身をもってこれを実行するその勇気にある。早稲田大学の騒動からマッカーサーとのけんかに至るまで、彼の一生は戦いの生涯であった。しかもそれはいつも自由と正義とのための戦いであった。しかも国民が国政を任すには、第二の資格として国民に安心感を与えることが必要だ。

時代が変わるごとに、これと波長を合わせる器用さを多分に持つことは、首相として国民に不安の感を与える。湛山は戦前戦中は日本の軍と戦い、戦後は米国の軍と戦った。すなわち一貫性があり、愚直性がある。民主主義のために戦ったのだ。だから今後彼が首相となった場合に、どういう政治をするであろうかという見通しがつく。安心がある。

それから今日の日本の要求する首相の資格は、経済の分かることと国際問題に見識を持つことである。その点では彼は申し分ない。彼ぐらいケインズやカッセルやハロッドなどの学問を身につけ、そしてその学殖の上から具体的案を持っている政治家はまれである。民生の安定と生活の向上と国際平和という日本政治の至上命令に対し彼は十分に答案を出せる。今日の日本の世相で恐ろしいことは、国民が政治家に愛想をつかしていることである。それは政治が濁っているという感じからである。政治を清潔にすることがまず何より大切だ。この点湛山は大丈夫だ。湛山は年を取りすぎているというが、それは民主主義の国では政治家は下積みから年季を入れるからどうしてもそうなるのだ。革命政府や官僚政府の政治家は若いのである。しかし暦年と精神年齢とは別である。湛山は楽天家で屈託がないから、頭の弾力性を失っていない。まだ未完成という感じのするのが強味だ」

とは言っても、濁りの中で清潔を保つことは容易ではなかった。参謀としてこの総裁選を指揮し、石橋内閣では官房長官となった石田博英は『石橋政権・七十一日』(行政問題研究所)の中で、この選挙に「岸派三億円、石橋派一億五千万円、石井派八千万円」使ったと書かれたことに触れ、「これが事実であるように広く流布した。しかし、石橋派についていえば、ここに書かれた半分にも満たない」と否定している。

十月二十七日の『湛山日記』に

「総裁問題にて岸、石井両氏と相争う体勢となり、金銭を散布するに至っては心外至極なり、あえて立候補したるわけにはなけれど、候補に推されたことをむしろ辞退すべきにあらずやとも考えさせられる」

という記述も見えるが、それから十二月十四日まで、湛山の「心外至極」度は増していったと思われる。

カネと椅子の、椅子の要求も激しかった。

湛山は十一月十五日の日記に、

「招かれて倉石（忠雄）氏別宅にて大野（伴睦）氏と会談、彼は私に同調すること明白、ただし位地等につき相当要求ある様子なれどよい加減にあしらう」

と書いている。これが後に、湛山は自分に副総裁のポストを約束したのに裏切った、と伴睦が騒ぐ背景である。

ただ、石田は「他の同志がどのような説得術を試みたか知るところではない」と書いているが、石田自身も閣僚の椅子を乱発したという指摘もある。

ともあれ、軍師の石田の読みでは、五百余名の有権者のうち、岸が二百票以上を獲得することは間違いなく、石橋票はおよそ百七十票、石井票が百二十票だった。

それで決選投票に持ち込み、石橋・右井の二、三位連合が実現すれば、湛山が勝てる、と石田は踏んだ。

岸に対抗して石橋・石井の一本化の線も模索され、岸はそれを最も恐れたが、石田たちが狙っていたのは、むしろ、二、三位連合での逆転だった。

この間、湛山は松永安左ヱ門、池田勇人の三人で何度か会っている。石井支持の池田が、その票をまとめつつ、それを決選投票で湛山に持って行く際に果たした役割は大きい。そして、松永に信頼されていた湛山を、松永の薫陶を受けていた池田が、それまでの湛山との関係もあって、強く推すという構図も、この逆転勝利の裏にはあったのである。

電力の鬼、松永安左ヱ門と湛山は、反官僚の自由主義経済を奉ずる点で一致していた。

「一世一代の大芝居」

この二、三位連合の約束について、石井光次郎はこう回想している。

「鳩山総理は、念願の訪ソを終えたのち、引退を決意したので、自民党としては、はじめて公選らしい公選で、総裁を選ぶことになった。立候補したのは、石橋湛山君、岸信介君と私の三人であった。公選は、昭和三十一年十二月十四日に決定されていたが、その少し前に、府中競馬場の近くの石橋正二郎君の別荘・鳩林荘で、パーティがあった。そこで石橋湛山君と一緒になって、二人でぶらぶら歩きながら話す機会があった。どちらからいい出したか覚えていないが、『今度の総裁選には、岸君と私らと三人で出ているわけだが、だれも過半数は取れそうもない。そうすると一位と二位の決戦ということになる。決戦になれば、君と僕のうち、最初の投票で上位になった者に、下位のほうが投票しようじゃないか。そうなれば多分勝つ。勝った者が総理になり負けた者が副総理になることにしようじゃないか』『それがよかろう』ということになって、二人で握手した」

石橋正二郎はブリヂストンの創業者で、鳩山一郎と姻戚関係にあり、強力なスポンサーだった。

ただ、同姓でも、湛山との縁戚関係はない。石井、石橋連合には、岸信介と河野一郎に対する反発があって、それに共鳴する政治家が参集したとも言える。

そして十二月十四日。東京大手町の産経ホールで開かれた党大会の第一回投票の結果は――

投票総数　　五百十一票
岸　信介君　　二百二十三票
石橋湛山君　　百五十一票
石井光次郎君　百三十七票

石田博英の予想より、湛山票は二十票近く少なかった。岸が二百二十票ぐらい取ることは覚悟していたが、石井票が石田の読みより多かったのである。

時計の針は正午を回って、直ちに決選投票。終わって再び開票作業に入る。

集計結果は、岸二百五十一票に、石橋二百五十八票だった。選挙管理委員として壇上にいた石田は、思わず目の前が暗くなり、スーッと力が脱けていく感じに襲われた。

ところが、隣を見ると、三木武夫の腹心の井出一太郎が震える手で投票用紙を握っている。

「君、石橋票か……。何票だ」

「八票」

井出のこの答えを聞いて、石田は「勝った」と思った。しかし、一筋縄ではいかない岸派や河野派の連中を相手に、彼はここで「一世一代の大芝居」を打つ。

議長は岸派の砂田重政だったが、石田は議長席に歩み寄り、

「議長、この際ちょっと休憩したらどうですか」
と囁いたのである。
この一言で砂田は逆に岸が勝ったと思い、
「休憩はしない」
と申し出を却下した。
午後一時十五分、開票結果が発表される。
投票総数　　五百十票
石橋湛山君　二百五十八票
岸　信介君　二百五十一票
無効　　　　一票
劇的な逆転劇に、会場がどよめいた。「あの場合、小差のことゆえ、休憩していたら後継総裁の椅子はどうなっていたかわからない。岸氏の敗北を砂田氏が先に知っていたら、恐らく休憩を宣していただろう。無効投票があるという声が起こったりして、結果がひっくり返される可能性もあった」と石田は書いている。井出の手の中の八票を知って、勝利を確信した石田は、議長から休憩はしないと言われた後、会場二列目に座っていた湛山に、「にぎりこぶしの人さし指を立てて」勝ったという合図を送っている。そのとき、湛山はわずかにほほえんで頷いた。
岸は油断をしていたのではないかと問われて、『岸信介の回想』で、こう答えている。
「実をいうと、石井・石橋両氏の間に、二、三位連合という堅い約束があるということについても、みなあまりはっきり認識していなかったようだし、一回で私が過半数をとれるかどうかについて確信はなかったものの、二回目では二位との間に相当差をつけて勝てると思っていた」

さらに、二、三位連合は邪道だという声もあったがと尋ねられて、

「それに七票差で敗けたということで、私を支持した連中の間にはだいぶ不満があったけれど、たとえ一票差で敗けてもそれに服さなければ民主政治は成り立たないので、私は敗けても、それほどのこだわりはもたなかった。芦田均さんは選挙のあと私のところへ来られて、今度の総裁選で、君は若いから待ってもいいと思って、自分は石橋を支持した。ということを律儀に断られたことがあります」

と答えている。

このとき湛山は七十二歳、岸はひとまわり下の六十歳で、石井光次郎は六十七歳だった。

次があるという余裕か、岸は湛山の席へ赴いて握手をかわし、石井も歩み寄って三人で握手した後、湛山はゆっくりと壇上に登った。

就任のあいさつをする湛山を、石田は夢かと思いつつ、眺める。

大会は激しくその座を争った岸の発声で、

「石橋新総裁万歳」

を三唱して終わった。

院外団の東五郎は、この渦中で裏側での代議員工作に関わって、いろいろ動いている中野四郎に、

「岸信介って信用できるかい」

と聞いている。

「いうなれば、怪物だな」

という中野の答えに、

「そうだろうなあ。巣鴨から帰ってきたと思うと、瞬くうちに政界に復帰して天下を狙う。藤山（愛一郎）財閥が後押ししてるから資金力もある」

と相づちを打ち、続けて、中野が
「おれは、弟の佐藤栄作に盃もらったから、こんどは岸の応援団だ」

と言うと、

「吉田、鳩山の死闘が終わったら、また新しい政争だ。しばらく乱世はつづくだろうね」

と述懐する。

こんな東たちに「ヤクザの喧嘩よりも興奮した」と言わせたのがこの総裁選挙だった。会場の特別傍聴席で、東はこう眩く。

「それにしても、博英という男は大博徒だなあ」

ご機嫌取りはしない

国会内の衆議院副議長室で、いまこそ政治家は湛山に学ぶべし、と強調する鯨岡兵輔は、湛山が総理になって一九五七年一月八日の東京での演説会を皮切りに、続けて札幌に飛んで市民会館でやった全国遊説第二弾の興奮が忘れられない、と語る。

降りしきる雪にもかかわらず、聴衆は会場を埋め尽くし、入りきれない人たちは場外マイクに耳を傾けた。

鯨岡はそのとき湛山に付いて行っていたのだが、湛山が、

「国民諸君、私は諸君を楽にすることはできない。もう一汗かいてもらわねばならない。湛山の政治に安楽を期待してもらっては困る」

と演説すると、驚いた聴衆は一瞬静まり返り、その後、会場割れんばかりの拍手でこれに応えたという。

いつまでも鳴りやまなかった拍手の音がいまでも耳に残っていると身を熱くする鯨岡は、ケネディが大統領就任式で、

「合衆国国民諸君、諸君は国が諸君に何をしてくれるか、それを思いたもうな。逆に、諸君が国に何をしてやれるか、それを思いたまえ」

と言って喝采を浴びたのは、これから四年も後のことであり、ケネディは湛山の演説に示唆されたのではないか、とまで想像をたくましくした。

札幌演説の資料はないが、一月八日の東京でのそれは、「わが『五つの誓い』」と題して、『湛山全集』に収められている。

第一に国会運営の正常化、第二に政界および官界の綱紀粛正、第三に雇用の増大、第四に福祉国家の建設、第五に世界平和の確立を挙げた湛山は「さて」と言って、次に「ご機嫌取りはしない」と主張した。

「民主政治というものは非常にむずかしいものであります。民主政治は往々にしてみなさんのごきげんを取る政治になる。国の将来のためにこういうことをやらなければならぬと思っても、多くの人からあまり歓迎せられないことであると、ついこれを実行することをちゅうちょする。あるいはしてはならないことをするようになる。こういうことが今日民主政治が陥りつつある弊害である。これは日本だけではない、世界的

にあまりごきげん取り政治になることが民主政治を滅ぼす原因になるであろうと心配する人が西欧諸国にもおる。わが日本においても同様でありまして、私は昨年はからずもわが党の総裁に選ばれまして、次いで総理大臣に指名をされたときに、最初に党で申しました言葉がこれであります。私は皆さんのごきげんを伺うことはしない、ずいぶん皆さんにいやがられることをするかもしれないから、そのつもりでいてもらいたいということを申しました。

皆さんにおいては、理解のあるわが党員あるいはわが党に大体同情を持って下さる皆さんであるからよくわかると思います。私どもが四方八方のごきげん取りばかりしておったなら、これはほんとうに国のためにはなりませんし、ほんとうに国民の将来のためになりません。あるいはわれわれはその場合に誤るかもしれない。誤ったらどうか批判をしていただきたい。私どもは所信に向かって、ごきげん取りはしないつもりであります（拍手）。ごきげん取りをせずに、内においてもあるいは外に対してもわれわれの所信どおりに進んでまいるつもりでありますから、どうかこの点について皆さんの特に御理解と御協力をお願いいたします（拍手）」

むしろ、国民はわかってくれた。そして、熱狂的な拍手を寄せた。わかってくれないのは、「わが党」の政治家のほうだった。

ここに至るまで湛山と幕下の石田博英たちは「ならぬ堪忍、するが堪忍」を地で行かなければならなかった。政治家になったのは仕事がしたいからで肩書がほしいからではない。自分の理想実現のために、首相として、多少人にいやがられるようなことがあっても断固やり抜くと決意を語った湛山だったが、肩書がほしい政治家たちによって、組閣は難航を極めた。

「第一に、派閥にとらわれず適材適所主義をもってのぞみ、人心一新のため、党役員、閣僚は原則として全員入替えることとする。党内融合のため岸（信介）、石井（光次郎）両氏の入閣を求める。
第二に、石橋内閣の最大目的である積極経済政策を展開するため、経済閣僚とくに蔵相の人選を重視する。
第三に、党幹事長、官房長官の人選は石橋内閣の基盤を固める意味からも、石橋総裁の意中の人物をあて、党内各派が多少反対しても押し切る」

石田博英によれば、湛山はこうした人事方針で組閣に臨んだ。そして蔵相に池田勇人、幹事長に三木武夫、官房長官に石田を当てようとしたのである。

一九五六年十二月十五日、自民党総裁になって静養のため熱海に行っていた湛山は十七日に帰京する途中、大磯に吉田茂を訪ね、総裁就任のあいさつをするとともに自民党入党の正式な要請をしている。吉田は佐藤栄作とともに入党していなかった。

湛山の要請に吉田は上機嫌で、

「各派の意向にとらわれず、やりたいことをどしどしやりたまえ」

と湛山を励ました。

同日、一足遅れで吉田邸を訪れ、やはり入党をすすめた石田にも、

「おまえさんも、いろいろおれにたてつきやがったが、本望をとげて満足だろう」

と言って呵々大笑したという。

しかし、湛山を待ち受ける党内の波は高かった。まず、三木幹事長案に岸とその支持勢力が強く異議を唱える。保守合同に反対した三木は幹事長としてふさわしくないというのである。

十二月十八日、十九日の両日を費やして決まらず、二十日にようやく三木幹事長他の党役員人事が内定した。この間、石田は賀屋興宣の事務所を訪れ、岸の説得を懇請したりしている。

しかし、各派と折衝して二十一日にまとめた閣僚名簿に対し、岸、石井、大野の各派がまた不満の声を挙げる。数が少ないとか、主要閣僚のポストがないとか、いろいろ不平を言うのである。石井派では、総裁選で協力したわが派より岸派を優遇するのはどういうことかと、ねじこんでくる。

そのうえ、岸、大野の両派から「池田蔵相反対」の狼火があがり、火の手はどんどん強くなった。この事態に湛山は石田を呼び、

「池田君の蔵相は断固実現する。場合によっては、君の官房長官も大久保（留次郎）君の入閣も諦めてもらうことになるかもしれない。それでもいいか」

と尋ねる。石田は、

「私一身のことはどうでもかまいません。そんなことを考えて先生に従ってきたのではありませんから」

と答えた。そして、組閣が完了しなくとも、二十三日の午前中には首相だけでの親任式を強行することを決めたのである。

この不退転の決意をもって湛山は二十二日の各派代表会議に臨み、

「池田蔵相は絶対譲れぬが、自分の方の石田も大久保も引っ込めるから各派でご自由に……」

と、それを披瀝した。さすがに各派も、そこまではどうも、と折れ始め、池田が「蔵相は閣僚二ポスト分に相当する」と言って、自派分の一ポストを減らし、岸支持派にそれをまわして、ようやく妥協が成立した。

岸入閣の裏事情

文字通り疲労困憊《こんぱい》の極に達したこの組閣の渦中で、石田には忘れられない二つの思い出がある。

一つは、吉田茂から連日のように激励電報が寄せられたことである。

「ナニヲグズグズシテイルカ、シタガワヌモノハキッテステロ、ヒヲムナシクスルト、シン（信）ヲコクミンニウシナウゾ」

石田は「吉田内閣末期に党内野党の急先鋒であった石橋先生や私に対するこの激励に、私は深く感動した」と『石橋政権・七十一日』に書いている。

もう一つは、組閣が暗礁に乗り上げて動かないある日に、総理執務室に入って行った時のことである。湛山は机に向かって何か楽しそうに書いている。

よく見ると、それは閣僚名簿で、思わず石田が、

「先生、ぼくはそれで苦労しているんですよ」

と口をとがらすと、湛山は、

「わかっている。けどな、自分がいいと思う内閣を自由につくれたらこうなるというのを残しておきたかったのだよ」

と泰然として言った。

さすがに石田も「いかにも石橋先生らしいと感じ入った」と述懐している。

その幻の閣僚名簿と違う現実の名簿は次のようなものだった。

内閣総理大臣　石橋湛山

法務　中村梅吉
外務　岸　信介
大蔵　池田勇人
文部　灘尾弘吉
厚生　神田　博
農林　井出一太郎
通商産業　水田三喜男
運輸　宮沢胤男
郵政　平井太郎
労働　松浦周太郎
建設　南条徳男
防衛庁長官　小瀧　彬
国家公安委員長兼行政管理庁長官　大久保留次郎
経済企画庁長官兼科学技術庁長官　宇田耕一
自治庁長官　田中伊三次
北海道開発庁長官　川村松助
内閣官房長官　石田博英
内閣法制局長官　林　修三

二十三日午前の親任式は全閣僚を総理が兼任し、夜の認証式も平井、小瀧、川村の、参議院から起用予定の三閣僚は未定のまま総理兼任という異例の形で石橋内閣はスタートを切った。

この内閣の政策の二大柱は積極経済政策と自主外交の推進である。後者は、とりわけ湛山の持論の、中国との国交回復だった。

私にはいささか疑問が残るが、石田は「岸外相もこうした日中改善をめざす石橋総理の立場に同意していた」と書いている。

また、熱海で組閣構想を練った際、石田は湛山から、帰りに吉田茂を訪ね、日中国交回復政策への了解を得るよう命じられたという。

そのとき吉田は、

「それは結構なことだと思う。ただ、一つ石橋君に伝えておいてほしいことがある。中ソはいま一枚岩のように言われているが、あの二つはいつか喧嘩するよ」

と予想し、それを聞いた湛山は

「外交家らしい見識だね。いい忠告だね」

と感心しきりだったとか。

石田は「吉田氏は、いわれるように向米一辺倒の人ではなかった。中ソに対しては、より中国に親近感をもっており、対ソ不信の念が強かったようである。石橋先生の日中関係改善への気持には非常に好意的であった」と付言し、石橋内閣が続いていたら、その後の日中関係はまったく違った歴史をたどっただろうと確信する、と書いているが、それは多くの人の認めるところだろう。

この内閣に石井光次郎が入らなかったことが、また、その後の日本を変える。副総理格で入った岸が、湛山の病気によって総理の椅子に座ってしまったからである。

岸が入閣するのに、岸を支持した河野一郎や佐藤栄作は反対した。

反主流の立場に立って石橋内閣を早期退陣に追い込むという計算からだろう。しかし、岸はもっと狡かった。

『岸信介の回想』で岸はその間の事情をこう証言している。

「石橋さんが組閣にあたって私に会いたいというので、私は石橋さんの組閣の基本方針を質したんです。今度の組閣は、本当の党内の結束ということに主眼があるのか、それとも総裁選挙で石橋さんが当選されたことに対して論功行賞という意味があるのかを、はっきりしてもらいたい、とね。で、私に外相就任を求めるのは、全党一致でやっていくという考えに基づくのなら、私を支持した者が約半分あるのだから、その代表ということでお受けしよう。しかし論功行賞だということになれば、私は石橋さんと闘ったのだから、入閣するのはおかしいし、石井さんを副総理にして、私に入閣せよということであれば、党の結束とはいうものの、世間では、あれは論功行賞だと受け取る。だから石井副総理のもとに私が入るわけにはいかん、という話を石橋さんにしたんですよ。ところが、向うではこれがだいぶもめたらしい。石井さんと石橋さんの間では、二、三位連合する場合、勝った方が相手を副総理にするという話だったと思う。ところが私がそれに対して真正面から反対の議論をしたので、その処置をめぐって一両日もめたようだ。その結果として、石井さんも副総理でなら入閣するけれど、それ以外で入るというのは話が違うということで、入閣しなかったのだと思う。石井さんがどう書いているかは知らないけれど……」

これについて石井は、石井の副総理に岸は

「反対ではない。なることは結構だと思うが、いますぐなると、自分を推してくれた連中に具合が悪い。少し時間を置いてくれないか」

と湛山に言った、と回顧している。結局、岸の術策が功を奏し、大野派の横車もあって湛山は石井に文部大臣をやってくれと頼む破目になる。それで石井は怒り、入閣しないことになった。

石井が書いている如く、「これが運命の分かれ目」だった。

思わぬ退陣劇

湛山が首相になった時、長男の湛一は三菱銀行ロンドン支店に勤務していた。

遠くロンドンの地で、湛一は父親の健康を心配する。

「父の場合、もともとサービス精神が過剰なのであるから、どういうことになるか、極めて心配なのである。どんなに怒られても、どんなに嫌われても、又他から憎まれても、これをチェックすることの出来る者が、父の場合は必要なのである」

のちに湛一は全集の月報にこう書いたが、湛一に言わせれば、湛山の「健康に対する自信過剰」が思わぬ結果をもたらした。

一九五七年一月二十三日、母校早稲田で開かれた首相就任祝賀会に臨んだ湛山は、一時間半もの間、オーバーなしで厳しい寒気にさらされ、風邪を引いてしまう。

湛山と同期の秋田雨雀が、

「石橋君、風邪引くなよ、身体を大切にしろよ」

と繰り返し言っていたのだが、その心配が当たってしまったのである。

「組閣以来の活動があまりに忙しかったことをよく見て」いて、ホドホドにしなければ身体をこわすと忠告した評論家の三宅晴輝は『文藝春秋』一九五七年四月号の「石橋湛山を惜しむ」という一文で、そこに至る里程を次のように書いている。

「年が明けてからの（湛山の）活動も、大阪、九州、北海道と激しいものがあった。池田蔵相の家の婚礼の時、吉田前首相は、真面目に勤めてはダメだ、横着にやらねばと忠告した。小泉信三氏もその時、外国の首相の例を引いて休養を説いた。しかし、彼は伝道をやめなかった。布教を中止しなかった。そうして、米価問題で激しい党内の対立抗争を融和せねばならなかった。布教という外的なものと、党内の政治情勢という内的なものとで、彼の身体は綿の如くに疲れ切った。これが風邪をコジらして肺炎になる前景であった」

湛山はそのまま起き上がれない。湛山はもちろん、側近の石田博英らもジリジリした日を過ごし、一月三十一日に「肺炎を起こしているので三週間の静養を要す」という医師の診断書を提出した。

そして岸信介を首相臨時代理に指名し、二月四日に岸が施政方針演説を行ったのである。

このとき、最年長者でもある石橋派の大久保留次郎を首相臨時代理に推す声もあったが、石田は幹事長の三木武夫と話し合って、岸にした。

それについて、石田や川崎秀二とともに〝石橋部屋の三力士〟といわれた宇都宮徳馬は、いかにも口惜しそうに、

「石橋が病気になったのはしょうがないけれども、石橋的体質の後継者をつくるような努力が少しもなさ

れなかった。すぐ岸になっちゃったというんで、それこそ石橋の病気自身も陰謀じゃないかと思うぐらいだけれどもね」

と『エコノミスト』の一九七五年十一月四日号で語っている。

つまり、三木や石田が「しっかりしてなかったんじゃないか」と疑問を呈し、池田勇人なども岸ではなく大久保を推していたのに、「石橋的な体質の政治を続けさせる」努力をせずに、「ばかにあっさりした引退名文をつくってやめさせちゃったというところがある」と宇都宮は指摘しているのである。

「それが私は大失敗だと思う」

という宇都宮の後悔の言は、そのまま湛山に期待を寄せた国民の慚愧の声でもあった。

宇都宮によれば、鳩山一郎は岸について宇都宮に、

「君、岸君は悪いねえ、総理大臣が金もうけしちゃいかんよ」

と言ったという。

河野一郎は死ぬ前に三木武夫に自分の政治家としての最大の失敗は岸を総理にしたことだと述懐したらしい。

だが河野が岸と組んだことが、のちに、湛山をして、池田勇人の後の首相に、河野ではなく佐藤栄作を推させる原因となる。

『名峰湛山』に「日本経済新聞社編集局長」として荻原伯永が書いている如く、湛山はさっそうとバッターボックスに立ったが、初球いきなりデッドボールを食って引き退がることになったのである。

「まことにあっけなかった。大衆は大ホームランを期待していたのに一回もバットを振らずに引込んだと

あっては、どうにも納得がいかない。再起待望のファンの心理はそのへんに根ざしていると思われる」と荻原は付言している。

この間、稲門の同窓である社会党書記長の浅沼稲次郎が密かに人を介して、

「二月二十一日に一度登院して、社会党の質問に答えて、各閣僚の答弁について責任をもつと言ってくれれば、あとはまた休養されてもよい」

と好意的な伝言をよこしたりもした。しかし、病状は一向によくならない。

二月十九日に三木武夫と石田博英は湛山の枕頭に立って、二十一日(のちに医師団の都合で二十二日に変更)の精密検査の結果、

「診断が一ヵ月以内の静養ならがんばる。それ以上なら総辞職」

という方針を決めた。

そして翌二十日の夜、日活ホテルの一室に泊まっていた石田のもとに、数枚の原稿用紙を持って三木が訪ねて来る。

辞意表明の書簡だった。

「おい、これが総理と相談してつくってきた書簡だ。岸代理とおれ宛になっている。総辞職と決まったときに君がこれを発表するのだ」

三木の言葉に石田は、

「だめかなあ、二十二日の診断がうまく出る場合だってあるぜ」

と抵抗したが、三木は、

「未練だ、それより早く読め」

と一蹴し、石田は黙読して一部手を加えた。

そして、池田勇人に対してだけは事前に了解をとり、二十二日の診断の結果を見て、ムリとなったらどんなに遅くともその夜のうちに退陣を発表することなどを打ち合わせた。

三木と石田は、石田が三木の初当選の選挙を手伝って以来の仲である。

「戦後は長く政治上の立場を異にしていたが、刎頸《ふんけい》の同志として呼吸のあった行動をしたこの一年有余」

（石田『石橋政権・七十一日』）を思い、石田は無量の感慨をこめて三木に、

「いろいろありがとう」

と頭を下げた。

吉田と湛山の辞めっぷり

二十二日、東大医学部長の冲中重雄ら四人の医師の診断は夜になって次のように出た。
一、心電図にて絶対不整脈（心房細動）など左心室肥大を認む。
一、胸部レントゲン検査にて数日前認めた左下胸部の陰影はほとんど消失す。心臓は左心室肥大を認む。
大動脈は軽く拡大す。
一、血液検査にて血液の濃縮あり、しかし、炎症症状なし。
一、尿異状なし。
一、便異状なし。

一、高血圧を認めず。
一、右三叉神経痛治療後の不全麻痺は残存す。
一、全身衰弱の兆は、なおはなはだしきも目下回復の途にあり。
結論、右の状況からみて、向後約二ヵ月の静養加療を要するものと認む。

これを受け取って石田は、

「ありがとうございました。所要の手続きをとります」

と医師団に言った。「二ヵ月の静養」と出たからには総辞職するしかないからである。

すると、冲中が顔色を変えて、石田に詰め寄った。

「それはなにか、総辞職ですか。……石田さん、おかしいじゃないですか。病気ですよ、二ヵ月たてばなおるといってるんですよ。アイゼンハワーと同じ病気なんだ。アメリカの大統領には静養が許されて、日本の総理は辞めなければならないんですか」

それはまさに石田が言いたいことだった。しかし、石田は黙ってその場を離れ、病床の湛山に既定方針どおり、総辞職することを伝えた。

「残念です」

思わず出た涙ながらに石田がこう言うと、湛山は石田の手を握り、

「君、何ごとも運命だよ」

と逆に励ました。

しかし、そこで二人でじっくりと来し方行く末を話し合っているわけにはいかない。石田はすぐに報道陣

に医師団の診断を発表した後、石橋邸を出て首相官邸に向かった。

そして日付が変わって二月二十三日午前一時二十分、石田は記者団の前で次の「石橋書簡」を読み上げる。


私の発病以来、各位には種々御迷惑をおかけしまして申し訳なく思っております。それにもかかわらず各位よりは私に対し安心して十分静養に努めるようにと温かい御配慮をたまわり感銘にたえません。しかし医者はなお二ヵ月の静養を求めました。私はいろいろ考えました末、この際思い切って辞任すべきであると決意するに至りました。

友人諸君や国民多数の方々にはそう早まる必要はないという御同情あるお考えもあるかもしれませんが、私は決意いたしました。私は新内閣の首相としてもっとも重要なる予算審議に一日も出席できないことがあきらかになりました以上は首相としての進退を決すべきだと考えました。

私の政治的良心に従います。また万一にも政局不安が私の長期欠席のため生ずることがありましては、これまた全く私の不本意とするところであります。私の総裁として、また首相としての念願と決意は、自民党にありましては党内融和と派閥解消であり、国会におきましては、国会運営の正常化でありました。私の長期欠席が、この二大目的をかえって阻害いたしますことに相成りましては、私のよく耐えうるところではありません。

どうか私の意のあるところをおくみとり下さい。くれぐれも党内融和の上に立ち、党員一致結束、事態の収拾をおねがいしたいのであります。折角の御期待にそいえませんことは残念この上もありませんが、これがこの際私として政界のため国民のためにとるべきもっとも正しい道であることを信じて決意をした次第であります。

二月二十二日

内閣総理大臣　石橋湛山

内閣総理大臣臨時代理　岸　信介殿

自由民主党幹事長　三木武夫殿

一切が終わったという虚脱感を抱いて同日午前二時過ぎ、石田が官房長官室に帰って来ると、椎熊三郎らの盟友が待っていて、椎熊がいきなり石田に抱きつき、

「おまえが一番かわいそうだ」

といって涙を流した。

しかし、こうした友ばかりではなかったのである。

二月二十三日に石橋内閣は総辞職し、総裁公選の日から七十一日、総理就任の日から数えると六十三日の湛山政権は終わったのだが、翌二十四日に開かれた石橋派の会合で、三木と石田は一部の同志から激越な批判を受ける。

「われわれの苦衷を知る人も大勢いたが、なかには、裏切り者呼ばわりする人もいた。総理の発病から総辞職まで、何ごとも三木氏と私の二人の胸にとどめ、大久保留次郎氏以下石橋擁立の同志にまで秘密にしたことに対する非難は甘んじて受けねばならないだろう。

しかし、当時、あれ以外に選択はなかった。あれでよかったと私は今でも信じている」

『石橋政権・七十一日』に石田はこう記している。たしかに「当時、あれ以外に選択はなかった」かもしれない。しかし、石田自身の選択としてはどうだったか。後を引き継いだ岸内閣に石田が官房長官としてそのまま留まったのは私には納得がゆかない。

そこに、のちに、石田や三木には岸の手が及んでいたという疑心暗鬼を生む隙があったと言わざるをえないのである。

ともあれ、湛山はその辞任の潔さにおいて、また脚光を浴びることになった。

例えば、早大教授の吉村正は同窓の身びいきがあるとはいえ、次のように讃えている。

「辞めるということは極めて簡単なようで、なかなかむずかしいことだ。辞めるべき時に、惜しまれつつやめるということは、なかなか凡人にはできないことだ。人はその辞めっぷりで、くだらない人間であるか、立派な人間であるかがわかるとよく言われるが、同じく総理を辞めたのだが、吉田茂氏のやめ方と、石橋湛山氏のやめっぷりとを比較してみれば明らかだ。吉田氏は辞めるべき時が来ていても、なんとかへばりついていたいともがいていた。そして二進も三進もできなくなって、ついにゆき倒れのように辞めた。だから誰も惜しいと言って同情したものはなかった。ところが石橋氏の場合は反対で、周りの人々はそう早まる必要はないと思っている時に、筋を通してあっさり辞めた。だから何人もこれを惜しんだ。やっぱり石橋さんは立派だったと、歎声を発しない者はなかった。人間の本質がちがうのだ。いやしさというものが少しもない。卑屈というものが全然ない。全くお顔のとおり、立派な大僧正の本質をそなえた人だと思う」

その湛山は総辞職の日、自宅で英語の経済書を読んでいた。話すのには不自由がともなったが、それほどには回復していたのである。

首相の進退

民政党内閣の首相、浜口雄幸が東京駅頭で凶弾に倒れ、重傷を負ったのは一九三〇年十一月十四日である。それから四ヵ月ほど経った一九三一年三月十四日号の『東洋経済新報』「週間漫録」に湛山は「浜口首相の登院」と題して、こう書いた。

「浜口首相も十日から愈よ議会に出席せられた。あの危険な負傷をし、ここまで回復せられた事は寧ろ奇蹟とも称すべく、まことに芽出度い次第である。が併し新聞に出た首相の写真を見ても又いろいろの噂話を耳にしても、首相の健康が、既に首相としての激務に十分堪ゆるだけ、すっかり回復したとは受取れない。花井博士も貴族院で云うた通り、事実はまだまだ大に静養を要する状態にあるのではあるまいか。

新聞に依ると、首相は比議会出席を、所謂悲壮の決心を以て決行せられたのだと云うことだが、記者には其意味がはっきりしない。浜口氏は、今日彼が飽までも首相の位地にあり、議会に出席することを、日本帝国の為め必要なりとせらるるのか。云い換えれば浜口氏が今日首相の印綬を解き、乃至民政党が内閣から去ることは、何か重大な損失を日本帝国に与えると思っておるのであろうか。若し然うなら記者は、甚だ失礼の申分ながら、あまりに自負に過ぎはせぬかと考える」

率直に言って「浜口首相の今度の内閣は金解禁の決行（其功罪は別問題として）で、其使命の全部を尽した」と湛山は断定する。それをなし終えた後は「例えば気の抜けた麦酒と等しく、何の甘味もないものになってしまった」というのである。

四十六歳の時に書いた「首相の健康」についての論考が、それから二十六年後のわが身に降りかかろうとは夢想だにせず、湛山は一ヵ月後の同誌四月十八日号「社説」でも、「近来の世相ただ事ならず」と題して首相の進退に触れる。

「浜口首相の再入院第三手術を機として、停滞的に見えていた政局に、俄然たる進展を示し、愈々浜口内閣総辞職を決行し、若槻新男爵が後継内閣を組織した。記者は此際、一言して措きたいことがある。

浜口首相の遭難後、首相は意識を回復せられた際に、辞意を決し、辞表を捧呈すべきであった。然るに、之を為さず、偸安姑息を貪った為に、遂に、この大国難の際に、我政界を爾来見る如き無道、無議会の状態に陥れた。其の第一責任者は、何と云っても、遭難直後に於て、挙措を誤った浜口首相に帰せねばならぬ。浜口氏の遭難は同情に堪えぬが、氏の我国を無道、無議会に陥れた罪悪に至ては、死後尚お鞭《むちう》たるべき罪悪と云わねばなるまい」

峻烈ともいうべき湛山の筆鋒はとどまることなく、さらに勢いを増して、民政党と浜口雄幸を撃つ。

「民政党は議会中心主義を高調して問題を作った程の議会尊重政党だ。この民政党基礎の浜口内閣の下に於て、議会に於ける政府の言明を、議会後数日を出でない間に、之を覆えし、在野党の領袖から、議会愚弄の責任を、議会外に於て直接行動的に問わるる如きは何という皮肉だろう。また誠心誠意は浜口首相の一枚看板だ。綱紀粛正は誠に氏を首班とせる内閣にふさわしいとして、国民一般に迎えられた所であった。然るに、組閣早々、氏の閣僚に収賄容疑者を出して、看板に泥を塗り、予算の組替を行うて議会協賛権無視の問題を起して、議会尊重論を疑わしめ、而して遭難後、五ヵ月に亘って（其間には最も重要な議会期三ヵ月を含む）殆ど国務を見ず、曠職と綱紀紊乱の非難を強く受けつつある如きも、また何という皮肉だろう。以上を云い換うれば、政府は不信の標本に化し、議会は愚弄せられ、在野党の領袖代議士に依て、政府問責が直接行動的に行われ、心あるものをして、近来の事相ただ事ならず、と窃に深く眉をひそめしめつつある。首相は職を曠《むなし》うし、政府の言に信なく、議会は愚弄せられ、国民を代表する代議士は暴力団化する。以上を一言に括れば、殆ど乱世的事相とも評して差支あるまい」

ここで野党領袖による政府問責が直接行動的に行われたとは、政友会の代議士数人が蔵相の井上準之助に、議場でではなく、議会外に於て膝詰談判をして、責任を取れ、と迫ったことを指す。

いずれにせよ、この「乱世的事相」を憂え、四十六歳の湛山は社説を次のように結ぶ。

「若し已むことを得なければ食を撤せよ、民に信なくんば立たず、と古聖は云われた。信義は死よりも重し、これを今日に翻訳すれば、言行一致し得ぬ場合には其職を去るべし、これが所謂食をすてるに当ると思う。苟《いやし》くも斯の如くせざれば、何うして綱紀の支持が出来よう。何処に道義の堅守があろう。民政党は依然として何等政策に破綻が起った訳ではないと繰返し、陰に民政党内閣の継続を至当だと主張せるが、併し、根本が崩れている。彼等が単に多数党たるの故に、彼等の内閣が続いて新たに出来てもそれは、道理上到底永続する筈はない。併し、若し永く倒れなければ、国は愈々暴力的無道に陥る外はない。世の中に道義を無視する程怖いものはない。国民が理性に信頼を失えば何を為すか分からぬ。記者は、近来の世相を諦視して、誠に深憂に堪えない」

ここまで言い切った湛山が、二十六年後とはいえ、自ら首相になって、進退を潔くしないわけにはいかなかった。「民に信なくんば立たず」を信条とする湛山にとって首相の地位に恋々とすることは、まさに「道義を無視する」ことだからである。

中国文学者の竹内好は『石橋湛山全集』の月報に「近来の世相ただ事ならず」の一節を引き、こう書いている。

「石橋さんは、この論理を自分に適用して辞職されたわけだ。人を裁く人は多いが、おなじ論理で自分を裁く人は少ない。これぞ言行一致であり、節を守るとはこのことである。お蔭で中国との国交回復は無期延期になってしまったが、その代り、『我国を無道』から救うための先例は作られた。私は後者を、より重しと考える。今日、ことに重しと考える」

この竹内は、『湛山全集』を読むまで、中国のナショナリズムを同時代に理解できる日本人は一人もいなかったのではないか、と疑っていたという。

中国のナショナリズムを理解できる資格とは、自身が開かれたナショナリストであることであり、その「自由主義者にしてアジア主義者」という「多年さがし求めて、ほとんどあきらめていた類型」を竹内は湛山に見出す。竹内の「石橋発見」である。

もし「満州国」を認めるとするなら、その人間が朝鮮の独立を認めないのはおかしいと指摘するような、自由主義の立場から植民地主義に反対した思想家を竹内はずいぶん念入りに探したのだが、『東洋経済新報』の存在に気がつかなかったために、湛山にゆきあたらなかった。

その不明を恥じつつ、竹内は、湛山の「所謂対支二十一個条要求の歴史と将来」を「いまも古びていない」文章として挙げる。

一九二三年三月三十一日号から四月二十八日号まで五回にわたって同誌の「社説」に書かれたそれの結語はこうである。

「互に尊敬してこそ、初めて真の親善はある。而して苟《いやし》くも支那国民を尊敬すると云うならば、かの二十一個条要求の如きは、勿論提出すべき性質のものでなく、又若し誤って過去の為政者が提出したりしとせば、其誤りを知ると同時に、直ちに撤回すべきものである。旅順大連或は南満安奉両鉄道の如きは、速に棄てよ、而して支那国民を真に我友たらしめよ。之国策の第一だ」

挂冠を怒る

多くの人が称える湛山の退き際のよさを、しかし、異色の闘う弁護士、正木ひろしだけが批判する。正木は「もともと湛山先生の一党の中には、清沢洌氏をはじめわが旧友が多く、ことに戦時中に私が出していた個人雑誌『近きより』の熱心な支援者が社内にもおられた」のに、全集の月報に「挂冠を怒る」という一文を寄せた。

「湛山先生が総裁公選で、僅少の差で岸を破り、首相になったとき、私は本当に地獄で仏に会ったような悦びを感じました。神が、まだ悪徳日本を見捨てていなかったのかとすら思ったのです。ところが、数週間後に、湛山先生が、脳出血まがいの発作で倒れたということでしたが、二、三日後の新聞の報道によると、重症というのではなく、氏自身も、『首相をやめるかどうかは、医師の精密検査の結果によってきめる』ということでした。私は大きな衝撃をうけると同時に怒りすら覚えました。私は失望しました。自身の前途を、医者の判断に一任した湛山先生の人生観に、いささか女々しさを感じました。なぜ議会の壇上で倒れるまで、所信を実行する気概を示さなかったのか、と考えました。まるでマイホーム主義のサラリーマンじゃないですか。以来『石橋湛山』なるものは、私にとって〝生ける屍〟となったんですよ」

月報への原稿依頼を、正木はこう言い切って、最初、断った。ところが、さすがに異論を尊ぶ自由主義の本山の東洋経済は、逆にそれを書いてほしい、と正木に頼み、これが書かれることになった。

熱烈な傾倒に裏打ちされた正木の怒りの文章は、最後までそのボルテージを落とさず、こう結ばれる。

「戦争時代の権力層は、国民にとって、集団強盗と同性質の暴力的支配者であった。その支配者が、戦後の日本に再び居直って、悪魔の支配を持続させているのが実情ではなかったか。戦後の日本を民主主義によって更生させるためには、何としても、一度、彼等の手から権力を払い落とさなければならなかった。片山・芦田・鳩山の敗北の次に、悪魔の力に対抗できる穢れなき前歴と、実行力とを持った者は石橋湛山以外になかったであろう。おそらく大部分の醒めたる国民は、石橋内閣に期待したと信ずる。また、日蓮宗の権大僧正の位にある氏が、国の柱となって、立正安国の実を挙げる一生一度の機会ではなかったろうか。その後の自民党と官僚との合体政治の腐敗や、これに伴う一般国民の道義観念の喪失を想う時、私が湛山先生を〝生ける屍〟であると嘆いたことは、失当ではなかったと信ずるが如何」

その挂冠を惜しむ声は、正木のような怒りをまじえて野に満ちた。それはなお、現在にまで続いているとも言える。

ただ、湛山は退陣の時、病床にあって、

「無欲恬淡などというのはウソで、人間には無数の欲がある。要はその欲望のバランスがうまく取れればいいのだ。それが『真如』というんだよ」

と言っていたという。

『名峰湛山』で、この言葉を伝えている堀義夫は「これが、ともすれば陥りがちの虚無感を押さえながら、『心の平衡』を保とうと努めに努める、その当時の石橋さんの、自分を押さえるのに精一杯だった心境でなかったろうか。彼もまた人間である」と書いている。

湛山もまた人間であったことを示すエピソードとしては、石田博英との一件がある。

石田にとって「石橋内閣以後はなにか余生であったような気さえする」ほど全身全霊を傾注してつくった湛山政権だったが、湛山の病気によって、その幕引きの演出もやらざるをえなくなる。

それが早過ぎたとか、誰にも相談せず、三木武夫と石田の二人だけで勝手に決めたとか、とりわけ湛山支持派からの批判が二人に集中した。

石田の『石橋政権・七十一日』によれば、「石橋先生を傷つけない選択はあれ以外ないと信じて」進めた退陣劇だったが、「私や三木氏が、岸氏らと政権授受の取り引きをした、というような言い方もされ」、人の苦労も知らないでと石田も腹を立てた。

その結果、石橋派内に亀裂ができ、石田はそれが広がるのを避けようと思って、しばらく湛山の家に出入りするのを控えた。しかし、これが裏目に出るのである。

湛山と石田の間がうまくいっていないらしいなどという噂が流れて、石田も困惑していたある日、石田は吉田茂に呼ばれた。

大磯の吉田邸に赴くと、吉田は、

「石田君、おれは君が苦しい立場で努力した事情はよく知っているよ。だからいろいろ心ない人に言われて腹の立つのもわかる。だがね、歳をとってから、古い身辺のものが来ないというのはさびしいものだよ」

と諭すように言う。

石田はこの言葉に大いに励まされたが、のちに、吉田が自分のことで、わざわざ湛山の家を訪ねたことを知る。

吉田は、湛山にとっての石田を、自分にとっての池田勇人になぞらえながら、湛山にこう話したのだという。

「石田のことをとやかくいう者もいるようだが、石田は、君によかれということしか頭にない男だよ。俺にも池田のことをいろいろ言うやつがいるし、池田に問題がないわけじゃない。しかしな、おれには池田しかいないからどこまでも信じていくつもりだ。君も石田を信じてやれよ」

この石田証言を信じないわけではないが、岸は、三木睦子が「竹下登以上の気配りの人」と断言する〝人蕩らし〟である。それだけに……。

無形の墓

「石橋の最大の欠点は、政治家として派閥力学のなかで強くなかったということだな。しかし、総理大臣になると石橋派というのは七十人ぐらいになったんですよ。だから派閥力学というのはまた、どんなくだらないものかということなんだけれどもね。そして亡くなるやいなや、どんどん減っていって、しまいに私一人になって、こっちはいわゆる名実ともに一匹狼になっちゃったんだね（笑）」

『エコノミスト』の一九七五年十一月十一日号で、こう語っているのは〝最後の石橋派〟の宇都宮徳馬である。

自民党の金権腐敗極右体質を廃すことに全力を傾注し、遂には自民党を離れた宇都宮は、そこで、湛山は岸信介が後継首相となって血道をあげた警察官職務執行法の改正、つまり、オイコラ警察の復活と、日米安全保障条約の改定に強く反対したとも語っている。

警職法については、宇都宮は、同じ石橋派の川崎秀二と共に、岸に反対を申し入れに行った。

すると岸は、懐柔の意味もあってか、

「総理大臣になると警察権を握ってないと寂しくてしょうがないんだ」

と心情を打ち明ける。

川崎はそれをそのまま代議士会で報告したので、岸は、

「寝物語を大声で話されちゃやりきれない」

と苦い顔をしたという。

警職法は結局通らなかったが、新聞等で反対を明言する湛山に、代議士会で非難する声が上がり、宇都宮が湛山擁護の論陣を張る一幕もあった。

安保条約問題では、湛山は日本訪問の予定でマニラまで来ていたアメリカのアイゼンハワー大統領に、来ないでほしいという電報を打ってもいる。

宇都宮も言うように、これは容易ならざることであり、「一人だけじゃというので、私の名もつけて出した」のを宇都宮は覚えている。

「石橋という人はご承知のとおり中国問題に非常に熱心で、吉田は日米をやった、鳩山は日ソをやった。おれは日中をやるんだと、基本的な目標を持っていました」

宇都宮はこの目標を同じくして湛山と親しくなった。

湛山は健康を回復して一九五八年の夏、選挙区の沼津で快気祝を兼ねた時局批判演説会をやり、

「現在の国際情勢を見ると、心配で夜も眠れない。日本国民はいつ戦争の不幸に再びまきこまれるかわからない。自分は病体を犠牲にしても平和を維持する努力をしたい。もしも世界の平和がそれによって保たれるならば日本は滅んでもよい」

と、その心中を吐露した。

宇都宮はこれを聞いて「電気にうたれたような感動を覚えた」というが、こうした憂国の思いに立って湛山は六〇年に日米安保の改定に反対し、その渦中で、安保反対闘争の指揮を執る総評事務局長の岩井章と会談した。それで、何度目かの除名論が噴きあがる。

それに対して宇都宮は『日本週報』の六〇年三月二十五日号に「石橋除名論に応えて」を発表し、応戦した。

「石橋・岩井会談を機に自民党内に『石橋湛山除名論』が飛び出した。その会談で表明した①エトロフ、クナシリなど北方領土問題をタナ上げにして日ソ平和条約の早期妥結を計りたい②日中国交回復の糸口に本年中に中国の要人を招きたい③新安保条約は慎重に討議すべきである、などの発言のうち、③が党議に反するというのが除名論の根拠の一つのようである。

なるほど自民党では新安保調印前にその要綱について党議で決定した。しかし調印後に明らかにされた新条約自体はまだ党議にかけられたことはなく、したがって党議なるものは存在していないはずである。存在しない〝党議〟をタテにしての党議違反呼ばわりは筋違いも甚だしい。しかもそれを除名の理由としている党の態度は全く不可解というほかはない。

民主主義の原則に立つ政党にあっては、当然のことながら言論の自由が保障されている。たとえ党首脳の意に反するが如き発言でもそれが正論であれば尊重されるであろう。

安保条約は向う十年間の日本の運命を左右するといわれる重大な条約である。だから、その審議は慎重でありたい、という石橋氏の発言は正しく正論である。かりに一歩ゆずって正論ではないというのであれば、その正論でない所以を党内党議で証明する道もあるわけである。それを避けて抜討ち的に除名という武器で封殺をはかるのはフェアではない。そして、そのことが民主主義政党の自殺行為につながるものであることを知れば、石橋氏の除名は絶対に承服できないものであることが分かろう。

党内には安保反対闘争の先頭に立つ総評の代表者すなわち岩井事務局長と会談したのは利敵行為だ、という批判の声もあるようである。しかし、この批判もマト外れである。なぜなら、民主主義政党とは元来が話し合いの政治なのである。その話し合いの代表的な場所が国会である。ここでは異った意見が一致点をもとめて活発にぶつかり合うわけだが、しかし、その場所はかならずしも国会だけにかぎらなくてもいいわけである。岩井事務局長の訪問を私邸に受けた石橋氏が、そこで会談したのはこの民主主義政治のルールにしたがったものである。そのことを利敵行為というなら、国会で野党の質問に答える自民党の大臣各位もひとしく利敵行為をやっていることになるだろう」

宇都宮がこう弁護しているこのとき、湛山は七十五歳。前年秋、周恩来の招きで訪中し、共同コミュニケを発表したりもしていたが、この湛山に対して、自民党内からは、しばしば除名論が沸騰した。

宇都宮の反論は、湛山が終生、何と闘い、何にエネルギーを割かなければならなかったかを語っている。

それは、久野収と石田博英の対談（『中央公論』一九五七年九月号掲載）に従えば、次のようなものになるだろう。

「日本の場合に一番危険なのは、日本の保守主義者が――石田さんはそうじゃないと思いますが、どこで自分が反動と違うのか、をはっきり自覚していないことです。つまり戦争中のああいうきつい全体主義とどこで自分が一線を画するのか……」

久野のこの問いかけに石田はこう答えている。

「もう一つの保守主義者の要素は、やはり人間性の尊重ということだと思うのです。意思の自由、行動の自由、つまり自由というものをわれわれの生活信条の基本に置く、そこが社会主義者あるいは共産主義者と違うのであって、もちろんわれわれは全体主義に行くことはない。ご承知のように、わが党にはかつての全体主義者、かつての統制主義者のなだれ込みが相当ある。それは否定しません。従って油断をすれば、口で自由を唱えながら、実際上自由を拘束して行くという危険性はあるでしょう」

かつての全体主義者、かつての統制主義者に岸信介が入ることは明らかだろう。

その岸と共に、湛山は吉田自由党から除名されたことがあるのだが、今度は岸が湛山を除名しようとしたのだった。

除名する側に回った岸に対し、湛山はまたも除名される側である。しかし、湛山はそんなものを恐れる者ではなかった。日本、あるいは自民党内においては少数派でも、原理においては少数派ではないと湛山は確信していたからである。

湛山の死

その湛山の衣鉢を継ぐ宇都宮について、中国文学者の竹内好はこう書いている。

「宇都宮氏の一つの強みは、根底に合理主義哲学をそなえていることだと思う。彼はおそらく独自の情報源をもっているのだろうが、その情報に埋没しないで、よく情報を活用している。その判断力はきわめて鋭い。中国問題というと、とかくムードに流されるか、イデオロギイ的に硬直しやすいが、彼はそれから自由である。そのため言論が独自性をもつ。

しかし、合理主義というものは由来、力にはなりにくい。湿潤な派閥地帯に棲息することはむずかしいからだ。そのために政治家としての彼は、孤立を免れない。おそらく彼の経綸が現実政治に生かされる日は、近い将来には（あるいは遠い将来にも）望みえないだろう。われわれが宇都宮徳馬という一人の言論人を発掘できたことが、反面では日本の政治の不幸になっているのかもしれない」

おそらくこれはそのまま、湛山評としても当てはまる。

ともあれ、この宇都宮を学生時代から尊敬し、その論文を貪るように読んでいた青年がいた。湛山の孫弟子を自任する田中秀征である。田中が石田博英の政策担当秘書となったのも、石田と宇都宮がきわめて親しい関係にあることを知っていたからだった。

田中は既に中学生のころから、宇都宮に注目し、いつの日か宇都宮の薫陶を受けることを夢みていたという。

宇都宮は多くの政治家と違って人の名前を覚えない。ある時など奥さんの名前まで忘れて夫婦喧嘩になった。

「私は彼のそういうところを尊敬している。書物の山の中で暮らし、一転して動乱のアジアに飛ぶ。類い稀な資質に恵まれてひたすら時代の行方を凝視し続ける彼の意識の中には、人の名前が立ち入る余白は残されていないのであろう」

田中はこう評している宇都宮に、一九七四年秋に出した『自民党解体論』(田中秀征出版会)を持って行った。宇都宮はなかなか読んでくれなかったが、是非と強く催促すると、翌朝、とにかくすぐ来い、との電話が来た。徹夜で読んだという。

「君のいう通りだ。自民党は解体して出直さねばダメだ。君の行動を全面的に支持するよ」

宇都宮はこう言って強く田中の手を握り、この本を何冊も買って会う人ごとに勧め出した。

そして田中の東京後援会会長になり、

「除名覚悟で君を応援するよ。まともな人間がほんの二、三人も入ってくれれば新しい保守の潮流ができる」

と励ましたのである。いや、むしろ、田中によって宇都宮が励まされたのかもしれない。

自民党が自由民権の正宗と官僚勢力の抱き合わせ世帯であり、後者に実権を握られていることが日本の保守主義の不幸だと考える宇都宮にとって、田中は自由民権の正宗を受け継ぐ者と感じられたからである。

湛山は、一九二二年一月十日、大隈重信が亡くなった時、一月十四日号の『東洋経済新報』に「小評論」を書き、こう論じた。

「世間では或は、侯を喪った早稲田は寂しくなるだろう。憲政会は困るであろうなどと云う。併し吾輩の意見は全く之に異る。率直に云うならば、今まで早稲田大学や、憲政会は余りに老侯に依頼しすぎた。侯に依頼することに依って、勿論利益も得たであろう。早稲田が寄付金を集め、今日の大を致し、或は憲政会が、先年内閣を取った如き、それである。けれども同時に早稲田大学にしても、憲政会にしても、独自の力で働くの意気を失った前者が、其形態の次第に膨大するに従って、思想上の活気を失い、後者が依然として熟柿主義に堕し、敢て新政策を掲げて邁進し得ざるが如き、職として之に由る。老侯を失えることは惜しからざるにあらず。併し社会は実は斯くて初めて進むのである。何事も若い者でなければならぬ時代だ。早稲田大学と憲政会とは、之から却って其面目を一新するであろう。又一新せしむるのが、後に残った人々の勤めであろう」

そして湛山は国民葬に触れ、それは結構だが、その真義は形式の問題ではなく精神の問題だとし、「老侯逝去を、国民挙って悲しむならば、仮令《たとい》葬式は、家の中で、こっそりやるとも、国民葬だ」と指摘する。

私はとくに、この結語的な「無形の墓」論に惹かれる。

「近年の日本人は、妙に形式にこだわって来た。動《やや》もすれば神社などを建てたがる。彼等は、有形の神社を立てることを知って無形の神社を、人の心に建つることを忘れておる。過去の事は云わぬ。例えば、大隈老侯の場合とするに、何よりも先ず早稲田大学を、或は憲政会を精神的に向上させる、之が何んな立派な葬式よりも、宏壮な墓よりも、侯に取って意義ある葬式であり、墓である。関係者が、是に気着かば幸である」

湛山に死が訪れたのは、一九七三年四月二十五日。七〇年秋に始まって、七二年秋に終った『石橋湛山全集』十五巻の完結を見ての大往生だった。享年八十八。その前年の八月九日に梅子夫人が八十三歳で亡くなっている。

〝最後の石橋派〟の宇都宮徳馬が『週刊東洋経済』の七三年五月十九日号に、「石橋先生を憶う」一文を寄せ、次のように書いた。

「石橋さんの長い闘病の末の臨終の顔を拝して、私は感慨無量であった。病床にあったときよりも生き生きと人に迫るものがあり、その濃い太い眉、ひきしまった口もとは、政治家がもつべき高風と気概を示し、低調な政界に空しく生き残っている私たちを叱咤しているように感じられた」

以下は略すが、リベラルとは何かが問われているいまこそ、その源流の湛山思想を汲むべきだろう。

主要参考文献

石橋湛山全集編纂委員会編『石橋湛山全集』全十五巻（東洋経済新報社）
同『石橋湛山写真譜』（東洋経済新報社）
石橋湛山『湛山回想』（岩波文庫）
同『湛山座談』（岩波同時代ライブラリー）
石橋湛山記念財団『湛山日記』
松尾尊兊編『石橋湛山評論集』（岩波文庫）
松尾尊兊『大正デモクラシーの群像』（岩波同時代ライブラリー）
湛山会編『名峰湛山』（一二三書房）
志村秀太郎『石橋湛山』（東明社）
長幸男編『石橋湛山――人と思想』（東洋経済新報社）
小島直記『異端の言説・石橋湛山』上下（新潮社）
筒井清忠『石橋湛山――一自由主義政治家の軌跡』（中央公論社）
増田弘『石橋湛山研究』（東洋経済新報社）
同『石橋湛山占領政策への抵抗』（草思社）
同『侮らず、干渉せず、平伏さず』（同）
増田弘編『小日本主義』（同）
姜克実『石橋湛山の思想史的研究』（早稲田大学出版部）

沢田謙『尾崎行雄伝』上下（尾崎行雄記念財団）
総合研究開発機構研究報告書『尾崎行雄の政治理念と世界思想の研究』
豊田穣『鳩山一郎』（講談社文庫）
高坂正堯『宰相吉田茂』（中央公論社）
吉田茂、健一『大磯随想』（東京白川書院）
麻生和子『父吉田茂』（光文社）
大野伴睦『大野伴睦回想録』（弘文堂）
三好徹『評伝緒方竹虎』（岩波同時代ライブラリー）
鹿嶋海馬『心外無刀』（みき書房）
緒方竹虎『人間中野正剛』（中公文庫）
河野一郎『河野一郎自伝』（徳間書店）
同『今だから話そう』（春陽堂）
岸信介・矢次一夫・伊藤隆『岸信介の回想』（文藝春秋）
岩見隆夫『昭和の妖怪岸信介』（朝日ソノラマ）
松村謙三『三代回顧録』（東洋経済新報社）
遠藤和子『松村謙三』（KNB興業出版部）
佐高信『正言は反のごとし』（講談社文庫）
『三木武夫とその時代――政治記者の記録』（一七会「三木武夫とその時代」刊行委員会）
三木睦子『信なくば立たず』（講談社）
石田博英『石橋政権・七十一日』（行政問題研究所）

同『私の政界昭和史』（東洋経済新報社）
同『明後日への道標』（大光社）
保利茂『戦後政治の覚書』（毎日新聞社）
伊藤昌哉『池田勇人　その生と死』（至誠堂）
宇都宮徳馬『アジアに立つ』（講談社）
同『軍拡無用』（すずさわ書店）
同『官僚社会主義批判』（山雅房）
坂本龍彦『風成の人——宇都宮徳馬の歳月』（岩波書店）
鯨岡兵輔『児孫のために美田を買わず』（リヨン社）
武村正義『小さくともキラリと光る国・日本』（光文社）
田中秀征『落日の戦後体制』（太陽）
同『自民党解体論』（田中秀征出版会）
同『さきがけと政権交代』（東洋経済新報社）
田中清玄『田中清玄自伝』（文藝春秋）
大宅壮一『昭和怪物伝』（角川文庫）
岩見隆夫『近聞遠見』（毎日新聞社）
大下英治『政界陰の仕掛人』（角川文庫）
林繁之『安岡正篤先生随行記』（竹井出版）
同『安岡正篤先生動情記』（プレジデント社）
塩田潮『昭和の教祖安岡正篤』（文藝春秋）

正延哲士『総理を刺す』（三一書房）
手嶋龍一『一九九一年日本の敗北』（新潮社）
久野収『対話史』（マドラ出版）
久野収・鶴見俊輔・藤田省三『戦後日本の思想』（岩波同時代ライブラリー）
竹内好『日本と中国のあいだ』（文藝春秋）

あとがき

石橋湛山は組織に寄りかかってものを言うジャーナリストではなかった。政治家になってもその姿勢は変わらず、ために、吉田茂ワンマン支配下の自由党から、一度ならず除名されている。現在は、やみくもに組織を拡大し、権力に固執する人間が政治家と呼ばれる傾向があるが、湛山は静かなる存在感をもって独り立っていた。そうした人間を再び〝除名〟しようとする空気が強い日本に抗して、哲学を持った政治家としての湛山を描く。

『週刊東洋経済』の一九九四年一月二十二日号でこう宣言し、翌週の一月二十九日号から九月十日号まで三十回にわたって「湛山除名――小日本主義の運命」を連載したが、開始に当たって完結までの流れを見通していたわけではなかった。

冒頭に書いたように、その基調底音となる重要な示唆を与えてくれたのは〝湛山の孫弟子〟を自任する新党さきがけ代表代行だった田中秀征さんである。田中さんは、湛山が何度か自由党から除名されているはずだ、と言った。それにヒントを得て連載の題名を「湛山除名」とし、その視点から戦後の政治家としての湛山を描こうと思い立った。

田中さんと私のつきあいはほぼ二十年になる。そのころ私が編集していた雑誌『VISION』に、田中さんは「自民党解体論」を連載した。

それ以後の彼の言論と行動に湛山をダブらせながら、私はこの評伝を書いたのかもしれない。言論と政治活動を切り離さない点も湛山と田中さんは似ている。湛山は『中央公論』一九五七年二月号の「野人宰相放談」で、次のように語っているが、それは田中さんをよく知る友人の五明紀春さんが評した「ペンダコのある政治家」ということである。

のちに三井財閥の大番頭になる池田成彬が、若き日に福沢諭吉の下で時事新報の記者をしていた。その時、池田が福沢に言われたことは、湛山が東洋経済の若い人たちに常々言って来たことだった。

「日清戦争頃かな、朝鮮問題がやかましい時期があって、それで、朝鮮討つべしとかいうような朝鮮膺懲論が盛んに行われた。したがって池田さんが、時事新報の社説に非常な強硬論を書いて福沢さんに出したところが、福沢さんがそれを見て非常に怒って、こんな、外務大臣としてやれないようなことを新聞の社説で主張するのはいかんということで、原稿を没にしてしまった、ということを池田さんから聞いたが、福沢さんもやっぱり論文を書く時は実行を考えていたと思う」

福沢がこの時、池田の原稿を没にしたのは、それが時流に乗る勇ましい議論だったからということもあるだろう。

大言壮語という言葉が示すように、そうした議論は湛山が排した大日本主義に通ずる。量的拡大がすべての問題を解決するかの如き幻想を与える大日本主義に対して、湛山は質を問題にする小日本主義を唱えた。これは、私に言わせれば良日本主義とした方がわかりやすい。この湛山の思想は、とりわけ保守陣営からは異端視され、湛山はしばしば除名の危険にさらされた。一九六〇年の日米安全保障条約の改定に何名かの同志と共に反対した時もそうである。

岸信介が後継首相の池田勇人に「治安対策」と「粛党」の二つを絶対条件として要求したことに湛山は怒り、一九六〇年八月八日付の『朝日新聞』にこう書いた。

「粛党というが、政治家が政府の行動を批判し、そのために意見を表明することは、自由な権利であるばかりでなく、むしろ義務である。ことに五月二十日未明の安保新条約の強行的採決は、安保改定を支持する側にあってさえ多大の異論があったくらいであるから、それに欠席したからといって、処罰を求める如きははなはだしき筋違いである。岸君が粛党の対象にあげている諸君は、私からいえば真の愛党者である。何故ならあの場合において、堂々と所信を明らかにすることは、容易ならざる勇気を必要とするのであって、それらの諸君は悲壮な決意の下、政治生命を賭して、国家と民族の命運を守ろうとしたからである。党員は総裁の家来ではない。故にそれを自分に都合が悪いという理由で、私刑に処そうとする態度は断じて賛成し難いところである。さすがに池田君は、右二つの意見を黙殺し、なんら意に介さなかった点は、当然とはいえ、岸君の傀儡ではない」

連載中に、石橋内閣誕生に奮迅の働きをした石田博英さんが亡くなり、また、〝最後の石橋派〟を自負する宇都宮徳馬さんは病床にあって、お話を聞けなかったのは残念だったが、湛山の長男の湛一さんと長女の歌子さんからはお話をうかがっただけでなく、湛山の歌子さん宛ての貴重な手紙なども見せていただいた。改めてお礼を申し上げたい。

なお、この評伝の連載を熱心に勧めてくれた『週刊東洋経済』編集長の高橋宏さん、担当の柿沼茂喜さん、そして、出版局に移ってこの本をまとめてくれた『週刊東洋経済』前編集長の大西良雄さんにも大いなる感謝を捧げたいと思う。

連載中に國弘正雄さんが「冴え冴えとした筆致」と評してくれたことや、友人の石川好さんから受けた励ましもありがたかった。

一九九四年九月二十六日

佐高　信

［初出について］

本稿は、「湛山除名——小日本主義の運命」と題する『週刊東洋経済』の連載（一九九四年一月二十九日号〜九月十日号）を一九九四年一一月、東洋経済新報社より『良日本主義の政治家　いま、なぜ石橋湛山か』という書名で刊行され、一九九八年二月『孤高を恐れず　石橋湛山の志』と解題して講談社文庫として刊行、二〇〇四年九月『湛山除名　小日本主義の運命』と解題して岩波現代文庫として刊行された。本書は岩波現代文庫版を底本とし、タイトルを「良日本主義の石橋湛山」に改めた。

［解題］

いまこそ湛山の復権を

昨年の八月一日付『日刊ゲンダイ』の「週末オススメ本ミシュラン」欄で、松尾尊兊編『石橋湛山評論集』（岩波文庫）を推した。三つ星の特別推薦である。統一教会に家庭あるいは人生を破壊された山上徹也が安倍晋三を撃って死に至らしめた直後に、いまこそ湛山の再生をと私は強調したかった。リベラルの源流としての湛山にいまこそ還るべきだと思ったのである。それをまず掲げよう。

ソ連（現ロシア）がチェコに侵入した一九六八年も現在のように自衛力強化の声が高まった。それに対して「しかし、軍隊をもって防衛をはかるということは、ほとんど世界中の軍隊を引き受けてもやれるということでなければならぬ」とし、「軍隊でもって日本を防衛することは不可能である」と説いたのは石橋湛山である。

自民党の総裁になり、首相に就任しながら、病のために早々にその座を去らねばならなくなった湛山は、戦争放棄の日本国憲法九条に「痛快極まりなく感じた」と拍手を送り、「深き満足」を表明している。

いま、改めて湛山の主張に耳を傾けなければならないのではないか。

同じ自民党ながら、湛山の対極にいたのが安倍晋三の祖父、岸信介だった。『毎日新聞』記者の岸井成格に聞いたのだが、安倍は再び自民党の総裁選に立った時、「石石に負けてなるものか」と言ったという。その時の相手が石破茂と石原伸晃だった。しかし、それだけではなく、岸が無念の涙をのんだのが石橋湛山と石井光次郎の連合だったことを忘れていなかったのである。その二位と三位の「石石」にひっくり返された悔しさを、あるいは岸は孫の安倍に語っていたのかもしれない。

「わが国の独立と安全を守るために、軍備の拡張という国力を消耗するような考えでいったら、国防を全うすることができないばかりでなく、国を滅ぼす。したがって、そういう考え方をもった政治家に政治を託するわけにはいかない」とも湛山は言っているが、自民党だけでなく野党にまで「そういう考え方をもった政治家」が増えてしまった。

湛山は共産主義に恐怖心を持たず、中国との国交回復に力を尽くした。それを知っている田中角栄はそれを成し遂げるために中国に出発する時、湛山を訪ねている。岸から安倍に至る自民党清和会の系譜は反共で中国を敵視する。そして反共の統一教会とつながる。彼らが安易に口にするのが「国賊」である。

何度目かの中国訪問の際、湛山は「愛国者」を自称する人たちから、空港で国賊と誹謗するビラをまかれた。その時、湛山は首相をやった鳩山一郎が不自由な体でソ連に飛び、日ソ国交回復の交渉をした心中を察して深く同情の念を抱いたという。私は『湛山除名』(岩波現代文庫)を書いたが、そんな湛山を自民党は二度も除名した。しかし、除名されるべきは除名した方ではなかったか。

昨年七月八日付『朝日新聞』の「ひと」欄にリチャード・ダイクという人が取り上げられている。七十七歳で「悲劇の宰相」石橋湛山の著作を英訳しているという。

「一国の指導者でこれほどの著作を残した人はいないでしょう」と語るダイクは、湛山がなぜ知られていなかったかについて、

「米国の学者は、日本の民主主義は米国の占領がもたらしたと考えがちです。そのため、湛山に注目してこなかったのでは」

と推測し、米国の日本理解を深めるためにも、著作の翻訳が必要だ、と考えた。ダイクはもともとはハーバード大学のエズラ・ボォーゲル教授のもとで日本研究で博士号を得た学者だが、途中でビジネスの世界に転身し、日本で半導体関連企業を経営してきた。

それでも学問を忘れたことはなく、自宅と山中湖の別荘の双方に湛山全集をそ

ろえ、三年前から代表的な論文の翻訳を始めたという。

どんな逆境にあっても揺るがなかった「民主主義への信頼」と「明快な論理」が湛山の魅力だとダイクは記者の三浦俊章に語っている。

逆に日本で湛山が忘れ去られようとしているのではないか。保守リベラル、もしくはリベラルの元祖として、いまこそ湛山はよみがえらなければならない。

拙著が一九九四年十一月に出た時、オビには「村山（富市）内閣は親湛山内閣だ」とあった。自民党、社会党（現社民党）、新党さきがけの、いわゆる自社さ政権は湛山に親しい政権だというわけである。村山が信頼した新党さきがけの田中秀征は湛山の孫弟子を自任しているし、自民党の河野洋平は師事する宮澤喜一が大の湛山びいき。そして、さきがけの武村正義は『小さくともキラリと光る国・日本』（光文社）を書いていて、三党のリーダーがすべて湛山に親近感を持っている。

そう言えば、『良日本主義の政治家』を出した時、『朝日新聞』主筆の若宮啓文に、

「宮澤さんが湛山が好きだから送ってくれ」

という電話をもらって謹呈したら、流麗な筆字で宮澤から礼状を頂戴した。

それだけでなく、若宮と一緒に赤坂の「重箱」に招待され、鰻をごちそうになった。

一九一九年生まれの宮澤が四十五歳の時に出した『社会党との対話』(講談社)という本がある。異なる立場の人との対話を恐れない宮澤の面目躍如たる本だが、冒頭の社会党委員長への手紙で、

「私共は社会党を議会主義政党と考え、新憲法下の民主政治の運命を相共ににになう責任を分かち合っていると思っております」

と書いた宮澤は、

「私共保守党の者は、なにも社会党に政権を譲りたいとは思っておりませんけれども、一つの党が余りにも長く政権を掌握することは、人心が倦む原因にもなります」

と踏み込んでいる。

リベラリスト宮澤の真骨頂を示す発言だろう。湛山流のリベラリズムとも言えるかもしれない。

拙著が文庫化される時、解説を「湛山の孫弟子」の田中秀征に頼んだ。秀征は宮澤が「私の頭脳」と頼りにした人でもある。

私とは、彼が三十二歳、私が二十七歳の時からのつきあいだが、彼は解説にこう書いてくれた。

「石橋湛山が佐高信氏の眼で見据えられることに私は大いに期待した。以前から彼が石橋の良き理解者となることを確信していたからである。思想家、政治家

としての石橋湛山に私が信頼を寄せるのは、彼が経済専門家であり、言論人であり、そして宗教心があるという三点である」

そして、「ときに厳し過ぎる彼の人物鑑定によっても、石橋湛山が第一級の高い評価をされたことに私は〝孫弟子〟として嬉しく思っている」と結んでいる。

なお、本書執筆当時より、小沢一郎に対しては肯定的な評価に変わっていることを付け加えておきたい。少なくとも小泉純一郎よりはマシだからである。

［著者紹介］　佐高 信（さたか・まこと）
一九四五年、山形県酒田市生まれ。慶應義塾大学法学部卒業。高校教師、経済誌編集長を経て、評論家となる。
主な著書に、『佐高信の徹底抗戦』『竹中平蔵への退場勧告』『佐藤優というタブー』『当世好き嫌い人物事典』（以上、旬報社）、『時代を撃つノンフィクション100』『企業と経済を読み解く小説50』（以上、岩波新書）、『なぜ日本のジャーナリズムは崩壊したのか（望月衣塑子との共著）』（講談社＋α新書）、『池田大作と宮本顕治』『官僚と国家（古賀茂明との共著）』（以上、平凡社新書）、『統一教会と改憲・自民党』（作品社）、『総理大臣菅義偉の大罪』（河出書房新社）、『国権と民権（早野透との共著）』『いま、なぜ魯迅か』『西山太吉　最後の告白（西山太吉との共著）』（以上、集英社新書）、『反―憲法改正論』（角川新書）など多数。

佐高信評伝選3　侵略の推進者と批判者

二〇二三年二月二八日　初版第一刷発行

著者……佐高　信
装丁……佐藤篤司
発行者……木内洋育
発行所……株式会社 旬報社
〒一六二―〇〇四一 東京都新宿区早稲田鶴巻町五四四
TEL 03-5579-8973　FAX 03-5579-8975
ホームページ https://www.junposha.com/
印刷・製本 中央精版印刷 株式会社

　ISBN978-4-8451-1781-9